AF493731

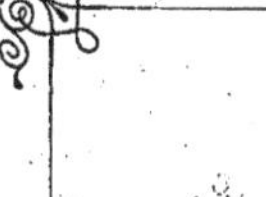

BIBLIOGRAPHIE ANNUELLE

DES

TRAVAUX HISTORIQUES ET ARCHÉOLOGIQUES

PUBLIÉS

PAR LES SOCIÉTÉS SAVANTES DE LA FRANCE

DRESSÉE SOUS LES AUSPICES

DU MINISTÈRE DE L'INSTRUCTION PUBLIQUE

PAR

ROBERT DE LASTEYRIE
MEMBRE DE L'INSTITUT

AVEC LA COLLABORATION

D'ALEXANDRE VIDIER
INSPECTEUR GÉNÉRAL DES BIBLIOTHÈQUES ET DES ARCHIVES

TOME III

ANNÉES 1907-1910

(Nos 28019 À 42612)

PARIS

IMPRIMERIE NATIONALE

MDCCCCXIV

BIBLIOGRAPHIE ANNUELLE

DES

TRAVAUX HISTORIQUES ET ARCHÉOLOGIQUES

PUBLIÉS

PAR LES SOCIÉTÉS SAVANTES DE LA FRANCE

DRESSÉE SOUS LES AUSPICES

DU MINISTÈRE DE L'INSTRUCTION PUBLIQUE

PAR

ROBERT DE LASTEYRIE

MEMBRE DE L'INSTITUT

AVEC LA COLLABORATION

D'ALEXANDRE VIDIER

CONSERVATEUR ADJOINT À LA BIBLIOTHÈQUE NATIONALE

1907-1908

PARIS

IMPRIMERIE NATIONALE

MDCCCCX

BIBLIOGRAPHIE ANNUELLE

DES

TRAVAUX HISTORIQUES ET ARCHÉOLOGIQUES

PUBLIÉS

PAR LES SOCIÉTÉS SAVANTES DE LA FRANCE

SE TROUVE À PARIS

À LA LIBRAIRIE ERNEST LEROUX

RUE BONAPARTE, N° 28

BIBLIOGRAPHIE ANNUELLE

DES

TRAVAUX HISTORIQUES ET ARCHÉOLOGIQUES

PUBLIÉS

PAR LES SOCIÉTÉS SAVANTES DE LA FRANCE

DRESSÉE SOUS LES AUSPICES

DU MINISTÈRE DE L'INSTRUCTION PUBLIQUE

PAR

ROBERT DE LASTEYRIE

MEMBRE DE L'INSTITUT

AVEC LA COLLABORATION

D'ALEXANDRE VIDIER

INSPECTEUR GÉNÉRAL DES BIBLIOTHÈQUES ET DES ARCHIVES

TOME III. — ANNÉES 1907-1910

N°s 28019 À 42612

PARIS

IMPRIMERIE NATIONALE

MDCCCCXIV

BIBLIOGRAPHIE ANNUELLE

DES

TRAVAUX HISTORIQUES ET ARCHÉOLOGIQUES

PUBLIÉS

PAR LES SOCIÉTÉS SAVANTES DE LA FRANCE

SE TROUVE À PARIS

À LA LIBRAIRIE ERNEST LEROUX

RUE BONAPARTE, N° 28

BIBLIOGRAPHIE ANNUELLE

DES

TRAVAUX HISTORIQUES ET ARCHÉOLOGIQUES

PUBLIÉS

PAR LES SOCIÉTÉS SAVANTES DE LA FRANCE

DRESSÉE SOUS LES AUSPICES

DU MINISTÈRE DE L'INSTRUCTION PUBLIQUE

PAR

ROBERT DE LASTEYRIE

MEMBRE DE L'INSTITUT

AVEC LA COLLABORATION

D'ALEXANDRE VIDIER

CONSERVATEUR ADJOINT À LA BIBLIOTHÈQUE NATIONALE

1907-1908

PARIS

IMPRIMERIE NATIONALE

MDCCCCX

AIN. — BOURG.

SOCIÉTÉ D'ÉMULATION ET D'AGRICULTURE DE L'AIN.

Voir, pour les publications de cette Société antérieures à 1901, la table récapitulative de notre *Bibliographie générale;* et pour ses publications postérieures, les tables placées à la fin des tomes I et II de notre *Bibliographie annuelle.* — Une table des matières des *Annales* de la Société, pour les années 1899 à 1908, termine le tome XLI, que nous analysons ci-dessous (voir n° 28025).

XLI. — Annales de la Société d'émulation et d'agriculture (lettres, sciences et arts) de l'Ain, t. XXXXI, 1908. (Bourg, 1908, in-8°, 432 p.)

28019. Marchand (L'abbé F.). — Études archéologiques, p. 5, 148, et 213. — Suite de XXXVI, p. 149, 285, 399; XXXVII, p. 263, 335; XXXVIII, p. 57; XXXIX, p. 49, 121, 299; et XL, p. 189, et 263.

[Saint-Trivier.]

28020. Brun (Xavier). — Histoire de la seigneurie d'Andelot-lez-Coligny, p. 50 à 81, et 105 à 147. — Suite de XXXVII, p. 189, 305; XXXVIII, p. 5, 321, 410; XXXIX, p. 97, 261; et XL, p. 165, et 233.

28021. Perret (Louis). — Mon vieux Châtillon, p. 82 à 104, et 251 à 311. — Suite de XL, *pl.*, p. 317.

[Appendice : Saint Vincent de Paul et Châtillon-les-Dombes.]

28022. Ferret (T.). — Projet de réédification, en 1908, du clocher de l'église Notre-Dame de Bourg, 4 *pl.*, p. 172 à 204.

28023. Côte (Claudius). — Notes sur un ivoire laïque du commencement du XIVe siècle, sujet tiré du poème *La Châtelaine de Vergi, pl.*, p. 205 à 209.

28024. Marchand (Em.). — Jérôme Lalande et l'astronomie au XVIIIe siècle, *pl.*, p. 313 à 417. — Suite de XL, p. 82.

28025. Anonyme. — Table des matières des Annales de la Société d'émulation de l'Ain, 1899-1908, p. 427 à 431.

AIN. — BOURG.

SOCIÉTÉ GORINI.

Voir, pour les publications de cette Société antérieures à 1901, la table récapitulative de notre *Bibliographie générale;* et pour ses publications postérieures, les tables placées à la fin des tomes I et II de notre *Bibliographie annuelle.*

V. — Bulletin de la Société Gorini, revue d'histoire ecclésiastique et d'archéologie religieuse du diocèse de Belley, t. V, 1908. (Bourg, s. d., in-8°, 457 p.)

28026. F. P. [Page (L'abbé F.).] — Les Jacobins du Port-du-Temple à Lyon (1793-1794), p. 5 à 26.

28027. Cordenod (Ph.). — Saint Vincent de Paul à Châtillon-les-Dombes, 2 *pl.*, p. 27, 161, et 252.

28028. Maréchal (L'abbé). — Gorini et Augustin Thierry, p. 42 à 49, et 289 à 300.

28029. Anonyme. — Éphémérides révolutionnaires. Notes extraites d'un journal commencé en 1788 et continué jusqu'en 1805 par M. Pierre Puvis, ancien officier, p. 50 à 77.

IMPRIMERIE NATIONALE.

28030. Anonyme. — Documents sur Cuiseaux, p. 78 à 89.

28031. Péron (L'abbé). — Lettre de M. Reydellet, missionnaire au Toukin [1779], p. 89 à 91.

28032. Doudon (Paul). — Le Fareinisme, p. 117, 316, et 345.

28033. Alloing (Louis). — Le clergé de l'Ain avant le Concordat, p. 126 à 143. — Suite de IV, p. 47, 133, et 305.

28034. Chagny (L'abbé André). — Honoré d'Urfé, 2 *portr.*, *facs.*, p. 144, 301, et 408.

28035. Bugnon (L'abbé L.). — L'abbé Bussy [1852 † 1908], p. 183 à 191, et 369 à 379.

28036. Rochet (L'abbé S.). — Les prêtres de l'ancien diocèse de Belley sur le chemin de l'exil. Mémoires de M. le chanoine Berlioz (22 septembre 1792-novembre 1794), p. 192 à 218, et 380 à 407.

28037. Boillot (L'abbé). — Guérisons opérées par Notre-Dame de Gray dans la région de Pont-de-Vaux, p. 219, 333, et 446.

28038. Descotes (L'abbé G.). — La Dombes d'étangs est-elle insalubre?, p. 237 à 251, et 435 à 446.

28039. Alloing (L'abbé L.). — Le diocèse de Belley, p. 264 à 288.

AIN. — BOURG.

SOCIÉTÉ DES SCIENCES NATURELLES ET D'ARCHÉOLOGIE DE L'AIN.

Voir, pour les publications de cette Société antérieures à 1901, la table récapitulative de notre *Bibliographie générale;* et pour ses publications postérieures, les tables placées à la fin des tomes I et II de notre *Bibliographie annuelle.*

XV. — Bulletin de la Société de sciences naturelles et d'archéologie de l'Ain, n° 50 [-53]. (Bourg, 1908, in-8°, 128 p.)

28040. Boissieu (H. de) et Tournier (J.). — M. l'abbé Marchand, p. 6 à 15.

28041. Chagny (André). — Etudes sur la première annexion de la Bresse à la France. L'Invasion (1536), p. 52 à 64, et 73 à 94. — Suite de XIV, p. 4, 40, 73, et 106.

28042. L. P. — Les fouilles de Presle et Fontaine-Bouillant, p. 67 à 71.

28043. Matagrin (Henri). — La famille Favre à Treffort, p. 95 à 96, et 100 à 112.

28044. Boissieu (Henri de). — Les origines de l'Aumône générale ou Charité de Lyon, p. 113 à 128.

AISNE. — CHÂTEAU-THIERRY.

SOCIÉTÉ HISTORIQUE ET ARCHÉOLOGIQUE DE CHÂTEAU-THIERRY.

Voir, pour les publications de cette Société antérieures à 1901, la table récapitulative de notre *Bibliographie générale*; et pour ses publications postérieures, les tables placées à la fin des tomes I et II de notre *Bibliographie annuelle.*

XLII. — Annales de la Société historique et archéologique de Château-Thierry, année 1907. (Château-Thierry, 1908, in-8°, x-304 p.)

28045. Henriet (Frédéric). — Le Dr Corlieu, sa vie et ses œuvres [1825 † 1907], *portr.*, p. 3 à 24.

28046. Henriet (Frédéric). — Napoléon Ier à Bézu-Saint-Germain, *fig.*, p. 26 à 33.

28047. Henriet (Frédéric). — Les frères Harmand, *fig.*, p. 36 à 49, et 301.
28048. Briet (Lucien). — Le bassin supérieur du Rio Vero (Haut-Aragon, Espagne), *fig.*, p. 51 à 139.
28049. Deraine (E.). — Lettre d'un conscrit de 1812 [Delahaye], p. 146 à 148.
28050. L. V. — Deux contestations entre la ville de Château-Thierry et un de ses habitants au xviiie siècle, p. 157.
28051. Berthelé (Jos.). — Les fontes de cloches à l'intérieur des églises, à propos d'un four découvert en 1892 dans l'église Saint-Crépin de Château-Thierry, p. 159 à 168.
28052. Henriet (Maurice). — Excursion à Villers-Cotterets, p. 169 à 180.
28053. Briet (Lucien). — Le clocher de Charly-sur-Marne (Aisne), p. 186 à 239.
28054. Minouflet. — État de la question d'Alésia, p. 240 à 247.
28055. Deraine (E.). — Histoire anecdotique de la succession de Jean Thiéry, originaire de Château-Thierry (1579-1675), p. 248 à 273.
28056. Henriet (J.). — Discours prononcé aux obsèques de M. Josse († 1907), p. 274 à 276.
28057. Pommier (G.). — Château-Thierry pendant la Révolution. L'argenterie de l'église Saint-Crépin, p. 277 à 282.
28058. Deraine (E.). — Un ménage mal assorti. La Fontaine et sa femme, p. 283 à 300.

AISNE. — SOISSONS.

SOCIÉTÉ ARCHÉOLOGIQUE, HISTORIQUE ET SCIENTIFIQUE DE SOISSONS.

Voir, pour les publications de cette Société antérieures à 1901, la table récapitulative de notre *Bibliographie générale;* et pour ses publications postérieures, les tables placées à la fin des tomes I et II de notre *Bibliographie annuelle.*

LIV. — Bulletin de la Société archéologique, historique et scientifique de Soissons, t. XIV, 3e série, 1907. (Soissons, 1909, in-8°, 431 et 26 p.)

28059. Hivet (L'abbé). — Notes supplémentaires sur l'étymologie de Montmirail, p. 5.
28060. Blanchard (Fernand). — Nomenclature des documents du greffe [de Soissons] brûlés en 1814, p. 6 à 9.
28061. Binet (L'abbé). — L'église Saint-Léger et la chapelle Saint-Nicolas, du collège de Soissons, p. 9 à 14.
28062. Binet (L'abbé). — Notes sur le couvent de la Congrégation de Soissons, p. 15 à 23.
28063. Blanchard (F.). — Propositions de classement d'édifices de la région [soissonnaise] parmi les monuments historiques, p. 33 à 37.
28064. Brun (Félix). — Compliment de Louis Boucherat adressé à Jean Du Tour, chanoine soissonnais (1627), p. 43.
28065. Blanchard (Fernand). — Statue de saint Pierre [xviie s.] trouvée rue de Guise [à Soissons], p. 45 à 46.
28066. Hivet (L'abbé). — Notes supplémentaires sur le mot *Bove*, p. 50.
28067. Arcosse (André d'). — Notes sur le général marquis de Locmaria (1833 † 1907), p. 52 à 54.
28068. Brucelle. — Procurations données par messire Dillon en 1790, p. 65.
28069. Plateau (Jules). — Le bref papal de l'église d'Hartennes, p. 67.
28070. Blanchard (Fernand). — Recherches sur l'abbaye de Notre-Dame de Soissons et ses dépendances, p. 75 à 96.
28071. Brucelle (Edmond). — Notaires-arpenteurs, p. 97 à 99.
28072. Blanchard (Fernand). — Substructions gallo-romaines à Soissons, près de Saint-Pierre à la Chaux, p. 107.
28073. Fortier (E.). — Pierre tumulaire dans la crypte de Saint-Médard, p. 109.
28074. Vauvillé (O.). — Cimetière gallo-romain de Soissons au sud de la rue de Puységur, p. 112 à 117.
28075. Blanchard (Fernand). — Inscriptions de l'Hôtel-Dieu [de Soissons], p. 120.
28076. Binet (Le chanoine). — Les intempéries des saisons dans le Soissonnais et les régions limitrophes de 1690 à 1790, p. 122 à 146.
28077. Firino. — M. de Mannevilette, abbé de Valsery [1696-1697], p. 146 à 163.

28078. Vauvillé (O.). — Gisement quaternaire de Cœuvres, *fig.*, p. 163 à 185.

28079. Blanchard (Fernand). — Les sépultures de l'ancienne collégiale de Saint-Vaast [de Soissons], p. 190 à 196.

28080. Blanchard (Fernand). — Excursion à Vaurezis, Nouvron, Fontenoy et Ambleny, p. 197 à 202.

28081. Blanchard (Fernand). — La nécropole de Longues-Raies, p. 202 à 204.

28082. Gailliard. — Le moulin de Cagny, p. 205 à 211.

28083. Plateau. — Le château de Muret, p. 212.

28084. Plateau. — Le chevalier de Maisonrouge [Gonsse de Rougeville] à Soissons, p. 213 à 216.

28085. Blanchard (Fernand). — La statuaire et les sculptures de Saint-Jean-des-Vignes de Soissons, 5 *pl.*, p. 216 à 265. — Cf. LIII, p. 403, et 439.

28086. Vauvillé (O.). — Enceinte gauloise de Muret, *fig.*, p. 266 à 276.

28087. Vauvillé (O.). — Enceinte de Chauvigny, *fig.*, p. 276 à 283.

28088. Blanchard (Fernand). — Les artistes peintres soissonnais, du moyen âge à la Révolution, p. 287 à 336.

28089. Braucelle (Edmond). — Établissement de l'éclairage public à Soissons (1791), p. 337 à 342.

28090. Bouchel. — La route de Soissons à Reims, p. 343 à 354.

28091. Brun (Félix). — Note sur les Simon de Bucy et le vieux château de Bucy-le-Long, 2 *pl.*, p. 359 à 405.

28092. Bouchel. — Notes sur d'anciens cachets armoriés, p. 405 à 408.

28093. Leger. — Notes au sujet de quelques actes notariés [soissonnais], p. 409 à 411.

28094. Blanchard (Fernand). — La répartition actuelle des minutes des notaires de l'arrondissement de Soissons et de l'ancienne région soissonnaise, p. 412 à 431.

AISNE. — VILLERS-COTTERETS.

SOCIÉTÉ HISTORIQUE RÉGIONALE DE VILLERS-COTTERETS.

Voir, pour les publications antérieures de cette Société, les tables placées à la fin des tomes I et II de notre *Bibliographie annuelle.*

III. — **Bulletin de la Société historique régionale de Villers-Cotterets** chargée de la conservation du Musée Alexandre-Dumas. (Soissons, 1908, in-8°, 165 p.)

28095. Roch (Ernest). — Louis-Éléonor Tronchet (1795 † 1864), p. 7 à 13.

28096. Roch (Ernest). — Charles-Albert Demoustier [1760 † 1801], p. 16 à 57.

28097. Roch (Ernest). — Les bouchers et charcutiers de Villers-Cotterets en 1689, p. 61 à 64.

28098. Delinge (Jules). — La pierre Clouïse [forêt de Retz] et la pierre Fortière [à la Fontaine-Saint-Martin], p. 69 à 72.

28099. Roch (Ernest). — Lettre d'engagement militaire [à Villers-Cotterets, 1702], p. 75.

28100. Brassart (D^r^). — La pierre Philippe [entre Corcy et Louâtre], *pl.*, p. 95 à 101.

28101. Hivet (L'abbé). — Origine du nom «pierre Clouïse», p. 102.

28102. Roch (Ernest). — Circulaire électorale d'Alfred Bligny (1848), p. 116.

28103. Roch (Ernest). — Fiançailles cottereziennes au xviie siècle, p. 119.

28104. Roch (Ernest). — A propos du prolongement du canal de l'Ourcq à la rivière d'Aisne, p. 121 à 126.

28105. Roch (Ernest). — Procès-verbal d'expertise de vin (9 pluviôse an x), p. 129 à 132.

28106. Roch (Ernest). — Ordonnance de police de Charles IX (1570), p. 133 à 144.

ALLIER. — MOULINS.

SOCIÉTÉ D'ÉMULATION DU BOURBONNAIS.

Voir, pour les publications de cette Société antérieures à 1901, la table récapitulative de notre *Bibliographie générale;* et pour ses publications postérieures, les tables placées à la fin des tomes I et II de notre *Bibliographie annuelle*.

XVI. — Bulletin de la Société d'émulation du Bourbonnais,... t. XVI. (Moulins, 1908, in-8°, 688 p.)

28107. Quirielle (Roger de). — Une paire d'éperons décorés de la ceinture d'Espérance [xiv-xv° s.], *fig.*, p. 9 à 13.

28108. Clément (L'abbé Joseph). — Le classement parmi les monuments historiques des édifices et des objets mobiliers du département de l'Allier, p. 14 à 31.

28109. Morand (G.). — Notes sur la chatellenie de Billy, *fig.* et *pl.*, p. 38 à 48.

28110. Quirielle (Roger de). — Frère Jacques de Bourbon et la *Grande... oppugnation de la noble cité de Rhodes*, p. 49.

28111. Reure (L'abbé). — La trêve du 23 novembre 1590, p. 51.

[Trêve entre les pays d'Auvergne, Bourbonnais, Lyonnais et Forez.]

28112. Grégoire (C.). — Le château du Housset, *fig.*, p. 70 à 75.

28113. Quirielle (Roger de). — Le séjour en Bourbonnais du fameux manuscrit des *Antiquités judaïques* enluminé par Jean Fouquet, p. 75 à 78.

28114. Tiersonnier (Philipe). — Le conventionnel Beauchamp a-t-il voté la mort du Roi? p. 78 à 81.

28115. Bideau (L.). — Pierre Molette, conspirateur royaliste (1791-1804), p. 85 à 94, et 102 à 106.

28116. Tiersonnier (Philippe). — Les origines bourbonnaises du général baron Ameil, p. 106 à 111.

28117. Viple (Joseph). — Fondation de l'hôpital d'Ébreuil, p. 112 à 120, et 146 à 148.

28118. Duchon (Paul). — A propos d'une médaille [lyonnaise de la Ligue] trouvée à Contigny, *fig.*, p. 125.

28119. Ph. T. [Tiersonnier (Ph.)]. — Nécrologies, p. 129 à 131.

[Mgr Melin (1836 † 1908); E. Delaye (1824 † 1908).]

28120. Montagne. — Charles de Togues, seigneur de La Motte-des-Noyers en Bourbonnais [xvi° s.], *fig.*, p. 137, 182, 197, 229, et 663.

28121. Clément (L'abbé Joseph). — Les insignes reliques de la Vraie croix et de la Sainte épine de Bourbon-l'Archambault, *fig.*, p. 149 à 155, et 169 à 178.

28122. Tiersonnier (Philippe). — Les coutumes du pays et duché de Bourbonnais (1510) et les armoiries de Moulins, *fig.*, p. 156 à 159.

28123. Quirielle (Roger de). — M. de La Palice et la chanson, p. 179 à 182.

28124. Tiersonnier (Philippe). — Un feuillet de parchemin à enluminures (xiv° s.) et une croix de bois sculptée (xvi° s.) trouvés à Moulins, rue d'Allier, n° 65, en 1876, *pl.* et *fig.*, p. 214 à 220.

28125. Bodard (Georges). — A travers les registres paroissiaux de Cerilly, relevé des notes écrites par les prêtres de la paroisse en dehors des actes de l'état civil [1606-1628], p. 221, 650, et 671.

28126. Tiersonnier (Philippe), Clément (Abbé Joseph) et Du Broc de Seganges (Commandant). — Compte rendu de la X° excursion dans la région nord-est de Gannat (4 juin 1908), *fig.*, 24 *pl.*, 11 *tableaux*, p. 241 à 644, et 670 à 671.

[Mazerier, *fig.*, *pl.* et *tableau*, p. 278, 592, et 670; Jenzat, *fig.* et 16 *pl.*, p. 299, et 608; Saint-Germain de Salles, *pl.*, p. 339, et 670; Le Mayet d'École, p. 361; Soulzet, *pl.*, p. 369; Escurolles, 5 *pl.*, 2 *tableaux*, p. 387; Les Granges, *fig.*, 5 *tableaux*, p. 411, et 670; Bannelle, *fig.*, p. 477; Idogne, 3 *tableaux*, p. 510, et 671; Monteignot, *pl.*, p. 562; Pontratier, *fig.*, p. 573.]

ALPES (BASSES-). — DIGNE.

SOCIÉTÉ SCIENTIFIQUE ET LITTÉRAIRE DES BASSES-ALPES.

Voir, pour les publications de cette Société antérieures à 1901, la table récapitulative de notre *Bibliographie générale;* et pour ses publications postérieures, les tables placées à la fin des tomes I et II de notre *Bibliographie annuelle.*

XIII. — Annales des Basses-Alpes. Bulletin trimestriel de la Société scientifique et littéraire des Basses-Alpes, t. XIII. (Digne, 1907-1908, in-8°.)

28127. Richaud (A.). — Essai de folk-lore bas-alpin. Quelques légendes, p. 1 à 14, et 261 à 276. — Suite et fin de XII, p. 440.

28128. Isnard (M.-Z.). — Documents sur les États généraux extraits des Archives communales de Digne, p. 15, 64, et 139.

28129. V. L. [Lieutaud (V.).] — Gassendi et la Charité de Digne, p. 50; — justice locale (17 avril 1302), p. 52; — Guillaume de Saint-Domnin, médecin dignois (1302), p. 52.

28130. Bernard (Cyprien). — Études sur les écoles et le collège de Forcalquier, p. 53 à 63, et 125 à 138.

28131. V. L. [Lieutaud (V.).] — Vachères et Sainte-Croix à Lauze (1549), p. 103.

28132. Maurel (M.-J.). — La peste de 1720 dans les Basses-Alpes, p. 105, 186, 237, et 277.

28133. Anonyme. — Délimitation des territoires d'Oise et de Courbons (1393), p. 154 à 156.

28134. Bernard (Cyprien). — Épisode des guerres de religion. Marquetas, p. 173 à 179.

28135. Jeancler (H.). — Années de misère aux Sièyes (1667-1713), p. 200 à 207.

28136. Cauvin. — Le 3e bataillon des volontaires des Basses-Alpes à Entrevaux, en 1792, p. 209 à 225.

28137. Anonyme. — Manière de donner des parfums [désinfection au XVIIIe s.], p. 252.

28138. Anonyme. — Henry de Barras, écuyer de Mirabeau, sr de Fonteynelles, nommé gouverneur de la ville et viguerie de Digne (30 juin 1568), p. 253 à 254.

28139. Rochas (A. de). — Notice généalogique sur la branche de la famille de Rochas établie à Valensole, *facs.*, p. 290 à 302, et 330 à 346.

28140. Richaud (A.). — La fête de saint Maxime, à Riez, p. 309 à 329.

28141. Bernard (Cyprien). — Fastes consulaires de Forcalquier, p. 347 à 355, et 390 à 395.

28142. Gaffarel (Paul). — Lettres de Peiresc à Jacques Gaffarel (1627-1637), p. 356 à 364, et 370 à 389.

28143. M. I. [Isnard (M.-Z.).] — Documents inédits sur les bains de Digne, p. 365 à 369.

28144. V. L. [Lieutaud (V.).] — Saint-Pierre de Villette à Saint-Julien d'Asse, canton de Mezel [1545], p. 411 à 412.

ALPES (HAUTES-). — GAP.

SOCIÉTÉ D'ÉTUDES DES HAUTES-ALPES.

Voir, pour les publications de cette Société antérieures à 1901, la table récapitulative de notre *Bibliographie générale;* et pour ses publications postérieures, les tables placées à la fin des tomes I et II de notre *Bibliographie annuelle.*

XXVII. — Bulletin de la Société d'études des Hautes-Alpes, 27e année,... 1908. (Gap, 1908, in-8°, XXIX-399 p.)

28145. Roman (J.). — Sceau du 2e bataillon des volontaires des Hautes-Alpes, *fig.*, p. 1.

28146. Martin (David). — Le patois de Lallé en Bas-

Champsaur, p. 3, 222, 245, et 313. — Suite de XXVI, p. 167, et 199.

28147. Manteyer (Georges de). — Les Farel, les Aloat et les Riquet, milieu social où naquit la Réforme dans les Alpes, p. 33 à 89.

28148. Plat (Paul). — Note sur un cimetière gallo-romain situé à Trescléoux (Hautes-Alpes), p. 90 à 92.

28149. Manteyer (Georges de). — La création d'un marché public pour la station romaine du Monêtier-Allemont au IIe siècle, *pl.*, p. 93 à 103.

28150. D. M. — Ernest-Napoléon Sibour [1835 † 1907], p. 114 à 120.

28151. Manteyer (Georges de). — Les fouilles de Faudon opérées par M. Jean Brenier (1184-1214), 5 *pl.*, p. 129 à 200.

28152. Guillaume (L'abbé Paul). — Mouvement de la population du département des Hautes-Alpes au XIXe siècle, *tableau*, p. 203 à 217.

28153. Plat (P.). — Note sur une pierre levée située à Saint-Michel, commune d'Orpierre (Hautes-Alpes), p. 219 à 221.

28154. Roman (J.). — La proscription des Girondins et ses effets dans les Hautes-Alpes, p. 271 à 291.

28155. Plat (Paul). — Fouille d'une grotte située dans le rocher de la Farinette, commune d'Orpierre (Hautes-Alpes), p. 292 à 297.

28156. Michel (Joseph). — Un épisode du conflit Blanc-Ladoucette, p. 298 à 301.

[M. Blanc, maire de Gap, et M. Ladoucette, préfet des Hautes-Alpes (1806).]

28157. Roman (J.). — La ferme de Châteauvillard, p. 305 à 312.

28158. Allemand (L'abbé F.). — Notice biographique sur Faure, le mathématicien (1795 † 1871), avec extraits de ses Mémoires, p. 340 à 389.

28159. Plat (Paul). — Découverte de tombes romaines à Izon (Drôme), p. 390 à 393.

ALPES-MARITIMES. — NICE.

ACADEMIA NISSARDA.

Les tomes VII à IX de la revue *Nice historique*, publiés par l'Académia nissarda, sont analysés dans le fascicule III du tome II de notre *Bibliographie annuelle*, p. 7 et suiv.

X. — **Nice historique**, revue bi-mensuelle, organe officiel de l'Academia Nissarda..., année 1908, vol. X. (Nice, 1908, gr. in-8°, 352 p.)

28160. Raynaud (Edmond). — Notice historique sur le passage du Var, 3 *pl.*, p. 9, 20, 39, 57, 74, 92, 107, 123, 146, 169, 201, 228, 245, 262, 280, 294, 307, et 346.

28161. Gubernatis (Eug. de). — Au sujet de la fondation du prieuré de Carnolès, p. 14 à 16. — Suite de IX, p. 327.

28162. Enard (L'abbé Jules). — Honoré Leotardi [XVIe-XVIIe s.], p. 25 à 28.

28163. V. E. [Emanuel (Victor).] — Mémoires du premier monastère de la Visitation Sainte-Marie de Nice rangés par la Religieuse *** en cette année 1709, p. 29, 43, 61, 77, 94, 115, 130, 230, 248, 266, 297, et 312.

28164. Rance-Bourrey (A.-J.). — A propos du lycée de Nice, p. 33 à 39.

28165. Emanuel (Victor). — Les entremets de la Fête-Dieu. Un carnaval religieux à Aix-en-Provence, d'après des documents du XVIIIe siècle, p. 49 à 52.

28166. Rance-Bourrey (A.-J.). — Incunables niçois, p. 67, 89, 111, 126, et 152.

28167. Orestis (F. de). — L'origine du nom de Nice, p. 81 à 83, et 103 à 106. — Cf. nos 28168 et 28175.

28168. Mattiauda (B.). — Au sujet de l'étymologie du nom de Nice et des noms ligures en général, p. 82 à 84. — Cf. nos 28167 et 28175.

28169. Canestrier (P.). — Les Barbets à Tourrette-Levens, p. 118 à 122.

28170. Barety (Dr A.). — Le pensionnat et la collection Guilloteau. Les Roches choisies de Cimiez. La collection Fournier, *pl.*, p. 135, 160, et 179.

28171. Martiny (Louis). — Les suites d'une visite de Millin à la Bibliothèque municipale de Nice, *fig.*, p. 142.

28172. Arène (Édouard). — Documents inédits et éclaircissements complémentaires aux notes historiques sur la paroisse de Saint-Martin (Saint-Augustin) et l'ancien couvent des Augustins, p. 165, 187, et 205. — Cf. VII, p. 133, et 146.

28173. V. E. [Emanuel (Victor).] — La liquidation du premier lycée de Nice (1814-1818), p. 194 à 199.

28174. Orestis di Castelnuovo (Jules de). — Le Niçois Odar [J.-M. Auda, comte de Sainte-Agnès], p. 200.

28175. Ligus. — L'étymologie du nom de Nice, p. 213 à 216. — Cf. nos 28167 et 28168.

28176. Toselli (Général Ernest). — Une famille de peintres niçois. Les Biscarra, *portr.*, p. 216, 233, et 273.

28177. Anonyme. — L'installation du maire de Nice de Orestis en 1808, p. 224 à 227.

28178. Anonyme. — Rapport sur l'instruction publique en la ville de Nice, année de 1807, par M. L. Romey, maire de Nice, p. 239, 257, et 275.

28179. Canestrier (P.). — Le général Joseph Tordo (1774 † 1846), p. 253, 269, et 287.

28180. Sardou (Victorien). — Nice en 1840, p. 302 à 306.

28181. Barety (Dr A.). — Les fouilles du monastère de Saint-Pons, découverte de sarcophages du ive siècle, 5 *pl.*, p. 317 à 334.

28182. Emanuel (Victor). — Le déménagement furtif du château de Toudon en 1614. Procès-verbal d'une enquête judiciaire faite en 1621 par Antoine Calchiero, bayle de Toudon, p. 337 à 345.

ARDENNES. — SEDAN.

SOCIÉTÉ D'ÉTUDES ARDENNAISES.

Voir, pour les publications de cette Société antérieures à 1901, la table récapitulative de notre *Bibliographie générale;* et pour ses publications postérieures, les tables placées à la fin des tomes I et II de notre *Bibliographie annuelle.*

XV. — Revue d'Ardenne et d'Argonne, publiée par la Société d'études ardennaises, 15e année, 1907-1908. (Sedan, 1908, in-8°, 204 p.)

28183. Bourguignon (Jean). — Un projet de réorganisation territoriale de la France. Ce que deviendrait les Ardennes, p. 1 à 7.

28184. Delahaye (Ernest). — A propos de Rimbaud. Souvenirs familiers, p. 18, 54, 88, 119, et 182. — Suite de XIV, p. 65, 97, 129, et 190.

28185. Bossu (Louis). — Ballay et sa seigneurie au moyen âge, p. 33 à 51, et 74 à 87.

28186. Collinet (P.). — M. Jean-Baptiste Brincourt [1825 † 1908], p. 59.

28187. Gillant (L'abbé). — Le maréchal de camp Louis de Bigault de Signémont et l'affaire de Varennes, p. 65 à 73.

28188. Finfe de Saint-Pierremont (Baron Max). — L'abjuration d'Anne de Schélandre dans l'église d'Autruche, en 1683, sa jeunesse, ses deux mariages, sa mort, p. 105 à 118.

28189. Delaw (G.). — Le loup et les trois brebis, conte populaire en patois de Bièvre-en-Ardenne (Belgique), p. 126 à 127.

28190. Collinet (Paul). — Une exécution capitale à Donchery au xve siècle, p. 132.

28191. Collinet (Paul). — La paulette à Rethel en 1740, p. 133 à 134.

28192. Gillant (L'abbé). — Soldats et gentilshommes verriers, p. 137 à 155.

28193. Collinet (Paul). — Recherches statistiques sur la population des Ardennes avant le xixe siècle, p. 155 à 161. — Cf. VIII, p. 109, et 191.

28194. Menu (Henri). — Le contrat de mariage de Nicolas Colbert et de Marie Pussort (1614-1615), et les fausses preuves de noblesse produites pour l'ordre de Malte (1667), p. 162 à 168.

28195. Descharmes (H.). — Une médaille inédite de Henri de La Tour, *pl.*, p. 170.

28196. Pellet (Marie). — Chéri Pauffin jugé par un de ses anciens condisciples, p. 171.

28197. Baudon (Al.). — Les inscriptions des églises d'Aussonce et de la Neuville en Tourne-à-Fuy, p. 173 à 181.

28198. Collinet (Paul). — La fondation du Bureau de charité de Donchery (1693), p. 197.

28199. Bourbon (H.). — Un règlement de police à Doutancourt en 1768, p. 199.

ARIÈGE. — FOIX ET SAINT-GIRONS.

SOCIÉTÉ ARIÉGEOISE DES SCIENCES, LETTRES ET ARTS, ET SOCIÉTÉ DES ÉTUDES DU COUSERANS.

Voir, pour les publications de cette Société antérieures à 1901, la table récapitulative de notre *Bibliographie générale;* et pour ses publications postérieures, les tables placées à la fin des tomes I et II de notre *Bibliographie annuelle.*

XI. — Bulletin périodique de la Société ariégeoise des sciences, lettres et arts et de la Société des études du Couserans, 11ᵉ vol., 1907-1908. (Foix, 1908, in-8°, 512 p.)

28200. Signorel (Jean). — Mémoires de Galy Montaglas [1763 † 1847], *fig.* et *portr.*, p. 8, 49, 129, et 195.

[Campagnes de la Révolution (1792-an x).]

28201. Signorel (Jean). — Découverte à Saint-Girons d'un cippe romain portant une inscription funéraire, *pl.*, p. 44 à 48.

28202. Pélissier (E.). — Statuts des apothicaires de Pamiers (26 juin 1404), p. 76 à 80.

28203. Lafuste (L'abbé Ed.). — Une tentative d'assassinat contre le capitaine Jehan le Comte (10 mars 1595), p. 81 à 92.

28204. Pasquier (F.). — Piles gallo-romaines dans le Couserans. Quelle pouvait être leur destination? 3 *pl.*, p. 93 à 95.

28205. Roger (Robert). — Inscriptions de l'église de Daumazan, p. 96 à 99.

28206. Sicre (Paul). — Éléments de grammaire du dialecte de Foix, p. 113, 177, 274, 337, 387, et 441.

[Avec une lettre de A. Jeanroy et des observations de F. Pasquier.]

28207. Robert (L'abbé). — Les gens de guerre au Carla-Bayle en 1654, d'après des documents inédits, p. 219 à 227.

28208. Rumeau (R.). — Les guerres de religion autour de la Bastide-de-Serou (Ariège) sous Louis XIII, d'après les Archives communales, p. 241 à 258, et 352 à 358.

28209. Doublet (G.). — Histoire de la maison de Foix-Rabat, p. 259 à 273. — Suite de VI, p. 1, 66, 307; VII, p. 49, 217; VIII, p. 97, 129, 281, 391; IX, p. 113, 175; X, p. 1, et 225.

28210. Roger (Robert). — Haches de bronze trouvées dans l'Ariège, *fig.*, p. 294.

28211. Pélissier (E.). — Le Castel Joyos de Pamiers, p. 296 à 299.

28212. F. P. [Pasquier (F.).] — Sources pour l'histoire du Couserans au xiiiᵉ siècle, p. 300.

28213. Blazy (L'abbé). — Nos évêques depuis 1682 jusqu'à 1905, p. 302 à 306.

28214. Barrière-Flavy. — Histoire du collège de Pamiers, p. 313, 409, et 461.

28215. Cartailhac. — Découvertes de peintures préhistoriques dans les cavernes de l'Ariège, p. 359 à 365.

28216. Doublet (Georges). — Un ambassadeur ariégeois à Constantinople sous la Régence [le marquis de Bonnac] (1716-1725), p. 377 à 386. — Cf. X, p. 369.

28217. Pasquier (F.). — Castrum de Caumont (Ariège) et Castelas de Belvezet (Gard), analogie dans le système de construction, *fig.*, p. 479 à 482.

28218. Rumeau (R.). — Notes relatives à l'histoire de la Bastide-de-Serou, p. 483 à 495.

28219. Pélissier (E.). — La vocation de l'abbé Duclos, p. 495 à 503.

IMPRIMERIE NATIONALE.

AUBE. — TROYES.

SOCIÉTÉ ACADÉMIQUE D'AGRICULTURE, DES SCIENCES, ARTS ET BELLES-LETTRES DE L'AUBE.

Voir, pour les publications de cette Société antérieures à 1901, la table récapitulative de notre *Bibliographie générale;* et pour ses publications postérieures, les tables placées à la fin des tomes I et II de notre *Bibliographie annuelle.*

LXXII. — **Mémoires de la Société académique d'agriculture, des sciences, arts et belles-lettres de l'Aube**, t. LXXII de la collection, t. XLV, 3ᵉ série, année 1908. (Troyes, s. d., in-8°, 456 p.)

28220. Gillet (René). — Notes sur Joinville (Haute-Marne), 2 *pl.*, p. 9 à 116.
28221. Boutillier du Retail. — Un épisode de la vie de François Gentil (1579), p. 117 à 125.
28222. Des Guerrois (Charles). — L'*Hymne aux Muses*, traduit de Proclus, p. 127 à 134.
28223. Dubois (Julien). — Lafontaine et Boccace, p. 149 à 169.
28224. Pigeon (Dʳ Ed.). — Au pays Ouargli (notes algériennes), p. 279 à 378. — Suite de LXXI, p. 181.
28225. Le Clert (Louis). — Listes des dons faits au Musée de Troyes pendant l'année 1908, p. 397 à 404.

LXXIII. — **Annuaire administratif, statistique et commercial du département de l'Aube pour 1908**, publié pour la 2ᵉ partie sous les auspices et sous la direction de la Société académique du département de l'Aube, 82ᵉ année. (Troyes, s. d., in-8°, 448-119 p.)

Deuxième partie.

28226. Le Clert (Louis). — Allebaudières. Note sur l'ancienne forteresse, *pl.*, p. 3 à 13.
28227. Babeau (Albert). — Notes sur quelques portes du XVIIᵉ et du XVIIIᵉ siècle, à Troyes, *pl.*, p. 16 à 24.
28228. Le Clert (Louis). — Note sur une pendeloque en argent faisant partie de la collection d'orfèvrerie du Musée de Troyes, *fig.*, p. 25 à 32.
28229. Babeau (Albert). — La colonne départementale de l'Aube et la place du Préau à Troyes, p. 33 à 38.
28230. Arbeltier de la Boullaye. — Les grandes maisons de Montier-la-Celle (l'hôtel de la Galère), p. 39 à 60.
28231. Le Clert (Louis). — Liste des dons faits au Musée de Troyes pendant l'année 1907, p. 111 à 118.

AUBE. — TROYES.

SOCIÉTÉ DÉPARTEMENTALE D'HISTOIRE DE LA RÉVOLUTION DANS L'AUBE.

Cette Société, fondée à la fin de l'année 1907, a fait paraître en 1908 le premier volume du recueil analysé ci-dessous.

I. — **La Révolution dans l'Aube. Bulletin d'histoire moderne et contemporaine**, publié par la Société départementale d'histoire de la Révolution, sous la direction de A. Boutillier

Du Retail, archiviste du département, et Octave Beuve, archiviste de la ville de Troyes, 1re année, 1908. (Troyes, 1908, in-8°, 208 p.)

28232. Boutiller Du Retail (A.). — Les études d'histoire moderne dans le département de l'Aube, p. 1 à 16.
28233. Beuve (Octave). — Le Père Sauce à Troyes, p. 17 à 25.
28234. Lallement (Lieutenant). — Les conscrits de l'an vii, p. 26 à 28.
28235. Morin (Louis). — Les distractions poétiques des suspects internés au grand séminaire de Troyes pendant la Terreur, p. 29, 61, et 109.
28236. Beuve (Octave). — Arcis-sur-Aube en 1830, p. 39 à 41, et 105 à 108.
28237. A. B. du R. [Boutillier Du Retail (A.).] — L'esprit public dans le dictrit de Bar-sur-Aube après le 9 thermidor, p. 46 à 48.
28238. Beuve (Octave). — Lettres de Claude Huez, maire de Troyes, député à l'Assemblée des notables (1787), p. 49 à 60.
28239. Michelot (A.-A.). — A la veille de Valmy, p. 83, 137, et 194.
28240. Chandellier (G.). — Trois lettres d'un sergent de l'armée de Napoléon Ier (1812), Alexis Garnier, de Prunay-Saint-Jean, p. 87 à 91.
28241. Maury (E.). — Bigot d'Engente, émigré, trésorier du roi Louis XVIII à Gand (1815), d'après les archives du château de la Fosse Ronde (Aube), p. 92.
28242. Janne. — Notes sur l'esprit public à Courteranges (1811-1851), p. 94.
28243. Dollat (Pierre). — Lettres de citoyens [de l'Aube] aux Assemblées nationales [1792-1793], p. 97 à 104.
28244. Ray (L.). — Lettre de dom Chevreux, général de la congrégation de Saint-Maur, au prieur de l'abbaye de Molesme [1789], p. 143.
28245. Boutillier Du Retail (A.). — Un annaliste villageois [Edme Millard]. Notes sur la vie dans une commune de l'Aube [Pâlis] (1781-1840), p. 145 à 173.
28246. Chandellier (G.). — La question des subsistances. Le commerce des céréales en l'an iv. Le marché de Troyes et le canton de Saint-Jean-de-Bonneval, p. 174 à 193.
28247. Antoine (E.). — La conspiration du général Malet. Lettre de Rœderer au comte Beugnot (1812), p. 201.

AUDE. — CARCASSONNE.

SOCIÉTÉ DES ARTS ET DES SCIENCES DE CARCASSONNE.

Voir, pour les publications de cette Société antérieures à 1901, la table récapitulative de notre *Bibliographie générale;* et pour ses publications postérieures, les tables placées à la fin des tomes I et II de notre *Bibliographie annuelle.*

XIV. — Mémoires de la Société des arts et des sciences de Carcassonne, 2e série, t. IV. (Carcassonne, 1908, in-8°, xiv-32-255 p.)

28248. Bouffet. — Paroles prononcées aux obsèques de M. Poubelle, ambassadeur, ancien préfet de la Seine, p. 35 à 38.
28249. Baichère (L'abbé Edmond). — Le nécrologe de Birot, de la cathédrale Saint-Nazaire de Carcassonne, p. 39 à 232.
28250. Renaux (Camille). — Quatre cahiers de doléances, plaintes et remontrances des communes de la sénéchaussée de Castelnaudary en vue de la convocation des États généraux (mars 1789), p. 233 à 253.

[Communes de Saint-Julia de Gras-Capou, de Lagarde, de Nailloux et de Vieillevigne.]

AUDE. — CARCASSONNE.

SOCIÉTÉ D'ÉTUDES SCIENTIFIQUES DE L'AUDE.

Voir, pour les publications de cette Société antérieures à 1901, la table récapitulative de notre *Bibliographie générale;* et pour ses publications postérieures, les tables placées à la fin des tomes I et II de notre *Bibliographie annuelle.*

XIX. — Bulletin de la Société d'études scientifiques de l'Aude, t. XIX, année 1908. (Carcassonne, 1908, in-8°, LXXII-264 p.)

28251. Bordeaux (P.). — Sceau du prieuré de Saint-Michel de Duilhac, *fig.*, p. XL.

28252. Sicard (Germain). — Note sur Saint-Denis (Montagne Noire), p. XLI.

28253. Sicard (Germain). — L'oppidum de Balintras, p. XLIII à XLV.

28254. Sicard (Germain). — La pile romaine de Laure, p. LIV.

28255. Courrent (Dr P.). — Excursion aux gorges de Fontjoncouse, à Ripaud, les Gorges de la Berre et Gléon, p. 3 à 15.

28256. Blanquier (A.). — Excursion à Cuxac-d'Aude, au mont Carétou, à Raonel et à Matefer, p. 16 à 45.

28257. Fages (A.). — Excursion à Bugarach et Fourtou, p. 46.

28258. Sicard (Germain). — Excursion à Saint-Denis et Saissac dans la Montagne Noire, *pl.*, p. 55 à 82.

28259. Combeléran (G.). — Excursion aux forêts de Callong, de Picaussel, de la Plaine, à Belcaire et dans la vallée du Rébenty, p. 83 à 94.

28260. Bourrel (Dr Ch.). — Le pont naturel de Saint-Jean à Aiguesvives (Aude), *pl.*, p. 234 à 237.

AVEYRON. — RODEZ.

SOCIÉTÉ DES LETTRES, SCIENCES ET ARTS DE L'AVEYRON.

Voir, pour les publications de cette Société antérieures à 1901, la table récapitulative de notre *Bibliographie générale;* et pour ses publications postérieures, les tables placées à la fin des tomes I et II de notre *Bibliographie annuelle.*

XXI. — Procès-verbaux des séances de la Société des lettres, sciences et arts de l'Aveyron, XXI, du 25 février 1906 au 29 décembre 1907. (Rodez, 1907, in-8°, XVI-231 p.)

28261. Hermet (L'abbé). — Inscription de la croix de Belbès près du cimetière de Saint-Sernin-sur-Rance (XVe s.), p. 100 à 102.

28262. Maisonabe (N.). — M. Henri Affre († 1907), p. 137 à 141.

28263. Cabrol. — La tombe de Claude Debertier, évêque constitutionnel de Rodez, au Père-Lachaise, p. 148.

28264. Laporte (Aimé). — Portrait de la femme du conventionnel Chabot, p. 149.

28265. Hermet (L'abbé). — Inscription de la porte de l'église de la Couvertoirade (1507), p. 151.

28266. Constans (Marius). — Lettres de Charles Blanc; lettre de Monseignat et Rodat concernant le lycée de Rodez (an XII), p. 151 à 154.

28267. Gaby (Charles). — Rapport sur l'*État du diocèse de Rodez en 1771, et sur les Bénéfices du diocèse de Rodez avant la Révolution*, p. 155 à 181.

BOUCHES-DU-RHÔNE. — AIX.

ACADÉMIE DES SCIENCES, AGRICULTURE, ARTS ET BELLES-LETTRES D'AIX.

Voir, pour les publications de cette Société antérieures à 1901, la table récapitulative de notre *Bibliographie générale;* et pour ses publications postérieures, les tables placées à la fin des tomes I et II de notre *Bibliographie annuelle.*

LXXXVIII. — Séance publique de l'Académie des sciences, agriculture, arts et belles-lettres d'Aix. Centenaire de sa reconstitution. (Aix-en-Provence, 1908, in-8°, 114 p.)

28268. Aude (D[r]). — Mignet, *portr.*, p. 29 à 61.
28269. Roux (J.-Charles). — La Provence chez elle, dans les musées de France et de l'étranger, p. 63 à 88.

XIX. — Mémoires de l'Académie des sciences, agriculture, arts et belles-lettres d'Aix, t. XIX. (Aix-en-Provence, 1908, in-8°, 300 p.)

28270. Soudrat (Charles). — Charles de Ribbe, ses origines morales et intellectuelles, p. 5 à 21.
28271. Lieutaud (Victor). — Les cardinaux provençaux, p. 23 à 57.
28272. Chaillan (L'abbé). — Documents nouveaux sur le studium du pape Urbain V à Trets-Manosque (1364-1367), p. 59 à 81.
28273. Cherrier (Le chanoine). — L'Académie et le Muséum d'histoire naturelle, p. 83 à 117.
28274. Gérin-Ricard (H. de). — Étude économique sur les charbonnages de Provence du XVIe au XIXe siècle, p. 119 à 145.
28275. Mouravit (Gustave). — Archéologues et archéographes français au début du XVIIIe siècle [F.-X. Bon de Saint-Hilaire], p. 147 à 173.
28276. Pélissier (L.-G.). — Un collaborateur de Montfaucon. Lettres du président Bon Saint-Hilaire à Bernard de Montfaucon, p. 174 à 213.

BOUCHES-DU-RHÔNE. — AIX.

SOCIÉTÉ D'ÉTUDES PROVENÇALES.

Voir, pour les publications antérieures de cette Société, les tables placées à la fin des tomes I et II de notre *Bibliographie annuelle.*

V. — Annales de la Société d'études provençales... 5e année, 1908. (Aix-en-Provence, s. d., in-8°, XVI-400 p.)

28277. Sauve (F.). — Les services publics communaux et les abonnements en nature au moyen âge dans la région aptésienne, p. 1 à 22, et 89 à 110.

28278. Labande (L.-H.). — Chartes de Montmajour aux archives du palais de Monaco (xie-xive s.), p. 23, 111, et 161.

28279. Crémieux (Ad.). — La République marseillaise au xiiie siècle, p. 33 à 48.

28280. Nicollet (F.-N.). — Paul de Faucher [1840 † 1907], p. 49 à 51.

28281. Perrier (Émile). — Un primat de Pologne à Marseille en 1776-1777, Gabriel Podoski, *portr.*, p. 65, 193, 231, et 369.

28282. Mabilly (Ph.). — Marcs et livres de Marseille, p. 125 à 136, et 179 à 192.

28283. Julien (Fortuné). — Le théâtre à Aix depuis son origine jusqu'en 1854, p. 208 à 217, et 249 à 280.

28284. Combet (Joseph). — La question économique à Nice pendant la Révolution, p. 225 à 247, et 361 à 368.

28285. Bigot (P.-H.). — Un bail des écoles de Carpentras (1589), p. 313 à 318.

28286. Duprat (Eugène). — L'inscription de Casarie et Polycarpe de La Rivière, p. 329 à 344.

28287. Nicollet (F.-N.) — Ferdinand Belin (1837 † 1908), *portr.*, p. 345 à 360.

28288. Gourbin (J.). — Devant Toulon (1793), documents inédits, p. 375 à 391.

BOUCHES-DU-RHÔNE. — MARSEILLE.

SOCIÉTÉ ARCHÉOLOGIQUE DE PROVENCE.

Voir, pour les publications antérieures de cette Société, la table placée à la fin du tome II de notre *Bibliographie annuelle*.

IV. — Bulletin de la Société archéologique de Provence, année 1908, n°s 11 [et 12]. (Marseille, 1908, in-8°, 65 p.)

28289. Bout de Charlemont. — Diverses observations à Aubagne et Tauroentum, p. 19 à 22.

28290. Baillon (J.) et Magnan (F.). — Fouilles archéologiques dans le vieux Marseille, 2 *pl.*, p. 23 à 26.

28291. Dalloni (Marius). — L'habitat retranché néolithique de Laure, près Gignac, *fig.* et *pl.*, p. 26 à 35.

28292. Vasseur (G.). — Sur l'extension dans le Gard de la céramique indigène de Provence appartenant à la période hellénique, p. 38 à 43.

28293. Poidevin de Maureillan. — Les antiquités de Valbonne, près Hyères, p. 43 à 45.

28294. Taboubet (Marin). — Fouille d'un tumulus de l'âge du bronze, à Signes (Var), *fig.*, p. 46 à 49.

28295. Pelloux-Gervais. — Sur la découverte d'une salle pavée en mosaïque et de diverses antiquités romaines à Fréjus (Var), p. 49.

28296. Ville d'Avray (De). — Découverte d'un tumulus mégalithique et d'une station gallo-romaine à Ferrières (Aire-Peyrone-Esterel), p. 50.

28297. Clastrier. — La Baume Quenouille, près Vitrolles, p. 53.

28298. Clastrier. — Sur des constructions romaines à Rognac (bord de l'étang de Berre), p. 54 à 58.

28299. Pottier (E.). — Observations sur les poteries helléniques découvertes par MM. Baillon et Magnan dans le vieux Marseille, p. 58 à 60.

28300. Magnan (F.). — La Penelle [à La Penne, près Marseille], *pl.*, p. 60 à 63.

28301. Valérian. — Fouilles de Pisavis, p. 63.

28302. Clastrier. — Sépultures préhistoriques du plateau de Canourgue, près Rognac, p. 64.

BOUCHES-DU-RHÔNE. — MARSEILLE.

SOCIÉTÉ DE STATISTIQUE DE MARSEILLE.

Voir, pour les publications de cette Société antérieures à 1900, la table récapitulative de notre *Bibliographie générale;* et pour le tome XLV du *Répertoire* de ses travaux le tome I, fasc. III, p. 15, de notre *Bibliographie annuelle.*

XLVI. — Répertoire des travaux de la Société de statistique de Marseille, 1904 [-1905], t. XLVI, 2e de la 10e série... publié sous la direction de M. Henry de Gérin-Ricard (1905-1906, in-8°, 243 p.)

28303. Perrier (Émile). — Le cabinet d'antiques de Xavier de Molin, gentilhomme d'Arles, p. 15 à 30.

28304. Faucher (Paul de). — Le livre de raison d'Honoré de Gras, conseiller au Parlement de Provence, dernier seigneur de Mimet, p. 31 à 86.

28305. Rigaud (Paul). — Le procès de Caussini, plaidoirie de Siméon, p. 87 à 96.

28306. Agnel (Auguste). — Une ancienne famille marseillaise. Les Grosson, *fig.*, p. 97 à 108.

28307. Arnaud d'Agnel (L'abbé). — Marseille et le second obélisque de Louqsor, p. 155 à 163.

28308. Gensollen (Octave). — Notice généalogique sur les Geoffroy d'Antrechaux, p. 164 à 214.

28309. Pascal (Le chanoine). — Notice nécrologique, Mgr Arnaud, évêque de Fréjus [1834 † 1905], p. 215 à 218.

28310. Anonyme. — M. Jean Bayol [1849 † 1905], p. 219 à 221.

CALVADOS. — BAYEUX.

SOCIÉTÉ DES SCIENCES, ARTS ET BELLES-LETTRES DE BAYEUX.

Voir, pour les publications de cette Société antérieures à 1901, la table récapitulative de notre *Bibliographie générale;* et pour ses publications postérieures, les tables placées à la fin des tomes I et II de notre *Bibliographie annuelle.*

28311. Anquetil (E.). — Le Livre rouge de l'évêché de Bayeux, manuscrit du XVe siècle publié pour la première fois avec introduction et tables. (Bayeux, 1908, in-8°, XXXIV-408 p.)

X. — Société des sciences, arts et belles-lettres de Bayeux, 10e vol. (Bayeux, 1908, in-8°, 197 p.)

28312. Garnier (Charles). — Les hospices de Bayeux, p. 1 à 135.

28313. Lalouel (E.) — La Société philharmonique de Bayeux [1838-1908], p. 137 à 153.

28314. Anquetil (E.). — Les municipalités de Bayeux et les disettes (1709-1725-1739), p. 154 à 160.

28315. Anquetil (E.). — Les hôtels de ville de Bayeux et leur mobilier, p. 161 à 173.

28316. Bourrienne (L'abbé V.). — La recherche [de noblesse] des élus de Bayeux en 1523, p. 174 à 181.

28317. Anonyme. — Nécrologie, p. 186.

[P.-A.-V.-D. Le Hartel (1841 † 1908); F.-H.-A. Dédouit; G.-P. Du Buisson de Courson (1839 † 1906), etc.]

CALVADOS. — CAEN.

ACADÉMIE DES SCIENCES, ARTS ET BELLES-LETTRES DE CAEN.

Voir, pour les publications de cette Société antérieures à 1901, la table récapitulative de notre *Bibliographie générale;* et pour ses publications postérieures, les tables placées à la fin des tomes I et II de notre *Bibliographie annuelle.*

LXII. — **Mémoires de l'Académie nationale des sciences, arts et belles-lettres de Caen.** (Caen, 1908, in-8°, 18-326-44 p.)

Partie scientifique.

28318. Vigot (Dr). — Comment est mort Jésus? p. 1 à 18.

Partie littéraire.

28319. Le Page (A.). — En Afrique du Sud il y a vingt ans, p. 1 à 31.

28320. Vanel (Gabriel). — L'émigration en Normandie. Le comte et la comtesse G. de Manneville d'après leur correspondauce et des documents inédits (1791-1798), p. 33 à 168.

28321. Prentout (Henri). — Jules Tessier, notice biographique et bibliographique, p. 169 à 212.

28322. Pouthas (C.). — La constitution intérieure de l'Université de Caen au xviiie siècle, p. 231 à 326.

Documents.

28323. Tougard (L'abbé A.). — Daniel Huet. Quelques faits de sa vie (1689-1701), p. 1 à 14.

28324. Sauvage (R.-N.). — Note sur les textes narratifs provenus du prieuré de Sainte-Barbe en Auge, p. 15 à 29.

CALVADOS. — CAEN.

ASSOCIATION NORMANDE.

Voir, pour les publications de cette Association antérieures à 1901, la table récapitulative de notre *Bibliographie générale;* et pour ses publications postérieures, les tables placées à la fin des tomes I et II de notre *Bibliographie annuelle.*

LXXIV. — **Annuaire des cinq départements de la Normandie,** publié par l'Association normande, 75e année, 1908. (Caen, s. d., in-8°, lxiv-312 et 401 p.)

28325. Bellet. — Fécamp, son port, son commerce, son industrie, p. 9 à 46.

28326. Apel. — Excursion à Saint-Romain de Colbosc, Saint-Jean d'Abbetot, Tancarville et Lillebonne, p. 71 à 78.

28327. Beaurepaire (Ch.-A. de). — Excursion à Angerville-Bailleul, Grand-Daubeuf et Valmont, p. 79 à 105.

28328. Desprez (A.). — Notice sur les ruines de la forteresse de Fécamp construite par Guillaume Longue-Épée, second duc de Normandie, vers 928, p. 120 à 140.

28329. Coutil (L.). — Inventaire des monnaies gauloises du département de la Seine-Inférieure, p. 141 à 235.

28330. Lechevalier (A.). — Description archéologique de l'église d'Angerville-l'Orcher (arrondissement du Havre), p. 255 à 266.

28331. Lhonoré. — Cantique de la Charité de Montaure, p. 286 à 289.

28332. Longuemare (P. de). — Étude sur le canton de Tilly-sur-Seulles, p. 1 à 264. — Suite et fin de LXXIII, p. 55.

28333. Coutan (Dr). — Note sur les dates de construction et sur le plan de la Trinité de Fécamp, ancienne église abbatiale, *pl.*, p. 331 à 336.

28334. Boulard. — Étude sur Yport, p. 337 à 351.

28335. Brebisson (R. de). — Le château de Carel, p. 353 à 378.

28336. Travers (Émile). — M. Jules Lair, p. 379 à 397.

CALVADOS. — CAEN.

SOCIÉTÉ DES ANTIQUAIRES DE NORMANDIE.

Voir, pour les publications antérieures de cette Société, la table récapitulative de notre *Bibliographie générale;* et pour ses publications postérieures, les tables placées à la fin des tomes I et II de notre *Bibliographie annuelle.*

XXVI. — Bulletin de la Société des Antiquaires de Normandie, t. XXVI. (Caen, 1908, in-8°, 361 p.)

28337. Vanel (G.). — Remarques de Jacques Le Marchant, conseiller garde scel au bailliage et siège présidial de Caen (1674-1738), p. 3 à 216. — Suite de XXV, p. 267.

28338. Lesage (Georges). — Le collégiale de Croissanville et ses chanoines, p. 217 à 238.

28339. Lanfranc de Panthou (O.). — Les Normands d'Italie et le comté de Mortain, p. 239 à 263.

28340. Lepage (A.). — Les travaux publics dans la généralité de Caen au XVIIIe siècle, p. 265 à 296.

28341. Prentout (Henri). — La Faculté de médecine de l'Université de Caen au XVIe siècle (1506-1618), p. 297 à 337.

28342. Prentout (Henri). — Les tableaux de 1790 en réponse à l'enquête du Comité de mendicité (Calvados), p. 339 à 360.

CALVADOS. — CAEN.

SOCIÉTÉ FRANÇAISE D'ARCHÉOLOGIE.

Voir, pour les publications de cette Société antérieures à 1901, la table récapitulative de notre *Bibliographie générale;* et pour ses publications postérieures, les tables placées à la fin des tomes I et II de notre *Bibliographie annuelle.*

LXXII. — Bulletin monumental, dirigé par Eugène Lefèvre-Pontalis, sous les auspices de la Société française d'archéologie, 72e vol. de la collection. (Paris et Caen, 1908, in-8°, 580 p.)

28343. Saint-Paul (Anthyme). — L'architecture française et la guerre de Cent ans, *fig.* et 4 *pl.*, p. 5, 269, et 387

28344. Anglès (A.). — L'abbaye de Silvanès (Aveyron), *fig.* et 4 *pl.*, p. 41 à 60.

28345. Germain de Maidy (Léon). — Une inscription devinette de 1546 à Sainte-Maure (Aube), p. 61 à 65.

28346. Plancouard (Léon). — La cloche de Marines, *fig.*, et *pl.*, p. 66 à 77.

28347. Lesueur (Dr). — Les fouilles du château de Blois (1906), *fig.* et 5 *pl.*, p. 78 à 119.

IMPRIMERIE NATIONALE.

28348. Aubert (Marcel). — L'église de Saint-Pathus [Seine-et-Marne], *fig.* et 2 *pl.*, p. 120 à 127.

28349. Divers. — Les voûtes d'ogives de Morienval, *fig.* et *pl.*, p. 128 à 136, et 484 à 510.

[Discussion entre MM. J. Bilson, p. 128, et 498; J.-A. Brutails, p. 484; et Eug. Lefèvre-Pontalis, p. 493.]

28350. Maître (Léon). — La crypte de Saint-Denis, *fig.* et *pl.*, p. 137 à 145. — Cf. n° 23474 et 28351.

28351. Levillain (Léon). — Sur la crypte de Saint-Denis, p. 145 à 154. — Cf. n° 23474 et 28350.

28352. Vérité (Pascal) et Lefèvre-Pontalis (Eug.). — Le tracé du chœur de la cathédrale du Mans, *fig.* et 2 *pl.*, p. 155 à 161. — Cf. n° 29848.

28353. Mortet (Victor). — Le sens du mot *abside*, p. 162 à 166.

28354. Aubert (Marcel) et Serbat (Louis). — Chronique, p. 167, 348, et 521.

28355. Lauer (Philippe). — L'abbaye de Royaumont, *fig.* et 19 *pl.*, p. 215 à 268.

28356. Baye (Baron de). — Les fibules de l'époque barbare spéciales à l'Ukraine et leurs prototypes, 4 *pl.*, p. 303 à 313.

28357. Biver (Paul) et Howard (F.-E.). — Les *chantry-chapels* anglaises, *fig.* et 19 *pl.*, p. 314 à 347.

28358. Travers (Émile). — M. Charles de Beaurepaire [1828 † 1908], p. 373 à 375.

28359. Aubert (Marcel). — Les architectes de Notre-Dame de Paris du XIIIe au XIXe siècle, p. 427 à 441.

28360. Bilson (John). — Un bas-relief du XIIe siècle représentant des scènes de l'Enfer, trouvé à York, 2 *pl.*, p. 442 à 454.

28361. Boinet (A.). — Le tympan de Saint-Yved de Braisne au Musée de Soissons, 3 *pl.*, p. 455 à 460.

28362. Anglès (A.). — L'église d'Aubin (Aveyron), *fig.* et 3 *pl.*, p. 461 à 476.

28363. Lefèvre-Pontalis (Eug.). — Le plan primitif de l'église de Morienval, 3 *pl.*, p. 477 à 483.

28364. Stein (Henri). — Thomas Toustain, second architecte de la cathédrale du Mans, p. 511.

28365. Mateux (Albert). — Clef de voûte de Salles-la-Source (Aveyron) [XIVe s.], *fig.*, p. 513 à 516.

28366. Mateux (Albert). — Les *chantry-chapels* en France, p. 517 à 520.

28367. Lahondès (J. de). — Le baron de Rivières [1835 † 1908], p. 545 à 547.

28368. Lefèvre-Pontalis (Eug.). — M. le comte A. de Dion [† 1908], p. 548 à 550.

LXXIV. — Congrès archéologique de France, 74e session, tenue à Avallon en 1907 par la Société française d'archéologie. (Paris et Caen, 1908, in-8°, LXXII-717 p.)

28369. Divers. — Guide archéologique du congrès d'Avallon, p. 1 à 234.

[Avallon, par Charles Porée, p. 3 à 14 : église Saint-Lazare, 4 *pl.*; église Saint-Martin du Bourg, 2 *pl.*; monuments civils, maison de bois, *pl.* — Église de Pontaubert, *pl.*, p. 15. — Saint-Père-sous-Vézelay, par Charles Porée, 4 *pl.*, p. 16 à 23. — Vézelay, par Charles Porée, 14 *pl.*, p. 24 à 44. — Flavigny, par le vicomte Pierre de Truchis, p. 45 à 63 : église Saint-Genès, *pl.*, p. 49; église Saint-Pierre, 2 *pl.*, p. 53. — Semur-en-Auxois, par le vicomte Pierre de Truchis, p. 64 à 94 : église Notre-Dame, 6 *pl.*, p. 64; château, 3 *pl.*, p. 79; enceinte, p. 89; musée, 2 *pl.* p. 92. — Prieuré de Saint-Jean-les-Bons-Hommes, *pl.*, p. 95. — Montréal, par Charles Porée; p. 96 : église, 2 *pl.*; rétable du XVe siècle, *pl.*; lutrin du XVe siècle, *pl.* — Château de Thizy, p. 102. — Saulieu, par le vicomte Pierre de Truchis, 5 *pl.*, p. 103 à 118. — Autun, par Joseph Déchelette, p. 119 à 147 : monuments antiques, *pl.*, p. 122; cathédrale, 7 *pl.*, p. 132; musées, p. 141. — Vermenton, par André Philippe, 2 *pl.*, p. 148 à 154. — Clamecy, par André Philippe, 2 *pl.*, p. 155 à 161; chapelle de l'évêché de Bethléem, p. 161 à 163. — Château de Druyes, par Charles Porée, *fig.* et 2 *pl.*, p. 164 à 166; église, p. 166. — Auxerre, par Charles Porée, p. 167 à 198 : cathédrale, *fig.* et 4 *pl.*, p. 168; Saint-Germain, p. 182; Saint-Eusèbe, 2 *pl.*, p. 188; Saint-Pierre, *pl.*, p. 193; ancien évêché, tour de l'horloge, musée, p. 195. — Pontigny, par André Philippe, 3 *pl.*, p. 199 à 204. — Sens, par Charles Porée, p. 205 à 232 : cathédrale et trésor, 10 *pl.*, p. 209; Saint-Savinien, *pl.*, p. 225; Saint-Jean, p. 227; palais synodal, p. 228; maison ancienne, *pl.*, p. 231.]

28370. Porée (Charles). — Les études archéologiques dans l'Yonne au XIXe siècle, p. 307 à 316.

28371. Parat (L'abbé A.). — Tableau du préhistorique dans l'Yonne, p. 317 à 328.

28372. Parat (L'abbé A.). — La vallée de la Cure aux époques gauloise, gallo-romaine et mérovingienne, p. 329 à 338.

28373. Parat (L'abbé A.). — Le camp antique de Cora, 2 *pl.*, p. 339 à 353.

28374. Blanchet (Adrien). — Recherches sur les aqueducs romains en Gaule, *fig.* et 9 *pl.*, p. 354 à 458.

28375. Truchis (Vicomte Pierre de). — Les influences orientales dans l'architecture romane de la Bourgogne, *fig.* et 5 *pl.*, p. 459 à 500.

28376. Truchis (Vicomte Pierre de). — L'église romane de Bussy-le-Grand, *fig.* et 3 *pl.*, p. 501 à 512.

28377. Truchis (Vicomte Pierre de). — La chapelle Saint-Nicolas d'Autun et l'église de Dampierre-en-Montagne, *fig.* et 3 *pl.*, p. 513 à 526.

28378. Birot (Dr J.). — Les chapiteaux des pilastres de Saint-Martin d'Ainay à Lyon, 5 *pl.*, p. 527 à 536.

28379. Mâle (Émile). — Le ravissement de Marie-Madeleine au Musée d'Autun, *pl*, p. 537 à 539.

28380. Petit (Ernest). — Saint-Jean-les-Bonshommes [Yonne], p. 541 à 545.

28381. Lefèvre-Pontalis (Eug.). — Les caractères distinctifs des écoles gothiques de la Champagne et de la Bourgogne, *fig.* et 8 *pl.*, p. 546 à 558.

28382. Porée (Charles). — Les architectes et la construction de la cathédrale de Sens, *pl.*, p. 558 à 598.

28383. Enlart (Camille). — La sculpture des portails de la cathédrale d'Auxerre du XIIIe à la fin du XIVe siècle, *fig.* et 10 *pl.*, p. 599 à 626.
28384. Tillet (Jules). — L'abbaye de Saint-Germain d'Auxerre, *fig.* et 11 *pl.*, p. 627 à 653.
28385. Lefèvre-Pontalis (Eug.). — L'église de Villeneuve-sur-Yonne, *fig.* et 13 *pl.*, p. 654 à 674.

28386. Villetard (L'abbé). — La prière «Avete omnes animæ» au petit portail de Saint-Lazare d'Avallon, p. 675 à 690 et 1 feuillet de musique.
28387. Nizet. — Les Vestier [artistes avalonnais, XVIIIe-XIXe s.], *pl.*, p. 691 à 701.

CALVADOS. — LISIEUX.

SOCIÉTÉ HISTORIQUE DE LISIEUX.

Voir, pour les publications de cette Société antérieures à 1901, la table récapitulative de notre *Bibliographie générale.*

XIII. — Bulletin de la Société historique de Lisieux, année 1901, n° 13. (Lisieux, 1901, in-8°, 52 p.)

28388. [Le Court (H.).] — Le clergé de Lisieux et la recherche [de la noblesse] de 1540, p. 8 à 11.
28389. [Le Court (H.).] — Guy de Longchamp, sire de Fumichon [XVIe s.], gouverneur de Lisieux, et sa famille, p. 12 à 20.
28390. [Le Court (H.).] — Le vitrail de Thomas Bazin à Caudebec-en-Caux, p. 21 à 23.
28391. [Lebat (L'abbé) et Piel (l'abbé).] — Mémoire concernant les maisons canoniales de Lisieux, p. 24 à 46.
28392. Bréard (Ch.). — Lettre de Philippe de Cospéan, évêque de Lisieux, pour avoir des lettres de confirmation du Séminaire, p. 47.
28393. Le Villain (D^r). — Extrait du registre du bailliage vicomtal de Lisieux, p. 48 à 50.

[Bail pour une poudrerie (1649).]

28394. Veuclin. — Document relatif aux funérailles de l'évêque Ph. Cospéan (1646), p. 51.

XIV. — Bulletin de la Société historique de Lisieux, année 1902, n° 14. (Lisieux, s. d., in-8°, 63 p.)

28395. Anonyme. — Les événements de 1572 à Lisieux, p. 5 à 63.

[Les droits de justice et de police de l'évêque à Lisieux (XIIe-XVIIIe s.).]

XV. — Bulletin de la Société historique de Lisieux, année 1903, n° 15. (Lisieux, s. d., in-8°, 68 p.)

28396. Anonyme. — Les ancêtres des trois Thouret, le constituant, le médecin et l'ingénieur, p. 1 à 16.
28397. Anonyme. — Les chanoines-comtes de Lisieux au XVIIe siècle. La Saint-Ursin, 9 *tableaux*, p. 17 à 68.

[Avec appendice sur les Hôtelleries de Lisieux.]

XVI. — Bulletin de la Société historique de Lisieux, année 1907, n° 16. (Lisieux, s. d., in-8°, 20 p.)

28398. Sauvage (R.-N.). — Documents des XIVe, XVe et XVIe siècles relatifs à Lisieux et à l'ancien diocèse [1388-1505], p. 1 à 4.
28399. Delettre (Louis). — Un manoir normand du XVIe siècle. Le fort Basseville à Écajeul, p. 5.
28400. Anonyme. — Abbaye de Cormeilles [charte de Philippe le Long, février 1319], p. 7 à 9.
28401. Anonyme. — Mgr de Brancas et l'abbaye de Grestain [1757-1758], p. 10 à 15.
28402. Anonyme. — Fauguernon, La Monteillerie, érection de fief de haubert relevant de Mademoiselle [Marie-Louise d'Orléans], p. 16 à 18.
28403. Anonyme. — Ancien plan de la ville de Lisieux [1785], *facs.*, p. 19.

CANTAL. — AURILLAC.

SOCIÉTÉ DES LETTRES, SCIENCES ET ARTS LA « HAUTE-AUVERGNE ».

Voir, pour les publications de cette Société antérieures à 1901, la table récapitulative de notre *Bibliographie générale;* et pour ses publications postérieures, les tables placées à la fin des tomes I et II de notre *Bibliographie annuelle.*

X. — **Revue de la Haute-Auvergne**, publiée par la Société des lettres, sciences et arts la Haute-Auvergne,... t. X, 1908. (Aurillac, s. d., in-8°, 460 p.)

28404. Belard (Léon). — Le collège de Saint-Flour, p. 6, 169, et 316.

28405. Boudet (Marcellin). — Saint-Flour et la Haute-Auvergne pendant les révoltes des Armagnacs et des Bourbons (XVe s.), p. 30 à 76. — Suite et fin de VIII, p. 341; et IX, p. 61, 159, 314, et 433.

28406. Rhodes (Émile). — Documents pour servir à l'histoire de la Révolution dans le Cantal. Le clergé et la municipalité de Murat en 1791-1792, p. 77 à 101.

28407. Aymar (Alph.). — Un lieutenant-général du bailliage des montagnes d'Auvergne au XVIIIe siècle [J.-A. de La Ronade], *pl.*, p. 102 à 118. — Suite de IX, p. 253, et 457.

28408. D. (Comte de) [Dienne (Comte de).] — Tasse en argent à l'effigie et aux armes d'Honoré II, prince de Monaco, comte de Carladez (1635), *pl.*, p. 119.

28409. P. M. — A propos de l'âge des Cases [au Puy de Bane], p. 121 à 123.

28410. Boudet (Marcellin). — Documents inédits du XIIe siècle sur la Haute-Auvergne. Deux moines défricheurs fondateurs de neuf monastères. Bertrand de Griffeuille et le cartulaire de Notre-Dame du Pont, p. 133, 287, et 404.

28411. Chassan. — Notes et documents inédits pour l'histoire de Salers, p. 198 à 208.

28412. Chaludet (A.). — François Salarnier, curé d'Ytrac (1774 † 1805), p. 209 à 225.

28413. J. D. — La chapelle d'Aurinques, p. 226 à 228.

28414. Esquer (G.). — La Haute-Auvergne à la fin de l'ancien régime. Notes de géographie économique, p. 237 à 276. — Suite de VII, p. 381; VIII, p. 90, 150, 256, 395; et IX, p. 125, 278, et 384.

28415. Dienne (Comte de). — Le peintre Vacher de Tournemine (26 octobre 1812 † 22 décembre 1872), p. 277 à 286.

28416. Aymar (Alp.). — Le parc et les jardins de Tronquière [près d'Aurillac], *pl.*, p. 345 à 351.

28417. Scorraille (Baron de). — Un lieutenant du roi en Haute-Auvergne sous le règne de Louis XV. Louis-Théodose de Scorraille, marquis de Roussille, p. 365 à 382.

28418. Lafarge (L.). — Relation fidèle de la bravade de M. le marquis de Curton à Riom-ès-Montagnes (août 1687), p. 383 à 403.

28419. Delmas (Jean). — Étienne-Guillaume de Senezergues de La Rodde, brigadier des armées du Roi, tué au siège de Québec (1709 † 1759), p. 436 à 443.

CHARENTE. — ANGOULÊME.

SOCIÉTÉ ARCHÉOLOGIQUE ET HISTORIQUE DE LA CHARENTE.

Voir, pour les publications de cette Société antérieures à 1909, la table récapitulative de notre *Bibliographie générale;* et pour ses publications postérieures, les tables placées à la fin des tomes I et II de notre *Bibliographie annuelle.*

LII. — **Bulletin et mémoires de la Société archéologique et historique de la Charente,** année 1907-1908, 7e série, t. VIII. (Angoulême, 1908, in-8°, CXXX-299 p.)

28420. Bernardeau. — Cheminée de bois à Saint-Amant-de-Boixe (XVIIe s.), *fig.*, p. XXV à XXVII.

28421. Babaud-Lacroze (Léonide). — La Grande peur dans le Confolentais, p. XXXIV à XLIII.

28422. Legrand (Paul). — Érection de la baronnie de Bourg-Charente en marquisat (décembre 1765). Avis favorable donné par les habitants (15 juin 1766), p. XLIII à XLV.

28423. Legrand (Paul). — Réclamation des bouilleurs de cru en la Champagne de Cognac (1745-1758), p. XLVI à XLVIII.

28424. Favraud (A.). — La cité lacustre de la Font-Brisson, commune de Gours (Charente), p. XLIX.

28425. Gigon (S.-C.). — Rôle de la montre de Philippe Horric (La Rochebeaucourt, 15 novembre 1549), p. LX. — Cf. n° 28428.

28426. Lafitte (Hilaire). — Note sur le souterrain-refuge de Chez-Rassac, commune d'Yviers, canton de Chalais (Charente), p. LXVI à LXX.

28427. [Touzaud.] — L'affranchissement des serfs et les origines de la petite propriété. Un arrêt du président Nesmond, p. LXX à LXXXV.

28428. Horric de La Motte-Saint-Genis. — Sur Philippe Horric, p. XCVI à XCVIII. — Cf. n° 28425.

28429. Biais (E.). — Quittance d'honoraires donnée par le prédicateur du carême à Saint-Maxime de Confolens (27 mars 1731), p. CV.

28430. Biais (E.). — Donation testamentaire du mas de La Vergne par Renoul Monestier à l'église de la Couronne (1182-1203), p. CX.

28431. Chauvet (G.). — Proclamation des administrateurs et du procureur général syndic du département de la Charente (8 messidor an III), p. CXI.

28432. Terracher (A.). — Une lettre de J.-L. Guez de Balzac [1622], p. CXXII à CXXXVI.

28433. Touzaud (Daniel). — André Thevet, d'Angoulême, géographe et historien, introducteur du tabac en France (1504 † 1592), *portr.*, p. 1 à 47.

[En appendice : *De la ville d'Angoulême, son antiquité et princes qui en sont yssus.*]

28434. Favraud, Bellon (lieutenant) et Foureur (lieutenant). — Station moustérienne du Petit-Puymoyen, *fig.*, p. 49 à 58.

28435. Babaud-Lacroze (Léonide) et Boissonnade (P.). — Les cahiers de doléances d'Esse et d'Hiesse, p. 59 à 64.

28436. La Croix (Le P. Camille de). — Le théâtre gallo-romain des Bouchauds (Charente), *album in-fol.* de 14 *pl.*, p. 65 à 172.

28437. A. et H. R. du V. — Un paquet de vieilles lettres (1652-1658; 1683-1693), p. 173 à 218.

[Lettre de Ch. de Goret, sr de Grosbost et de Marius Goret de Genouillé.]

28438. Legrand (L'abbé P.). — François Jamen, notaire à Cognac (1551-1553), p. 219 à 230.

28439. Mazière (L'abbé (A.). — L'assiette de la taille à la Vallette et à Gurat. Doléances des communautés d'habitants (1669-1673), p. 231 à 239.

28440. Touzaud (Daniel). — Le château de Saveille-en-Angoumois, *pl.*, p. 241 à 254.

28441. Labadie (Ernest). — Étude bibliographique sur l'*Engoulesme* d'Élie Vinet (Poitiers, 1567), *facs.*, p. 257 à 289.

CHARENTE-INFÉRIEURE. — ROCHEFORT.

SOCIÉTÉ DE GÉOGRAPHIE DE ROCHEFORT.

Voir, pour les publications de cette Société antérieures à 1901, la table récapitulative de notre *Bibliographie générale;* et pour ses publications postérieures, les tables placées à la fin des tomes I et II de notre *Bibliographie annuelle.*

XXX. — Bulletin de la Société de géographie de Rochefort. . . t. XXX, année 1908. (Rochefort, 1908, in-8°, 302 p.)

28442. Silvestre (J.). — Notice sur les médailles de la Chine et dépendances, 7 *pl.*, p. 3 à 16.

28443. J. S. — Campagne de l'*Alcmène* en Extrême-Orient (1843-1846), d'après le journal du commandant Fornier-Duplan, p. 17 à 37, et 91 à 115. — Suite de XXIX, p. 289.

28444. Baulmont (Capitaine). — Le corps franco-chinois et la révolte des Tai-Ping (1861-1865), p. 37 à 42.

28445. Anonyme. — Une sentence de la sénéchaussée de Saintonge au XVe siècle, p. 42 à 45.

28446. J. L. (D^r^). — Les hivers rigoureux en France [1709-1908], p. 45 à 47.

28447. Arnaud (Fédéric). — Éléonore d'Olbreuse, duchesse de Brunswick, les Poussard et Vandré, p. 116 à 131.

28448. Anonyme. — Contribution à l'histoire de Rochefort et de la région. Descente des vaisseaux de 120 canons de Rochefort en rade de l'île d'Aix. Rapport de M. le capitaine de vaisseau Barboton, directeur des mouvements du port (1er août 1850), p. 163 à 178.

28449. Bartet (Dr A.). — Les rois du Bas-Dahomey, p. 179 à 216.

28450. Ardouin (D^r^). — Contribution à l'histoire de Rochefort et de la région. L'École de médecine navale de Rochefort, p. 239 à 252.

28451. Thèze (Dr A.). — Rapport au maire de Rochefort sur l'affaire Nancray [1870], par le capitaine Maine, commandant des francs-tireurs de Rochefort, *pl.*, p. 253.

28452. Anonyme. — Le vaisseau le *Redoutable*, commandant Lucas, à Trafalgar, p. 255 à 258.

28453. Poisson (G.). — Note sur une inscription gauloise d'Alésia, p. 259 à 264.

28454. Macrat (Commandant). — Le colonel Dagneaud († 1908), p. 296 à 297.

CHARENTE-INFÉRIEURE. — SAINTES.

SOCIÉTÉ DES ARCHIVES HISTORIQUES DE LA SAINTONGE ET DE L'AUNIS.

Voir, pour les publications de cette Société antérieures à 1901, la table récapitulative de notre *Bibliographie générale;* et pour ses publications postérieures, les tables placées à la fin des tomes I et II de notre *Bibliographie annuelle.* — La Société a publié en 1908 une table générale de son Recueil d'*Archives* et de son *Bulletin* depuis l'origine (1874) jusqu'en 1906. (Voir notre n° 28455.)

28455. Dangibeaud (Charles). — Table alphabétique des matières contenues dans les 35 premiers volumes d'*Archives* et les 26 premiers volumes du *Bulletin-Revue* publiés par la Société des archives historiques de la Saintonge et de l'Aunis. (La Rochelle, 1908, in-8°, 110 p.)

XXXVIII. — Archives historiques de la Saintonge et de l'Aunis, XXXVIII. (Saintes, 1908, in-8°, 507 p.)

28456. MESCHINET DE RICHEMOND. — Diaire de Joseph Guillaudeau, sieur de Beaupréau (1584-1643), 3 *pl.*, p. 1 à 422.

28457. RÉVEILLAUD (Eug.). — Véritables faits et gestes du seigneur Benjamin Prioleau [XVIIe s.], *portr.*, p. 423 à 486. — Cf. n° 28474.

XXVIII. — Bulletin de la Société des archives historiques. Revue de la Saintonge et de l'Aunis, XXVIII. (Saintes, 1908, in-8°, 387 p.)

28458. LEMONNIER (L'abbé). — L'impôt sur le revenu à Rochefort-sur-Mer (1789-1793), p. 5.

28459. LAVERNY (A.). — Deux prêtres de l'ancien diocèse de Saintes pendant la Révolution, p. 30.

28460. QUOERENS. — La municipalité de Saint-Saturnin de Séchaud, p. 57.

28461. CHENEAU (Gustave). — Un agent secret de Mazarin. Benjamin Priolo (1602 † 1667), *pl.*, p. 61 à 66.

28462. VIGEN (D^r Ch.). — Notes sur la médecine de jadis dans la Saintonge méridionale, p. 87 à 96.

28463. PELLISSON (Jules). — Protestation des électeurs du canton de Châteauneuf contre l'élection de Richard Chassors, juge de paix [13 pluviôse an X], p. 96 à 100.

28464. GUÉRIN (Edmond-Jean). — Le Dr Joseph-Ignace Guillotin [1738 † 1814], p. 101, 183, 224, et 288.

28465. DANGIBEAUD (Ch.). — La fin du dernier président du présidial de Saintes [E.-C. Leberthon] et la maison Henri IV, p. 154 à 174.

28466. MASSIOU (Léon). — Élection de Saintes. Terres et domaines engagés en l'élection de Saintes (1738), p. 174 à 183.

28467. ANGLADE (J.). — Le troubadour Rigaut de Barbezieux, p. 198 à 215.

28468. CH. D. [DANGIBEAUD (Ch.).] — Épigraphie, p. 215 à 217.

[Inscription du XIIe siècle dans l'église de Biron; inscription romaine à Saintes.]

28469. PELLISSON (Jules). — Un enterrement à Saintes en 1810, p. 217.

28470. MASSIOU (Léon). — Mémoire sur les religionnaires [1746-1748], p. 218 à 224.

28471. A. O. [OUDET (Baron A.).] — Excursion à Chalais, Aubeterre et Périgueux, p. 258 à 267.

28472. PELLISSON (Jules). — Billets de logement charentais, p. 322 à 328.

28473. CHAUDRUC DE CRAZANNES (Baron). — Les milices garde-côtes d'Aunis et de Saintonge (1752-1783), p. 328 à 344.

28474. RÉVEILLAUD (Eug.). — Notes et documents sur Benjamin Prioleau, sur sa famille et ses origines, p. 344 à 356. — Cf. n° 28457.

CHER. — BOURGES.

SOCIÉTÉ DES ANTIQUAIRES DU CENTRE.

Voir, pour les publications de cette Société antérieures à 1901, la table récapitulative de notre *Bibliographie générale*; et pour ses publications postérieures, les tables placées à la fin des tomes I et II de notre *Bibliographie annuelle*. Une table générale des tomes XXI à XXX de ses *Mémoires* a paru en 1908. (Voir notre n° 28475.)

Mémoires de la Société des Antiquaires du Centre, 1908. Table des volumes XXI à XXX. (Bourges, 1908, in-8°, III-176 p.)

28475. DES MÉLOIZES (Marquis) et GOT (DE). — Table des volumes XXI à XXX, p. I à III, et 1 à 176.

XXXI. — Mémoires de la Société des Antiquaires du Centre... 1907-1908. (Bourges, 1909, in-8°, L-334 p.)

28476. MATER (D.). — Nouvelles découvertes au cimetière du Fin-Renard (3e série), 6 *pl.*, p. 1 à 48. — Cf. XXVII, p. 176.

[Stèles romaines, cercueils de plomb, poteries.]

28477. Chénon (Émile). — Notes archéologiques et historiques sur le Bas-Berry (7e série), 4 pl., p. 49 à 96. — Suite de XXI, p. 33; XXIII, p. 1; XXIV, p. 19; XXVII, p. 213; XXVIII, p. 21; XXIX, p. 33.

[Puits gallo-romain à Châteaumeillant, 8 pl., p. 49. — Chapiteaux avec inscriptions à Châteaumeillant, pl., p. 65. — Le testament de Louis de Brosse, seigneur de Sainte-Sévère [1356], p. 69. — Formation de certains noms de famille en Bas-Berry, p. 90.]

28478. Toulgoët-Tréanna (Comte de). — Les commanderies de Malte en Berry, p. 97 à 187.

28479. Goy (De). — Au musée de Bourges, 2 pl., p. 189.

[Croix reliquaire à double traverse, pl.; monstrance, pl.]

28480. Deshoulières (F.). — Le crosseron de Chezal-Benoît, pl., p. 201 à 207.

28481. Soyer. — Note sur un coutumier du Berry, imprimé à Bourges par Jean Garnier en 1553, p. 209 à 213.

28482. Mater (D.). — Études sur le Musée de Bourges. — Note sur un ancien mors de bride [xve ou xvie s.], pl., p. 215 à 221. — Cf. nos 14443 et 14452.

28483. Villesaison (Girard de). — Commandes de tapisseries à Aubusson pour des églises de Bourges, p. 223 à 250.

28484. Des Méloizes (Marquis). — Armorial des archevêques de Bourges, 9 pl., p. 251 à 276.

28485. Mater (D.). — Bulletin numismatique et sigillographique, fig., p. 277 à 307.

CHER. — BOURGES.

SOCIÉTÉ HISTORIQUE, LITTÉRAIRE ET SCIENTIFIQUE DU CHER.

Voir, pour les publications de cette Société antérieures à 1901, la table récapitulative de notre *Bibliographie générale;* et pour ses publications postérieures, les tables placées à la fin des tomes I et II de notre *Bibliographie annuelle.*

XXX. — Mémoires de la Société historique, littéraire et scientifique du Cher, 1908, 4e série, 22e vol. (Bourges, s. d., in-8°, xviii-355 p.)

28486. Lelièvre (Abbé C.) et Vilaire (abbé F.). — Monographie de Chalivoy-Milon, p. 1 à 123.

28487. Mater (Daniel). — Le Musée de Bourges; notes, documents et souvenirs sur sa fondation et son histoire, p. 137 à 237. — Suite de XXVIII, p. 189.

28488. Cazal (U.) et Mortier (G. et R.). — Études sur le moyen âge. Le mal des ardents, p. 239 à 317.

CORRÈZE. — BRIVE.

SOCIÉTÉ SCIENTIFIQUE, HISTORIQUE ET ARCHÉOLOGIQUE DE LA CORRÈZE.

Voir, pour les publications de cette Société antérieures à 1901, la table récapitulative de notre *Bibliographie générale;* et pour ses publications postérieures, les tables placées à la fin des tomes I et II de notre *Bibliographie annuelle.*

XXX. — Bulletin de la Société scientifique, historique et archéologique de la Corrèze (siège à Brive), t. XXX. (Brive, 1908, in-8°, 538 p.)

28489. Bardon (L.) et Bouyssonie (A. et J.). — Station préhistorique de la Coumba-del-Bouïtou, près Brive (Corrèze), fig., p. 17 à 49. — Suite de XXIX, p. 537.

28490. Plantadis (Johannès). — Les maîtres du paysages limousin, *fig.* et 3 *pl.*, p. 51 à 98. — Suite de XXIX, p. 445.

28491. Charvilhat (Dr G.). — Notice sur un jeton de Charles de Lévis, baron de Charlus, et de Guillemette de Bigamets, dame de Maulde [1554], *fig.*, p. 99.

28492. Joffre (P.-J.-B.). — Histoire de la paroisse de Saint-Eloi (2e édition), p. 101 à 113.

28493. Saint-Germain (J. de). — Un briviste à la Conciergerie [J.-J. Meynard de Mellet, † 1793], p. 115 à 119.

28494. Espéret (J.-B.). — Le monastère de Coyroux [liste des religieuses en 1749], p. 121.

28495. Lalande (Philibert). — Écus d'or (fin du moyen âge) trouvés au Mas, près du hameau de Puy-Jarrige, commune de Brive, p. 123.

28496. Fage (René). — La grotte de Saint-Gondon [cne de Brive], *pl.*, p. 127 à 136.

28497. Alde (L'abbé). — Titres et documents concernant le Limousin et le Quercy : un épisode de la guerre de Cent ans, le château de Roussillle et les Malemort (1365-1367), p. 137 à 143. — Les abbés limousins de l'Abbaye nouvelle en Gourdonnais, p. 301 à 314.

28498. Godin de Lépinay (Gaston). — Noms patois ou vulgaires des plantes de la Corrèze, p. 145 à 189.

28499. Lalande (Julien). — Remparts de Brive, p. 191 à 204, et 333 à 364.

[Procès-verbal de visite des remparts en 1608, p. 195. — Comptes et ordonnances des consuls (xive s.), p. 353.]

28500. Saint-Germain (J. de). — A propos d'un vieil acte de baptême [Marc de Salès, 1763], p. 205 à 213.

28501. Bertin (Georges). — Le tombeau de la famille Cabanis au cimetière d'Auteuil, p. 215 à 220.

28502. Espéret (J.). — Lettres inédites du marquis de Mirabeau à sa belle-fille, Mme de Marignane [1772-1778], p. 221 à 232.

28503. Eyssartier. — Titres et documents. Abbaye d'Userche, p. 233 à 251.

[Lièvc des revenus de l'abbaye de 1737 à 1745.]

28504. Nussac (Louis de). — Les noms de nos rivières, p. 253 à 258.

28505. [Lalande (Julien).] — Titres et documents [procès-verbal relatif à l'hôtel de la Labenche, plus tard le petit séminaire, à Brive, 1792], p. 259.

28506. Champeval (J.-B.). — Autres vénérables documents monastiques sur Tulle et Rocamadour, p. 261 à 278, et 398 à 412.

28507. Dubousquet (Dr Louis) et Dubousquet (Henri). — Général de Briche, grand-officier de la Légion d'honneur, commandeur de l'ordre royal et militaire de Saint-Louis et de l'ordre royal du mérite militaire de Wurtemberg, etc. (1772 † 1825), p. 279 à 289.

28508. Joffre (P.-J.-B.). — Saint-Julien le Vendonnais, p. 291 à 299.

28509. Bardon (L.) et Bouyssonie (A. et J.). — La grotte de la Font-Robert, près Brive (Corrèze), *fig.*, p. 315 à 331.

28510. Nussac (Louis de). — François de Gain-Montaignac, évêque de Tarbes (1744 † 1812), *pl.*, p. 365 à 377.

28511. Saint-Germain (J. de). — Deux chouans ; le chevalier de Montmaur et le baron de Commarque, p. 379 à 395.

28512. Saint-Germain (J. de). — Un soldat de l'an I, Pierre Lalande [† 1827], p. 413 à 432.

28513. Espéret (J.-B.). — Requeste présentée au Roy par MM. les députés de la vicomté de Turenne [1738], p. 437 à 453.

28514. Loménie (Ch. de) et Lalande (Julien). — Faye-Lachèze et les débuts de la Révolution à Brive, p. 455 à 482.

28515. Forot (Victor). — La bombarde de Brive-la-Gaillarde, *fig.*, p. 483 à 490.

28516. Joffre (P.-J.-B.). — Monographie de Ségur, *fig.*, p. 491 à 501.

28517. Lépinay (G. de). — En souvenir d'un naturaliste, p. 503 à 506.

[Sur l'histoire de la pomme de terre.]

28518. Forot (Victor). — Les marguillers des Mathurins en Limousin, *fig.*, p. 507 à 527.

IMPRIMERIE NATIONALE.

CORRÈZE. — TULLE.

SOCIÉTÉ DES LETTRES, SCIENCES ET ARTS DE LA CORRÈZE.

Voir, pour les publications de cette Société antérieures à 1901, la table récapitulative de notre *Bibliographie générale;* et pour ses publications postérieures, les tables placées à la fin des tomes I et II de notre *Bibliographie annuelle.*

XXX. — Bulletin de la Société des lettres, sciences et arts de la Corrèze, t. XXX. (Tulle, 1908, in-8°, 488 p.)

28519. Plantadis (Johannès). — L'agitation autonomiste de Guienne et le mouvement fédéraliste des Girondins en Limousin (1787-1793), p. 5 à 30.

28520. Bombal (Eusèbe). — Notice sur Pierre Relier, curé d'Argentat (1763 † 1846), p. 31, 331, et 421.

28521. Poulbrière (J.-B.). — Copie de l'inventaire des titres qui se sont trouvés dans le trésor du château de Pompadour, lors de l'arrivée du sieur Bonotte au mois d'avril 1765, p. 53 à 66, et 291 à 307. — Suite de XV, p. 326, 477, 661; XVI, p. 135, 393, 529; XVII, p. 128, 238, 375, 481; XVIII, p. 429, 596; XIX, p. 140, 278, 407; XX, p. 529; XXI, p. 122, 255, 385; XXII, p. 361; XXIII, p. 453, 585; XXV, p. 121; XXVI, p. 73, et 305.

28522. Bombal (E.). — Second rapport sur les fouilles opérées au Puy du Tour, commune de Monceaux (Corrèze), p. 67 à 71.

28523. Joffre (P.-J.-B.). — Saint Xanctin, p. 73 à 83.

28524. Fage (René). — Le collège d'Ussel, p. 85, 309 et 357.

28525. Clément-Simon (G.). — Recherches sur l'histoire civile et municipale de Tulle avant l'érection du consulat, *fig.*, p. 107 à 177. — Suite de XXIII, p. 465; XXIV, p. 207; XXV, p. 41, 383; XXVI, p. 375, 413; XXVIII, p. 167, 323; et XXIX, p. 477.

[Tiré à part en 2 vol. sous le même titre. (Tulle, s. d., in-8°.)]

28526. Forot (V.). — Mines et minières de la Corrèze, p. 179, 241, et 441.

28527. Champeval (J.-B.). — Tulle et ses intérêts municipaux au XVII° siècle. Police urbaine, gestion, voirie, personnel consulaire, p. 397 à 419.

28528. Lacombe (O.). — La botanique du patois bas-limousin, p. 429 à 440.

CÔTE-D'OR. — BEAUNE.

SOCIÉTÉ D'HISTOIRE, D'ARCHÉOLOGIE ET DE LITTÉRATURE DE L'ARRONDISSEMENT DE BEAUNE.

Voir, pour les publications de cette Société antérieures à 1901, la table récapitulative de notre *Bibliographie générale;* et pour ses publications postérieures, les tables placées à la fin des tomes I et II de notre *Bibliographie annuelle.*

XXXI. — Société d'archéologie de Beaune (Côte-d'Or). Histoire, lettres, sciences et arts. Mémoires, années 1906-1907. (Beaune, 1908, in-8°, LIV-157-II p.)

28529. Anonyme. — Procès-verbaux des séances des années 1906-1907, p. XV à XLVII.

[Monnaies du moyen âge; jetons du XVII° siècle; fouilles de tumulus; fragment de corniche gallo-romaine.]

28530. DIVERS. — Nécrologie [Émile Bergeret, † 1908, bibliographie], p. XLVIII à LIV.

28531. BERGERET (Émile). — Le lutrin et les orgues de l'église Saint-Symphorien de Nuits, *fig.*, p. 1 à 25.

[La musique à Nuits, p. 15. — Biographie de Georges Krenger [1816 † 1877], organiste et professeur de musique à Nuits, *portr.*, p. 19.]

28532. VOILLERY (Ch.). — Le camp et l'ermitage de Saint-Désiré, p. 27 à 44.

28533. VOILLERY (Ch.). — A quel titre saint Sébastien est patron du chancelier Rolin, et saint Antoine, de Guigone de Salins (sur le volet du tableau du Jugement dernier à l'hôtel-Dieu de Beaune), p. 45 à 63. — Cf. n° 28534.

28534. LATOUR (P.). — Saint Antoine, patron de Guigone de Salins, p. 65. — Cf. n° 28533.

28535. LATOUR (P.). — Un christ byzantin, *pl.*, p. 67.

28536. VOILLERY (Ch.). — Les chapelles et les cloches de saint Flocel et de saint Herné à Notre-Dame de Beaune, p. 71 à 77.

28537. VOILLERY (Ch.). — Anciennes cérémonies de Notre-Dame de Beaune, p. 79 à 87.

28538. MOINGEON (Albert). — Dolmen de Volnay, *fig.* et *pl.*, p. 89 à 104.

28539. MOINGEON (A.). — Les tumulus de Pommard, *fig.*, p. 105 à 125.

28540. CHANGARNIER (A.). — Numismatique [triens mérovingien et denier de Charles le Chauve frappés à Beaune], *fig.*, p. 151 à 157.

CÔTE-D'OR. — DIJON.

SOCIÉTÉ BOURGUIGNONNE DE GÉOGRAPHIE ET D'HISTOIRE.

Voir, pour les publications de cette Société antérieures à 1901, la table récapitulative de notre *Bibliographie générale;* et pour ses publications postérieures, les tables placées à la fin des tomes I et II de notre *Bibliographie annuelle.*

XXIV. — Mémoires de la Société bourguignonne de géographie et d'histoire, t. XXIV. (Dijon, 1908, in-8°, LI-531 p.)

28541. CHABEUF. — Antonin Troubat (1835 † 1907), p. VI à VIII.

28542. CHABEUF. — E.-P.-E. Bergeret (1850 † 1908), p. XII à XIV.

28543. CHABEUF. — La désolation des églises, monastères et hôpitaux en Bourgogne au XV° siècle, p. XIV à XX.

28544. PERRIER (Arsène). — Hugues Aubriot, prévôt de Paris, p. 1 à 249.

28545. OURSEL (C.). — Deux livres de raison bourguignons. Le livre de Dominique de Cuny, chronique dijonnaise du temps de la Ligue, et le livre de la famille Robert, notes sur le village de Couchey, p. 251 à 388.

28546. AVOUT (Vicomte D'). — Quatre capitales au delà du Rhin [Berlin, Dresde, Vienne et Budapest], p. 389 à 530.

CÔTE-D'OR. — SEMUR.

SOCIÉTÉ DES SCIENCES DE SEMUR.

Voir, pour les publications de cette Société antérieures à 1901, la table récapitulative de notre *Bibliographie générale;* et pour ses publications postérieures, les tables placées à la fin des tomes I et II de notre *Bibliographie annuelle.*

I. — **Pro Alesia**, revue mensuelle des fouilles d'Alise et des questions relatives à Alésia, publiée sous le patronage de la Société des sciences de Semur, par M. Louis Matruchot, . . .

2e année, 1907-1908. (Paris, s. d., in-8°, p. 193 à 384.)

28547. Vercoutre (A.-T.). — Le nom d'Alesia et la légende de l'origine grecque de cette ville, p. 193.
28548. Corot (Henry). — Les pierres gravées du Musée municipal d'Alise, *pl.*, p. 194 à 197.
28549. Testart (Gaston). — Les anciennes fouilles du mont Auxois, *fig.* et *pl.*, p. 197, 230, 259, 290, 324, 400, et 602.
28550. Reinach (Théodore). — Note additionnelle à la Flûte de Pan d'Alesia, p. 201 à 203, et 229. — Suite de I, p. 161, et 180.
28551. Espérandieu (Commandant). — Bulletin des fouilles, 2 *pl.*, p. 203 à 208, et 377 à 380.

[Vase mithriaque, *pl.*, p. 203. — Traces d'occupation gauloise, *pl.*, p. 377.]

28552. Reinach (A.-J.). — Le pain d'Alésia, p. 209 à 223.
28553. Anonyme. — Menus objets trouvés sur le Mont-Auxois en 1906[-1908], *pl.*, p. 223, et 336.
28554. Barbe (Henry). — Note sur les fûts de colonne partagés en deux trouvés dans les fouilles d'Alésia, *fig.* et *pl.*, p. 224 à 229.
28555. Colin (Commandant J.). — Notes sur les travaux des Romains devant Alésia, *fig.*, p. 238, 269, et 348. — Suite de I, p. 147, et 170.
28556. Jullian (Camille). — Le nom d'Alésia, p. 241 à 242.
28557. Reinach (Salomon). — A propos des manuscrits de Strada, p. 242.
28558. Berthoud (Léon). — Les textes de l'antiquité qui concernent Alésia, p. 243, 317, 372, 497, 531, et 612. — Suite de I, p. 153.
28559. Parat (L'abbé). — Objets provenant d'Alise appartenant au Musée d'Avallon, *pl.*, p. 246.
28560. Pernet (V.). — Notes sur Alise et ses environs. Les fouilles de Napoléon III, *fig.*, p. 248, 279, 300, 352, 418, 458, 472, 525, 554, et 580. — Suite de I, p. 10, 29, 48, 122, 141, 157, 173, et 205.
28561. Anonyme. — Les *Pila* d'Alésia, p. 253 à 256.
28562. Anonyme. — Deux vues du Mont-Auxois, *pl.*, p. 256.
28563. Espérandieu (Commandant). — Deux nouvelles images d'Epona, *fig.* et *pl.*, p. 257.
28564. Anonyme. — Poteries gallo-romaines, *pl.*, p. 278.
28565. Espérandieu (Commandant). — La cave aux trois époques, *pl.*, p. 289.
28566. Espérandieu (Commandant). — Le culte de Mithra en Gaule, p. 294 à 300.
28567. Héron de Villefosse (A.). — Une épingle à cheveux, *pl.*, p. 306 à 317.
28568. Lorimy (H.). — Objets trouvés à Alise appartenant au Musée de Châtillon-sur-Seine, *pl.*, p. 322.
28569. Morillot (L'abbé L.). — A propos du pain d'Alise, *pl.*, p. 330 à 335.
28570. Corot (Henri). — Agrafes de blaudes mandubiennes, p. 336.
28571. Jullian (Camille). — Les vaincus d'Alésia, p. 337.
28572. Espérandieu (Commandant). — Un couple de divinités, 2 *pl.*, p. 338 à 341.
28573. Fornerot (J.). — Les fossés de César remis à jour dans la plaine des Laumes, 2 *pl.*, p. 342 à 347.
28574. Anonyme. — Plan des fouilles au 20 août 1907, *pl.*, p. 351.
28575. Reinach (A.-J.). — Objets provenant d'Alise au Musée de Genève, *pl.*, p. 369 à 371.
28576. Anonyme. — La Commission des monuments historiques et les fouilles d'Alise [1837-1840], p. 380 à 382.
28577. Anonyme. — Sculptures trouvées au Mont-Auxois, *pl.*, p. 382.
28578. L. M. [Matruchot (L.).] — La canthare d'Alise [Musée de Saint-Germain], *pl.*, p. 383 à 384.

CÔTES-DU-NORD. — SAINT-BRIEUC.

SOCIÉTÉ D'ÉMULATION DES CÔTES-DU-NORD.

Voir, pour les publications de cette Société antérieures à 1901, la table récapitulative de notre *Bibliographie générale;* et pour ses publications postérieures, les tables placées à la fin des tomes I et II de notre *Bibliographie annuelle.*

LI. — **Société d'émulation des Côtes-du-Nord.** Bulletins et mémoires, t. XLVI, 1908. (Saint-Brieuc, 1909, in-8°, XIV-293 p.)

28579. FROTIER DE LA MESSELIÈRE (Vicomte H.). — Documents pour servir à l'histoire de la paroisse d'Évran (Côtes-du-Nord), *fig.*, p. 1 à 160.

28580. PEYRON (L'abbé). — Le château de Kerazan et la famille de Tréanna-Trémaria. p. 161 à 205.

28581. DU HALGOUËT (Vicomte Hervé). — Les Boterel de La Villegeffroy, p. 206 à 229.

28582. BERTHELOT DU CHESNAY (C.). — Notice généalogique et biographique sur le général Courson de La Villevalio († 1847), p. 230 à 236.

28583. BERTHELOT DU CHESNAY (C.). — L'enceinte féodale de la Haye-aux-Lions en Saint-Glen, *pl.*, p. 237 à 240.

28584. HÉMON (P.). — La Révolution en Bretagne. Notes et documents. Le Deist de Botidoux a-t-il trahi les députés girondins proscrits? *portr.*, p. 241 à 289.

CREUSE. — GUÉRET.

SOCIÉTÉ DES SCIENCES NATURELLES ET ARCHÉOLOGIQUES DE LA CREUSE.

Voir, pour les publications de cette Société antérieures à 1901, la table récapitulative de notre *Bibliographie générale;* et pour ses publications postérieures, les tables placées à la fin des tomes I et II de notre *Bibliographie annuelle.*

XVI. — **Mémoires de la Société des sciences naturelles et archéologiques de la Creuse,** t. XVI. (Guéret, 1907[-1908], in-8°, 161 et 183 p.)

1re *partie.*

28585. VILLARD (Dr F.). — Mon village dans les temps passés. Saint-Christophe en Drouilles, p. 1 à 30; 2e partie, p. 28 à 77.

28586. PÉRATHON (Cyprien). — Notes sur La Cour les Aubusson, p. 31 à 42.

28587. DELANNOY (H.). — Notice sur l'abbaye d'Aubepierre, p. 43 à 86.

28588. LACROCQ (Louis). — Notes sur les Sociétés populaires de la Creuse pendant la Révolution, p. 87 à 127. — Suite et fin de XIII, p. 197; XIV, p. 378; et XV, p. 307.

28589. DERCIER (L'abbé P.). — Fouilles au Mont de Jouer, *fig.*, p. 128 à 135. — Suite de XIII, p. 450; XIV, *pl.*, p. 193; XV, 3 *pl.*, p. 371.

[Voies romaines.]

2e partie.

28590. Pérathon (Cyprien). — L'abbaye de Bonlieu, p. 12 à 24.

28591. Delannoy (H.). — Encore un mot sur *Ieuru* [mot celtique], p. 25 à 27.

28592. Delannoy (H.). — Liste des abbés d'Aubignac, p. 78 à 99.

28593. Martin (Gabriel). — Le mobilier d'un gentilhomme marchois [François Ajasson] sous Louis XIII, p. 100 à 120.

[Château de Vot.]

28594. Delannoy (H.). — Procès criminels dans la Creuse, p. 121 à 139.

[Meurtre à Méouze (1668); enlèvement à Aubusson (1652).]

28595. Autorde (Fernand). — Le Dr Villard [† 1908], p. 140 à 142.

28596. F. A. [Autorde (F.).] — Cyprien Pérathon, p. 143 à 145.

28597. F. A. [Autorde (F.).] — Zénon Toumieux († 1908), p. 146 à 148.

DORDOGNE. — PÉRIGUEUX.

SOCIÉTÉ HISTORIQUE ET ARCHÉOLOGIQUE DU PÉRIGORD.

Voir, pour les publications de cette Société antérieures à 1901, la table récapitulative de notre *Bibliographie générale;* et pour ses publications postérieures, les tables placées à la fin des tomes I et II de notre *Bibliographie annuelle.*

XXXV. — Bulletin de la Société historique et archéologique du Périgord, t. XXXV. (Périgueux, 1908, in-8°, 482 p.)

28598. Dumas (Auguste). — Le commencement de l'année en Périgord d'après les actes notariés (xvie s.), p. 37.

28599. Chaume (Dr). — Le trajectus de la Dordogne, *4 pl.*, p. 51 à 62, et 131 à 152.

28600. Bayle (E.). — Une commune rurale du Périgord depuis le xiiie siècle, Saint-Pierre de Chignac, p. 62 à 82.

28601. Saint-Saud (Comte de). — Inventaire des effets mobiliers d'une grande dame du Périgord au xviiie siècle [Élisabeth de Brunet de Neuilly], p. 82 à 97.

28602. F. V. [Villepelet (F.)]. — Rente due à la confrérie du Précieux Sang de Notre-Seigneur en l'église de Saint-Projet de Bordeaux [xvie s.], p. 97.

28603. Dujarric-Descombes (A.). — M. Mège-Lavignotte, p. 98 à 100.

28604. M. F. [Fayolle (Marquis de).] — Grottes du Pey de l'Ase et la Combe-Grenal. Lettres de l'abbé Audierne à M. de Mourcin (1828), p. 121 à 131.

28605. Dujarric-Descombes (A.). — Le menu de la marquise de La Douze en 1670, p. 152 à 154.

28606. R. M. [Marchadier (R.).] — Joseph Grenier de Cardenal [1848 † 1908], p. 157.

28607. Bareau (A.). — M. Gustave Hermann [1840 † 1908], p. 158 à 160.

28608. Moreaud (Dr) et Durieux (Joseph). — Le chef d'escadron Jacques-Martin Lamy († 1806), p. 169 à 170, et 248 à 249.

28609. Cumond (Marquis de). — L'hôtel de Sallebœuf et ses seigneurs, un port fortifié sur la Dronne, *2 pl.*, p. 183 à 197.

28610. Comte (E.). — Tableau de la taille de Badefol d'Ans pour l'année 1693, p. 197 à 211.

28611. Villepelet (R.). — Le Périgord aux Archives nationales d'après les papiers du Contrôle général des finances (1682-1727), p. 211, 259, et 362.

28612. Biran (Élie de). — Lettre relative au rétablissement du Parlement de Bordeaux en 1775, p. 224 à 227.

28613. Moreaud (Dr). — M. Adhémar de Labonne [† 1908], p. 227.

28614. Saint-Saud (De). — Verreries et verriers du Périgord, p. 235.

28615. Hermann (Gustave) et Bareau (A.). — Les forges gauloises et gallo-romaines en Périgord, p. 250 à 255.

28616. Dujarric-Descombes (A.). — Le chanoine de Tricard de Rognac, aumônier de Henri IV (1599), p. 255 à 258.

28617. Bussière (G.). — Henri Berlin et sa famille,

2 *pl.*, p. 274 à 316, et 437 à 464. — Suite de XXXII, p. 216, 381; XXXIII, p. 72, 211, 312; XXXIV, p. 53, 272, 373, et 451.

28618. Dujarric-Descombes (A.). — Le château de la Tour-Blanche, *pl.*, p. 338 à 350, et 416 à 436.

28619. Du Lau (Marquis). — Châtellenie de Ribérac (1541), p. 350 à 357.

28620. Montégut (H. de). — Louis de Chabans, seigneur du Maine, *portr.*, p. 357.

28621. Augier. — Tableaux de l'église de Champcevinel, p. 359 à 361.

28622. Anonyme. — Une lettre du ministre Victor Duruy à M. de Saint-Pulgent, préfet de la Dordogne (1868), p. 395.

28623. Escande (J.-J.) et Fayolle (marquis de). — Les baignoires romaines de Carsac, p. 410 à 416.

28624. Daniel (J.). — Camille Chabaneau [1831 † 1908], *portr.*, p. 468 à 471.

DOUBS. — BESANÇON.

ACADÉMIE DES SCIENCES, BELLES-LETTRES ET ARTS DE BESANÇON.

Voir, pour les publications de cette Académie antérieures à 1901, la table récapitulative de notre *Bibliographie générale;* et pour ses publications postérieures, les tables placées à la fin des tomes I et II de notre *Bibliographie annuelle.*

CLVII. — Académie des sciences, belles-lettres et arts de Besançon. Procès-verbaux et mémoires, année 1908. (Besançon, 1909, in-8°, 452 p.)

28625. Girardot (Georges). — Notice sur Théobald Chartran, peintre [1849 † 1907], p. 7 à 10.

28626. Rossignot (Chanoine). — Demandre, évêque constitutionnel du Doubs [† 1823], p. 19 à 35.

28627. Tavernier (Eugène). — La presse bisontine et la Révolution de juillet, p. 36 à 90.

28628. Allard (Commandant). — Vieilles coutumes comtoises, p. 110 à 116.

28629. Vorges (Comte de). — Notice sur le vicomte de Meaux [† 1907], p. 133 à 136.

28630. Mairot (Henri). — Notice sur M. Stanislas Brugnon [1834 † 1908], p. 136 à 152.

28631. Estignard (A.). — Le comte Werner de Mérode, p. 158 à 179.

28632. Rossignot (Le chanoine). — Les cahiers du clergé franc-comtois en 1789, p. 208 à 221.

28633. Prinet (Max). — Catalogue d'une collection de manuscrits franc-comtois récemment entrée à la Bibliothèque nationale, p. 264 à 288.

28634. Prinet (Max). — François Ier et le comté de Bourgogne, p. 285 à 351.

28635. Truchis de Varennes (Vicomte A. de). — Les Chifflet à l'imprimerie plantinienne, p. 352 à 424.

DOUBS. — BESANÇON.

SOCIÉTÉ D'ÉMULATION DU DOUBS.

Voir, pour les publications de cette Société antérieures à 1901, la table récapitulative de notre *Bibliographie générale;* et pour ses publications postérieures, les tables placées à la fin des tomes I et II de notre *Bibliographie annuelle.*

LXIII. — Mémoires de la Société d'émulation du Doubs, 8e série, 2e vol., 1907. (Besançon, 1908, in-8°, xxxii-500 p.)

28636. Limon (D^{r}). — Just Becquet, sculpteur bizontin [1829 † 1907], *portr.* et *pl.*, p. 15 à 27.

28637. Bourdin (Dr E.). — Jacques Prévost, peintresculpteur et graveur franc-comtois au XVIe siècle, *fig.* et 12 *pl.*, p. 77 à 162.

28638. Bourdin (D[r]). — Le Dr J. Cornet (1859 † 1908), p. 251 à 266.

28639. Vaissier (Alfred). — *Les Paniers*, poème comique en patois de Besançon et sa traduction en patois jurassien, p. 271 à 282.

28640. Vaissier (Alfred). — Bulletin archéologique, 1907. Fouilles à l'abbaye Saint-Paul, dans la Grande rue. Travaux au square archéologique Castan [à Besançon]. Considérations sur le théâtre romain de Vesontio, p. 283 à 289. — Cf. n° 28641.

28641. Vaissier (Alfred). — Inscriptions et fragments sculptés (XVIe et XVIIe s.), groupés au square archéologique Castan, p. 290 à 301. — Cf. n° 28640.

28642. Pingaud (Léonce). — La Franche-Comté en 1805, d'après des documents inédits, p. 302 à 329.

28643. Gazier (Georges). — Le livre de prières de l'empereur Maximilien à la Bibliothèque de Besançon [Augsbourg, 1514], 3 *pl.*, p. 330 à 335.

28644. Gazier (Georges). — Correspondance de J.-B. Flavigny, évêque constitutionnel de la Haute-Saône, p. 370 à 376. — Suite de LXII, p. 331.

28645. Boutterin. — Notes sur les églises du département du Doubs susceptibles d'être classées dans les monuments historiques, 2 *pl.*, p. 377 à 382.

28646. Longin (Émile). — Anne de Gonzague en Franche-Comté (1641), p. 383 à 462.

DOUBS. — MONTBÉLIARD.

SOCIÉTÉ D'ÉMULATION DE MONTBÉLIARD.

Voir, pour les publications de cette Société antérieures à 1901, la table récapitulative de notre *Bibliographie générale;* et pour ses publications postérieures, les tables placées à la fin des tomes I et II de notre *Bibliographie annuelle.*

XLIII. — Mémoires de la Société d'émulation de Montbéliard, 35e vol. (Montbéliard, 1908, in-8°, 324 p.)

28647. Roux (Albert). — Notice biographique sur M. Clément Duvernoy [1818 † 1907], *portr.*, p. 3 à 9.

28648. Huber (Capitaine V.). — La guerre de 1870-1871 aux environs de Montbéliard. Combats, rencontres, escarmouches, épisodes et anecdotes, *carte* et 8 *pl.*, p. 11 à 92.

28649. Fallot (Emmanuel). — Notice sur Charles Contejean (1824 † 1907), *portr.*, p. 93 à 105.

28650. Mériot (B.). — L'apparition de l'homme dans le pays de Montbéliard, p. 107 à 143.

28651. Rossel (Frédéric). — Autour d'un prêt hypothécaire. Voltaire créancier du Wurtemberg. Correspondance inédite, 5 *pl.*, p. 145 à 323.

DRÔME. — VALENCE.

SOCIÉTÉ D'ARCHÉOLOGIE ET DE STATISTIQUE DE LA DRÔME.

Voir, pour les publications de cette Société antérieures à 1901, la table récapitulative de notre *Bibliographie générale;* et pour ses publications postérieures, les tables placées à la fin des tomes I et II de notre *Bibliographie annuelle.*

XLII. — Bulletin de la Société départementale d'archéologie et de statistique de la Drôme, t. XLII, 1908. (Valence, 1908, in-8°, 480 p.)

28652. Bellet (Charles). — Délibérations du Comité permanent de la ville de Tain (du 25 juillet 1789 au 16 juillet 1790), p. 11, 121, 257, et 361.

28653. Brun-Durand (J.). — Dauphinois du XVIIe siècle, Charles Veilheu, p. 35 à 50, et 145 à 162.

28654. Beretta (A.). — Toponymie de la Drôme. Dictionnaire étymologique des communes, peuples anciens, fleuves, rivières, montagnes du département de la Drôme, *pl.*, p. 51, 163, 299, et 427. — Suite de XLI, p. 331, et 397.

28655. Maillet-Guy (Dom Germain). — Les origines de Saint-Antoine (Isère), p. 66 à 78, et 182 à 186. — Suite de XLI, p. 91, 176, 319, et 378.

28656. R. V. C. [Vallentin du Cheylard (R.).] — La population des taillabilités du Dauphiné en 1755, p. 79, 212, 283, et 411. — Suite de XXXIX, p. 233, 406; XL, p. 81, 201, 283, 435; XLI, p. 77, 202, 279, et 353.

28657. Fillet (L'abbé). — Histoire du diocèse de Saint-Paul-Trois-Châteaux, p. 93, 197, 336, et 451. — Suite de XLI, p. 439.

28658. Lacroix (A.). — Le tramway de Valence à Crest, p. 108, et 187. — Suite de XLI, p. 220, 289, et 429.

28659. Lacroix (A.). — Felines, p. 117.

28660. Lacroix (A.). — Nécrologies, p. 228, 355, et 470.

[Le marquis d'Arces; Ch. Mossant († 1908); le Dr F. Mazon († 1908), p. 228. — L'abbé Monier († 1908), p. 355. — P. Boyer de Bouillane († 1908); M. E. Pasquier de Franclieu; le marquis de Gaudemaris, p. 470.]

28661. Aurenche (Louis). — Claude Serre, doyen de la collégiale Saint-Sauveur de Grignan, sa famille, ses amis (1592-1651), p. 241 à 256, et 397 à 410.

28662. Vallernaud (Paul). — Un ancien droit féodal. Le vingtain de Moras, et historique de deux procès, p. 313 à 335.

28663. Chabrand (E.). — Vaunaveys près de Crest, et Vaulnaveys près d'Uriage, p. 356 à 357.

28664. Brun-Durand. — Émile Laurens [1818 † 1891] et le pasteur Eugène Arnaud, p. 445 à 450.

28665. Lacroix (A.). — Le vingtain et le vingtième, p. 469.

28666. Lacroix (A.). — La Batie des Fonds, Beaurières en 1792, p. 474 à 476.

EURE. — ÉVREUX.

SOCIÉTÉ DES AMIS DES ARTS DE L'EURE.

Voir, pour les publications de cette Société antérieures à 1901, la table récapitulative de notre *Bibliographie générale;* et pour ses publications postérieures, les tables placées à la fin des tomes I et II de notre *Bibliographie annuelle.*

XXIII. — Société des Amis des arts du département de l'Eure, Bulletin XXIII, 1907. (Évreux, 1908, in-8°, 83 p.)

28667. Anchel (Robert). — Discours prononcé aux obsèques de M. Alphonse Chassant († 1907), *portr.*, p. 24 à 27.

28668. Guillemare (Ernest). — Bibliographie des publications de M. Alphonse Chassant, p. 28 à 48.

28669. Coutil (L.). — Armand Cassagne [1823 † 1907], p. 49 à 57.

IMPRIMERIE NATIONALE.

EURE. — ÉVREUX.

SOCIÉTÉ LIBRE D'AGRICULTURE, SCIENCES, ARTS ET BELLES-LETTRES DE L'EURE.

Voir, pour les publications de cette Société antérieures à 1901, la table récapitulative de notre *Bibliographie générale;* et pour ses publications postérieures, les tables placées à la fin des tomes I et II de notre *Bibliographie annuelle.*

LX. — Recueil des travaux de la Société libre d'agriculture, sciences, arts et belles-lettres de l'Eure, 6e série, t. V, année 1907. (Évreux, 1908, in-8°, LXVII-196 p.)

28670. DEBIDOUR (Louis). — Essai sur l'histoire de l'abbaye bénédictine de Saint-Taurin d'Évreux jusqu'au XIVe siècle, p. 1 à 158.

EURE. — ÉVREUX.

SOCIÉTÉ NORMANDE D'ÉTUDES PRÉHISTORIQUES.

Voir, pour les publications de cette Société antérieures à 1901, la table récapitulative de notre *Bibliographie générale;* et pour ses publications postérieures, les tables placées à la fin des tomes I et II de notre *Bibliographie annuelle.*

XV. — Bulletin de la Société normande d'études préhistoriques, t. XV, année 1907. (Louviers, 1908, in-8°, 182 p.)

28671. COSTA DE BEAUREGARD (Comte Olivier). — Excursion à Longueville, les Grandes-Ventes et Sainte-Foy, p. 19 à 30.

28672. COUTIL (L.). — Le menhir de la Grande-Pierre, à Maupertus (Manche), p. 38.

28673. POULAIN (Georges). — Le dolmen de l'Hôtel-Dieu, commune des Ventes, près Évreux, *fig.*, p. 39.

28674. MOREL (G.). — Sur quelques silex à formes non classiques, ciseaux, rabots, gouge, perçoir, *fig.*, p. 41 à 53.

28675. MOREL (Gaston). — Sur quelques pointes de flèches trouvées dans les environs de Rouen, *fig.*, p. 54 à 62.

28676. COUTIL (L.). — Épée de l'âge du bronze trouvée à Saint-Aubin-sur-Gaillon (Eure), p. 63.

28677. COUTIL (L.). — Cachette de l'âge du bronze à Saint-Cyr-du-Vaudreuil (Eure), p. 64.

28678. CHÉDEVILLE (P.). — Villa gallo-romaine d'Orgeville, près Pacy-sur-Eure. Relation des objets trouvés dans les fouilles, 3 *pl.*, p. 65 à 75.

28679. CHÉDEVILLE (P.-J.). — La patine des silex, p. 76 à 96.

28680. APEL. — Découvertes de sépultures romaines et franques à Notre-Dame-de-Gavenchon et Petiville (Seine-Inférieure), *fig.*, p. 97 à 100.

28681. PHILIPPE (J.). — Fouilles au Fort-Harrouard, commune de Sorel (Eure-et-Loir), 9 *pl.*, p. 101 à 137.

28682. CHÉDEVILLE (P.-J.). — Notes descriptives pour l'établissement et la tenue à jour des cartes palethnologiques [Évreux], p. 138 à 156.

EURE. — LOUVIERS.

SOCIÉTÉ D'ÉTUDES DIVERSES DE L'ARRONDISSEMENT DE LOUVIERS.

Voir, pour les publications de cette Société antérieures à 1901, la table récapitulative de notre *Bibliographie générale;* et pour ses publications postérieures, les tables placées à la fin des tomes I et II de notre *Bibliographie annuelle.*

XI. — **Bulletin de la Société d'études diverses de l'arrondissement de Louviers,** t. XI, années 1907-1908. (Louviers, 1909, in-8°, 93 p.)

28683. Homais (Robert). — Les richesses artistiques du Musée de Louviers. La céramique, p. 25 à 34.

28684. Anonyme. — Comptes rendus des excursions, p. 39 à 59.

[Écouis, Lyons-la-Forêt, Fécamp, Verneuil-sur-Avre, Maintenon.]

28685. Anonyme. — Découverte à Acquigny de monnaies romaines du Bas-Empire, p. 60.

28686. H. G. [Guibert (Henri).] — L'ancien château des archevêques de Rouen [à Louviers], p. 62 à 69.

28687. Barbe (Lucien). — Additions au dictionnaire du patois normand en usage à Louviers et dans les environs, p. 70 à 75. — Suite de X, p. 26.

28688. Guibert (Henri). — Charte [de Jean, duc de Bedford, régent du royaume] concernant la garnison de Louviers [1425], p. 76.

28689. Angérard (Ed.). — Villa des Teurtres à Muids, p. 77 à 83.

EURE-ET-LOIR. — CHÂTEAUDUN.

SOCIÉTÉ DUNOISE.

Voir, pour les publications de cette Société antérieures à 1901, la table récapitulative de notre *Bibliographie générale;* et pour ses publications postérieures, les tables placées à la fin des tomes I et II de notre *Bibliographie annuelle.*

XI. — **Bulletin de la Société dunoise,** archéologie, histoire, sciences et arts..., t. XI, 1905-1908. (Châteaudun, 1909, in-8°, 477 p.)

28690. Chapron (L'abbé). — Délibérations et autres actes officiels de la municipalité de Courtalain depuis le 1er janvier 1790 jusqu'aux derniers mois de l'année 1795, p. 15 à 52.

28691. Peschot (L'abbé). — Religieuses de l'abbaye de Saint-Avit représentées dans les vitraux du chœur de l'église de Montireau, canton de la Loupe (Eure-et-Loir), p. 60. — Cf. n° 28694.

28692. Peschot (L'abbé). — Un petit neveu de Jeanne d'Arc épouse à Cloyes la fille du seigneur de La Rochevert (17 novembre 1519), p. 61.

28693. Métais (L'abbé C.). — Un vitrail de sainte Anne du xvie siècle à l'église Saint-Valérien de Châteaudun, *fig.* et *pl.*, p. 74 à 84.

28694. Denisart (R.). — Sur le vitrail de Montireau, p. 87. — Cf. n° 28691.

28695. Augis (L'abbé). — Charte de l'abbaye de la Madeleine de Châteaudun, p. 91; — Accord entre les paroisses d'Ouzouer-le-Marché et de Tripleville (1466), p. 92.

28696. Juteau (Ch.). — Excursion archéologique à Maintenon et à Dreux, p. 93 à 109.
28697. Savigny. — Gisements préhistoriques aux environs de Nogent-le-Rotrou, p. 120 à 122.
28698. Peschot (A.). — L'âge de la pierre dans l'ancien Dunois d'après les collections du Musée historique de l'Orléanais, p. 123 à 127.
28699. Chapron (L'abbé). — La seigneurie de La Perrière en Unverre, p. 128 à 133.
28700. Peschot (L'abbé A.). — Une famille janséniste au château du Fourny en Montigny-le-Gannelon, le marquis et la marquise de La Bruyère, la marquise de Créquy, leur fille, Mgr de Caumartin, évêque de Blois, leur hôte habituel, p. 136 à 147.
28701. A. P. [Peschot (L'abbé A.).] — Inhumation de Guillaume de Brunet dans le chœur de l'église Saint-Georges de Cloyes [1638], p. 147.
28702. Raboüin. — Combat sous les murs de Châteaudun entre les troupes royales et un parti de Protestants (1er septembre 1562), *plan*, p. 158 à 164.
28703. Oré (Ch.). — Les Druides, les camps de César, le camp d'Alluyes, *pl.*, p. 169 à 186.
28704. Marquis (L'abbé). — Une paroisse disparue. Villemor Maurivilla [près Châteaudun], p. 197 à 201.
28705. A. B. — Essai sur l'iconographie de Jean, bâtard d'Orléans, comte de Dunois, 4 *pl.*, p. 213 à 228. — Cf. n° 28709.
28706. A. P. [Peschot (L'abbé A.).] — Les maçons de la Marche, du Limousin et du Poitou employés dans le pays dunois aux XVIIe et XVIIIe siècles, p. 240.
28707. Chapron (L'abbé). — La seigneurie du Gâtellier en Unverre, p. 241 à 248.
28708. Peschot (L'abbé A.). — Notice historique sur les anciennes seigneuries de Villemesle et de La Ferté-Couverte-de-Fer à Boisgasson, p. 256 à 280, et 317 à 328.
28709. Gabeau (A.). — A propos de l'iconographie de Dunois, p. 285 à 287. — Cf. n° 28705.
28710. Juteau (L'abbé). — Notes sur les découvertes archéologiques faites dans l'église de Saint-Jean de la Chaîne de Châteaudun de 1899 à 1906, 4 *pl.*, p. 289 à 307.
28711. Ch. J. [Juteau (Ch.).] — Une tête d'évêque [trouvée à Châteaudun], p. 308.
28712. Amelineau (E.). — La collection égyptienne du Musée de Châteaudun, *fig.*, p. 341 à 352, et 370 à 384.
28713. A. B. — Une statue de sainte Marguerite à la Sainte-Chapelle de Châteaudun, p. 363 à 369.
28714. Raboüin (M.). — Notes sur l'église et le prieuré de Saint-Pierre de Châteaudun, p. 391 à 395.
28715. Lambron (E.). — L'ancien hospice des incurables à Châteaudun, 6 *pl.*, p. 396 à 405.
28716. Lecesne (Henri). — Le Dr A.-N. Gendrin, p. 416 à 418.
28717. Chapron (L'abbé). — Vieux manoir de Bois-Ruffin, c[ne] d'Arrou, 2 *pl.*, p. 419 à 463.

FINISTÈRE. — BREST.

SOCIÉTÉ ACADÉMIQUE DE BREST.

Voir, pour les publications de cette Société antérieures à 1901, la table récapitulative de notre *Bibliographie générale;* et pour ses publications postérieures, les tables placées à la fin des tomes I et II de notre *Bibliographie annuelle.*

XLI. — **Bulletin de la Société académique de Brest**, reconnue d'utilité publique, 2e série, t. XXXIII (1907-1908). (Brest, 1909, in-8°, 319 p.)

28718. Esquieu (L.) et Delourmel (L.). — Brest pendant la Révolution. Correspondance de la municipalité avec les députés de la sénéchaussée de Brest aux États généraux et à l'Assemblée Constituante (1789-1791), p. 9 à 140. — Suite de XL, p. 87.
28719. Lorme (A. de). — Bohars [Finistère], p. 141 à 159.
28720. Guénin (G.). — Études religieuses sur le Finistère, p. 161 à 184. — Suite de XL, p. 29.
28721. Kernéis (A.). — Le château de Roch' Morvan (La Roche-Morice), d'après les Chroniques de Froissart, p. 191 à 224.
28722. Delourmel (L.). — Essai de bibliographie de la ville de Brest, p. 225 à 297.

FINISTÈRE. — QUIMPER.

COMMISSION DIOCÉSAINE D'ARCHITECTURE ET D'ARCHÉOLOGIE.

Voir, pour les publications antérieures de cette Commission, les tables placées à la fin des tomes I et II de notre *Bibliographie annuelle.*

VIII. — Diocèse de Quimper et de Léon. Bulletin de la Commission diocésaine d'architecture et d'archéologie, 8e année. (Quimper, 1908, in-8°, 288 p.)

28723. Peyron (Le chanoine). — Cartulaire de l'église de Quimper, p. 5, 49, 97, 145, 193, et 241. — Suite de I, p. 30, 73, 126, 177, 226, 276; II, p. 39, 99, 159, 225, 262, 346, 380; III, p. 36, 90, 148, 229, 348; IV, p. 24, 73, 146, 194, 271, 311; V, p. 13, 57, 97, 146, 193, 241, 281; VI, p. 5, 49, 97, 147, 193, 241; VII, p. 5, 49, 105, 153, 201, et 249.

28724. Pilven (Le chanoine). — Correspondance de M. Trebot de Clermont, maire de Pont-Croix (1791), p. 17 à 29, et 58 à 71. — Suite et fin VII, p. 217, et 261.

28725. Peyron (Le chanoine) et Abgrall. — Notices sur les paroisses du diocèse de Quimper et de Léon, p. 30, 72, 107, 157, 203, et 267. — Suite de II, p. 55, 113, 177, 239, 272, 356; III, p. 47, 104, 159, 237, 294, 357; IV, p. 33, 88, 168, 202, 279, 323; V, p. 19, 74, 110, 153, 203, 254; VI, p. 22, 65, 113, 163, 211, 255; VII, p. 18, 58, 123, 170, 233, et 270.

28726. Peyron (L'abbé). — Guillaume Ferron, évêque de Léon (1439 † 1472), p. 184 à 190.

28727. Anonyme. — Relevé de quelques brefs d'indulgences accordées à diverses églises de Léon et de Cornouaille aux xiiie et xive siècles, p. 191.

28728. Pilven (Le chanoine). — Le petit séminaire de Pont-Croix, p. 194 à 202, et 257 à 266.

FINISTÈRE. — QUIMPER.

SOCIÉTÉ ARCHÉOLOGIQUE DU FINISTÈRE.

Voir, pour les publications de cette Société antérieures à 1901, la table récapitulative de notre *Bibliographie générale;* et pour ses publications postérieures, les tables placées à la fin des tomes I et II de notre *Bibliographie annuelle.*

XXXV. — Bulletin de la Société archéologique du Finistère, t. XXXV. (Quimper, 1908, in-8°, 14-xlviii-xiv-315 p.)

28729. Anonyme. — Julien-Toussaint-Marie Trévédy († 1908), p. iv à xiv.

28730. H. B. R. [Bourde de La Rogerie (H.).] — Monuments historiques du département du Finistère, p. 3 à 20.

28731. Favé (L'abbé Antoine). — Notes sur les forains en Basse-Bretagne. Loteries et étalages, p. 21 à 57.

28732. Du Chatellier (P.). — Armes en bronze draguées à Rennes, dans la Vilaine, lors de la réfection des quais, *pl.*, p. 58.

28733. Trévédy (J.). — La Tour d'Auvergne Corret fut-il pauvre? p. 60 à 68.

28734. Peyron (Le chanoine). — Guillaume Ferron, évêque de Léon (1439 † 1472), p. 69 à 93.

28735. Du Châtellier (P.). — Poignard en bronze trouvé au village de Kéraudren en Plouec (Côtes-du-Nord), *pl.*, p. 94.

28736. Vallaux (Camille). — La nature et l'homme en montagne d'Arrée. Brasparts et Saint-Rivoal, *carte*, p. 96 à 133.

28737. Picquenard (Dr C.-A.). — Nouvelles recherches sur le règne d'Alain le Grand, p. 134 à 136.

28738. Le Pontois (L.). — La sépulture scandinave à barque de l'île de Groix, *fig.*, p. 137 à 232. — Cf. n° 28742.

28739. Bernard (D.). — La chapelle de Saint-Tugen en Primelin, *pl.*, p. 233 à 246.

28740. Favé (L'abbé Antoine). — Un huissier détenu pour vagabondage, maréchaussée de Quimper (1761), p. 247 à 260.

28741. Le Carguet (H.). — Contribution à l'anthropologie du cap Sizun. Le facies capiste, p. 261 à 270.

28742. Gustafson (Gabriel). — Sur les traces des Vikings. Lettres de voyage au *Verdens gang*, p. 271 à 287. — Cf. n° 28738.

28743. Lagriffe (Dr). — A propos de six lettres inédites de La Tour d'Auvergne-Corret, p. 288 à 290.

28744. Bourde de La Rogerie (H.). — Notice sur le fonds Corre des archives du Finistère, p. 291 à 300.

28745. Abgrall (Le chanoine J.-M.). — Crypte de Saint-Mélar, à Lanmeur, *fig.*, p. 301 à 310.

GARD. — NIMES.

ACADÉMIE DE NIMES.

Voir, pour les publications de cette Académie antérieures à 1901, la table récapitulative de notre *Bibliographie générale;* et pour ses publications postérieures, les tables placées à la fin des tomes I et II de notre *Bibliographie annuelle.*

LXXII. — Mémoires de l'Académie de Nimes, 7e série, t. XXXI, année 1908. (Nimes, s. d., in-8°, LXXXIV-396 p.)

28746. Barral (Dr). — Discours prononcé aux obsèques de M. le Dr Jules Reboul († 1908), p. LXXI à LXXIII.

28747. Delfour (L'abbé). — Gaston Boissier, causeur, p. LXXV à LXXXIV.

28748. Falgairolle (Prosper). — Les chartes et les transactions des seigneurs de Vauvert et de ses habitants [1218-1747], p. 1 à 99.

28749. Bondurand (Édouard). — La fortune de M. de Trouillas, inventaire en langue d'oc de 1486, p. 101 à 111.

28750. Bondurand (Éd.). — Ballade hippique du XVe siècle, p. 113 à 115.

28751. Bondurand (Éd.). — L'église fortifiée de Langlade au XVe siècle, p. 117 à 124.

28752. Bondurand (Éd.). — Examen médical d'un homme suspect de lèpre (1440), p. 125 à 131.

28753. Deloche (René). — Les sciences physiques et naturelles dans le livre de Job, p. 171 à 248.

28754. Mazauric (Félix). — Les musées archéologiques de Nimes. Recherches et acquisitions. Année 1908, p. 249 à 299.

28755. Balincourt (Cte E. de). — Les anciennes juridictions de Nimes vingt ans avant la Révolution, d'après les mémoires inédits de Louis-Étienne Ricard, lieutenant principal au présidial de cette ville, p. 297 à 316.

28756. Clavel (Marcellin). — La mévente du vin à Tarascon-sur-Rhône, et la charte de la reine Jeanne Ire (1376), p. 317 à 326.

28757. Poinso (Jules). — Le rôle des Phéniciens dans l'histoire de la civilisation d'après les Livres historiques, p. 327 à 338.

LXIII. — Bulletin des séances de l'Académie de Nîmes, année 1908. (Nimes, 1909, in-16, 103 p.)

GARONNE (HAUTE-). — SAINT-GAUDENS.

SOCIÉTÉ D'ÉTUDES DU COMMINGES, DU NÉBOUZAN ET DES QUATRE-VALLÉES.

Voir, pour les publications de cette Société antérieures à 1901, la table récapitulative de notre *Bibliographie générale;* et pour ses publications postérieures, les tables placées à la fin des tomes I et II de notre *Bibliographie annuelle.* — La Société a publié en 1908 une table des 20 premiers volumes de la *Revue de Comminges.* (Voir notre n° 28758.)

28758. Decap (J.). — Tables générales des tomes I à XX (1885-1905) de la Revue de Comminges, bulletin de la Société des études du Comminges, du Nébouzan et des Quatre-Vallées. (Saint-Gaudens, 1908, in-8°, II-56 p.)

XXIII. — Revue de Comminges, Pyrénées centrales, Bulletin de la Société des études du Comminges, du Nébouzan et des Quatre-Vallées..., t. XXIII, année 1908. (Saint-Gaudens, 1908, in-8°, 272 p.)

28759. Desjardins (M.). — Le général Guillaume Pegot (1773 † 1858), p. 1, 117, 167, et 222. — Suite de XXII, p. 169, et 209.

28760. Lestrade (J.). — La coutume de Muret en Comminges, p. 17, 135, 184, et 209.

28761. Chopinet (Dr Ch.). — Étude sur les camps préhistoriques des Landes et du Béarn, *fig.* et 3 *pl.*, p. 30 à 56.

28762. Gourdon (Maurice). — Les tours à signaux ou tours de guet dans le Haut-Comté de Comminges, *pl.*, p. 57 à 71, et 142 à 149. — Suite de XXI, p. 178; XXII, p. 96, 145, et 225.

28763. Lestrade (J.). — M. Alphonse Couget [1834 † 1908], p. I à VII.

28764. Espagnat (Émile). — La peste de 1630 à Cazères-sur-Garonne, p. 73 à 116.

28765. Lestrade (J.). — Un curieux groupe d'évêques commingeois, p. 150, 161, et 254. — Suite de XXI, p. 94, 145; XXII, p. 36, 76, 122, et 189.

[Jean Bertrandi (1555-1556), p. 150; Charles Caraffa (1556-1561), p. 161; Pierre d'Albret (1561-1568), p. 163; Urbain de Saint-Gelais (1570-1613), p. 254.]

28766. F. E. [Espouy (Fernand).] — Catalogue des richesses artistiques du Val d'Aran, p. 156 à 160.

28767. Contrasty (J.). — Lettre inédite de A.-H.-P. Sermet, au sujet de la cure de Sainte-Foy-de-Peyrolières [1792], p. 199 à 200.

28768. Lestrade (J.). — M. l'abbé David Cau-Durban [1844 † 1908], p. 207 à 208.

28769. Lestrade (J.). — Le cardinal Mathieu [† 1908], p. 1 à II.

28770. Bourdette (Jean). — Notice du pays et des seigneurs de Larboust, p. 238 à 253.

28771. Brutails (J.-A.). — Les devoirs des archéologues p. 267 à 270.

GARONNE (HAUTE-). — TOULOUSE.

ACADÉMIE DE LÉGISLATION DE TOULOUSE.

Voir, pour les publications de cette Académie antérieures à 1901, la table récapitulative de notre *Bibliographie générale;* et pour ses publications postérieures, les tables placées à la fin des tomes I et II de notre *Bibliographie annuelle.*

LVI. — Recueil de législation de Toulouse, 1908, 2ᵉ série, t. IV. (Toulouse, 1908, in-8°, xvi-485 p.)

28772. Duméril (Henri). — Goldsmith et les institutions de l'Angleterre au xviiiᵉ siècle, p. 1 à 45.

28773. Mestre (Achille). — La répartition de la contribution mobilière de 1791 à 1794, p. 46 à 79.

28774. Salmon (Jules). — La propriété des biens ecclésiastiques, les paroisses et les associations cultuelles. Contribution à l'étude des personnes morales, p. 167 à 396. — Suite de LV, p. 277.

GARONNE (HAUTE-). — TOULOUSE.

ACADÉMIE DES SCIENCES, INSCRIPTIONS ET BELLES-LETTRES DE TOULOUSE.

Voir, pour les publications de cette Académie antérieures à 1901, la table récapitulative de notre *Bibliographie générale;* et pour ses publications postérieures, les tables placées à la fin des tomes I et II de notre *Bibliographie annuelle.*

LXXVI. — Mémoires de l'Académie des sciences, inscriptions et belles-lettres de Toulouse, 10ᵉ série, t. VIII. (Toulouse, 1908, in-8°, xvi-334 p.)

28775. Lapierre. — Histoire de l'Académie [1768-1793], p. 1 à 64. — Suite de LXXIII, p. 51; LXXIV, p. 1; et LXXV, p. 4.

[Appendice : Lettres originales adressées à l'Académie de 1746 à 1792.]

28776. Lécrivain (Ch.). — Le payement en nature et le payement en numéraire au ivᵉ siècle avant J.-C., p. 65 à 76.

28777. Renauld (Émile). — Les mots latins dans la *Synopsis legum* et le *De legum nominibus* de Michel Psellos, p. 77 à 96.

28778. Massip. — L'Almanach de Toulouse, ses origines, ses transformations, p. 111 à 125.

28779. Dumas. — La réglementation industrielle après Colbert, p. 127 à 182.

28780. Legoux (A.). — Éloge de M. Charles Forestier [1817 † 1907], p. 183 à 190.

28781. Desazars de Montgailhard (Bᵒⁿ). — Histoire de l'Académie des sciences [de Toulouse]. L'Athénée, p. 225 à 286.

GARONNE (HAUTE-). — TOULOUSE.

SOCIÉTÉ ARCHÉOLOGIQUE DU MIDI DE LA FRANCE.

Voir, pour les publications de cette Société antérieures à 1901, la table récapitulative de notre *Bibliographie générale;* et pour ses publications postérieures, les tables placées à la fin des tomes I et II de notre *Bibliographie annuelle.*

XVI. — Mémoires de la Société archéologique du Midi de la France..., t. XVI. (Toulouse, 1908, in-4°, 349 p.)

28782. Saint-Raymond (E.). — Éloge de Bernard Bénézet, p. 1 à 8.
28783. Cartailhac (E.). — Éloge de Louis Lartet, p. 9 à 18.
28784. Jeanroy (A.). — Règle des chanoinesses augustines de Saint-Pantaléon ou des Onze mille vierges à Toulouse (1358), p. 19 à 47.
28785. Decap (J.). — Les chartes de coutumes de la Haute-Garonne aux XIIIe et XIVe siècles, p. 48 à 78.
28786. Rivière (Baron de). — Musée de Toulouse. Inventaires illustrés. A. Les statues tombales, *fig.* et 2 *pl.*, p. 79 à 102.
28787. Desazars de Montgailhard (Baron). — L'art à Toulouse. Les salons de peinture au XVIIIe siècle, p. 103 à 165.
28788. Cau-Durban (L'abbé). — Statuts de la Basoche du sénéchal de Toulouse, *fig.*, p. 166 à 184.
28789. Graillot (Henri). — Le forum romain, *pl.*, p. 185 à 205.
28790. Desazars de Montgailhard (Baron). — Éloge de M. Axel Duboul [1842 † 1902], p. 206 à 210.
28791. Jeanroy (A.). — Éloge de M. l'abbé Léonce Couture, p. 211 à 224.
28792. Vidal (Aug.). — Excursion à travers les comptes d'Albi de 1438-1439, p. 225 à 268.
28793. Lahondès (J. de). — Les statues de la Vierge au Musée de Toulouse, *fig.*, p. 269 à 287.
28794. Desazars de Montgailhard (Baron). — L'art de la ferronnerie martelée à Toulouse, *fig.* et *pl.*, p. 289 à 315.
28795. Galabert. — Une nouvelle miniature des *Annales capitulaires de Toulouse* (1593), liste des miniatures et des armoiries actuellement connues, *pl.*, p. 317 à 341.
28796. Champreux (Marquis de). — Notes sur deux miniatures des *Annales de Toulouse*, 4 *pl.*, p. 343 à 347.

GARONNE (HAUTE-). — TOULOUSE.

SOCIÉTÉ DE GÉOGRAPHIE DE TOULOUSE.

Voir, pour les publications de cette Société antérieures à 1901, la table récapitulative de notre *Bibliographie générale;* et pour ses publications postérieures, les tables placées à la fin des tomes I et II de notre *Bibliographie annuelle.*

XXVII. — Bulletin de la Société de géographie de Toulouse, 27e année. (Toulouse, 1908, in-8°, 532 p.)

28797. Malafosse (Louis de). — La forêt de Saint-Rome ou de Baziège depuis la domination romaine jusqu'à nos jours, *fig.*, p. 69 à 108, et 166 à 215.
28798. Tachard (Dr E.). — Aux pays Catalans, *fig.*, p. 265 à 292.
28799. Guenot (S.). — Le colonel Marchand et l'armée coloniale, p. 293 à 320.
28800. Rey-Pailhade (J. de). — Étude historique sur l'emploi du calendrier républicain et sur le temps décimal, à Toulouse, pendant la Révolution, p. 429 à 457.

IMPRIMERIE NATIONALE.

GERS. — AUCH.

SOCIÉTÉ ARCHÉOLOGIQUE DU GERS.

Voir, pour les publications de cette Société antérieures à 1901, la table récapitulative de notre *Bibliographie générale;* et pour ses publications postérieures, les tables placées à la fin des tomes I et II de notre *Bibliographie annuelle.*

IX. — Bulletin de la Société archéologique du Gers, 9ᵉ année. (Auch, 1908, pet. in-4°, 340 p.)

28801. Lavergne (Adrien). — Excursion en Astarac et Comminges, p. 13 à 21. — Suite de VIII, p. 279.

28802. Sardac (Dʳ de). — Réception d'un médecin à Lectoure à la fin du xviᵉ siècle, p. 22 à 26.

28803. Lamazouade (L'abbé). — La commanderie de Saint-Antoine Pont d'Arratz, d'après des documents inédits, p. 27 à 34. — Cf. n° 28831.

28804. Palanque (Ch.). — Notes sur quelques faïenceries du Sud-Ouest, p. 35 à 38.

28805. Pagel (René). — Un certificat médical au xviiᵉ siècle, p. 39.

[Théophile Du Chemin, sieur de Pontarrion et Charlotte de Goût (1621).]

28806. Lamazouade (L'abbé P.). — Plaisance [Gers], une page d'histoire locale, p. 41 à 45.

28807. Anonyme. — Un mauvais domestique au xviiᵉ siècle, p. 45.

28808. Mastron (J. de). — Fêtes décadaires et civiques à Bazian, p. 46 à 48.

28809. Poirée (Mˡˡᵉ M.). — Une visite du représentant Monestier (1794), p. 49 à 51.

28810. Lavergne (Adrien). — Les ouvrages historiques de M. l'abbé Cazauran sur le département du Gers et sa monographie de Mirande, p. 52 à 59.

28811. Sentoux (Dʳ A.). — Traitement de la petite vérole par un médecin condomois [Joseph Dubrana], p. 60 à 70.

28812. Miégeville. — Étude historique sur les haras du département du Gers, p. 71 à 79, et 133 à 139. — Suite de VI, p. 112, 231; VII, p. 165; et VIII, p. 146.

28813. Lagleize (L'abbé). — Bail de construction du château de Flamarens [1469], *pl.*, p. 80 à 86.

28814. Solirène (Paul). — Séjour d'un anglais en Gascogne [Walcy] à la fin du xviiiᵉ siècle, p. 87 à 91.

28815. Dumège. — Les antiquités de la ville d'Auch, p. 101 à 118, et 181 à 200.

28816. Pagel (René). — Un agent matrimonial au xviiiᵉ siècle [l'abbé Bompard, directeur de la Visitation, à Paris], p. 119 à 122.

28817. Laporte. — Documents sur Goudourvielle, p. 123 à 132.

28818. Anonyme. — Gages de régent [au Houga], p. 139.

28819. Tournier (L'abbé). — Quelques coutumes de Jegun, p. 140 à 143.

28820. Lauzun (Ph.). — La statuette de Notre-Dame-des-Neiges, à la chapelle de Cahuzac, près de Gimont, *pl.*, p. 144 à 146.

28821. Sardac (Dʳ de). — Découverte de tombeaux à l'Isle-Bouzon, *fig.*, p. 147 à 149.

28822. Samaran (Ch.). — Trouvaille de monnaies impériales romaines du iiiᵉ siècle à Manciet, p. 150 à 157.

28823. Anonyme. — Une loi qui n'est pas nouvelle [déclaration de récolte à Nogaro (1672)], p. 157.

28824. Bénétrix (P.). — Un collège de province sous la Renaissance. Les origines du collège d'Auch (1540-1590), p. 158 à 164. — Suite de VI, p. 261; VII, p. 14, 141, 216, 280; et VIII, p. 38, 154, et 355.

28825. Daugé (L'abbé S.). — Violation de la sépulture des seigneurs de Roquelaure en 1793, p. 165 à 168.

28826. Lavergne (A.) et Mastron. — Liste des chartes de coutumes du Gers, p. 171 à 173, et 297 à 310.

28827. Branet (Alphonse). — Un épisode de l'histoire d'Auch. L'affaire Daignan d'Orbessan (1662), p. 201 à 213.

28828. Sardac (Dʳ de). — La médecine à Lectoure au xviᵉ siècle, p. 214 à 221.

28829. Anonyme. — Une descente de police dans un tripot [à Auch] pendant la Révolution, p. 221.

28830. Tournier (L'abbé). — Monographie d'Antras, p. 222 à 227, et 318 à 329.

28831. Mondon. — La commanderie de Saint-Antoine-Pont-d'Arratz, p. 227. — Cf. n° 28803.

28832. Barada. — Un épisode de l'invasion française en Espagne (1794), p. 229 à 232.

28833. Sardac (Dʳ de). — Compte rendu du Congrès d'histoire et d'archéologie de la Fédération des sociétés savantes du Sud-Ouest, tenu à Pau en septembre 1908, p. 241 à 257.

28834. Brégail. — Une perquisition au château de Lucvielle en l'an VIII, p. 259 à 267.

28835. Lauzun (Ph.). — Le tombeau du cardinal Louis d'Albret à Rome [Santa Maria d'Ara Cœli], *pl.*, p. 268 à 275.

28836. Mazéret (Ludovic). — La peste en Gascogne, p. 276 à 292.

28837. Métivier. — Fouilles pratiquées à l'hôpital d'Auch, p. 293 à 296.

28838. Lamazouade (L'abbé). — La Sauvetat, épisodes d'histoire locale, p. 311 à 317.

28839. Anonyme. — Publication à faire pour défendre les chaillibaris [Auch] (5 vendémiaire an V), p. 329.

28840. Anonyme. — Liste des objets mobiliers des églises et autres établissements publics du département du Gers, p. 330 à 332.

GERS. — AUCH.

SOCIÉTÉ HISTORIQUE DE GASCOGNE.

Voir, pour les publications de cette Société antérieures à 1901, la table récapitulative de notre *Bibliographie générale;* et pour ses publications postérieures, les tables placées à la fin des tomes I et II de notre *Bibliographie annuelle.*

28841. Duffour (L'abbé). — Livre rouge du chapitre métropolitain de Sainte-Marie d'Auch. 2e partie. (Auch, 1908, in-8°, p. 241 à 519.)

[Le faux titre porte : *Archives historiques de la Gascogne*, 18e année, 1er et 2e trimestres, 2e série, fasc. XII.]

28842. Jaurgain (Jean de). — Journal de Pierris de Casalivetery, notaire royal de Mauléon de Soule (texte gascon). (Auch, 1908, in-8°, XIV-59 p.)

[Le faux titre porte : *Archives historiques de la Gascogne*, 18e année, 3e trimestre, 2e série, fasc. XIII.]

XLIX. — Revue de Gascogne. Bulletin mensuel de la Société historique de Gascogne, 49e année. Nouvelle série, t. VIII. (Auch, 1908, in-8°, 576 p.)

28843. Médan (L.). — Un dieu à expulser de l'Olympe pyrénéen [Arial = Artahe], p. 5 à 15.

28844. Escarnot (J.-B.). — Le château de Puységur, p. 16 à 32.

28845. Contrasty (J.). — Un mémoire inédit de Mgr de La Tour-du-Pin, archevêque d'Auch, p. 33 à 43.

28846. A. D. [Degert (A.).] — Additions et corrections à la *Gallia christiana*, p. 43, 223, et 505. — Cf. n° 14905, et 24022.

[Abbés de Saint-Sever, p. 43. — Évêques de Lectoure, p. 223. — Abbés de Simorre, p. 505.]

28847. Contrasty (J.). — Le clergé français en Espagne (1792-1802), *pl.*, p. 49, 132, 169, 193, 267, 339, 419, 496, et 543.

28848. Labadie (Ern.). — Notes et documents sur quelques faïenceries et porcelaineries de la Gascogne au XVIIIe siècle. Samadet, Bayonne, Saint-Maurice et Ligardes, Dax, Pontenx et Ciboure, p. 55 à 77, et 118 à 129. — Suite de XLVIII, p. 241, 326, 399, 498, et 548.

28849. Daugé (C.). — L'École Gaston-Fébus à Mauvezin, p. 78 à 85.

28850. L. M. — Les juifs de Bayonne et la maladie du Dauphin, p. 85.

28851. A. D. [Degert (A.).] — Solution d'un problème littéraire et correction à la *Gallia christiana*. Abbés de Saint-Sever : Roger d'Aspremont d'Orthe, p. 86.

28852. Lestrade (J.). — Valcabrère et le Roi de Rome, p. 88 à 90.

28853. Vignaux (A.). — Les évêques gascons au IVe concile de Latran (1215), p. 91.

28854. Degert (A.). — Les anciens fors de Béarn, p. 97 à 108, et 145 à 157.

28855. Rivière (Le P. Ernest-M.). — Les Jésuites à Auch, p. 109, 158, et 218.

28856. Divers. — Centenaires gascons, p. 129, 281, 327, 415, et 418.

28857. Dubois (J.). — Sur un passage inexpliqué des Commentaires de Monluc, p. 130.

[Jacques de Sevin, juge mage d'Agenais, nommé par Louis XII.]

28858. A. D. [Degert (A.).] — Petit problème d'histoire littéraire [à propos de Pierre de la Bastide du Tauzia], p. 139.

28859. Delorme (E.). — Découverte de monnaies béarnaises [à Larroque (Tarn)], p. 168.

28860. Lestrade (J.). — Requête au sujet des cloches de la cathédrale d'Auch en 1657, p. 231.

28861. A. D. [Degert (A.).] — Jean de Monluc fut-il archevêque de Bordeaux? p. 233.

28862. Samaran (Ch.). — Blaise de Monluc historien, p. 241 à 266.

28863. A. D. [Degert (A.).] — Épitaphe de Dominique de Bigorre [† 1577], p. 271.

28864. Lestrade (J.). — A propos de la sécularisation du chapitre d'Auch [1550], p. 273.

28865. A. D. [Degert (A.).] — Thèse d'un futur archevêque d'Auch [Henri de La Mothe-Houdancour, 1664], p. 275.

28866. Bagnéris (V.). — Un procès-verbal d'abjuration [Salvy Beaubay, de Rieumes, 1586], p. 276 à 281.

28867. A. D. [Degert (A.).] — François de Noailles au Parlement de Bordeaux [1578], p. 281.

28868. Sarran (F.). — La poésie gasconne à l'heure présente, p. 289 à 305, et 385 à 404.

28869. Coste (P.). — A propos de la correspondance de saint Vincent de Paul. Lettres inédites et à rééditer, p. 306 à 327, et 416 à 418.

28870. Plieux (A.). — Ban et arrière-ban des gentilshommes du Condomois au xvie siècle, p. 328 à 338.

28871. Daranatz (J.-B.). — Notes complémentaires sur des essais de porcelainerie autour de Bayonne, p. 347 à 349.

28872. Lestrade (J.). — Travaux d'art à Garaison (1642-1648), p. 350 à 354.

28873. Rivière (E.). — Lettres à saint Vincent de Paul, p. 354.

28874. Gaubin (J.). — La commanderie de Cabas, p. 355 à 362.

28875. Degert (A.). — Après la première séparation, État religieux des Landes en 1801, p. 363 à 377, et 559 à 563.

28876. A. D. [Degert (A.).] — Prix des livres au moyen âge [missel de Camalez], p. 378.

28877. Medan (L.). — La Gascogne et l'appel royal de 1759, p. 405 à 415.

28878. Foix (V.). — État économique de l'élection des Lannes en 1728, p. 443 à 453.

28879. Aulon (P. Irénée d'). — Exploit d'un d'Albret, p. 453.

28880. Foix (V.). — Un libraire à Saint-Sever en 1516, p. 459.

28881. Ricaud (L.). — Un état d'objets confisqués à Tarbes [1795], p. 481 à 495.

28882. Degert (A.). — Le cartésianisme en Gascogne, p. 506 à 508.

28883. Lestrade (J.). — Chanoines d'Auch et prédicateur de l'Avent en 1677, p. 509.

28884. Médan (L.). — Une entreprise agricole en Béarn au xviiie siècle, p. 511.

28885. Coste (P.). — Ordination et première messe de saint Vincent de Paul, p. 513 à 519.

28886. Duffour (J.). — Réparations à l'orgue de Sainte-Marie d'Auch [1740], p. 519.

28887. P. C. — Liturgie funéraire sous la Révolution [arrêté de Dartigoeyte et de Cavaignac], p. 520.

28888. Sansot (A.). — *Civitas* et *villa* [Auch], p. 529 à 542.

28889. Foix (V.). — Un contrat de travail [d'organiste de l'abbaye de Saint-Sever, 1722], p. 559.

28890. Marsan (Fr.). — Un manifeste populaire contre la suppression des fêtes [à Lançon et Ilhan (1720), p. 564.

GIRONDE. — BORDEAUX.

ACADÉMIE DES SCIENCES, BELLES-LETTRES ET ARTS DE BORDEAUX.

Voir, pour les publications de cette Académie antérieures à 1901, la table récapitulative de notre *Bibliographie générale;* et pour ses publications postérieures, les tables placées à la fin des tomes I et II de notre *Bibliographie annuelle.*

LXVII. — **Actes de l'Académie nationale des sciences, belles-lettres et arts de Bordeaux**, 3e série, 69e année, 1907. (Paris, 1907, in-8°, 294-116 p.)

28891. Dezeimeris. — Sur l'objectif réel du discours d'Estienne de La Boétie, *De la Servitude volontaire*, p. 5 à 28.

28892. Labat (Gustave). — Étude sur quelques miniaturistes de 1750 à 1815, p. 29 à 64.

28893. Callen (Jules). — Le Peugue maritime [cours d'eau de Bordeaux], p. 65 à 76.

28894. Labat (Gustave). — De la navigation de plaisance à Bordeaux depuis soixante ans, p. 77 à 94.

28895. Labat (Gustave). — Notes sur l'Exposition dans les galeries de la rue de Sèze à Paris, d'une réunion d'œuvres de J.-B. Siméon Chardin et d'Honoré Fragonard (juin-juillet 1907), p. 113 à 127.

28896. Gautier (Paul). — Discours de réception [éloge de G.-F. Lespiault (1823 † 1904)], p. 139.

28897. Dolhassary. — À travers le massif arménien, p. 169 à 179.

28898. Courteault. — Discours de réception [éloge de J.-M.-G. de Castelnau (1822 † 1905)], p. 205.

28899. Dolhassary. — Discours de réception [éloge de M. de Tréverret], p. 239 à 257.

GIRONDE. — BORDEAUX.

SOCIÉTÉ ARCHÉOLOGIQUE DE BORDEAUX.

Voir, pour les publications de cette Société antérieures à 1901, la table récapitulative de notre *Bibliographie générale;* et pour ses publications postérieures, les tables placées à la fin des tomes I et II de notre *Bibliographie annuelle.* La Société archéologique de Bordeaux a publié en 1907, en plus de son *Bulletin*, l'ouvrage suivant :

28900. Brutails (Jean-Auguste). — Société archéologique de Bordeaux. Album d'objets d'art existant dans les églises de la Gironde. (Bordeaux, 1907, in-fol., 47 p. et 68 pl.)

[Fragments de décoration architecturale à Casseuil, Belvès, Saint-Seurin de Cursac, Saint-Seurin de Bordeaux, Bayon, Lugon, Saint-Genyès-de-Queuil, Saint-Georges-de-Montagne, Sainte-Croix-du-Mont, Blaignac, Bommes, Villagrains, cathédrale de Bordeaux, La Sauve, Castelnau, Saint-Émilion, Canéjean, Saint-Aubin-en-Jalles, *pl.* 1 à 8.

28901. Crucifix à : Illats, la cathédrale de Bordeaux, Saint-Michel de Bordeaux. — Vierges à : Saint-Seurin de Bordeaux, Cadillac-sur-Dordogne, Uzeste, Paillet, Birac, Saint-Genès-de-Lombaud, Verdelais, Saint-Léger de Vignague, Libourne, Lagorce, Lados, Cadarsac, Marcenais, Arcachon, Camblanes, Cauéjan, Mercamps, Génissac, Bazas, Castelnau, Guillos, Le Tourne, Loupiac-de-Blagnac. — Statues diverses à : Saint-Martin-du-Puy, Bazas, Carcans, Les Esseintes, Cursan, Saint-Paul de Bordeaux, Saint-Michel de Bordeaux, La Tresne, Sainte-Hélène, Camblanes, la cathédrale de Bordeaux, Croignon, Blézignac, Castelnau, Saint-Paul près Blaye, *pl.* 8 à 21.

28902. Sculptures en albâtre à : Saint-Seurin de Bordeaux, Avensan, Saint-Michel de Bordeaux, Soussans, Saint-Émilion, Genissac, Castelnau, Cambes, Floirac, la cathédrale de Bordeaux, Lignan, La Rivière, *pl.* 22 à 30.

28903. Autels et accessoires à : La Sauve, Saint-Genès de Queuil, Capian, Saint-Bruno de Bordeaux, la Madeleine de Bordeaux, Cambes, Barsac, Rions, Saint-Paul de Bordeaux, Bossugan, Notre-Dame de Bordeaux, Saint-Estèphe, Bouliac, Nérigean, Saint-Martial, *pl.* 31 à 38.

28904. Chaires, stalles, confessionaux, lutrins, chandeliers, etc., à : Saint-Seurin de Bordeaux, Bonnetan, Capian, Saint-Michel de Bordeaux, Saint-Louis de Bordeaux, la cathédrale de Bordeaux, Notre-Dame de Bordeaux, Vertheuil, Saint-Étienne de Lisse, Saint-Bruno de Bordeaux, Barsac, Saint-Médard-en-Jalles, Saint-Paul de Bordeaux, Castillon, Guîtres, Sainte-Eulalie de Bordeaux, Sainte-Croix de Bordeaux, Bazas, Haux, Saint-Martin-du-Puy, Saint-Michel-de-Rieufret, *pl.* 39 à 52.

28905. Fonts baptismaux à : Courpiac, Sallebruneau, Bellefond, Vertheuil, Biganos, Saint-Genès de Queuil, Pujols-sur-Ciron, Saint-Seurin de Bordeaux, Carignan. — Bénitiers à : Saint-Macaire, Croignon, La Sauve, Saint-Genès de Lombaud, Lugagnac, Génissac, Saillans, Saint-Michel-de-la-Rivière, la cathédrale de Bordeaux, Tresses, Carignan, La Sauve, Saint-Genès de Queuil, Samonac, Lignan-de-Créon, *pl.* 39 à 61.

28906. Monuments funéraires à : Pujols, Saint-Émilion, Saint-Seurin de Bordeaux, Uzeste, Sainte-Croix de Bordeaux, la cathédrale de Bordeaux, Saint-Bruno de Bordeaux, Preignac, Blézignac, Frontenac, Saint-Éloi de Bordeaux, Sainte-Eulalie de Bordeaux, *pl.* 62 à 68.

28907. Ouvrages d'argent, cuivre, etc., à : Branneus, Rauzan, Sainte-Hélène, Avensan, Saint-Romain-la-Virvée, Floirac, la cathédrale de Bordeaux, Sainte-Eulalie de Bordeaux, Saint-Michel-de-la-Rivière, Coumont, Gabarnac, Dardenac, Landerrouet, Pujols, Massugas, Foncaude, Pondaurat, Saint-Philippe-d'Aiguille, *pl.* 69 à 75.]

XXIX. — Société archéologique de Bordeaux, t. XXIX. (Bordeaux, 1907, in-8°, xv-134 p.)

28908. Queyron (Philippe). — Du vandalisme restaurateur et du vandalisme destructeur dans le Réolais, p. 29 à 34.

28909. Thomas (Fernand). — Une visite au Musée de Carreire [à Bordeaux], p. 34 à 54.

28910. Labrie (J.). — Monuments mégalithiques de la Gironde, nomenclature en vue du classement, p. 54 à 60.

28911. Brutails (A.). — Lettre de Barcelone, p. 60 à 62.

28912. Daleau (François). — La série des grottes à gravures. Une main de la grotte de Castillo (Espagne), p. 63 à 65.

28913. M. C. et Bardié (A.). — Nécrologie. Jean Cabrit [1841 † 1907], p. 78 à 81.

28914. Queyron (Ph.). — Excursion dans le Réolais et la Gavacherie de Monségur, p. 92 à 112.

28915. Augereau (Dr A.). — Un Hermès charentais, *pl.*, p. 113 à 115.

28916. Labrie (J.). — Le dolmen ou allée couverte de Pitray à Gardegan (Gironde), *fig.* et *pl.*, p. 116 à 119.

28917. Labrie (J.). — Le dolmen sous tumulus de Barbehère à Potensac, près Ordonnac (Gironde), *fig.* et *pl.*, p. 120 à 128.

28918. Anonyme. — Découvertes et nouvelles, p. 129 à 131.

[Sceau de Reynaldus (xvie s.); sceau de Larna (xvie s.); hache polie trouvée à la Grosse-Pierre, cne de Lafosse.]

GIRONDE. — BORDEAUX.

SOCIÉTÉ DES ARCHIVES HISTORIQUES DE LA GIRONDE.

Voir, pour les publications de cette Société antérieures à 1901, la table récapitulative de notre *Bibliographie générale;* et pour ses publications postérieures, les tables placées à la fin des tomes I et II de notre *Bibliographie annuelle.*

XLIII. — Archives historiques du département de la Gironde, t. XLIII. (Bordeaux, 1908, in-4°, LII-487 p.)

28919. Habasque (Francisque). — Pierre-Ariste Ducaunnès-Duval [1832 † 1908], *portr.*, p. XV à XXXIII.

[Discours prononcés à ses obsèques par MM. de La Ville de Mirmont, Dr G. Martin, Dolhassarry, Grangeneuve.]

28920. Martin (Dr Georges). — Documents relatifs aux défenses de planter des vignes sans autorisation dans la généralité de Guienne au xviiie siècle, p. 1 à 90.

28921. Labadie (Ernest). — Documents concernant l'établissement d'une verrerie et d'une faïencerie à Libourne (1748-1760), p. 91 à 165.

28922. Ducaunnès-Duval (A.). — Fragments d'un cartulaire de famille (1259-1281), p. 166 à 211.

[Chartes relatives à Élie Carpenter, le changeur.]

28923. Chauliac (A.). — Documents relatifs à l'abbaye de Sainte-Croix de Bordeaux [1234-1756], p. 212 à 235.

28924. Courteault (Paul). — Documents pour l'histoire de la première guerre civile en Guienne [1561-1562], p. 236 à 277.

28925. Meller (Pierre). — Documents relatifs au séjour de Louis XIV à Bordeaux (août-octobre 1659), p. 278 à 300.

28926. Divers. — Documents divers, p. 300 à 393.

[Lettre de Henri de Bourbon, roi de Navarre au Parlement de Bordeaux touchant la paix de Nérac (1581), p. 300; testament de Marthe de Valier, veuve d'Arnaud de Ferron (1608), p. 300; lettres de Marie de Médicis au Parlement de Bordeaux (1611-1612), p. 306; Louis XIII et Anne d'Autriche à Bordeaux (1615), p. 308; fondation de l'hôpital Saint-Charles au couvent de la Chartreuse de Bordeaux (1618), p. 323; protestation contre une nomination de procureur au Parlement de Bordeaux (1648), p. 345; incendie de l'église de Camblanes par les troupes du duc d'Épernon (1649), p. 346; l'horloge de l'église du prieuré de Saint-Macaire (1649), p. 350.

28927. Charles Fortin, professeur royal d'hydrographie à Bordeaux (1682), p. 350; fraude à un examen en l'Université de Bordeaux (1690), p. 354; soutenance de thèse du fils de Jacques Denis, procureur général au Parlement de Bordeaux (1695), p. 356; vente aux enchères du mobilier de François de Pichon (1707), p. 358; inventaire de la vaisselle d'argent du marquis de La Tresne (1711), p. 369; Jean-Baptiste de La Tresne, élève du collège Louis-le-Grand (1711), p. 371; délibération de la jurade de Castelmoron d'Albret (1715), p. 371; acte de naissance d'Alexis de Lamothe (1728), p. 373; acte de décès de François-Élie de Voyer de Paulmy d'Argenson, archevêque de Bordeaux (1728), p. 374; requête des jurats de Castelmoron d'Albret (1736?), p. 374; acte de décès de Pierre Mitchell, verrier (1740), p. 378.

28928. Documents concernant François Richard et Michel Bonfin, ingénieurs de la ville de Bordeaux (1730-1768), p. 378, 383; requête du sculpteur Claude Francin (1757?), p. 382; condamnation des écrits de Dom Devienne contre la congrégation de Saint-Maur (1775), p. 384; cimetière paroissial de Sainte-Croix (1783), p. 386; supplique des Bénédictins de Sainte-Croix pour le rappel du Parlement (1788), p. 389; élection de Dom J.-B. Boë, prieur de Sainte-Croix à l'assemblée des États généraux (1789), p. 391; rapport sur la population indigente de Bordeaux (1812), p. 398.]

28929. Rousselot (E.). — Documents relatifs aux embellissements de Bordeaux au xviiie siècle, 2 *plans*, p. 396 à 459. — Cf. XXXVIII, p. 280; et XLI, p. 302.

[Combats et courses de taureaux et chiens.]

GIRONDE. — BORDEAUX.

SOCIÉTÉ DE GÉOGRAPHIE COMMERCIALE DE BORDEAUX.

Voir, pour les publications de cette Société antérieures à 1901, la table récapitulative de notre *Bibliographie générale;* et pour ses publications postérieures, les tables placées à la fin des tomes I et II de notre *Bibliographie annuelle.*

XXXIII. — **Groupe géographique et ethnographique du Sud-Ouest. Société de géographie commerciale de Bordeaux**... Bulletin, 2e série, 31e année, 1908. (Bordeaux, 1908, in-8°, VIII-264 p.)

28930. Valot (Pierre-Paul). — Le peuplement européen dans l'Afrique Mineure, p. 1 à 5, et 21 à 31.

28931. Labrie (J.). — Les restes de l'industrie préhistorique trouvés en place dans le quaternaire en Entre-deux-Mers, p. 41 à 45.

28932. Peyrony. — Étude comparée des deux niveaux quaternaires de La Micoque (Dordogne), *fig.*, p. 61 à 70.

28933. Coincy (H. de). — La carte générale des dunes du département des Landes [1818], p. 81 à 91.

28934. Blaedel (Werner). — La céramique danoise, p. 113 à 123.

28935. Lesca (J.-H.). — A travers l'Argentine, notes et souvenirs, p. 137 à 145.

28936. Rutot (A.). — Sur la découverte d'une industrie humaine primitive d'âge oligocène en Belgique, p. 157 à 160.

28937. J. V. — Une promenade au volcan de Bourbon en octobre 1836 [relation de Camille Faure], p. 177 à 185.

28938. Lafon (Paul). — De Lisbonne à l'Amazone, p. 232 à 236.

[Madère, Brésil.]

28939. Fleury (Th.). — L'île Clipperton, p. 245 à 247.

GIRONDE. — BORDEAUX.

SOCIÉTÉ PHILOMATHIQUE DE BORDEAUX.

Voir, pour les publications de cette Société antérieures à 1901, la table récapitulative de notre *Bibliographie générale;* et pour ses publications postérieures, les tables placées à la fin des tomes I et II de notre *Bibliographie annuelle.*

XI. — **Revue philomathique de Bordeaux et du Sud-Ouest**, 1908. (Bordeaux, 1908, in-8°, 308 p.)

28940. Courteault (Paul). — A propos du séjour de Goya à Bordeaux, p. 3 à 11.

28941. Roquette-Buisson (Vte de). — Un poète bordelais du XVIIe siècle. Élie de Betoulaud, p. 21, 171, et 268.

28942. Brutails. — La grille en fer forgé de l'église Sainte-Eulalie de Bordeaux, p. 39 à 41.

28943. Chauliac (A.). — Le moulin de Sainte-Croix [de Bordeaux], p. 81 à 93.

28944. Callen (J.). — Autour de la rue Poitevine, p. 113 à 126. — Suite de X, p. 314, et 421.

28945. Perceval (Émile de). — Le voyage de la Cour dans le Midi (1659-1660) d'après la correspondance de l'abbé et du marquis de Coislin, p. 161, 225, et 257.

28946. Clément (M.). — Le roman réaliste en Angleterre avec Jane Austen, p. 209 à 224.

28947. Armaingaud (Dr). — La Boëtie et Machiavel, p. 296 à 307.

HÉRAULT. — BÉZIERS.

SOCIÉTÉ ARCHÉOLOGIQUE, SCIENTIFIQUE ET LITTÉRAIRE DE BÉZIERS.

Voir, pour les publications de cette Société antérieures à 1901, la table récapitulative de notre *Bibliographie générale;* et pour ses publications postérieures, les tables placées à la fin des tomes I et II de notre *Bibliographie annuelle.*

XXXII. — Bulletin de la Société archéologique, scientifique et littéraire de Béziers (Hérault)..., 3e série, t. VII, vol. XXXVII [-XXVIII] de la collection. [Béziers, 1907 [-1908], in-8°, 344 p.)

28948. Sahuc (Joseph). — Familles nobles et bourgeoises de la ville de Saint-Pons de Thomières, xve-xviiie siècle, p. 5 à 68.

[Armorial de la ville de Saint-Pons.]

28949. Tarrieux (Dr L.). — Catalogue de la collection numismatique Alzieu, et table générale des collections de la Société, p. 74 à 108. — Cf. n° 19737.

28950. Soucaille (A.). — Réception du connétable de Montmorency (1613), p. 161. — Entrée de la duchesse de Montmorency (1617), p. 162. — Lettres de M. Corneau, député de Narbonne aux États, aux consuls de Narbonne (1617), p. 163. — Le combat de la galère (1661-1662), p. 166.

28951. Soucaille (Antonin). — Les moulins de Bagnols d'après les documents originaux, p. 189 à 249.

28952. Tarrieux. — Chronique numismatique, p. 250 à 254.

[Monnaies romaines trouvées à Vendres; monnaies du moyen âge trouvées à Béziers.]

28953. Laurès (Émile). — Xavier Le Bars (1836 † 1908), p. 258 à 260.

28954. Bellaud-Dessalles (M.). — Clément de Bonsi [évêque de Béziers] et la révolte de 1632, p. 261 à 284.

28955. J. D. — Chronique archéologique, 2 *pl.*, p. 285 à 288.

[Antiquités romaines d'Enserune, *pl.*; église de Coustouges, *pl.*]

HÉRAULT. — MONTPELLIER.

SOCIÉTÉ POUR L'ÉTUDE DES LANGUES ROMANES.

Voir, pour les publications de cette Société antérieures à 1901, la table récapitulative de notre *Bibliographie générale;* et pour ses publications postérieures, les tables placées à la fin des tomes I et II de notre *Bibliographie annuelle.*

28956. Castets (J.). — *I dodici Canti*, épopée romanesque du xvie siècle. (Montpellier, 1908, in-8°, 405 p.)

[Publications de la Société pour l'étude des langues romanes, XXII.]

LI. — Revue des langues romanes, t. LI, 4e série, t. I. (Montpellier, 1907 [*lisez* 1908], in-8° 576 p.)

28957. Karl (Louis). — La Hongrie et les Hongrois dans les chansons de geste, p. 5 à 38.

28958. Baker (A.-T.). — Chanson française inédite, *facs.*, p. 39 à 43.
28959. Bertoni (Giulio). — Le chant de saint Faron, p. 44 à 59.
28960. Ronjat (Jules). — Restitution de quelques noms de lieux dans l'Oisans, p. 60 à 63.
28961. Cuny (A.). — Latin vulgaire **tudare* «frapper, tuer», p. 64 à 66. — Cf. n° 28965.
28962. Castets. — Les quatre fils Aymon, p. 67, 143, 289, et 407. — Suite de XLIX, p. 97, 369; et L, p. 97, 216, et 445.
28963. Foulet (Lucien). — Le Strengleikar et le Lai du Lecheor, p. 97 à 110.
28964. Lambert (L.). — Chants de travail, métiers, cris des rues, p. 111, 448, et 512.
28965. Bourciez (E.). — Le verbe français *tuer*, p. 217 à 219. — Cf. n° 28961.
28966. Jeanroy (A.). — Un manuscrit fragmentaire de *Renaut de Montauban*. Essai de classification de six manuscrits du poème, p. 241 à 262.
28967. Barbier fils (Paul). — Mélanges d'étymologie romane, p. 263 à 277.
28968. Calmette (J.) et Hurtebise (E.-G.). — Correspondance de la ville de Perpignan, p. 278 à 288. — Suite de XLVIII, p. 551; XLIX, p. 273; et L, p. 193, et 323.
28969. Barbier fils (Paul). — Noms de poissons, notes étymologiques et lexicographiques, p. 385 à 406.
28970. Bertoni (Giulio). — *Mainte communalment*, p. 479 à 480.
28971. Anglade (J.). — Camille Chabaneau [1831 † 1908], p. 481 à 489.
28972. Castets (Ferdinand). — Les fils Aymon. Dernières publications : la réédition de l'incunable de 1480; les fragments de Toulouse, p. 190 à 504.
28973. Ronjat (Jules). — L'enclise des pronoms personnels et leurs formes asyllabiques spécialement en Gascogne, p. 505 à 511.
28974. Johnston (Ollivier Martin). — The legend of Berte *aus grans piés* and the *Märchen* of Little Snow-White, p. 545 à 547.
28975. Karl (Louis). — Un itinéraire de la France et de l'Italie. Incunable du British Museum à Londres, p. 548 à 554.
28976. Bertoni (Giulio). — *D'un cœur saint*, p. 555; — franç. *Flegme*, p. 556.

HÉRAULT. — MONTPELLIER.

SOCIÉTÉ LANGUEDOCIENNE DE GÉOGRAPHIE.

Voir, pour les publications de cette Société antérieures à 1901, la table récapitulative de notre *Bibliographie générale;* et pour ses publications postérieures, les tables placées à la fin des tomes I et II de notre *Bibliographie annuelle.*

XXXI. — Société languedocienne de géographie. Bulletin... 31e année, t. XXXI. (Montpellier, 1908, in-8°, 300 p.)

28977. Pézières (Angely). — Camp romain du Gardiol au pic de Saint-Loup, commune de Cazevieille (Hérault), p. 5.
28978. Malavialle (L.). — Notice sur un portulan manuscrit de Battista Agnese conservé à la bibliothèque de la Faculté de Montpellier (section de médecine), p. 7 à 85, et 141 à 203. — Suite de XXX, p. 235.
28979. Gennevaux (Maurice) et Mauche (Albert). — Recherches spéléologiques dans la région du pic Saint-Loup, *fig.*, 3 *pl.*, p. 86 à 117.
28980. Malavialle (L.). — Le Bas-Languedoc en 1626, p. 203 à 280.

IMPRIMERIE NATIONALE.

ILLE-ET-VILAINE. — SAINT-MALO.

SOCIÉTÉ HISTORIQUE ET ARCHÉOLOGIQUE DE L'ARRONDISSEMENT DE SAINT-MALO.

Voir, pour les publications antérieures de cette Société, les tables placées à la fin des tomes I et II de notre *Bibliographie annuelle.*

VI. — Annales de la Société historique et archéologique de l'arrondissement de Saint-Malo, année 1908. (Saint-Servan, 1909, in-8°, XVI-245 p.)

28981. Rіéger. — Histoire du monastère de Saint-Benoît (ordre dudit Saint-Benoît et congrégation de Saint-Maur), situé en la ville de Saint-Malo, 7 *pl.*, p. 1 à 127.

28982. Sottas (Dr Jules). — Les navigations anciennes des Malouins à la Mer du Sud (1698-1720), *carte*, p. 129 à 162.

28983. Anonyme. — Louis XVII à Saint-Malo, p. 163 à 164.

28984. Sarazin (Lucien). — Établissement du fort de Châteauneuf au XVIIIe siècle, p. 165 à 172.

28985. Saint Mleux (Georges). — Un poète malouin oublié. F.-M.-G. Duault [1757 † 1833], p. 173 à 186.

28986. Herpin (E.). — Les fêtes à Saint-Malo pendant la Révolution, p. 187 à 207.

28987. Haize (Jules). — Les fouilles d'Alet, p. 227 à 229.

INDRE-ET-LOIRE. — TOURS.

SOCIÉTÉ ARCHÉOLOGIQUE DE TOURAINE.

Voir, pour les publications de cette Société antérieures à 1901, la table récapitulative de notre *Bibliographie générale;* et pour ses publications postérieures, les tables placées à la fin des tomes I et II de notre *Bibliographie annuelle.*

XLVII. — Bulletin et Mémoires de la Société archéologique de Touraine. Mémoires, t. XLVII. (Tours, 1908, in-8°, XXIII-449 p., *pl.*)

28988. Benoist de La Grandière (L.). — Abrégé chronologique et historique de la mairie de Tours, t. I. (Tours, 1908, in-8°, XXIII-449 p., *pl.*)

[Publié par G. Collon.]

XVI. — Bulletin trimestriel de la Société archéologique de Touraine, t. XVI, 1907-1908. (Tours, 1907[-1908], in-8°.)

28989. Clérambault (de). — Les margers [constructions mégalithiques] de La Ronde (c^ne^ de Pernay, Indre-et-Loire), p. XXXI à XXXIII.

28990. Vaucelle (L'abbé) et Bossebœuf (l'abbé L.). — Le lieu du baptême de Clovis, p. XXXVI à XL. — Cf. n° 28994.

28991. Grandmaison (L. de). — Sur un poids ancien, p. XLIII à XLV.

28992. Bossebœuf (L'abbé L.). — Le château de Luynes, p. XLVI.

28993. L. G. [Grandmaison (L. de).] — Nicolas Mutel, fondeur [XVIIIe s.], p. XLVIII.

28994. Levillain. — Le lieu du baptême de Clovis, p. LV. — Cf. n° 28990.

28995. Le Grix. — Coupes faites au XVIIIe siècle dans la forêt de Chinon, p. LVI.
28996. Martinière. — Poids ancien, p. LVIII.
28997. Viot (Arthur). — L'imprimerie Mame et le gouvernement de la Défense nationale à Tours en 1870-1871, p. LXI, et LXVI à LXX.
28998. Grandmaison (L. de). — Documents concernant Saint-Georges-sur-Loire près Marmoutier (1755-1784), p. LXX à LXXIV, et CXXXII à CXXXVI.
28999. Rougé (Jacques). — Maison ancienne de la Haye-Descartes, p. LXXVII.
29000. Dubreuil-Chambardel (Dr L.). — Inscription provenant des Cordeliers de l'Ile-Bouchard, p. LXXIX.
29001. Martinière. — Tombeaux de Bueil, p. LXXXVI.
29002. Grandmaison (De). — Blasons du château de Villandry, p. LXXXVII.
29003. Guilhiermoz. — Sur les poids de Touraine, p. LXXXVIII.
29004. Dumuys (Léon). — La tombe de Claude Sain († 1580) et d'Étiennette Cathelin († 1588) de la Chapelle Notre-Dame de Lorette en l'église Saint-Paul d'Orléans, p. XCIII à XCV.
29005. Grandmaison (L. de). — Acte de décès de l'abbé Cossart, p. XCVI.
29006. Bossebœuf (L'abbé L.). — Jean Foucquet l'aîné et le jeune, p. CXI.
29007. Grandmaison (L. de). — M. G.-M. d'Espinay († 1908), p. CXIV.
29008. Bossebœuf (L'abbé L.). — Les châteaux de Fouchaut et de Vau-de-Vallères, p. CXVII.
29009. Dubreuil-Chambardel (Dr Louis). — Le culte de saint Mammès, p. CXIX.
29010. Jouet (Charles). — Auguste Duvau (1771 † 1831), p. 1 à 3.
29011. Dubreuil-Chambardel (Dr Louis). — Le Verroñ et le Thelot, p. 4 à 15.
29012. Bossebœuf (L.). — Les maisons historiques de Tours. L'archevêché d'autrefois, 2 *pl.*, p. 16 à 82.
29013. Vaucelle (E.-R.). — Les annates du diocèse de Tours (1421-1521), p. 83 à 186.
29014. Grandmaison (Louis de). — Jean Marchand [peintre verrier, 1799 † 1854], p. 213 à 223.
29015. Grimaud (Henry). — Ernest Tourlet (1843 † 1907), *portr.*, p. 224 à 230.
29016. Calendini (Louis). — Notes éparses sur la Touraine [tirées des études notariales du Lude] (1666; 1760-1790), p. 231 à 235.
29017. Gatian de Clérambault (E.). — La tour Hugon et le château de Tours, 3 *pl.*, p. 236 à 259.
29018. Bossebœuf (L'abbé L.). — Alfred Gabeau (1834 † 1907), p. 260 à 267.
29019. Bossebœuf (L'abbé L.). — Sculptures sur bois à la Haye-Descartes, p. 268 à 270.
29020. Grandmaison (Charles de). — Procès-verbal de la prise de possession du château de Richelieu par Pierre de Sazilly, procureur de messire Armand-Jean Du Plessis de Richelieu, évêque et baron de Luçon (15 avril 1621), p. 271 à 274.
29021. Radoux (J.). — Saint Brice, correction à un texte de Grégoire de Tours, p. 275 à 277.
29022. Hallopeau (L.-A.). — Armoiries de Louis de France et de Marie de Châtillon sculptées au donjon de Lavardin, p. 278 à 280.
29023. Grimaud (H.). — Projets de l'historien de La Sauvagère, p. 281 à 294.

[Recherches historiques sur la Touraine, et histoire de Chinon.]

29024. Vitry (Paul). — Le buste du chirurgien de La Faye, par J.-J. Caffieri, p. 295.
29025. Gatian de Clérambault. — Note sur trois hôtels situés rue Briçonnet [à Tours], p. 324 à 329.
29026. Massereau (T.). — Notice sur les tombeaux du duc de Choiseul et de Léonard Perrault dans le cimetière d'Amboise, *pl.*, p. 330 à 343.
29027. Grandmaison (L. de). — Les fondeurs N. Mutel et J. Chatelain (1758), p. 344.
29028. Anonyme. — Table du Bulletin [*sous presse*].

ISÈRE. — GRENOBLE.

SOCIÉTÉ DE STATISTIQUE, DES SCIENCES NATURELLES ET DES ARTS INDUSTRIELS DE L'ISÈRE.

Voir, pour les publications de cette Société antérieures à 1901, la table récapitulative de notre *Bibliographie générale;* et pour ses publications postérieures, les tables placées à la fin des tomes I et II de notre *Bibliographie annuelle.*

XXXVI. — **Bulletin de la Société de statistique, des sciences naturelles et des arts industriels... de l'Isère,** 4ᵉ série, t. X (XXXVIᵉ de la collection). (Grenoble, 1908, in-8°, VII-572 p.)

29029. Jacob (Louis). — Le royaume de Bourgogne sous les empereurs franconiens (1038-1125), essai sur la domination impériale dans l'est et le sud-est de la France aux XIᵉ et XIIᵉ siècles, p. 5 à 159.

ISÈRE. — VIENNE.

SOCIÉTÉ DES AMIS DE VIENNE.

Voir, pour les publications antérieures de cette Société, le fascicule III du tome II de notre *Bibliographie annuelle,* p. 59.

IV. — **Bulletin de la Société des amis de Vienne,** n° 4. (Vienne, 1908, in-8°, 64 p.)

29030. Héron de Villefosse (A.). — Le châtiment de Lycurgue, mosaïque découverte à Sainte-Colombe-les-Vienne (Rhône), 3 *pl.,* p. 47 à 63.

JURA. — LONS-LE-SAUNIER.

SOCIÉTÉ D'ÉMULATION DU JURA.

Voir, pour les publications de cette Société antérieures à 1901, la table récapitulative de notre *Bibliographie générale;* et pour ses publications postérieures, les tables placées à la fin des tomes I et II de notre *Bibliographie annuelle.*

LXX. — **Mémoires de la Société d'émulation du Jura,** 8ᵉ série, 2ᵉ vol., 1908. (Lons-le-Saunier, 1908, in-8°, 441 p.)

29031. Pidoux (P.-A.). — Notes sur l'ancienne liturgie bisontine. Le commentaire de l'archevêque Hugues le Grand, étude sur le plus ancien manuscrit liturgique bisontin (1030), p. 1 à 49.

29032. Lebrun (L.). — Note complémentaire sur quelques pointes [de flèche] à crans latéraux, *pl.*, p. 65 à 71.
29033. Monot (Émile). — Deux visites à Alise-Sainte-Reine, p. 73 à 88.
29034. Monot (Émile). — Huit jours à Rome (Pâques 1906), simples notes de voyage, p. 125 à 242.
29035. Feuvier (Julien). — Tête de Mercure gallo-romain en bronze trouvée à Samerey (Côte-d'Or), *fig.*, p. 243 à 247.
29036. Feuvier (Julien). — La ville d'Haibe au territoire de Rochefort (Jura), *carte*, p. 249 à 260.
29037. Monot (Émile). — Une excursion à Alaise, p. 261 à 272.
29038. Longin (Émile). — Relation lorraine de la bataille de Poligny (19 juin 1638), p. 273 à 283.
29039. Longin (Émile). — Notes sur le régiment de La Verne (xviie siècle), p. 289 à 333.

LANDES. — DAX.

SOCIÉTÉ DE BORDA.

Voir, pour les publications de cette Société antérieures à 1901, la table récapitulative de notre *Bibliographie générale;* et pour ses publications postérieures, les tables placées à la fin des tomes I et II de notre *Bibliographie annuelle.*

XXXIII. — Bulletin trimestriel de la Société de Borda à Dax (Landes), 33e année, 1908. (Dax, 1908, in-8°, LI-342 p.)

29040. Coste (P.). — Histoire des cathédrales de Dax, p. 1, 61, 153, et 257.
29041. Beaurredon (J.). — Un vieil herbier, ou la thérapeutique végétale au xviiie siècle, p. 41 à 46.
29042. Daugé (C.). — Les vins de Béarn en Hollande (1730-1770), p. 47 à 55, et 103 à 126.
29043. Degert (A.) et Samaran (Ch.). — Lettres royales en faveur de l'abbaye de Sorde [1454], p. 133 à 144.
29044. Foix (V.). — La cour dels Sers [juridiction de la vicomté de Marsan], p. 203 à 229.
29045. Beaurredon (J.). — Esquisse sur le Sud-Ouest landais (Gosse et Maremne) sur la fin du xviiie siècle, p. 241 à 250, et 303.
29046. Coste (P.). — Jacques-François de Borda d'Oro, p. 319 à 335.

LOIR-ET-CHER. — VENDÔME.

SOCIÉTÉ ARCHÉOLOGIQUE, SCIENTIFIQUE ET LITTÉRAIRE DU VENDÔMOIS.

Voir, pour les publications de cette Société antérieures à 1901, la table récapitulative de notre *Bibliographie générale;* et pour ses publications postérieures, les tables placées à la fin des tomes I et II de notre *Bibliographie annuelle.*

XLVII. — Bulletin de la Société archéologique, scientifique et littéraire du Vendômois..., t. XLVII, 1908. (Vendôme, 1908, in-8°, 260 p.)

29047. Saint-Venant (R. de). — Biographie vendômoise. Sur un projet de continuation de la Biographie vendômoise du marquis de Rochambeau, p. 13 à 28.

29048. Bonhoure (G.). — Notes inédites sur le procès des Babouvistes devant la Haute-Cour de Vendôme, p. 29 à 53.

29049. Plat (Gabriel). — Deux notes à propos du château de Vendôme, p. 54 à 57.

29050. Martellière (J.). — Dépenses de quatre Vendômois témoins à Paris en 1643, p. 58 à 60.

29051. Renault et Letessier. — Objets entrés au musée, p. 74, 146, et 194.

29052. Martellière (Jean). — Procès de la ville de Vendôme, p. 91 à 110.

29053. Renault (G.). — Note sur une fouille dans la plaine d'Arènes, p. 110 à 120.

29054. Letessier (L.). — Une trouvaille de monnaies du XIVe siècle à Autainville et l'invasion anglaise de 1380, p. 121 à 126.

29055. Metais (L'abbé) et R. St V. [Saint-Venant (R. de).] — Le sceau de Magdeleine de Vendôme, abbesse [de Saint-Étienne] de Soissons [† 1588], p. 127 à 133.

29056. Plat (Gabriel). — Le grand bâtiment de l'abbaye de Vendôme, à propos de l'incendie de mai 1908, p. 135 à 139.

29057. Saint-Venant (R. de). — Note sur le lieu de L'Epinay ou Lepinet, commune de Danzé, p. 157 à 163.

29058. Martellière (Jean). — Notes sur les familles Léons, Dupont, Bellanger, Guymont, Hogu, p. 163 à 169.

29059. Bonhoure (G.). — Histoire du collège de Vendôme, p. 171 à 185, et 233 à 253.

29060. Renault (G.). — Note sur une station néolithique campignienne aux Ruisselets près Sougé [Loir-et-Cher], p. 187 à 189.

29061. Saint-Venant (R. de). — Les anciens titres de la paroisse des Roches-l'Évesque, p. 202 à 223.

29062. Renault (Georges). — Les Pierres-aux-Fées, le coteau du Dué et la Fontaine Auduée, p. 224 à 232.

LOIRE (HAUTE-). — LE PUY.

SOCIÉTÉ AGRICOLE ET SCIENTIFIQUE DE LA HAUTE-LOIRE.

Voir, pour les publications de cette Société antérieures à 1901, la table récapitulative de notre *Bibliographie générale;* et pour ses publications postérieures, les tables placées à la fin des tomes I et II de notre *Bibliographie annuelle.*

XIV. — Société agricole et scientifique de la Haute-Loire. Mémoires et procès-verbaux, 1905-1906, t. XIV. (Le Puy, 1907, in-8°, 326 p.)

29063. Lascombe (A.) et Godard (Ch.). — La bibliothèque municipale du Puy, p. 1 à 24.

29064. Fabre (C.). — Le troubadour Pons de Chapteuil, quelques remarques sur sa vie et sur l'esprit de ses poèmes, p. 25 à 51.

29065. Jacotin (A.). — Chronologie des baillis et juges royaux du Velay et de leurs lieutenants, de l'origine à leur extinction (1273-1689), p. 53 à 107.

29066. Jacotin de Rosières (C.). — Le carnaval à Cayres en 1624, p. 109 à 113.

29067. Lascombe (Adrien). — Jean Brun, poète pratellois [XVIe s.], p. 115 à 120.

[29076]. Godard (Charles). — Le Conseil général de la Haute-Loire. Le Directoire et l'administration départementale de 1790 à 1800, p. 121 à 207.

29068. Boyer (Pierre). — Adrien Dupuy, écrivain [1854 † 1906], *pl.*, p. 209 à 239.

29069. Jacotin (A.). — Assassinat d'un chanoine de la cathédrale du Puy [Jacques Bodon] en 1475, p. 241 à 243.

29070. Rouchon (Ulysse). — Une fête à Vorey en 1820 (poème patois), p. 245 à 254.

29071. Rouchon (Ulysse). — Les loges maçonniques du département, p. 295.

29072. Jacotin (A.). — Henry Doniol († 1906), p. 311 à 312.

XV. — Société scientifique et agricole de la Haute-Loire. Mémoires et procès-verbaux, 1907-1908, t. XV. (Le Puy, 1909, in-8°, 427-LXXXIV p.)

29073. Jacotin (A.). — Philippe-Auguste Jourde (1816-1905), *portr.*, p. 1 à 8.

29074. Fabre (C.). — Pons de Montlaur dans l'histoire et dans la poésie provençale, p. 9 à 72; — Un roman au Puy et chez les Montlaur, p. 73 à 86.

29075. Jacotin de Rosières (C.). — Recherches sur la fabrication des cartes à jouer au Puy, 15 *pl.*, p. 87 à 183.

29076. Godard (Charles). — Le Conseil général de la Haute-Loire, le Directoire et l'administration départementale de 1790 à 1800, p. 185 à 267. — Suite de XII, p. 289; XIII, p. 97; et XIV, p. 121.

29077. Olivier (Dr Paul). — Le chevalier Pierre de Luzy des Beaux, poète vellave (1754 † 1829), p. 269 à 291.

29078. Villat (Louis). — Louis Domairon et l'archéologie dans le Velay à la fin du XVIIIe siècle, p. 293 à 304.

29079. Rouchon (Ulysse). — Quelques découvertes archéologiques, p. 305 à 307.

[Constructions gallo-romaines à Bas-en-Basset; ossements fossiles à Sénèze.]

29080. Le Blanc (Paul). — La Vierge noire du Puy, sa reproduction la plus ancienne connue [estampe de 1500 environ], *pl.*, p. 309 à 310.

29081. Jacotin de Rosières (Ch.) et Rouchon (Ulysse). — Numismatique. Les trouvailles de Lapte et de La Chapelle-Laurent [monnaies gauloises], *fig.* et 3 *pl.*, p. 311 à 320.

29082. Villat (Louis). — Derniers travaux relatifs à la géographie du Velay. État des questions, desiderata, *pl.*, p. 321 à 333.

29083. Rouchon (Ulysse). — Recherches sur les inondations de la Loire supérieure et de ses affluents dans le département de la Haute-Loire [1374-1907], p. 335 à 428.

LOIRE-INFÉRIEURE. — NANTES.

SOCIÉTÉ ACADÉMIQUE DE NANTES ET DE LA LOIRE-INFÉRIEURE.

Voir, pour les publications de cette Société antérieures à 1901, la table récapitulative de notre *Bibliographie générale;* et pour ses publications postérieures, les tables placées à la fin des tomes I et II de notre *Bibliographie annuelle.*

LXXIX. — **Annales de la Société académique de Nantes et de la Loire-Inférieure...**, vol. 9e de la 8e série... 1908. (Nantes, 1908, in-8°, 263-LXXIV p.)

29084. Wismes (Bon de). — De la quantité syllabique en poésie, p. 60 à 79.

29085. Wismes (Bon Gaëtan de). — Deux poèmes inédits d'Élisa Mercœur retrouvés et commentés, p. 128 à 148.

29086. Leroux (A.). — Les petits ports du Levant, p. 208 à 234.

29087. Polo (Dr). — Notice nécrologique du Dr Hervouet, p. 241 à 251.

LOIRE-INFÉRIEURE. — NANTES.

SOCIÉTÉ ARCHÉOLOGIQUE DE NANTES ET DE LA LOIRE-INFÉRIEURE.

Voir, pour les publications de cette Société antérieures à 1901, la table récapitulative de notre *Bibliographie générale;* et pour ses publications postérieures, les tables placées à la fin des tomes I et II de notre *Bibliographie annuelle.*

XLVII. — **Bulletin de la Société archéologique de Nantes et du département de la Loire-Inférieure**, année 1908, t. XLIX. (Nantes, 1908, in-8°, LIII-445-XXV p.)

29088. Maître (Léon). — Découverte d'un atelier de fondeur à Saint-Père-en-Retz près des rives du Boivre, p. 65 à 67.

29089. [Maître (Léon).] — La conquête de la Basse-

Loire par le réseau des voies romaines, *carte*, p. 69 à 98.

29090. Chaillou (Félix). — Visites à Rezé, p. 99 à 116.

29091. Soullard (P.). — Notice sur le sceau d'Anne de Pisseleu, duchesse d'Étampes, comtesse de Penthièvre, pour l'acquisition du fief de la Roche-Suhart en 1542, *fig.*, p. 117 à 122.

29092. Soullard (P.). — Une page de l'histoire commerciale de Nantes au XVIIIe siècle, *fig.*, p. 123 à 138.

29093. Blanchard (René). — Entre commissaires à Nantes au XVIIIe siècle, p. 139 à 154.

29094. Leroux (Alcide). — Ruines de l'époque gallo-romaine et du moyen âge à Nort-sur-Erdre, p. 155 à 169.

29095. Senot de La Londe. — Aveu du port et passage de la Chebuette à la seigneurie de Thouaré (11 juin 1567), p. 171 à 173.

29096. Senot de La Londe (J.). — Contrat d'acquêt de la terre et seigneurie de Thouaré (12 avril 1704), p. 175 à 182.

29097. Primault (L.). — Construction du siphon de l'Erdre, place des Petits-Murs. Découvertes de poteries romaines, *pl.*, p. 183 à 186.

29098. Achon (D'). — Récit des événements qui se sont passés au château de Nantes dans les derniers mois de 1789, par Étienne-Pierre Le Tessier de La Pomerie, capitaine au corps royal du génie, p. 187 à 200.

29099. Dortel (A.). — M. Alfred de Veillechèze [1827 † 1908], *portr.*, p. 201.

29100. Maître (Léon). — Notice nécrologique sur M. de Laubrière [1816 † 1908], p. 203 à 205.

29101. Eudel (Paul). — Nantes en 1792, p. 207 à 349.

29102. Delattre (Léon). — Notes curieuses extraites des registres de la paroisse de Saint-Herblain [1631-1791], p. 351 à 358.

29103. Maître (Léon). — Prééminences de l'église de Saint-Philbert de Grandlieu. Compétition des seigneurs du Chaffaut et de La Moricière en 1633, p. 359 à 366.

29104. Grelier (Ch.). — L'ancienne église Notre-Dame de Challans, *fig.* et *pl.*, p. 367 à 413.

29105. Primault (L.). — Découverte d'un objet d'art ancien [rondelle en os avec oiseau symbolique trouvée à Nantes], *fig.*, p. 415.

29106. Durville (G.). — L'église et la paroisse Saint-Laurent de Nantes, p. 417 à 441.

29107. Dortel (A.). — M. Édouard Pied [† 1908], *portr.*, p. 443 à 445.

LOIRET. — ORLÉANS.

SOCIÉTÉ D'AGRICULTURE, SCIENCES, BELLES-LETTRES ET ARTS D'ORLÉANS.

Voir, pour les publications de cette Société antérieures à 1901, la table récapitulative de notre *Bibliographie générale*; et pour ses publications antérieures, les tables placées à la fin des tomes I et II de notre *Bibliographie annuelle*.

LVI. — Mémoires de la Société d'agriculture, sciences, belles-lettres et arts d'Orléans, 5e série, t. VIII. (Orléans, 1908, in-8°, 598 p.)

29108. Charoy (Marcel). — Étude historique sur le château de Meung-sur-Loire, 2 *plans* et 9 *pl.*, p. 77 à 295.

29109. La Loge (De). — Notice sur Du Gaigneau (Alexandre-François-Marie, 1751 † 1839), p. 296 à 311.

29110. Huart (Abel). — Impressions de voyage au Maroc, p. 312 à 354.

29111. Gouneron (D^r^). — Lettre de Sainte-Beuve à une Orléanaise, p. 355 à 368.

29112. Guillon. — Guillaume Prozet (1739 † 1803). L'ancienne académie royale d'Orléans, *portr.*, 3 *pl.*, p. 369 à 444.

29113. Fauchon (D^r^). — Note sur les trois registres des procès-verbaux de l'ancienne Académie royale d'Orléans (23 avril 1781-16 août 1793), p. 455 à 461.

29114. Fauchon (D^r^) et Banchereau. — Note sur les jetons de présence de la Société d'agriculture, sciences belles-lettres et arts d'Orléans, p. 462 à 473.

29115. Didier (Maxime). — Quelques notes sur la polémique soulevée il y a 57 ans par l'introduction au Musée d'Orléans du tableau d'Antigna intitulé vulgairement *les Baigneuses*, p. 474 à 482.

29116. Fauchon (D^r^). — Voyage à travers nos archives, p. 485 à 575.

[Inventaire des archives de la Société.]

LOIRET. — ORLÉANS.

SOCIÉTÉ ARCHÉOLOGIQUE ET HISTORIQUE DE L'ORLÉANAIS.

Voir, pour les publications de cette Société antérieures à 1901, la table récapitulative de notre *Bibliographie générale;* et pour ses publications postérieures, les tables placées à la fin des tomes I et II de notre *Bibliographie annuelle.*

XXXII. — Mémoires de la Société archéologique et historique de l'Orléanais, t. XXXII. (Orléans, 1908, in-8°, 82 et ccxvii p.)

29117. Huet (Émile). — Le manuscrit du prieur de Sennely (1700), *facs.*, p. 1 à 82, et 1 à ccxvii.

LOT. — CAHORS.

SOCIÉTÉ DES ÉTUDES LITTÉRAIRES, SCIENTIFIQUES ET ARTISTIQUES DU LOT.

Voir, pour les publications de cette Société antérieures à 1901, la table récapitulative de notre *Bibliographie générale;* et pour ses publications postérieures, les tables placées à la fin des tomes I et II de notre *Bibliographie annuelle.*

XXXIII. — Bulletin trimestriel de la Société des études littéraires, scientifiques et artistiques du Lot, t. XXXIII. (Cahors, 1908, in-8°, 258 p.)

29118. Combes (A.). — Analyse des registres municipaux de la commune de Cahors [1791-1792], p. 3, 65, 129, et 185. — Suite de XXX, p. 5, 386, 465; XXXI, p. 5, 65, 127; XXXII, p. 5, 65, 123, et 187.

29119. Daymard (J.). — Le vieux Cahors, *pl.*, p. 20, 81, 145, et 201. — Suite de XXX, p. 26, 404, 476; XXXI, p. 21, 81, 143, 187; et XXXII, p. 21, 81, 144, et 204.

29120. Albe (Ed.). — Les marchands de Cahors à Londres au xiiiᵉ siècle, p. 31 à 55.

29121. Paumès (B.). — Les soldats quercinois de la guerre de l'Indépendance américaine, p. 96 à 111.

29122. Taillefer — Louables coutumes de Boulve et de Creyssens (24 septembre 1467), p. 112 à 118.

29123. Fourastié. — Cours des assignats et mandats territoriaux dans le département du Lot, leur valeur réelle, 119 à 123.

29124. Albe (Ed.). — Les comptes d'un collecteur pontifical dans le diocèse de Cahors et l'exercice du droit de dépouille (1404-1405), p. 164 à 178.

29125. Girma (J.). — Bibliographie du Lot, année 1908, p. 242 à 246.

IMPRIMERIE NATIONALE.

LOT-ET-GARONNE. — AGEN.

SOCIÉTÉ D'AGRICULTURE, SCIENCES ET ARTS D'AGEN.

Voir, pour les publications de cette Société antérieures à 1901, la table récapitulative de notre *Bibliographie générale;* et pour ses publications postérieures, les tables placées à la fin des tomes I et II de notre *Bibliographie annuelle.*

XXXV. — Revue de l'Agenais. Bulletin de la Société d'agriculture, sciences et arts d'Agen, t. XXXV, année 1908. (Agen, 1908, in-8°, 576 p.)

29126. Lauzun (Ph.). — Le château de Lauzun (arr. de Marmande, Lot-et-Garonne), 4 *pl.*, p. 5, 152, 215, 334, 385, et 510.

29127. Momméja (J.). — Du tombeau du duc de Mayenne [à Aiguillon] et des variations des historiens sur la date de sa mort [1621] et sur son mariage, p. 37 à 44. — Cf. n° 29128.

29128. Couyba (Dr). — La date de la mort du duc Henri de Mayenne, p. 45. — Cf. n° 29127.

29129. Couyba (Dr). — La seigneurie de Rouetz en Agenais, p. 46 à 49.

29130. Broconat (L'abbé J.). — La Roumieu, p. 50, 275, et 438.

29131. Marboutin (J.-R.). — Une députation agenaise vers le Roi en 1616, p. 72 à 74.

29132. Marboutin (J.-R.). — La faïencerie de Monsempron, p. 75.

29133. Lauzun (Ph.). — Lettres de Bory de Saint-Vincent, p. 76 à 86. — Suite et fin de XXX, p. 93, 221, 315, 515; XXXI, p. 177, 246, 468; XXXII, p. 64, 179, 265, 523; XXXIII, p. 76, 171, 458, 605; XXXIV, p. 72, 372, et 460.

29134. Momméja (J.). — Georges Marraud (1839 † 1908), p. 87 à 96.

29135. Marboutin (J.-R.). — Le tombeau des Durfort, 2 *pl.*, p. 97 à 119.

29136. J. D. [Dubois (J.).] — Frotard de Gontault, prieur de Sainte-Livrade [1481], p. 119.

29137. Dienne (Comte de). — Le château de Sainte-Foi d'Anthé. Les Chasteigner; Germain de Chasteigner, évêque de Saintes, p. 120 à 131.

29138. Ferrère (F.). — La polémique cicéronienne au xvie siècle. J.-C. Scaliger, adversaire d'Érasme, p. 132 à 151.

29139. Dubois (J.). — Pons Ier d'Aspremont, abbé de Flaran [xvie s.], p. 151.

29140. J. D. [Dubois (J.)]. — *L'Art du taupier* [par Dralet, an vi], p. 161.

29141. Jobet (Maurice). — Information de subornement contre les sieurs de Lorman père et fils (Mas d'Agenais, 5 juin 1644), p. 162 à 173.

29142. Chaux (G.). — Les vins de liqueur en Agenais au xviiie siècle, p. 174 à 176.

29143. Couyba (Dr). — Le passage des armées de la Fronde et du Roi à Saint-Étienne de Fougères pendant la Fronde (novembre-décembre 1652, janvier 1653), p. 177 à 179.

29144. Dubois (J.). — Les détenus de Marmande sous la Terreur, *portr.*, p. 180, 254, 315, 421, et 531.

29145. Lauzun (Ph.). — Souvenirs du vieil Agen. La tour de la Grande-Horloge, *pl.*, p. 193 à 202.

29146. Marboutin (J.-B.). — Autour du sacre de Mgr Constant, évêque du diocèse de Lot-et-Garonne [1791], p. 203 à 214.

29147. Bonnat (René). — Les baptêmes civils [pendant la Révolution en Agenais], p. 235 à 243.

29148. Couyba (Dr). — Les poteaux indicateurs des routes [à Tombebouc] sous Louis XIV, p. 244 à 246.

29149. Momméja (J.). — Un moule de bibelotier, *pl.*, p. 247 à 253.

29150. J. M. [Momméja (J.).] — Mention inexacte d'une plaque de foyer en 1428; le sceau de Michel Azémar, p. 253.

29151. Momméja (J.). — Un domaine historique. Vérone-Vivès et les Scaliger, *pl.*, p. 289 à 314, et 413 à 420.

29152. Couyba (Dr L.). — Cérémonies religieuses sous Louis XIII et Louis XIV dans les juridictions de Sainte-Livrade et de Casseneuil, p. 359 à 363.

29153. Bonnat (René). — Les sources de l'histoire révolutionnaire en Lot-et-Garonne. La série L des archives départementales, p. 364 à 382.

29154. Dubois (J.). — Les collecteurs [des tailles], p. 449.

29155. Couyba (Dr). — À propos des dîmes de Saint-Pastour, p. 450.

29156. P. L. [Lauzun (Ph.).] — Union des sociétés

savantes du Sud-Ouest. Congrès d'histoire et d'archéologie tenu à Pau en septembre 1908, p. 452 à 470.

29157. Mommeja (Jules). — Bernard Palissy en Agenais, *fig.* et *pl.*, p. 481 à 509.

29158. Couyba (Dr L.). — Deux abbés de Gondon, Olivier Brossard et François-Antoine Duvigier [xviiie s.], p. 555 à 557.

29159. Couyba (Dr). — Arvède Barine (Mme Charles Vincens) [† 1908], p. 558 à 560.

29160. Mommeja (J.). — La devise de Florimond de Raymond, p. 561 à 564.

LOZÈRE. — MENDE.

SOCIÉTÉ D'AGRICULTURE, INDUSTRIE, SCIENCES ET ARTS DE LA LOZÈRE.

Voir, pour les publications de cette Société antérieures à 1901, la table récapitulative de notre *Bibliographie générale;* et pour ses publications postérieures, les tables placées à la fin des tomes I et II de notre *Bibliographie annuelle.*

Parmi les différents suppléments joints aux *Procès-verbaux* des séances de cette Société, quelques-uns forment le tome Ier d'un volume de *Chroniques et Mélanges* qui a été terminé et pourvu d'une table en 1908. Les autres fragments faisant partie soit d'ouvrages proprement dits, soit d'autres recueils spéciaux, comme les *Archives gévaudanaises,* seront analysés lorsque les volumes qu'ils doivent former seront complets.

LIX. — **Société d'agriculture, industrie, sciences et arts du département de la Lozère. Procès-verbaux des séances et Agriculture**, année 1908. (Mende, 1908, in-8°, 35 p.)

I. — **Société d'agriculture, industrie, sciences et arts du département de la Lozère. Chroniques et Mélanges. — Bibliographie**, t. I, 1903-1908. (Mende, 1908, in-8°, p. 99 à 117, 192 p. et suppléments.)

[Pour l'année 1903, les *Chroniques et Mélanges* ont été paginés 99 à 117, le contenu de ces pages est rappelé à la table de ce volume ainsi que les titres de diverses annexes du *Bulletin* paginées à part.]

29161. Anonyme. — M. Th. Roussel [† 1903], p. 99 à 102.

29162. A. P. — Une découverte préhistorique à Grèzes, p. 107.

29163. Barbot (J.). — Étudiants gévaudanais à Université de Toulouse en 1378, p. 108 à 110.

29164. Barbot (Dr). — Bibliographie, année 1903, p. 111; — année 1904, p. 19; — année 1905, p. 37; — année 1906, p. 76; — année 1907, p. 132; — année 1908, p. 186.

29165. Rouchaute (J.). — Note sur la sénéchaussée de Mende (1583-1596), p. 1 à 8.

29166. Anonyme. — Aug. Boyer († 1904), p. 9 à 11.

29167. Anonyme. — La porte d'Aiguepasses à Mende, p. 12.

29168. Anonyme. — Découverte de tombeaux à Langlade, p. 12.

29169. Philippe (A.). — Monnaies de l'époque de la guerre de Cent ans découvertes à Châteauneuf-de-Randon, p. 13.

29170. Philippe (A.). — Quelques notes sur la famille de Beauvoir, p. 15.

29171. A. Ph. [Philippe (A.).] — Les archives des notaires de Villefort et de Genolhac des xive, xve et xvie siècles, p. 16 à 18.

[Registres conservés à la Bibliothèque nationale et aux archives départementales du Gard et de la Lozère.]

29172. Barbot (Dr). — Le Gévaudan en 1298, p. 25 à 27.

29173. Barbot (Dr J.). — Fouilles archéologiques, p. 27 à 32.

[Mende, Montbel, Rieutort, Saint-Pierre-des-Tripiers.]

29174. Fages (E.). — La baronnie de Florac au xviiie siècle, p. 33.

29175. Fages (E.). — Plaintes de la ville de Saugues en 1752, p. 35.

29176. Fages. — Manuscrits des bibliothèques de France concernant les Cévennes et le Gévaudan, p. 48 à 56.

29177. Barbot (Dr). — La grotte du Coutal, p. 59.

29178. Barbot (Dr). — Statistique de la population de la paroisse de Mende en 1773, p. 62 à 67.

29179. Barbot (Dr). — Dans les vieux papiers, p. 67 à 69.

[Dictons populaires concernant les phénomènes météorologiques.]

29180. Barbot (Dr). — Annuaires de la Lozère, p. 71 à 76.

[Table des notices historiques parues dans les *Annuaires* de 1828 à 1903.]

29181. Fages (E.). — Les anciennes justices de la Lozère, p. 81 à 92.

[État sommaire des Archives judiciaires aux Archives départementales de la Lozère.]

29182. Fages (E.). — La presse périodique en Lozère, depuis son origine jusqu'à nos jours, p. 93 à 96.

29183. Ignon (E.). — Galerie de peinture de l'ancien palais épiscopal de Mende, p. 81 [*lisez* 97] à 86 [*lisez* 102].

29184. Fages (E.). — Annales de la ville de Malezieu au xviie siècle, p. 86 [*lisez* 102] à 106.

29185. Barbot (Dr). — Du Guesclin et le siège de Châteauneuf-Randon, p. 106 à 111.

29186. Fages (E.). — Sur les premiers évêques de Mende, p. 113 à 125.

29187. Barbot (Dr). — La taille du prédicateur [xviiie s.], p. 126.

29188. Barbot (Dr). — Pierre Brioude, dit Pierrounet [† 1907], p. 127.

29189. Chatla (Louis). — Station néolithique à Chaulhac, p. 128.

29190. Weyd (P.). — Renseignements statistiques agricoles sur la Lozère en l'an xii, p. 130.

29191. Remize (F.). — La baronnie d'Apcher, p. 137 à 148.

29192. Remize (F.). — Les seigneurs d'Estables à la fin du xiiie siècle, p. 148 à 152.

29193. Stronski (S.) et Meyer (P.). — La baronnie du Tournel et ses seigneurs, p. 153 à 163.

29194. Barbot (Dr J.). — Notes sur les églises et châteaux dépendant du domaine de l'évêché de Mende (xviiie s.), p. 164 à 168.

29195. Barbot (Dr). — Les cerises de Sainte-Énimie en 1680, p. 168.

29196. Barbot (Dr). — Le vin d'Ispagnac en 1680, p. 169.

29197. Barbot (Dr). — Fonte de deux cloches [au Villard] en 1715, p. 169.

29198. Remize (F.). — Armoiries des communautés du Gévaudan, p. 170 à 176.

29199. Remize (F.). — Garin le Brun, p. 176.

29200. Remize (F.). — Fiefs du Gévaudan relevant de l'évêché du Puy, p. 177 à 180.

29201. Barbot (Dr). — Le porche de la cathédrale [de Mende]; réfection de la rose; démolition d'une ancienne tour des remparts; l'ancien évêché, p. 180 à 183.

29202. A. P. [Philippe (A.).] — La tombe d'un seigneur de Grimoard [Claude, † 1557] en Lorraine, p. 183.

29203. Philippe (A.). — Les étoffes du Gévaudan en Lorraine pendant la peste de 1721, p. 184.

29204. Barbot (Dr). — M. Vigne († 1908), p. 184.

Suppléments.

29205. Anonyme. — Cartulaire gévaudanais, recueil des chartes et documents intéressant l'ancien Gévaudan. (Mende, 1904, in-8°, p. 1 à 8.)

[Publication interrompue.]

29206. Mathieu (Ad.). — Le Gévaudan et son histoire. ([Mende, 1905], in-8°, 32 p.)

29207. Reisser (Edmond). — Quelques mots sur les foires de Mende antérieurement à la Révolution française. ([Mende, 1905], in-8°, 16 p.)

MAINE-ET-LOIRE. — ANGERS.

SOCIÉTÉ D'AGRICULTURE, SCIENCES ET ARTS D'ANGERS.

Voir, pour les publications de cette Société antérieures à 1901, la table récapitulative de notre *Bibliographie générale;* et pour ses publications postérieures, les tables placées à la fin des tomes I et II de notre *Bibliographie annuelle.*

LXIV. — Mémoires de la Société nationale d'agriculture, sciences et arts d'Angers..., 5e série, t. XI, année 1908. (Angers, 1908, in-8°, 424 p.)

29208. Farcy (L. de). — La Renaissance à la cathédrale d'Angers, p. 7 à 20.

29209. Uzureau (F.). — Les divisions judiciaires de la province d'Anjou et du département de Maine-et-Loire, p. 31 à 49.

29210. Verrier (C.-J.). — «Gauche, droite», différentes manières d'exprimer le sens de ces mots en français et dans d'autres langues tant mortes que vivantes, p. 51 à 70.

29211. Farcy (P. de). — Le droit d'asile à La Haie-aux-Bons-Hommes [1481], p. 71 à 76.

29212. Uzureau (F.). — Un document inédit sur la guerre de Vendée [Manifeste des chefs vendéens et réponse par Joseph Clémanceau] (1795), p. 83 à 124.

29213. La Perraudière (René de). — Dossier des frères Alleton [Guerres de la Chouannerie] (1803-1805), p. 145 à 202.

29214. Brichet (P.). — La navigation de l'Anjou en 1786, p. 205 à 214.

29215. Uzureau (F.). — Des élections du clergé dans la sénéchaussée de Saumur (1789), p. 215 à 247.

29216. Farcy (L. de). — Une signature du tapissier Jean de Room, p. 249.

29217. Du Brossay. — Une hôtellerie en 1610 [à Château-Gontier], p. 257 à 275.

29218. Farcy (L. de). — L'épitaphe de Louis XII composée par Jean Olivier, évêque d'Angers, p. 277 à 279.

29219. Uzureau (F.). — Les conseillers d'arrondissement en Maine-et-Loire (1800-1909), p. 281 à 332.

29220. Planchenault (Adrien). — Une intrigue municipale au XVIIIe siècle [à Angers], p. 353 à 368.

V. — Documents historiques sur l'Anjou, publiés par la Société d'agriculture, sciences et arts d'Angers, V.

29221. Urseau (Le chanoine). — Cartulaire noir de la cathédrale d'Angers. (Angers, 1908, in-8°, LXIV-517 p.)

MANCHE. — AVRANCHES.

SOCIÉTÉ D'ARCHÉOLOGIE, DE LITTÉRATURE, SCIENCES ET ARTS D'AVRANCHES ET DE MORTAIN.

Voir, pour les publications de cette Société antérieures à 1901, la table récapitulative de notre *Bibliographie générale;* et pour ses publications postérieures, les tables placées à la fin des tomes I et II de notre *Bibliographie annuelle.*

XIV. — Revue de l'Avranchin, Bulletin trimestriel de la Société d'archéologie, de littérature, sciences et arts d'Avranches et de Mortain, t. XIV. (Avranches, 1908, in-8°, 247 p.)

29222. Lanfranc de Panthou (O.). — Monographie de la commune de Reffuveille, p. 9 à 48, et 141 à 204.

29223. Le Grin (A.). — Les cloches de Sacey, p. 49.

29224. Le Grin (A.). — Lettre concernant la célébration de la fondation de la République [à Espas, an VI], p. 50.

29225. Jourdan (F.). — Avranches, ses rues et places, ses monuments, ses maisons principales, ses habitants, leurs professions pendant la Révolution, p. 57, 205, et 251.

29226. Tesson (A. de). — Anoblissements et maintenues depuis la grande réformation jusqu'à la Révolution et pouvant plus ou moins intéresser l'Avranchin, p. 99 à 120.

29227. Gastebois (V.). — État du Mortainais en 1566 (pendant les guerres civiles de religion), p. 121 à 134.

29228. Maudoit (S.). — M. Charles de Beaurepaire [† 1908], p. 242 à 246.

29229. Tesson (A. de). — Goulhot de Saint-Germain anobli en 1817, p. 247.

MANCHE. — GRANVILLE.

SOCIÉTÉ D'ÉTUDES HISTORIQUES ET ÉCONOMIQUES «LE PAYS DE GRANVILLE».

Voir, pour les trois premiers volumes du *Bulletin* de cette Société, le fascicule III du tome II de notre *Bibliographie annuelle*, p. 70.

IV. — Bulletin périodique de la Société d'études historiques et économiques «le Pays de Granville», 4e année, 1908. (Granville, 1908, in-8°, 242 p.)

29230. Orange (Maurice). — Les gardes d'honneur de Granville (1808-1814), *pl.*, p. 5 à 8.

29231. Gibon (P. de). — Le commerce maritime de Granville au XVIIIe siècle, d'après de nouveaux documents, p. 9 à 60.

29232. Brachet (A. de). — Rose Mahot, la batelière [de Granville, 1780], p. 61 à 68.

29233. Brachet (Vicomte de). — La dernière expédition contre Jersey (le baron de Rullecourt), p. 69 à 184.

29234. Du Coudrey (R.). — Le bombardement de 1803 et l'affaire des adjoints, p. 189 à 206.

29235. Gibon (P. de). — La mare de Bouillon et ses environs, notes, traditions et légendes, p. 207 à 230.

29236. Daguenet (Ch.). — Un récit du naufrage de la *Méduse* [par P.-M. Daguenet], p. 231 à 240.

MANCHE. — SAINT-LÔ.

SOCIÉTÉ D'AGRICULTURE, D'ARCHÉOLOGIE ET D'HISTOIRE NATURELLE DU DÉPARTEMENT DE LA MANCHE.

Voir, pour les publications de cette Société antérieures à 1901, la table récapitulative de notre *Bibliographie générale;* et pour ses publications postérieures, les tables placées à la fin des tomes I et II de notre *Bibliographie annuelle.*

XXVI. — Notices, mémoires et documents, publiés par la Société d'agriculture, d'archéologie et d'histoire naturelle du département de la Manche, 26e vol. (Saint-Lô, 1908, in-8°, 117 p.)

29237. Sauvage (H.). — La recherche de Jean Le Venart, lieutenant en l'élection de Coutances au siège de Saint-Lô, commissaire du Roi en 1523, p. 5 à 20. — Suite et fin de XXIII, p. 66; XXIV, p. 51; et XXV, p. 66.

29238. Lepingard. — Le Cartulaire de l'église Notre-Dame de Saint-Lô, p. 21 à 76. — Suite et fin de XVII, p. 99; XVIII, p. 131; et XIX, p. 72.

29239. Lepingard. — Les Bourgeois de Saint-Lô à la 5e croisade, p. 77 à 82.

29240. Lepingard. — Le Dicté de Beuzeville, p. 83.

[Sentence du sénéchal de Beuzeville-le-Vey condamnant à chanter un dicté chaque année à la messe de minuit et à la messe du jour de Noël (1627).]

29241. Lepingard. — La monnaie de Saint-Lô, p. 88 à 93.

29242. Anonyme. — Nécrologie : MM. Albert de Lapparent et Derbois, p. 107 à 108.

MARNE. — CHÂLONS-SUR-MARNE.

SOCIÉTÉ D'AGRICULTURE, COMMERCE, SCIENCES ET ARTS DU DÉPARTEMENT DE LA MARNE.

Voir, pour les publications de cette Société antérieures à 1901, la table récapitulative de notre *Bibliographie générale;* et pour ses publications postérieures, les tables placées à la fin des tomes I et II de notre *Bibliographie annuelle.*

LII. — Mémoires de la Société d'agriculture, commerce, sciences et arts du département de la Marne..., 2e série, t. XI, 1907-1908. (Châlons-sur-Marne, 1909, in-8°, 449 p.)

29243. Berland (J.). — Les statuts de la communauté des barbiers-chirurgiens de Châlons (1446), notes pour servir à l'histoire de la communauté, p. 89 à 124.

29244. Nicolas (Raymond). — L'esprit public et les élections dans le département de la Marne de 1790 à l'an viii. Essai sur la Révolution française en province, p. 125 à 312.

29245. Dumont (Capitaine). — Le 2e bataillon des volontaires nationaux de la Marne (Châlons, Sainte-Menehould) [1791-1795], p. 313 à 325.

29246. Guillemot (A.). — Les Trimouzettes [quêtes des dimanches de mai] dans la Marne, p. 327 à 335.

29247. Berland (Just). — Appellations révolutionnaires et changements de noms de communes, particulièrement dans le département de la Marne, de 1790 à l'an vi, p. 337 à 411.

29248. Schmit (Émile). — Nécrologie, p. 423 à 426.

[Amédée Lhote (1829 † 1908); A. Marcout († 1909), pl.]

MARNE. — REIMS.

ACADÉMIE DE REIMS.

Voir, pour les publications de cette Académie antérieures à 1901, la table récapitulative de notre *Bibliographie générale;* et pour ses publications postérieures, les tables placées à la fin des tomes I et II de notre *Bibliographie annuelle.*

CXXII. — Travaux de l'Académie nationale de Reims, 122e vol. (*Sous presse.*)

CXXIII. — Travaux de l'Académie nationale de Reims, 123e vol., année 1907-1908, t. I. (Reims, 1908, in-8°, 284 p.)

29249. Jadart (Henri). — M. l'abbé Albert Lamy [1872 † 1908], p. 79 à 85.

29250. Colleville (Dr). — Assistance des vieillards et des infirmes [historique], p. 87 à 97.

29251. Jadart (H.). — Le trésor de l'abbaye de Saint-Pierre-les-Dames de Reims en 1690, *fig.*, p. 117 à 129.

[Inventaire.]

29252. Fréville (Ernest). — Le Bosphore. De la pointe du Serai à la mer Noire, p. 129 à 136.

29253. Jadart (H.). — Chronique des bourdons et des

cloches de Notre-Dame de Reims depuis un quart de siècle (1882-1908), *fig.*, p. 137 à 147.

29254. Chamberland. — *La théorie et l'histoire du paysage*, de J.-B. Deperthes, rémois, peintre, historien et critique d'art, p. 149 à 166.

29255. Bellevoye (Ad.). — Notes sur une trouvaille de monnaies du xve siècle faite à Reims, rue Brûlée, près Saint-Marcoul, p. 175 à 188.

29256. Bovis (R. de). — Alexandre le Grand sur le Danube, sa première rencontre avec les Gaulois, p. 189 à 215.

29257. Jadart (Henri). — Liste des clichés [typographiques] de l'Académie de Reims, p. 217 à 233.

29258. Jadart (Henri). — Extraits des autographes de la bibliothèque de Reims, p. 235 à 282.

[Lettres de l'archiduc Ernest (1594); d'Élisabeth de Nassau, duchesse de Bouillon (1636); du duc de Bouillon (1638); du maréchal de Brézé (1689); du maréchal La Meilleraye (s. d.); de Henri de Lorraine, marquis de Moy (1641); de Léonor d'Étampes (1647); de J.-B. Colbert (1649-1679); de Mazarin (1660); de Nicolas Colbert (1672); de Louis XIV (1676); de Rainssant (1682); de J. Gerbais (1694); de Ch.-M. Le Tellier (1697-1704); de M. de Mailly (s. d.); de Martène (1715); de F. de Mailly (1718); de la ville de Reims (1746); du maréchal d'Asfeld (1739).]

CXXIV. — Travaux de l'Académie nationale de Reims, 124e vol., année 1907-1908, t. II. (Reims, 1909, in-8°, xii-349 p.)

29259. Guelliot (Dr Octave). — La fin de la Faculté de médecine de Reims, ses derniers docteurs-régents, *fig.*, p. i à xii, et 1 à 239.

29260. Duval (A.). — Le trésor de la Place Royale (1759), p. 241 à 283.

[Trouvaille de monnaies françaises des xive et xve s.]

29261. Gosset (Alph.). — De l'esthétique du temple grec et des cathédrales, d'après le temple de Poestum et le portail de Reims, *fig.*, p. 285 à 305.

29262. Jadart (H.). — L'hôtel gothique de la rue de Pouilly, n° 5, 5 *pl.*, p. 307 à 348.

MARNE. — VITRY-LE-FRANÇOIS.

SOCIÉTÉ DES SCIENCES ET ARTS DE VITRY-LE-FRANÇOIS.

Voir, pour les publications de cette Société antérieures à 1901, la table récapitulative de notre *Bibliographie générale;* et pour ses publications postérieures, les tables placées à la fin des tomes I et II de notre *Bibliographie annuelle.*

XXVI. — Société des sciences et arts de Vitry-le-François, XXVI, 1907. (Vitry-le-François, 1910, in-8°, 604-xxxix p.)

29263. Hérelle (G.). — Documents inédits sur le protestantisme à Vitry-le-François, 3e partie, p. 1 à 537. — Suite de XXII, p. 3; et XXIV, p. 421.

[Chronique sommaire des cinq églises du Perthois, les pasteurs et la population protestante.]

29264. Jovy (E.). — L'oraison funèbre de M. de Branges, curé de Vitry-le-François (1783-1787), p. 539 à 571.

29265. Jovy (E.). — Les mésaventures d'un écolier vitryat, Philippe Bédigis, en 1777 et 1782, p. 573 à 588.

29266. Mougin (D^r). — Vues et sites disparus, arrondissement de Vitry-le-François, 4 *pl.*, p. 589 à 600.

MARNE (HAUTE-). — SAINT-DIZIER.

SOCIÉTÉ DES LETTRES, DES SCIENCES, DES ARTS, DE L'AGRICULTURE ET DE L'INDUSTRIE DE SAINT-DIZIER.

Voir, pour les publications de cette Société antérieures à 1901, la table récapitulative de notre *Bibliographie générale;* et pour ses publications postérieures, les tables placées à la fin des tomes I et II de notre *Bibliographie annuelle.*

XI. — Mémoires de la Société des lettres, des sciences, des arts, de l'agriculture et de l'industrie de Saint-Dizier, t. XI, années 1907-1908. (Saint-Dizier, 1908, in-8°, VIII-417 p.)

29267. HUMBLOT (Émile). — La chapelle Sainte-Anne au cimetière de Joinville (Haute-Marne), *fig.*, p. 1 à 85.

29268. METTRIER (L'abbé). — L'église Notre-Dame de Saint-Dizier, p. 87 à 124.

29269. HUMBLOT (L'abbé Eugène). — La vallée du Cul-du-Cerf, ses établissements civils, religieux et métallurgiques, p. 125 à 358.

[Orquevaux.]

MAYENNE. — LAVAL.

COMMISSION HISTORIQUE ET ARCHÉOLOGIQUE DE LA MAYENNE.

Voir, pour les publications de cette Société antérieures à 1901, la table récapitulative de notre *Bibliographie générale;* et pour ses publications postérieures, les tables placées à la fin des tomes I et II de notre *Bibliographie annuelle.*

XXIX. — Bulletin de la Commission historique et archéologique de la Mayenne, 2e série, t. XXIV, 1908. (Laval, 1908, in-8°, 512 p.)

29270. QUERUAU-LAMERIE (E.). — Un magistrat révolutionnaire. François Midy (1752-1807), p. 17 à 41. — Suite et fin de XXVIII, p. 314, et 429.

29271. LAURAIN (E.). — Chartes de Fontaine-Daniel, p. 42 à 54. — Suite et fin de XXVIII, p. 293, et 471.

29272. DUINE (F.). — Avant Bossuet. Cohon, évêque de Nîmes et de Dol, précepteur des neveux de Mazarin, prédicateur du Roi, p. 55 à 116, et 141 à 186. — Suite de XXVIII, p. 407.

29273. GROSSE-DUPERRON (A.). — Tableau de la province du Maine (1762-1766), p. 117, 233, 320, et 444. — Suite de XXVIII, p. 219, 360, et 462.

29274. BEZARD (Lucien). — Itinéraire de Guy de Laval en Autriche et en Hongrie [1605], p. 129 à 140.

29275. LAURAIN (E.). — Cartulaire de Montguyon, p. 187 à 232, et 429 à 443.

29276. LAURAIN (E.). — Alibastreurs [plâtriers], p. 241 à 247.

29277. Courtillolles d'Angleville (A. de). — Souvenirs relatifs à la publication des *Lettres sur la chouannerie*, par J. Duchemin-Descepeaux, *portr.*, p. 257 à 272.

29278. Alleaume (A.-A.). — Note sur le château du Rocher (Mézangers), p. 273 à 281.

29279. Laurain (E.). — Aveu de Mausson (1661), p. 282 à 300.

29280. Chapelet (H). — Notes préhistoriques, p. 301 à 313.

[Ébauche de hache trouvée à Quelaines (Mayenne), *fig.*; hache-herminette provenant de Carnac (Morbihan).]

29281. Laurain (E.). — L'émeute du 3 août 1790 à Laval, p. 314 à 319.

29282. Laurain (E.). — Questions fabriciennes, p. 345 à 379, et 469 à 501.

[Paroisses de la Roë (1098), de Montaudin (1219), de la Trinité de Laval (1280), de Cosmes (1689), de La Brulatte (1650), de Saint-Vénérand de Laval (1665-1701), d'Avenières (1666-1702), d'Ahuillé (1671-1676), de Changé (1685), de Bourgneuf-la-Forêt (1688), de Gennes (1699).]

29283. Walter (J. von). — Bernard de Thiron, p. 385 à 410.

[Traduit par J. Cahour.]

29284. Delaunay. — La châtellenie d'Ernée, p. 411 à 428.

29285. Angot (A.). — Les Provenchères [ruines gallo-romaines], *pl.*, p. 461 à 463.

29286. Laurain (E.). — Un précurseur sabolien de l'aviation, *fig.*, p. 464 à 468.

MEURTHE-ET-MOSELLE. — NANCY.

ACADÉMIE DE STANISLAS.

Voir, pour les publications de cette Société antérieures à 1901, la table récapitulative de notre *Bibliographie générale;* et pour ses publications postérieures, les tables placées à la fin des tomes I et II de notre *Bibliographie annuelle.*

LXXVI. — Mémoires de l'Académie de Stanislas, 1907-1908, 158e année, 6e série, t. V. (Nancy, 1908, in-8°, xcix-354 p.)

29287. Le Monnier (G.). — L'évolution et l'évolutionnisme, p. xxix à li.

29288. Imbeaux (Dr Ed.). — Discours prononcé aux obsèques de M. Schlagdenhauffen († 1907), p. xcv à xcix.

29289. Imbeaux (Dr Ed.). — Notice nécrologique sur Henri Druon, p. 1 à 17.

29290. Pfister (Chr.). — Promenades dans Nancy. Les couvents des Minimes et de la Visitation, p. 18 à 70.

29291. Mengin (Henri). — Une page de l'histoire des sapeurs pompiers de Nancy. Les secours contre l'incendie sous le règne de Stanislas, p. 71 à 110.

29292. Thoulet (J.). — Un hydrographe français du xviie siècle. Le P. Fournier, p. 111 à 152.

29293. Roche du Teilloy (Alexandre de). — Lettres d'un jeune soldat de la Grande Armée, Auguste Paruit (1813-1814-1815), *facs.*, p. 211 à 240.

29294. May (Gaston). — L'occupation du territoire français à la suite de la guerre de 1870-1871, p. 241 à 304.

MEURTHE-ET-MOSELLE. — NANCY.

SOCIÉTÉ D'ARCHÉOLOGIE LORRAINE ET DU MUSÉE HISTORIQUE LORRAIN.

Voir, pour les publications de cette Société antérieures à 1901, la table récapitulative de notre *Bibliographie générale;* et pour ses publications postérieures, les tables placées à la fin des tomes I et II de notre *Bibliographie annuelle.*

LVIII. — Mémoires de la Société d'archéologie lorraine et du Musée historique lorrain, t. LVIII (4e série, 8e vol.), 1908. (Nancy, 1908, in-8°, 424-XXXIII p.)

29295. Parisot (Robert). — Les origines de la Haute-Lorraine et sa première maison ducale (959-1033), *tableau, facs.* et *carte,* p. 5 à 265. — Suite et fin de LVII, p. 151.

29296. Grenier (A.). — Note sur la station funéraire de la Garenne à Liverdun, p. 266 à 278.

29297. Duvernoy (Émile). — Alphonse de Rambervillers et le bailliage de Vic aux XVIe et XVIIe siècles, *pl.*, p. 279 à 370.

29298. Beaupré (Comte J.). — Le tumulus du Bois de Sainte-Marie, forêt de Bezange-la-Grande (Meurthe-et-Moselle), *fig.* et *pl.*, p. 371 à 388.

29299. Perdrizet (Paul). — La plus ancienne description de la Lorraine [par Barthélemy l'Anglais dans le *De proprietatibus rerum*], p. 389 à 414.

29300. Parisot (Robert). — La véritable origine de l'évêque de Strasbourg Werner Ier et de la comtesse Ita de Habsbourg, p. 415 à 424.

LVII. — Bulletin mensuel de la Société d'archéologie lorraine et du Musée historique lorrain, 8e année, 1908. (Nancy, 1908, in-8°, 288 p.)

29301. Voinot (Dr J.). — La trouvaille de Vaudeville [monnaies lorraines, XVe s.], *pl.*, p. 5 à 11.

29302. Fourier de Bacourt. — Sur les familles Chobillon et Fourier, p. 11 à 14.

29303. Harmand (R.). — Gratifications du duc Charles III à deux auteurs [Ponce Clerici et Thierry Mariette] en 1603, p. 14 à 18.

29304. Duvernoy (E.). — Les débuts du parlement de Metz, p. 18 à 20.

29305. Pierfitte (L'abbé). — La féauté de Moriville, p. 20 à 24.

29306. Denis (Paul). — Le mausolée de Lesdiguières [à Gap] et les dessins de la collection Bonnaire, 2 *pl.*, p. 27 à 33. — Cf. n° 29320.

29307. Nicolas (J.). — Les bas-reliefs de l'église de Brieulles-sur-Meuse, p. 34 à 38.

29308. Duvernoy (E.). — Épitaphe de Laneuvelotte, p. 39 à 40. — Cf. LVI, p. 263.

29309. Boyé (Pierre). — M. Henri Lefebvre [† 1908], p. 40 à 43.

29310. Anonyme. — Dons et acquisitions du Musée lorrain, p. 48, 72, 94, 119, 144, 264, et 284.

29311. Germain (L.). — Excursions dans l'histoire de Saint-Mihiel, p. 53, 207, et 244.

[Tabernacle, chapelle Saint-Michel, colonnes et baldaquin de l'église abbatiale.]

29312. Des Robert (Edmond). — Banderole de trompette du régiment du Plessis-Praslin, *fig.* et *pl.*, p. 61 à 66.

29313. Guyot (Charles). — M. Léopold Quintard [† 1908], p. 78 à 80.

29314. Pfister (Chr.). — Le prieuré bénédictin de Sainte-Croix et l'abbaye de Saint-Léopold de Nancy, 2 *pl.*, p. 85, 106, et 124.

29315. Germain (L.). — Armoiries du roi René, p. 92.

29316. Duvernoy (E.). — La mort du duc Charles III (14 mai 1608), p. 104 à 106.

29317. Duvernoy (E.). — Épitaphes à Bouxières-aux-Dames, p. 112 à 114.

[Mathieu Lallement († 1787), inscriptions des chanoinesses (1742).]

29318. Germain (Léon). — A propos de Marville, p. 136 à 140.

29319. Des Robert (Ferdinand). — Lettre de Madame de Phalsbourg à Charles IV [ou à Piccolomini] en 1639, p. 140 à 142.

29320. Germain (Léon). — Observations au sujet des dessins de Jean et de Joseph Richier, p. 148 à 151. — Cf. n° 29306.

29321. Cohen (Robert). — Réception d'une ambassade française à la cour de Lorraine sous Henri II, p. 151 à 162.

29322. Denis (Paul). — Le sabre turc donné par Napoléon Ier à Drouot, au Musée lorrain, p. 163.

29323. Germain (L.). — Belleville ou Buzy? [dans les chartes de Mathieu Ier], p. 165.

29324. Groffe (Émile). — Une inscription en l'église de Mancieulles [Nicolas Le Picard de Fulaine, † 1755], p. 167.

29325. Harmand (R.). — Un poète tragique lorrain, Jean de Schelandre, p. 169 à 191.

29326. Demange (L'abbé M.). — Notice sur Saulxerotte, p. 191 à 207.

29327. Duvernoy (E.). — Lettre de René II du 24 octobre 1476 [au chapitre de Saint-Dié], p. 210 à 212.

29328. Des Robert (Edmond). — Pierre tombale de Catherine de Housse, *pl.* et *tableau*, p. 220 à 232.

29329. R. M. — Jacob Richier, médailleur, *pl.*, p. 232 à 235.

29330. Des Robert (Edmond). — A propos de la fête de saint Nicolas, p. 253.

29331. Duvernoy (E.). — Chartes alsaciennes du duc Thiébaut Ier, p. 256 à 261.

29332. Demange (L'abbé Mod.). — Pierres tombales de l'ancienne chapelle de la commanderie de Libdo, p. 261.

29333. Des Robert (Ferdinand). — Lettres du duc François [Nicolas-François] et de Charles V, duc de Lorraine à Jean-Philippe de Malvoisin (1660-1673), p. 268 à 271.

29334. Nicolas (J.). — Inscriptions funéraires de l'église de Spada [Meuse], p. 272.

29335. Germain (Léon). — Sur un ancien texte liturgique *Patrem parit filia*, p. 275 à 278.

29336. Beaupré (Comte J.). — Le bracelet de verre du Musée de Toul, *pl.*, p. 278 à 280.

29337. Duvernoy (E.). — Epitaphe d'André de La Routte (1620), p. 281 à 282.

29338. Anonyme. — Description de Champigneulles en 1623, p. 283.

MEURTHE-ET-MOSELLE. — NANCY.

SOCIÉTÉ DE GÉOGRAPHIE DE L'EST.

Voir, pour les publications de cette Société antérieures à 1901, la table récapitulative de notre *Bibliographie générale;* et pour ses publications postérieures, les tables placées à la fin des tomes I et II de notre *Bibliographie annuelle.*

XXVIII. — Société de géographie de l'Est... Bulletin trimestriel, nouvelle série, 28e année 1907. (Nancy, 1907, in-8°, 519 p.)

29339. Chantriot (Émile). — Les cartes anciennes de la Champagne, p. 31, 147, et 277. — Suite de XXVII, p. 273, et 399.

29340. Collesson (P.). — La procession dansante d'Echternach, p. 42 à 48.

29341. Pfister (Chr.). — Promenades aux environs de Nancy, p. 121 à 146, et 257 à 276.

29342. Anonyme. — Quelques contes et légendes des Fang ou des Pahouins, p. 176 à 190.

29343. Justice (Octave). — Le Verdon, p. 307 à 320.

29344. Pfister (Chr.). — Promenades à travers Nancy. Les couvents de la rue des Quatre-Églises, *fig.*, p. 377; et XXIX, p. 10, et 172.

29345. Anonyme. — Considérations géographiques sur la bataille d'Auray (1364), p. 448 à 451.

29346. Perregaux (Edmond). — Contes achantis, p. 457 à 461.

XXIX. — Société de géographie de l'Est... Bulletin trimestriel, nouvelle série, 29e année, 1908. (Nancy, 1908, in-8°, 466 p.)

[29344.] Pfister (Chr.). — Promenades à travers Nancy. Les couvents de la rue des Quatre-Églises, p. 10, et 172.

29347. L. — Le Japon d'autrefois. Une relâche à Nagasaki en 1846, p. 53 à 57.

29348. Chantriot (Émile). — La Lorraine annexée d'après M. Ardouin-Dumazet, p. 153 à 171.

29349. Anonyme. — Les Maragatos [Espagne], p. 187 à 190.

29350. Jobet (Henri). — Le clou de girofle, histoire et géographie, p. 190 à 192.

29351. MONTEIL (A.). — Chaouia et Beni-Snassen, p. 193 à 199.

29352. DEMANCHE (Georges). — Un grand chef pirate [Deo Van Tri]. Épisodes de la conquête du Tonkin, p. 287 à 298.

29353. ANONYME. — Paul Fliche [1836 † 1908], *portr.*, p. 349 à 351.

29354. GALLOIS (Eugène). — La situation française dans l'océan Indien, p. 369 à 377.

MEUSE. — BAR-LE-DUC.

SOCIÉTÉ DES LETTRES, SCIENCES ET ARTS DE BAR-LE-DUC.

Voir, pour les publications de cette Société antérieures à 1901, la table récapitulative de notre *Bibliographie générale;* et pour ses publications postérieures, les tables placées à la fin des tomes I et II de notre *Bibliographie annuelle.*

XXXVI. — Mémoires de la Société des lettres, sciences et arts de Bar-le-Duc, 4e série, t. VI. (Bar-le-Duc, 1908, in-8°, IX-CXXVIII-CXX-233 p.)

Bulletin de 1907.

29355. ARBOIS DE JUBAINVILLE (P. D'). — Une ville déchue : Villefranche-sur-Meuse, p. V à XII.

29356. GUILLAUME (J.). — Au sujet de quelques *oculus* de la région, p. XII à XIV.

29357. GERMAIN DE MAIDY (L.). — Le *treizain* de mariage, p. XV. — Cf. n° 29367.

29358. VIGO. — État sommaire des archives communales de Bar-le-Duc. Période révolutionnaire (1790-1800), p. XIX à XXIV.

29359. GERMAIN DE MAIDY (L.). — Répositoires eucharistiques de la Meuse, p. XXXII à XXXVIII; — *Bulletin de 1908*, p. VI à VIII.

29360. M. S. — A propos de mines d'argent dans le Barrois. Les mines de fer de Beurey, p. XLV. — Cf. n° 24681.

29361. DES ROBERT (E.). — Les sceaux du couvent et de quelques abbés de Saint-Pierremont, p. XLVI à LIII.

29362. GERMAIN DE MAIDY (L.). — Les armoiries de l'abbaye de Saint-Pierremont, p. LIV à LVI.

29363. THEVENIN (L.). — Admission de nouveaux bourgeois à Bar au XVIIe siècle, p. LIII à LVI.

29364. SCHMITT (A.). — Le budget des villes de Bar et de Ligny en 1759, p. LXIV à LXVIII.

29365. GERMAIN DE MAIDY (L.). — La famille de Civry et le titre ducal de Bar, p. LXXVII.

29366. BERNARD (H.). — Un document inédit sur l'auteur du sépulcre de Saint-Mihiel, p. LXXXIV à XC.

29367. J. G. — Le *treizain* de mariage, p. XCI. — Cf. n° 29357.

29368. P. A. J. [ARBOIS DE JUBAINVILLE (P. D').] — Cahier [de doléances] de Charmois en 1789, p. CII à CIV.

29369. LÉOPOLD. — Extrait d'un procès-verbal tiré du registre des délibérations de la commune de Beaulieu-en-Argonne concernant l'arrestation de Louis XVI, p. CVIII.

Bulletin de 1908.

29370. MARTIN (Alexandre) et DANNREUTHER (H.). — La maison de Martin Mourot à Longeville-devant-Bar, *pl.*, p. XVI à XXI.

29371. FOURIER DE BACOURT. — Note sur un ex-voto de l'église Saint-Antoine de Bar-le-Duc, p. XXII.

29372. GERMAIN DE MAIDY (L.). — Notes de toponymie meusienne. Le prieur de Dammarie-sur-Saulx en 1460, p. XXIV à XXVI.

29373. [ARBOIS DE JUBAINVILLE (P. D').] — État sommaire des documents conservés dans les chefferies du génie de Verdun et Montmédy, p. XLI.

29374. GERMAIN DE MAIDY (L.). — M. Henri Lefebvre [† 1908], p. XLIV à XLVI.

29375. HÉBERT (Ch.). — Le tableau sur bois de Naives-devant-Bar [XVIe s.], *pl.*, p. LII à LVIII.

29376. GILLANT (Ch.-J.). — La cloche du Claon, p. LVIII.

29377. ANONYME. — Eugène Gandar (1825 † 1868), p. LIX.

29378. VIGO. — La charité publique à Bar-le-Duc au XVIIIe siècle, p. LXXX.

29379. CHENET. — Acte de fondation de la verrerie du Claon (1708), p. LXXIII, et LXXXVIII.

29380. Anonyme. — Extraits des archives de la ville de Commercy, p. lxxxix.

[Requête de la ville touchant ses archives (1750), dénombrement (1787).]

29381. Dannreuther (H.). — La descendance de Ligier Richier, p. xcvii à c.

29382. A. M. — M. Charles Charaux [† 1908], p. ciii.

29383. Renauld (A.). — Création du Conseil de ville de Bar-le-Duc, et ses attributions (1629), p. cviii à cxii.

29384. Martin (Alexandre). — Une vieille famille barrisienne [les de Marne], p. cxvi à cxviii.

29385. Vigo (G.). — Un maire de Bar-le-Duc sous la Restauration. M. Charles-François Bouillard (1817-1824, 1828-1832), *portr.*, p. 3 à 38.

29386. Thévenin (Léon). — La fête constitutionnelle du 10 août 1793 à Bar-sur-Ornin (Bar-le-Duc), p. 39 à 57.

29387. Nicolas (L'abbé). — Inscriptions de l'ancien décanat de Juvigny, p. 59 à 102.

29388. Porcher (Capitaine). — Les volontaires de la Meuse et la loi du 3 février 1792, p. 103 à 145.

29389. Schmitt (Alphonse). — La vente des biens nationaux à Lisle-en-Barrois, *pl.*, p. 147 à 160.

29390. Dannreuther (H.). — Quelques portraits du Musée de Bar-le-Duc, 6 *pl.*, p. 161 à 175.

[Antoine duc de Lorraine (1487 † 1544), *pl.*; Antoine de Bourbon, roi de Navarre (1518 † 1562); François duc de Guise (1519 † 1563), *pl.*; Henri duc de Guise (1550 † 1588), *pl.*; Nicolas Psaume (1518 † 1575), *pl.*; Alexis Piron (1688 † 1778), *pl.*]

29391. Arbois de Jubainville (P. d'). — Les cahiers de doléances de Verdun en 1789, p. 177 à 211.

MEUSE. — MONTMÉDY.

SOCIÉTÉ DES NATURALISTES ET ARCHÉOLOGUES DU NORD DE LA MEUSE.

Voir, pour les publications de cette Société antérieures à 1901, la table récapitulative de notre *Bibliographie générale;* et pour ses publications postérieures, les tables placées à la fin des tomes I et II de notre *Bibliographie annuelle.*

XX. — Société des naturalistes et archéologues du nord de la Meuse, t. XX. (Montmédy, 1908, in-8°, sciences naturelles, 29 p.; archéologie et histoire locale, 77 p.)

Archéologie et histoire locale.

29392. Lehuraux (P.). — Fontaines, p. 1 à 6.

29393. Houzelle (F.). — Excursion à Velosnes, p. 7 à 9.

99394. Errard (P.). — A propos du droit de chasse [sur les domaines du chapitre de Verdun] (1718), p. 19 à 21.

29395. G. P. — Vestiges antiques [à Montmédy], p. 22.

29396. Errard (P.). — Sur une ancienne coutume locale [l'ensaisinement par bûchette, à Delut], p. 23.

29397. Germain de Maidy (Léon) et Houzelle (F.). — Observations sur la charte d'affranchissement de Brouenne (décembre 1247), p. 24 à 27.

29398. Errard (P.). — Un procès en la basse justice de Vittarville (1634), p. 28 à 30.

29399. Des Robert. — Pierre tombale de Catherine de Housse [† 1608, à Marville], 2 *pl.*, p. 31 à 46.

29400. F. H. [Houzel (F.).] — A propos de Brouenne, Bronel et Ginvry, p. 47.

29401. Collignon (Th.). — Les restes d'un édifice gallo-romain à Longuyon, *pl.*, p. 48 à 57.

29402. Errard (P.). — Une ordonnance du chapitre de la cathédrale de Verdun (1624), p. 66.

MORBIHAN. — VANNES.

SOCIÉTÉ POLYMATHIQUE DU MORBIHAN.

Voir, pour les publications de cette Société antérieures à 1901, la table récapitulative de notre *Bibliographie générale;* et pour ses publications postérieures, les tables placées à la fin des tomes I et II de notre *Bibliographie annuelle.*

LIV. — Bulletin de la Société polymathique du Morbihan, année 1908. (Vannes, 1908, in-8°, 108 et 49 p.)

29403. Le Mené (J.-M.). — Les sépultures dans le Morbihan, 51 *pl.*, p. 7 à 16, et 71 à 91.

29404. Sageret (E.). — Le deuxième semestre de l'année 1800 dans le Morbihan, p. 17 à 38. — Suite de LII, p. 49; et LIII, p. 60, et 228.

29405. Le Nestour (P.) et Loth (J.). — Fouilles de Mané-Veguen, en Baden, avec des remarques sur les pointes de flèches en silex à ailerons et pédoncule, *fig.* et *pl.*, p. 39 à 56.

29406. Le Rouzic (Z.). — Carnac, fouilles faites dans la région. Tumulus à dolmen de Er-Grah et le grand menhir brisé, *fig.*, p. 57 à 65.

29407. Pussenot (Ch.). — Jadéite, pyroxénites amphibolites [haches du Morbihan], p. 66 à 69.

29408. Aveneau de La Grancière. — Découverte d'une sépulture préhistorique à Plumelin (Morbihan), p. 93 à 95.

29409. Héligon (J.). — Compte rendu des fouilles exécutées à la Grée-Mahé en 1907, p. 96 à 99.

29410. Le Mené (J.-M.). — Sépulture scandinave à Groix, p. 100 à 102.

MOSELLE. — METZ.

SOCIÉTÉ D'HISTOIRE ET D'ARCHÉOLOGIE LORRAINE.

Voir, pour les publications de cette Société antérieures à 1901, notre *Bibliographie générale,* t. V, p. 599 et suiv.; et pour ses publications postérieures, les tables placées à la fin des tomes I et II de notre *Bibliographie annuelle.*

Le tome XX de l'*Annuaire* contient des additions et corrections à la table des tomes I à XIII de ce recueil, ainsi qu'une table des tomes XIV à XX (voir nos n°s 29422 et 29423).

Nous avons indiqué dans notre précédent fascicule, p. 82, le contenu des tomes I, II et IV des *Quellen zur Lothringischen Geschichte,* nous mentionnons ci-dessous les tomes V et IX de la même collection; les tomes III, VI, VII et VIII n'ont pas encore paru, non plus que les tomes X et XI. Le tome XII, publié en 1909, sera mentionné dans notre prochain fascicule.

XX. — Jahrbuch der Gesellschaft für lothringische Geschichte und Altertumskunde, 20ter Jahrgang. — Annuaire de la Société d'histoire et d'archéologie lorraine, 20e année, 1908. (Metz, s. d., pet. in-4°, 567 p.)

29411. Heppe (H.-E.). — Handwerkerhäuser des 17 und 18 Jahrhunderts an der Seille zu Metz (Maisons d'artisans des XVIIe et XVIIIe siècles sur la Seille, à Metz), *fig.*, et 2 *pl.*, p. 1 à 19.

29412. Bour (R.-S.). — Die Benediktiner-Abtei S. Arnulf vor den Metzer Stadtmauern, eine archäologische Untersuchung. (L'abbaye bénédictine de Saint-Arnoul hors les murs de Metz, étude archéologique), *pl.*, p. 20 à 120. — Suite de XIX, p. 1.

29413. Daron (J.-Th.). — *Lo baitomme don piat fei de*

Chan Heurlin, de Didier Mory [poème en patois messin], p. 121 à 151.

29414. Welter (T.) et Heppe (H.-E.). — Die gallo-römischen Villen bei Lœrchingen und Saaraltdorf in Lothringen (Les villas gallo-romaines des environs de Lorquin et Saaraltdorf en Lorraine), *fig.*, 3 *pl.*, p. 152 à 176.

29415. Wolfram (G.). — Ausgewählte Aktenstücke zur Geschichte der Gründung von Pfalzburg, mit einer Einleitung. Pfalzgraf Georg Hans von Veldenz-Lützelstein und seine Lebenstragödie. (Documents choisis relatifs à l'histoire de la fondation de Phalsbourg avec une introduction sur le comte palatin Georges-Jean de Veldenz-Lützelstein), 2 *cartes*, p. 177 à 260.

29416. Kohn (A.-J.). — Die Niederlassung der Juden in Diedenhofen (L'établissement des juifs à Thionville), p. 261 à 282.

29417. Röhrig (Fritz). — Zwei Skizzen aus dem geistigen Leben von Metz unter dem Ancien régime (Deux esquisses de la vie intellectuelle de Metz sous l'Ancien régime), p. 283 à 301.

[La Société d'études, des sciences et des arts (1759), l'Académie et le Muséum de Metz (1785).]

29418. Callais. — Die Mundart von Hattigny und die Mundart von Ommeray nebst lautgeographischer Darstellung der Dialektgrenze zwischen Vosgien und Saunois (Lothringen), (Le patois d'Hattigny et d'Ommeray, limites dialectales entre le pays vosgien et le Saunois), 2 *cartes*, p. 302 à 422.

29419. Gritzner. — Drei Lothringer Weistümer aus dem 14 und 16 Jahrhundert. (Trois coutumes locales lorraines des XIVe et XVIe siècles), p. 423 à 441.

[Rollinger Weistum (1387); Steinbiedersdorfer Weistum (1393); Kriechinger Weistum (1580).]

29420. Schlager (Le P. Patricius). — Zur Geschichte der Franziskanenklöster in Sierck und Oberhomburg (Contribution à l'histoire des couvents franciscains de Sierk et de Hombourg-l'Évêque), p. 442 à 450.

29421. Wentzcke (P.). — Zur Geschichte Bischof Theoderichs III von Metz (Contribution à l'histoire de l'évêque de Metz Thierry III), p. 450 à 454.

29422. Röhrig (Fritz). — Gesamtregister der in den Jahrgängen 1902-1908 des Jahrbuchs für lothringische Geschichte und Altertumskunde veröffentlichen Aufsätze und Mitteilungen (Table des mémoires et communications publiés dans les années 1902-1908 de l'Annuaire de la Société d'histoire et d'archéologie lorraine), p. 557 à 566.

29423. Keune (J.-B.). — Nachträge und Berichtigungen zum Inhaltsverzeichnis der Jahrgange I-XIII (Additions et corrections à la table des 13 premières années [1889-1902] de l'Annuaire, p. 506 à 567. — Cf. XIII. p. 500.

V. — Quellen zur lothringische Geschichte, herausgegeben von der Gesellschaft für lothringische Geschichte (Sources de l'histoire de la Lorraine publiées par la Société d'histoire et d'archéologie lorraine), t. V. (Metz, 1908, pet. in-4°, LXXXII-441 p.)

29424. Wickmann (K.). — Die Metzer Bannrollen des 13 Jahrhunderts [Rôles du ban de Trefond de Metz]. 1re partie. (Metz, 1908, pet. in-4°, LXXXII-441 p.).

IX. — Quellen zur lothringischen Geschichte... (Sources de l'histoire de la Lorraine publiées par la Société d'histoire et d'archéologie lorraine), t. IX. (Metz, 1908, pet. in-4°, XV-547 p.)

29425. Dorvaux (N.) et Lesprand (P.). — Cahiers de doléances des communautés en 1789. I. Bailliages de Boulay et de Bouzonville. (Metz, 1908, pet. in-4°, XV-547 p.)

NIÈVRE. — NEVERS.

SOCIÉTÉ ACADÉMIQUE DU NIVERNAIS.

Voir, pour les publications de cette Société antérieures à 1901, la table récapitulative de notre *Bibliographie générale;* et pour ses publications postérieures, les tables placées à la fin des tomes I et II de notre *Bibliographie annuelle.*

XV. — Mémoires de la Société académique du Nivernais, 2e série, t. XV de la collection. (Nevers, 1906[-1907], in-8°, 326 p.)

29426. Gueneau (Lucien). — Ternant. Notes sur ses seigneurs avant le XVIIe siècle. Étendue de la justice de sa baronnie en 1537, p. 3 à 24.

29427. Caquet (François). — La forêt en Nivernais, p. 26 à 40.

29428. Dunois (Amédée). — Le premier pamphlet de Claude Tillier (1832), p. 41 à 58.

29429. Gueneau (Victor). — Recherches sur les écoles et le collège de Nevers, p. 59, 99, et 203.

29430. Anonyme. — Procès-verbal de l'assemblée tenue à Langeron, le 7 mars 1789, pour la rédaction du cahier de doléances et l'élection de députés, p. 169 à 171.

29431. Desforges (A.). — Notes diverses tirées d'un vieux registre paroissial de Toury-sur-Abron (1616-1743), p. 172 à 181.

29432. Mandel (Alix). — Variété inédite d'un jeton du XIVe siècle [trouvé à Nevers], p. 252.

29433. Desforges (A.). — Quelques mots sur les aiguisoirs recueillis dans les départements de l'Allier, de Saône-et-Loire et de la Nièvre, *pl.*, p. 253 à 255.

29434. Gueneau (Lucien). — Extraits des mémoires de captivité du sergent Faton († 1889), p. 256 à 290.

[Guerre franco-allemande, 1870-1871.]

29435. Cornu (Paul). — Le duc de Nevers et le trésorier de Champagne Le Jau (1613-1614), p. 291 à 312.

29436. Langeron (E.). — M. Lucien Gueneau [1832 † 1908], p. 313 à 322.

[Suivi de discours de MM. Saint, A. Massé, Maurellet, Mazoyer.]

NIÈVRE. — NEVERS.

SOCIÉTÉ NIVERNAISE DES LETTRES, SCIENCES ET ARTS.

Voir, pour les publications de cette Société antérieures à 1901, la table récapitulative de notre *Bibliographie générale;* et pour ses publications postérieures, les tables placées à la fin des tomes I et II de notre *Bibliographie annuelle.*

XXII. — Bulletin de la Société nivernaise des lettres, sciences et arts, 3e série, t. XII, XXIIe vol. de la collection. (Nevers, 1908, in-8°, 661 p.)

29437. Flamare (H. de). — Le plus ancien obituaire de l'abbaye de Notre-Dame de Nevers, p. 1 à 50.

29438. Lespinasse (René de). — Les chartes de Saint-Étienne de Nevers, p. 51 à 130.

29439. Duminy (E.). — Le collège de Nevers (1521-1860), p. 131 à 202.

29440. Trameçon (P.). — Petit guide du computiste, p. 205 à 268.

29441. Gauthier (Gaston). — Notes nivernaises extraites des archives des Bordes, p. 269 à 375.

29442. Charrault (L'abbé L.). — Châteauneuf-Val-de-Bargis, *pl.*, p. 389 à 476.
29443. Duminy (E.). — Le testament de Henri de Saxe [1475], p. 477 à 494.
29444. Gauthier (G.). — La pierre tombale de Henri de Saxe, p. 495 à 498.
29445. Charrier (J.). — Une paroisse nivernaise pendant la Révolution. Chaulgnes (1789-1803), p. 499 à 537.
29446. Lespinasse (René de). — Une très ancienne maison à La Charité, 2 *pl.*, p. 538 à 540.
29447. Charrault (L.). — La chartreuse de Bellary (1209-1793), p. 541 à 632.
29448. Delort (J.-B.-H.). — Notes et documents pour servir à l'histoire de Condate, 3 *pl.*, p. 633 à 646.

NORD. — DUNKERQUE.

SOCIÉTÉ DUNKERQUOISE POUR L'ENCOURAGEMENT DES SCIENCES, DES LETTRES ET DES ARTS.

Voir, pour les publications de cette Société antérieures à 1901, la table récapitulative de notre *Bibliographie générale;* et pour ses publications postérieures, les tables placées à la fin des tomes I et II de notre *Bibliographie annuelle.*

XLVII. — Mémoires de la Société dunkerquoise pour l'encouragement des sciences, des lettres et des arts, 1908, 47e vol. (Dunkerque, 1908, in-8°, xxx-366 p.)

29449. Bouchet (Ém.). — Paul Terquem [1821 † 1908], *portr.*, p. i-xxi.
29450. Lévi (Commandant). — Procès-verbaux du Conseil général du district de Bergues (1793), p. 85 à 150.
29451. Bouchet (Émile). — La conquête de la Hollande en 1795, épisodes et incidents d'après les papiers du général Lemaire, p. 179 à 278.
29452. Duriau (Dr G.). — Annales dunkerquoises, p. 279 à 302. — Suite de XLIV, p. 117; XLV, p. 115; et XLVI, p. 107.

NORD. — DUNKERQUE.

UNION FAULCONNIER.

Voir, pour les publications de cette Société antérieures à 1901, notre *Bibliographie générale,* t. V, p. 63, et pour ses publications de 1901 à 1906, notre *Bibliographie annuelle,* t. I, fasc. ii, p. 71.
Une table des dix premiers volumes du *Bulletin* a paru en 1907 (voir notre n° 29473.)

X. — Union Faulconnier. Société historique et archéologique de Dunkerque et de la Flandre maritime... Bulletin, 10e année, t. X, 1907. (Dunkerque, s. d., in-8°, 549 p.)

29453. Anonyme. — Le P. Timmermans, de Dunkerque, martyr du secret de la confession [1582], p. 5 à 12.
29454. Lemaitre (Henri). — Essai sur les maladies de Dunkerque au xviiie siècle du Dr Tully, p. 13 à 59.
29455. Anonyme. — Les opérations géodésiques d'Ayrouard entre Dunkerque et Ostende, rapport de Cassini et Buache lu à l'Académie royale des sciences le 5 septembre 1731, p. 61 à 64.

29456. Anonyme. — L'abbé Charles Brasseur de Bourbourg [† 1874]. La chapelle des Dunes (légende du VIIe siècle), p. 65 à 74.
29457. Anonyme. — Arrivée et séjour du Premier Consul à Dunkerque en messidor an XI [juin 1803], p. 75 à 83.
29458. Bernaert (Général). — La général Steven, originaire de Dunkerque, auteur des *Fastes militaires des Belges au service de la France* (1789-1815), p. 85 à 89.
29459. Anonyme. — Général de division de Saint-Laurent (baron Louis Joseph-Auguste-Gabriel), de Dunkerque (1763 † 1832), p. 91.
29460. Anonyme. — Capitaine Bacquet (Xavier-Louis), de Dunkerque (1773 † 1819), p. 93.
29461. Anonyme. — Denys Montfort, de Dunkerque, conchyliologiste célèbre [1766 † 1821], p. 95 à 101.
29462. Anonyme. — Lettres patentes du Roi portant concession par le Roi à la ville de Dunkerque de terrains vains et vagues compris dans son enceinte (1785), p. 103 à 106.
29463. Ravaisson-Mollien (Louis). — Mémoire concernant la ville de Dunkerque (juillet 1729) envoyé par Segent, commissaire des guerres, p. 107 à 116.
29464. Lemattre (Henri). — Louis-Maurice Arnaud Jeanty, connétable de la Société de Saint-Sébastien [1792], p. 117 à 125.
29465. Anonyme. — Franchise du port de Dunkerque [pétition des habitants de Dunkerque en 1816], p. 127 à 132.
29466. Anonyme. — Cours des assignats à Dunkerque depuis le 1er janvier 1791 jusqu'au 7 thermidor an IV [juillet 1796], p. 133 à 137.
29467. Anonyme. — Lettre adressée de Dunkerque par M. de Château-Guillaume, commissaire de marine, à l'abbé Bernou, rédacteur de la *Gazette*, à Paris, le 20 août 1680. Louis XIV à Dunkerque; le Risban; les deux de Combe, ingénieurs; entrée à Dunkerque du vaisseau l'*Entreprenant*, p. 159 à 182.
[29481]. Durin (Henri). — Notes sur l'établissement des services réguliers et sur le développement de la navigation à vapeur à Dunkerque de 1814 à 1870, p. 183 à 317.
29468. Mancel (Émile). — Un contemporain de Jean Bart : le chef d'escadre d'Amblimont, p. 319 à 326.
29469. Selingue (De). — Relation du combat de l'escadre de M. d'Amblimont (1689), p. 327 à 333.
29470. Darnet (J.). — Dunkerque au dernier siècle, p. 335 à 388.
29471. Anonyme. — Mémoire et révélation des demoiselles Armand, sœurs de Louis Armand, condamné à mort par la Cour d'assises séante à Douai le 12 novembre 1832 et exécuté à Dunkerque le 9 février suivant, p. 389 à 461.
29472. Anonyme. — Nécrologie, p. 471 à 483.

[A. Bellais († 1907); A. Dicuset († 1907); L. Demeulenaere († 1907); l'abbé Horrau († 1907); L. Blanckaert († 1907).]

29473. Anonyme. — Table décennale des travaux publiés dans les Bulletins de l'Union Faulconnier de 1897 à 1907, p. 501 à 549.

XI. — Union Faulconnier. Société historique et archéologique de Dunkerque et de la Flandre maritime... Bulletin, 11e année, t. XI, 1908. (Dunkerque, s. d., in-8°, 454 p.)

29474. Lemattre (H.). — Iconographie. Bustes, statue, portraits de Jean Bart, p. 5 à 28.
29475. Le Mercier (A.). — La famille Arnaud-Jeanti à Dunkerque, *pl.*, p. 29 à 72.
29476. Anonyme. — Liste des contribuables les plus imposés de la Flandre maritime (département du Nord) (août-septembre 1802), p. 73 à 78.
29477. H. L. [Lemattre (H.).] — Michel de Swaen, poète flamand (1654 † 1706), p. 79 à 81.
29478. Anonyme. — Acte de décès de Jean Van de Cnocke, chapelain de l'église Saint-Éloi [1700], p. 83 à 90.
29479. Bouchet (Émile). — Les tours qui chantent. Le beffroi et le carillon de Dunkerque, p. 91 à 168.
29480. Hamy (Dr E.-T.). — Les débuts de Georges Mareschal, de Calais, chirurgien de Louis XIV, p. 169 à 173.
29481. Durin (H.). — Notes sur l'établissement des services réguliers et sur le développement de la navigation à vapeur à Dunkerque de 1814 à 1875, p. 175 à 294. — Suite de IX, p. 69, 455; et X, p. 183.
29482. H. L. [Lemattre (H.).] — La baronnie de Draëk, p. 295 à 305.
29483. Anonyme. — Règlement de l'octroi de Dunkerque en 1842, p. 307 à 312.
29484. Anonyme. — Un anglais à Dunkerque en 1845, p. 313 à 322.
29485. Contencin (De). — Notice sur le beffroi de Bergues, p. 323 à 337.
29486. Darnet (J.). — L'année 1848 à Dunkerque, p. 339 à 370.
29487. Bertrand (Raymond de). — Les carrelages muraux en faïence et les tapisseries des Gobelins à Dunkerque, p. 371 à 387.
29488. Bouchet (Émile). — Alfred Dodanthun, professeur au collège Notre-Dame des Dunes, conservateur de la bibliothèque municipale de Dunkerque [† 1908], *portr.*, p. 389 à 408.
29489. Anonyme. — Nécrologie, p. 427 à 436.

[A. Desmyttère († 1907); C. Falcigny († 1908); A. Dodanthun († 1908); P. Massart († 1908); Dr Felizet († 1908).]

NORD. — LILLE.

SOCIÉTÉ D'ÉTUDES DE LA PROVINCE DE CAMBRAI.

Voir, pour les publications de cette Société antérieures à 1901, la table récapitulative de notre *Bibliographie générale;* et pour ses publications postérieures, les tables placées à la fin des tomes I et II de notre *Bibliographie annuelle.*

XIV. — Société d'études de la province de Cambrai, t. XIV. (Lille, 1908, in-8°, p. 899 à 1366.)

29490. Denis Du Péage (Paul). — Recueil de généalogies lilloises, t. III, p. 899 à 1366. — Suite de XII et XIII.

XI. — Société d'études de la province de Cambrai. Bulletin, t. XI. (Lille, 1908, in-8°, 327 p.)

29491. Anonyme. — M. Jules Deligne, homme de lettres (1816 † 1906), *portr.*, p. 1 à 8.

29492. Deligne (Jules). — Mélanges, p. 9 à 327.

[Correspondance de l'empereur Maximilien Ier et de Marguerite d'Autriche, p. 9. — Éloge de Jeanne de Constantinople, p. 35. — Les négociations diplomatiques entre la France et l'Autriche durant les trente premières années du XVIe siècle, p. 69. — Histoire de Lille, p. 79. — Histoire de Cambrai, p. 89. — Romans de Raoul de Cambrai et de Bernier, p. 100. — Histoire des comtes de Flandre, p. 192, etc.]

XII. — Société d'études de la province de Cambrai... Bulletin, t. XII, 1908. (Lille, 1908, in-8°, 320 p.)

29493. Bontemps (L'abbé Adrien). — Charles de Lannoy, vice-roi de Naples, p. 5 à 26.

29494. Matthieu (Ern.). — Fondation d'une école à Steenwerck (1765), p. 27.

29495. Matthieu (Ern.). — Exécution d'une sorcière dans la forêt de Mormal (1611), p. 28 à 30.

29496. Slosse (L'abbé). — Église Saint-Martin de Roubaix (1521), p. 30.

29497. Le Rue (Joseph de). — Les Vierges en bois sculpté de l'hôpital de la Charité de Lille, *pl.*, p. 31 à 38.

29498. Leclair (Edm.). — Les Lestiboudois (Jean Baptiste, François-Joseph, Thémistocle), botanistes lillois. *portr.*, p. 39 à 90.

29499. Lamoot (L'abbé). — Ecclésiastiques français réfugiés à Neuve-Église [diocèse d'Ypres] en 1792, p. 91 à 94.

29500. Delgrange (L'abbé). — 1709 à Rumegies, p. 95 à 98.

29501. Matthieu (Ern.). — Construction d'une chaussée à Sully-lez-Lannoy (1752), p. 98.

29502. Masure (L'abbé E.) et Th. L. [Leuridan (Th.).] — Les monuments historiques du département du Nord, p. 99 à 104.

29503. Matthieu (Ern.). — Aumônes à des communautés religieuses par les chanoinesses de Mons (XVIe s.), p. 105.

29504. Matthieu (Ern.). — Érection d'un moulin à Thun-Saint-Amand (1739), p. 106.

29505. Dubrulle (L'abbé H.). — Pierre de Roubaix (1453), p. 106.

29506. Delgrange (L'abbé). — Éloge de Gilbert de Choyseul, évêque de Tournai [par A. Du Bois, curé de Rumegies, 1690], p. 108.

29507. Slosse (L'abbé). — Notes sur les paroisses de Lannoy, Fretin, Annœullin, Willems et Watrelos, Mérignies, Attiches, Fives et Faches, Marcq-en-Pevele, Marcq-en-Barœul, Saméon, p. 109.

29508. T. L. [Leuridan (Th.).] — Livre d'office de Saint-Maurice de Lille, p. 111 à 116.

29509. Anonyme. — Vente du fief de Canteleu à Flers (1605), p. 116 à 119.

29510. Th. L. [Leuridan (Th.)] et Edm. L. [Leclair (Edm.).] — Le clergé et le serment constitutionnel à Lille, p. 119 à 126.

29511. Leuridan (Th.). — Fondation de Grard Daman et de Catherine Leclercq à Saint-Maurice de Lille (1566), p. 126 à 130.

29512. Leclair (Edm.). — Le duc de Guise à Lille en 1640, extraits de l'*Héraclée flamand* de Jehan de La Barre, p. 141.

29513. Leuridan (Le chanoine Th.). — Le fief et seigneurie de la mairie de Mouvaux (XVIIIe s.), p. 143 à 146.

29514. Matthieu (Ern.). — Règlement des ermites d'Épinoy (Carvin) [1657], p. 147.

29515. Leuridan (Le chanoine Th.). — Le fief de Dadiselles à La Madeleine et ses hommages de Berkem, Dupont, Courtois et Ennequin (1747), p. 149 à 153.
29516. Dubrulle (L'abbé H.). — Manuscrits concernant le diocèse de Cambrai, p. 154.
29517. Matthieu (Ern.), — L'ermitage de la forêt de Mormal, p. 155 à 159.
29518. Leclair (Edm.). — Les graignards des apothicaires lillois, p. 160.
29519. Leuridan (Le chanoine Th.). — Le Barœul, p. 162.
29520. Th. L. [Leuridan (Th.).] — Le révolutionnaire lillois Sta, p. 164 à 168.
29521. Achte (L'abbé). — Visites des églises des deux districts du décanat de Tournai en 1606, p. 168 à 175.
29522. Flipo (L'abbé). — Lettres de rémission concédées à des habitants de Tourcoing, p. 175 à 194. — Suite de VII, p. 218; et VIII, p. 154.
29523. Fremaux (Henri). — Histoire généalogique de la famille de La Tannerie, originaire de la Flandre wallonne (1280 à 1560), *fig.*, p. 195 à 243.
29524. Vandame. — Iconographie de Notre-Dame de la Treille, additions, p. 244 à 249. — Cf. n° 24779.
29525. Matthieu (Ern.). — Remise d'impositions à la ville du Quesnoy [1442], p. 249. — Emprunts de la ville de Valenciennes [1673], p. 250.
29526. Berget (E.). — Fondation en l'église de Trelon [1675], p. 250.
29527. Deledecque (L'abbé P.). — La poste aux chevaux d'Orchies, p. 251 à 255.
29528. Delgrange (L'abbé). — Les conférences ecclésiastiques du diocèse de Tournai au XVIIe siècle, p. 255.
29529. Leuridan (Le chanoine Th.). — Fondation de Balthasar Bauters et de Cornelia van Eywerve à Saint-Maurice de Lille [1606], p. 256 à 258.
29530. Denis Du Péage (Paul). — Mélanges généalogiques. D'Haubersart, *fig.*, p. 259 à 266.
29531. Flipo (L.). — Essai d'une nouvelle guillotine à Lille [1794], p. 267.
29532. Matthieu (Ern.). — Ascension aérostatique à Douai en 1786, p. 268.
29533. Leuridan (Le chanoine Th.). — Testament de Me Van der Beken, sieur des Wazières, bienfaiteur des pauvres à Lille [1730], p. 268 à 272.
29534. Cappliez (Le chanoine). — La partie française du diocèse de Cambrai pendant la Révolution, p. 272 à 277.
29535. Leclair (Edmond). — Ambroise-Marie-François-Joseph Palisot de Beauvois, naturaliste lillois [1752 † 1820], *fig.* et *portr.*, p. 278 à 298.
29536. Leuridan (L'abbé Th.). — Les élections préparatoires aux États généraux de 1789; lettre de M. Wartel, avocat lillois, p. 299 à 302.

NORD. — LILLE.

SOCIÉTÉ DE GÉOGRAPHIE DE LILLE.

Voir, pour les publications de cette Société antérieures à 1901, la table récapitulative de notre *Bibliographie générale*; et pour ses publications postérieures, les tables placées à la fin des tomes I et II de notre *Bibliographie annuelle*.

XLIX. — Bulletin de la Société de géographie de Lille (Lille, Roubaix, Tourcoing)..., 1er semestre de 1908, 29e année, t. XLIX. (Lille, s. d., in-8°, 384 p.)

29537. Lorin (Henri). — Autour du lac Tchad, p. 42 à 45.
29538. Dussart (Paul). — Dans les Causses, *fig.*, p. 165 à 177.
29539. Pichon (J.). — La question des Balkans. En Macédonie, l'évolution de la question des réformes, *cartes*, p. 257 à 304.

L. — Bulletin de la Société de géographie de Lille (Lille, Roubaix, Tourcoing)..., 2e semestre de 1908, 29e année, t. L. (Lille, s. d., in-8°, 384 p.)

29540. Merchier (A.). — Sur le plateau de l'Iran, son rôle dans la politique mondiale, *carte*, p. 27 à 38.
29541. Merchier (A.). — Étude sur la Perse, *fig.*, p. 65 à 95.
29542. Gallois (Eugène). — Les îles Mascareignes, la Réunion, l'île Maurice, p. 110 à 112.
29543. Merchier (A.). — L'exploration des régions antarctiques, p. 129 à 135.

OISE. — BEAUVAIS.

SOCIÉTÉ ACADÉMIQUE D'ARCHÉOLOGIE, SCIENCES ET ARTS DE L'OISE.

Voir, pour les publications de cette Société antérieures à 1901, la table récapitulative de notre *Bibliographie générale;* et pour ses publications postérieures, les tables placées à la fin des tomes I et II de notre *Bibliographie annuelle.*

XXIII. — Société académique d'archéologie, sciences et arts du département de l'Oise. Compte rendu des séances, 1908. (Beauvais, 1908, in-8°, 111 p.)

29544. Leblond. — Une possédée du démon à Beauvais [1612-1613]; scènes d'exorcismes à l'église Saint-Gilles, à Notre-Dame-du-Châtel, etc., p. 17.

29545. Blond. — Louis-Léon Pajot, comte d'Ons-en-Bray, membre de l'Académie des sciences (1678 † 1753), p. 29.

29546. Thiot. — Notes biographiques sur Stanislas de Girardin, administrateur du département de l'Oise pendant la Révolution, p. 32 à 35.

29547. Meister (L'abbé). — La conférence de Saint-Jean l'évangéliste en l'église Saint-Pierre de Beauvais, sa fondation, ses statuts, ses revenus aux XIIIe et XIVe siècles, p. 42 à 44.

29548. Vuilhorgne. — Note sur John Falstoff, capitaine anglais, seigneur de Ferrières-en-Bray (1429), p. 59 à 60.

29549. Anonyme. — Inventaire sommaire des manuscrits Fabignon [à la bibliothèque de la Société], p. 70 à 74.

29550. Bordeaux. — Jeton du Conseil municipal de Beauvais à l'effigie de Louis XVIII, *fig.*, p. 93 à 96.

OISE. — BEAUVAIS.

SOCIÉTÉ D'ÉTUDES HISTORIQUES ET SCIENTIFIQUES DE L'OISE.

Voir, pour les trois premiers volumes du *Bulletin* de cette Société, la table placée à la fin du tome II de notre *Bibliographie annuelle.*

IV. — Bulletin de la Société d'études historiques et scientifiques de l'Oise, t. IV, 1908. (Beauvais, 1908, in-8°, X-VII-X-372 p.)

29551. Monbeig (G.). — Notes relatives aux États généraux de 1614. Analyse des doléances de la ville de Beauvais et des cahiers d'aucuns du tiers-état du bailliage de Beauvais, p. 1 à 32.

29552. Baudon (D^r^ Th.). — Une bague de fiançailles mérovingienne, 2 *pl.*, p. 33 à 40

29553. Quignon (H.). — L'enseignement primaire dans l'Oise au XIXe siècle, p. 41 à 64.

29554. Delambre (Léon). — La grotte-dolmen et l'abri sous roche de Dameraucourt (Oise), p. 83 à 93.

29555. Baumont (H.). — Le département de l'Oise pendant la Révolution (l'année 1792), p. 95 à 174, et 193 à 245.

29556. Crépin (J.). — Les Du Plessis Liancourt, p. 175 à 180.

29557. Roisin. — Extraits des registres des délibérations

de la commune de Saint-Omer-en-Chaussée (période révolutionnaire), p. 189 à 192.

29558. Quignon (H.). — Quelques divertissements populaires au milieu du XVIIIe siècle [à Beauvais], p. 246 à 248.

29559. Monbeig (G.). — La municipalité de Beauvais et le pouvoir central au XVIIe siècle, p. 257 à 350.

29560. Gaud (A.). — Une version de la complainte de *L'Aguillaneu* recueillie dans le département de l'Oise, p. 351 à 356.

29561. Ledieu (Alcius). — Prêtres insermentés du diocèse de Beauvais embarqués au Tréport en 1792 pour se retirer en Angleterre, p. 357.

OISE. — NOYON.

COMITÉ ARCHÉOLOGIQUE ET HISTORIQUE DE NOYON.

Voir, pour les publications de ce Comité antérieures à 1901, la table récapitulative de notre *Bibliographie générale;* et pour ses publications postérieures, les tables placées à la fin des tomes I et II de notre *Bibliographie annuelle.*

XXI. — Comité archéologique et historique de Noyon. Comptes rendus et mémoires lus aux séances, t. XXI. (Chauny, 1908, in-8°, XCIII-297 p.)

[Comptes rendus des années 1906 et 1907.]

29562. Douais (Mgr). — Une liste des évêques de Vermand et des évêques de Noyon, p. 1 à 9.

29563. Tassus (L'abbé). — Notice historique sur la paroisse de Babœuf, 2 *pl.*, p. 10 à 230.

29564. Jourdain (O.). — Une fonderie de cloches à Noyon au XVIIe siècle, p. 231 à 240.

29565. Ponthieux (A.). — La bienfaisance à Noyon avant la Révolution. L'Aumône du Cloître, p. 241 à 270.

OISE. — SENLIS.

COMITÉ ARCHÉOLOGIQUE DE SENLIS.

Voir, pour les publications de ce Comité antérieures à 1901, la table récapitulative de notre *Bibliographie générale;* et pour ses publications postérieures, les tables placées à la fin des tomes I et II de notre *Bibliographie annuelle.*

XL. — Comité archéologique de Senlis... Comptes rendus et mémoires, 5e série, t. I, année 1908. (Senlis, 1909, in-8°, XIX-XXI-224 p.)

29566. Mâcon (G.). — La ville de Chantilly. Les origines, p. 1 à 73.

29567. Cavillon (L'abbé A.). — Les derniers jours de l'abbaye de la Victoire, p. 74 à 93.

29568. Mâcon (G.). — Une fondation du connétable de Montmorency en l'abbaye de la Victoire, p. 94 à 103.

29569. G. M. [Mâcon (G.).] — Décret de l'archevêque de Reims portant suppression de l'abbaye de la Victoire (27 octobre 1783), p. 104 à 134.

29570. Müller (Eug.). — Les coutumes de Chambly [1173], p. 135 à 154.

29571. Mâcon (G.). — La chapelle de Notre-Dame-des Marais à Nanteuil-le-Haudouin, p. 155 à 180.

[Histoire et cartulaire.]

29572. Margry (Arm.). — Les baillis de Senlis, p. 181 à 222. — Suite de XXXI, p. 105; XXXIV, p. 102; XXXVII, p. 141; et XXXVIII, p. 195.

ORNE. — ALENÇON.

SOCIÉTÉ HISTORIQUE ET ARCHÉOLOGIQUE DE L'ORNE.

Voir, pour les publications de cette Société antérieures à 1901, la table récapitulative de notre *Bibliographie générale;* et pour ses publications postérieures, les tables placées à la fin des tomes I et II de notre *Bibliographie annuelle.*

XXVII. — Société historique et archéologique de l'Orne, t. XXVII. (Alençon, 1908, in-8°, XXII-636 p.)

29573. Anonyme. — Portrait d'Antoine de Bourbon, p. 10.

29574. Gobillot (R.) et Tournouer (H.). — Excursion archéologique dans le Maine et le pays d'Alençon, *fig.* et 12 *pl.*, p. 11 à 145.

[Abbaye de l'Épau, *fig.* et *pl.* — Le Mans : musée et église de la Couture, *fig.* et *pl.*, cathédrale, *fig.*; le vieux Mans et Saint-Benoît, *fig.* et *pl.*; église du Pré, *fig.* — Fresnay-sur-Sarthe, *fig.* et *pl.*, p. 54; Linthe, *fig.*; Saint-Léonard-des-Bois, *fig.*; Saint-Céneri-le-Gerei, *fig.* et 3 *pl.*; Saint-Denis-sur-Sarthon, *pl.*; Alençon, *fig.* et 5 *pl.*; Boisbuiant.]

29575. Tournouer (H.). — Origine de la Société historique et archéologique de l'Orne, p. 146 à 159.

29576. Des Rotours (Baron J.-A.). — Le premier préfet de l'Orne. J.-V.-M. Lamagdelaine (1800-1815), p. 176 à 192.

29577. Duval (Louis). — Un gentilhomme cultivateur au XVIII° siècle. Samuel de Frotté de La Rimblière. Étude biographique et économique, p. 197 à 232.

29578. Duval (Frédéric) et Besnard (Félix). — Les boiseries de la bibliothèque d'Alençon, *fig.* et *pl.*, p. 235 à 247.

29579. Verel (Ch.). — Origine des Saint-Simon-Courtomer, p. 265 à 281.

29580. Surville (A.). — Notice sur la vie et les œuvres de M. Jean-Baptiste Daligault, ancien directeur de l'École normale d'Alençon (1811 † 1894), p. 282 330.

29581. Souancé (Comte de). — Les gardes d'honneur du département de l'Orne (1808-1813), *pl.*, p. 331 à 357.

29582. Ubald d'Alençon (Le P.). — Notice historique sur le collège de Bueil à Angers, fondé par Grégoire Langlois, évêque de Séez, pour les étudiants en droit (1404-1867), p. 358 à 387, et 453 à 487.

29583. R. B. [Brébisson (R. de).] — Un dernier mot sur le collège de Longny, p. 389.

29584. Brébisson (R. de). — Ex-libris de Turgot, évêque de Sées, p. 390.

29585. Broc (H. de). — Les livres d'heures au moyen âge et au XVI° siècle, p. 399 à 415.

29586. Duval (L.) et Tournouer (H.). — Bibliographie du département de l'Orne pendant l'année 1908, p. 416 à 452.

29587. Duval (Louis). — Les derniers jours du prieuré de La Ferté-Macé, p. 488 à 511.

29588. Mesnil (L'abbé). — Recherches géographiques et historiques sur la forêt d'Écouves, p. 529 à 570.

29589. Duval (Frédéric). — Inventaire des documents pour servir à l'histoire du duché d'Alençon conservés dans les archives anglaises, Norman Rolls et Additional Charters, p. 571 à 582. — Suite de XXII, p. 311; XXIII, p. 203; XXIV, p. 441; XXV, p. 298; XXVI, p. 351, et 465.

29590. Chollet (A.). — Le Bourg-Saint-Léonard, Fougy, p. 583 à 605.

29591. Chabencey (Comte de). — Guerre privée et combat singulier, p. 606 à 629.

ORNE. — MORTAGNE.

SOCIÉTÉ PERCHERONNE D'HISTOIRE ET D'ARCHÉOLOGIE.

Voir, pour les publications antérieures de cette Société, les tables placées à la fin des tomes I et II de notre *Bibliographie annuelle*.

VII. — Bulletin de la Société percheronne d'histoire et d'archéologie, t. VII (1908). (Bellême, 1908, in-8°, 230 p.)

29592. Gobillot (René). — Excursion au manoir de Chanceaux et au Pin-la-Garenne, p. 11 à 26.

29593. Levassort (Dr G.). — Médecins percherons, *fig.*, p. 30 à 49.

29594. Creste (Georges). — La maison des comtes du Perche à Mortagne, notes pour servir à son histoire. La maison du Musée percheron, *fig.* et 2 *pl.*, p. 73 à 91.

29595. Godet (L'abbé H.). — Nicolas Denisot [† 1559], *portr.*, p. 92 à 109.

29596. Peschot (L'abbé). — Le petit château du Mézeray en Saint-Denis-d'Authon et ses anciens seigneurs, p. 123 à 131.

29597. Fournier (L.). — Une promenade à travers les vieilles rues de Mortagne, p. 132 à 150.

29598. Gouget (Georges). — Nocé, la vigne et le vin au temps passé, p. 151 à 155.

29599. Peschot (L'abbé). — Montireau et ses anciens seigneurs, p. 156 à 168, et 190 à 213.

29600. Brebisson (Henri de). — Excursion à Autheuil, Longny et Saint-Mard-de-Réno, *pl.*, p. 178 à 189.

PAS-DE-CALAIS. — ARRAS.

ACADÉMIE D'ARRAS.

Voir, pour les publications de cette Académie antérieures à 1901, la table récapitulative de notre *Bibliographie générale*; et pour ses publications postérieures, les tables placées à la fin des tomes I et II de notre *Bibliographie annuelle*.

LXXVII. — Mémoires de l'Académie des sciences, lettres et arts d'Arras, 2e série, t. XXXIX. (Arras, 1908, in-8°, 452 p.)

29601. Rohart (L'abbé). — Victor Barbier [† 1908], p. 20 à 26.

29602. Sens (G.). — Histoire d'une médaille. Naissance du comte d'Artois (1757), 2 *pl.*, p. 27 à 46.

29603. Hautecloque (Gustave de). — La seconde Restauration dans le Pas-de-Calais (1815-1830), p. 47 à 251. — Suite de LXXV, p. 255; et LXXVI, p. 57. — Cf. LXXIV, p. 29.

29604. Jacquelot de Boisrouvray (Général de). — Un corsaire et un armateur bretons au xve siècle. Jehan et Nicolas de Cœtanlem, p. 252 à 269.

29605. Parenty (H.). — L'exposition et les fêtes de la Toison d'or à Bruges en 1907 et les Archives du Nord et du Pas-de-Calais, p. 270 à 294.

29606. Puisieux (Alfred de). — Le P. Des Maretz, jésuite, confesseur de Louis XV, *portr.*, p. 295 à 300.

29607. Rohart (L'abbé). — Discours prononcé à l'inauguration du buste de Victor Jacquemont, à Hesdin, p. 301 à 306.

29608. Caillet (Louis). — Repeuplement de la ville d'Arras sous Louis XI, rôle de Lyon, p. 362 à 414.

IMPRIMERIE NATIONALE.

PUY-DE-DÔME. — CLERMONT-FERRAND.

ACADÉMIE DES SCIENCES, BELLES-LETTRES ET ARTS DE CLERMONT.

Voir, pour les publications de cette Académie antérieures à 1901, la table récapitulative de notre *Bibliographie générale;* et pour ses publications postérieures, les tables placées à la fin des tomes I et II de notre *Bibliographie annuelle.*

XXVIII. — **Bulletin historique et scientifique de l'Auvergne,** publié par l'Académie des sciences, belles-lettres et arts de Clermont-Ferrand, 2ᵉ série, 1908. (Clermont-Ferrand, 1908, in-8°, 455 p.)

29609. Boudet (Marcellin). — Note sur le commencement de l'invasion anglaise en Auvergne pendant la guerre de Cent ans, p. 21 à 48.

[Mise en état de défense de l'abbaye de Saint-Alyre (1356).]

29610. Gobillot (L'abbé Ph.). — La cathédrale de Clermont, p. 49, 100, 154, 209, 247, 304, 340, 362. — Suite de XXVII, p. 253, et 298.

29611. Du Roure de Paulin (Bᵒⁿ). — Le registre Auvergne de l'Armorial général, 2 *pl.*, p. 80 à 99.

29612. Chalus (Maurice). — M. Maurice Faucon [† 1907], p. 113 à 126.

29613. Doniol (H.). — Vercingétorix et Hostilius, *pl.*, p. 134 à 154.

29614. Jaloustre (Louis). — Le Présent et le Passé. À propos du *Tableau de Paris* de Sébastien Mercier (1782), p. 166 à 181.

29615. Du Roure de Paulin (Bᵒⁿ). — Le procès du bac de Longues en 1755-1756, p. 187 à 195.

29616. La Farge (Gaston de). — Notes sur Jehan de Vernyes, président à la Cour des aydes de Montferrand en 1589, p. 195 à 207.

29617. Crégut (Régis). — Plan du collège des Jésuites à Billom en 1762, *pl.*, p. 207 à 209.

29618. Chopard (Dʳ Emmanuel). — Éloge de M. Julien, professeur de géologie à l'Université d'Auvergne, p. 236 à 246.

29619. Boudet (Marcellin). — *Plumberie* et *Ponticiacum.* Documents complémentaires sur les plomberies de Pontgibaud, p. 267 à 304. — Cf. *Mémoires* LIV, p. 580.

29620. Villiod (F.). — Condat en Combraille et ses environs du xivᵉ siècle à nos jours, *tableau* et *pl.*, p. 315 à 339, et 351 à 362.

29621. Vernhet (Le chanoine). — Mᵍʳ Guillaume Chardon (1824 † 1898), p. 385 à 399.

29622. Crégut (L'abbé Régis). — Plan du collège et du quartier du Cerf à Clermont au xviiiᵉ siècle, *pl.*, p. 399.

29623. Everat. — Discours [éloge de Victor Malouet], p. 421 à 433.

PUY-DE-DÔME. — CLERMONT-FERRAND.

SOCIÉTÉ DES AMIS DE L'UNIVERSITÉ DE CLERMONT.

Voir, pour les publications de cette Société antérieures à 1901, la table récapitulative de notre *Bibliographie générale;* et pour ses publications postérieures, les tables placées à la fin des tomes I et II de notre *Bibliographie annuelle.*

XXV. — **Revue d'Auvergne et Bulletin de l'Université,** publiés par la Société des Amis de l'Université de Clermont, t. XXV, 1908. (Clermont-Ferrand, 1908, in-8°, 432 p.)

29624. Charvilhat (Dʳ G.). — Considérations générales sur l'archéologie préhistorique du département du Puy-de-Dôme, p. 49 à 61.

29625. Charvilhat (Dʳ G.). — De quelques caractères

anthropologiques spéciaux au Puy-de-Dôme, p. 105 à 118.

29626. DESAYMARD (J.). — Un artiste auvergnat, Emmanuel Chabrier [† 1894], *portr.*, et 2 *pl.*, p. 145 à 180, et 254 à 276.

29627. HOSPITAL (Dr P.). — Petites éphémérides clermontoises. Le théâtre à Clermont-Ferrand, p. 193 à 213. — Suite de XXIII, p. 167, 347, 393; et XXIV, p. 25.

29628. ROUX (Fernand). — Hippolyte Taine, p. 217 à 253.

29629. BOUDET (Marcellin). — Cournon et ses chartes de franchise, p. 289 à 332, et 379 à 426.

29630. DESDEVISES DU DEZERT et BRUNHES. — Discours prononcés aux obsèques de M. P.-J.-E. Alluard († 1908), p. 351 à 360.

29631. CHARVILHAT (Dr G.). — Cachet d'oculiste romain provenant des environs de Beaumont (Puy-de-Dôme), *fig.*, p. 427 à 429.

PYRÉNÉES (BASSES-). — PAU.

SOCIÉTÉ DES SCIENCES, LETTRES ET ARTS DE PAU.

Voir, pour les publications de cette Société antérieures à 1901, la table récapitulative de notre *Bibliographie générale;* et pour ses publications postérieures, les tables placées à la fin des tomes I et II de notre *Bibliographie annuelle.*

XL. — Bulletin de la Société des sciences, lettres et arts de Pau, 2e série, t. XXXVI. (Pau, 1908, in-8°, 321 p.)

29632. GAURIER (L'abbé). — La chapelle de Gabas, p. 12.

29633. VERDENAL (Dr Paul). — Chan Heurlin, poème en patois messin [par Albert Brondex], p. 21 à 52.

29634. LUSSAN (Colonel). — Les épactes et leur utilité, *fig.*, p. 101 à 107.

29635. DIVERS. — Congrès d'histoire, de géographie et d'archéologie historique et préhistorique à Pau du 6 au 10 septembre 1908, *pl.*, p. 109 à 310.

29636. LAUZUN (Ph.). — Une amitié de deux savants, Léon Dufour et Bory de Saint-Vincent (1802-1846), p. 137 à 150.

29637. ESPAGNAT (L'abbé). — Une pharmacie à Cazères au XVIe siècle, ou la Bouticgue de feu Me Pagès, appoticaire à Cazères en 1587, p. 150 à 161.

29638. REVEIL (Dr E.). — Notes et documents sur Puyôo, une petite paroisse béarnaise au XVIIIe siècle, p. 162 à 164.

29639. COURTEAULT (Paul). — Les mosaïques gallo-romaines du Béarn, p. 165 à 189.

[Jurançon, Bielle, Lalonquette, Lescar, Taron.]

29640. BARTHÉTY (Hilarion). — Les pierres tombales de la cathédrale Notre-Dame et de l'église Saint-Julien de Lescar, p. 189 à 199.

29641. DUBARAT (L'abbé V.). — Note sur l'emplacement de Beneharnum, p. 200 à 202.

29642. LABADIE (Ernest). — Les anciennes faïences du Sud-Ouest et les musées de la région, p. 203 à 205.

29643. MARTIN (Dr Georges). — Les intendants de Guienne au XVIIIe siècle et les privilèges des vins bordelais, p. 206 à 211.

29644. MELLER (Pierre). — La Cour des aides de Guienne et ses officiers (1554-1789), p. 211.

29645. SANSOT (A.). — Les lépreux et les chrestias, p. 213 à 226.

29646. SAMARAN (Ch.). — Un épisode inconnu de la vie de Théophile de Viau, p. 227 à 234.

29647. BATCAVE (Louis). — L'administration municipale à Orthez avant 1789, p. 235 à 262.

29648. SAINT-MACARY (A.). — Le livre de raison d'un bourgeois de Salies au XIVe siècle [famille de La Salle], p. 262 à 272.

29649. PALANQUE. — Le dernier intendant de la généralité d'Auch, Claude-François-Bertrand de Boucheporn, p. 272 à 291.

[Suivi d'un état des tableaux, dessins, gravures et plâtres qui appartenaient à Boucheporn.]

29650. Batcave (Louis). — Le rapport du poids de livre de table d'Orthez et de Sauveterre de Béarn au poids de livre toulousain, p. 292 à 298.

29651. Dubois (L'abbé J.). — Contribution à l'histoire de la verrerie dans le sud-ouest de la France au milieu du XVIe siècle, p. 299 à 305.

29652. Sardac (D^r de). — Un denier d'argent de Vezian, vicomte de Lomagne, p. 305 à 309.

PYRÉNÉES (HAUTES-). — BAGNÈRES-DE-BIGORRE.

SOCIÉTÉ RAMOND.

Voir, pour les publications de cette Société antérieures à 1901, la table récapitulative de notre *Bibliographie générale;* et pour ses publications postérieures, les tables placées à la fin des tomes I et II de notre *Bibliographie annuelle.*

XLIII. — Explorations pyrénéennes. Bulletin de la Société Ramond, 43e année, 1908, 3e série, t. III. (Bagnères-de-Bigorre, 1908, in-8°, 299 p.)

29653. Bourdette (Jean). — Notice des barons des Angles de Bigorre, p. 41 à 60, et 77 à 98. — Suite de XL, p. 102, 149; XLI, p. 75, 157; et XLII, p. 13, 78, et 89.

29654 Gandy (Dr Paul). — Montaigne et Bagnères, p. 99 à 105.

29655. Marsan (L'abbé François). — Météorologie ancienne du Midi pyrénéen, nouvelle série, p. 153 à 155. — Suite de XLI, p. 194; et XLII, p. 24. — Cf. XXXIII, p. 17; et XXXIV, p. 198.

29656. Anonyme. — Requête adressée à Mgr de Gassion pour les habitants du Val d'Aragnouet en 1647, p. 156 à 158.

29657. Sansot (A.). — De l'origine des Cagots, p. 159 à 171.

29658. Grasset (Lieutenant). — Un guerrier gascon, Barbazan [vers 1360 † 1420], p. 172 à 188, et 244 à 259.

29659. A. G. — Notice sur M. J.-J. Dumoret [1824 † 1908], *portr.*, p. 260 à 268.

29660. Marchand (E.). — Nécrologie, p. 288 à 295.

[S. Pirondi (1811 † 1908); A. de Lapparent (1839 † 1908); H. Becquerel (1852 † 1908); E. Mascart (1837 † 1908).]

PYRÉNÉES-ORIENTALES. — PERPIGNAN.

SOCIÉTÉ AGRICOLE, SCIENTIFIQUE ET LITTÉRAIRE DES PYRÉNÉES-ORIENTALES.

Voir, pour les publications de cette Société antérieures à 1901, la table récapitulative de notre *Bibliographie générale;* et pour ses publications postérieures, les tables placées à la fin des tomes I et II de notre *Bibliographie annuelle.*

XLIX. — Société agricole, scientifique et littéraire des Pyrénées-Orientales, 49e vol. (Perpignan, 1908, in-8°, 408 p.)

29661. Prats (Maxence). — Reglelle et le Roc del Martell, pl., p. 170.

29662. Capeille (L'abbé Jean). — Précis historique sur la seigneurie de Llo, p. 196 à 232.

29663. Comet (J.). — L'imprimerie à Perpignan depuis les origines jusqu'à nos jours, p. 239 à 368.

29664. Delpont (Jules). — Les Catalans de l'Alguer, p. 369 à 381.

29665. Lefèvre-Pontalis (Eug.). — B.-J. Palustre, p. 382.

PYRÉNÉES-ORIENTALES. — PERPIGNAN.

SOCIÉTÉ D'ÉTUDES CATALANES.

Le tome I de la *Revue catalane* publiée par cette Société est analysé au tome II fasc. III, p. 99 de notre *Bibliographie annuelle.*

II. — **Revue catalane**, organe de la Société d'études catalanes, t. II, année 1908. (Perpignan, s. d., in-8°, III-408 p.)

29666. Pastre (L.). — La langue catalane populaire en Roussillon, p. 7, 53, 78, 125, 147, 184, 205, et 238. — Suite de I, p. 337, et 353.

29667. Conill (L.). — Botanique catalane, noms catalans de plantes usités dans la région, p. 17, 88, 153, 190, 220, 245, 278, 311, 371, et 402.

29668. Gibrat (Joseph). — Deux familles catalanes [les Pont et les De Aux] au XVIe siècle, p. 26 à 28, et 90 à 94. — Suite de I, p. 282, 316, 347, et 372.

29669. Amade (Jean). — Cançoner de la Saint-Jean, p. 73 à 77.

29670. Lacvivier (R. de). — Villeneuve de la Raho, p. 100 à 102.

29671. Guiu (Ch.). — Prats-de-Mollo, p. 109 à 124.

29672. Bonafont (L'abbé J.). — Ille et les Angelets, p. 155 à 158.

29673. Vidal (Pierre). — Notions d'histoire de la littérature catalane, p. 162 à 167.

29674. Amade (Jean). — Quelques expressions catalanes, p. 170 à 173.

29675. Vassal (Augustin). — Le Dr Jean Fastenrath (1839 † 1908), p. 178.

29676. Anonyme. — Requête des capucins d'Elne pour la reconstruction de leur couvent à Notre-Dame de Belloch (1729), p. 182.

29677. Anonyme. — Document concernant les vignes d'Argelès (1395), p. 203.

29678. Todesco (Venanzio). — Quelques poésies populaires catalanes à Alghero, p. 211 à 218, et 230 à 237.

29679. Anonyme. — Convention passée à Elne (13 novembre 1405), p. 228.

29680. Capeille (L'abbé J.). — Figures d'évêques roussillonnais, p. 249, 282, et 314.

[Pierre de Çagarriga, évêque de Lérida (1403-1407) et archevêque de Tarragone (1407-1418).]

29681. Laguiel (Émile). — Le carnaval d'autrefois à Prats-de-Mollo, p. 262, 299, 367, et 387.

29682. Lacvivier (R. de). — Comptes des travaux exécutés dans l'église d'Elne (1415), p. 268, 307, et 334.

29683. Palomba (Joan). — Traditions et coutumes d'Alguer (Sardaigne), p. 305, 329, et 382.

29684. Capeille (L'abbé Jean). — Concile de la Réal (1408-1409), *fig.*, p. 338 à 362.

29685. Comet (J.). — La clé de l'orthographe catalane, p. 400.

RHIN (HAUT-). — BELFORT.

SOCIÉTÉ BELFORTAINE D'ÉMULATION.

Voir, pour les publications de cette Société antérieures à 1901, la table récapitulative de notre *Bibliographie générale;* et pour ses publications postérieures, les tables placées à la fin des tomes I et II de notre *Bibliographie annuelle.*

XXVII. — Bulletin de la Société belfortaine d'émulation, n° 27, 1908. (Belfort, 1908, in-8°, XXIX-190 p.)

[Plusieurs des notices imprimées dans ce volume ont été lues au Congrès des Sociétés savantes de Franche-Comté et du Territoire de Belfort, tenu à Belfort en 1907.]

29686. Brun (Xavier). — Communications sur deux chartes de 946 et de 1021 relatives au Jura et sur le prétendu *pagus Reversimontis,* p. 28 à 30.

29687. Perrenot (Th.). — Les Alamans et les Burgondes dans la trouée de Belfort vers la fin du ve siècle, p. 31 à 42.

29688. Gazier (Georges). — Un mémoire de Kléber, architecte à Belfort, p. 43.

29689. Feutrier (Julien). — Belfortains et Dolois en 1790, p. 45 à 52.

29690. D.-R. [Dubail-Roy.] — Belfort au XVe siècle d'après les comptes communaux, p. 58 à 109.

29691. Cardot (A.). — Une lettre du comte de Fontaine et la nationalité du vaincu de Rocroy, p. 110 à 117.

29692. Pajot (F.). — Notes étymologiques et historiques sur quelques noms de lieux habités du territoire de Belfort: Auxelles, Brace, Cravanche, Delle, etc., p. 129 à 141.

29693. Mourlot (L'abbé). — Les cardinaux franc-comtois, p. 147 à 165.

29694. Pajot (F.). — Les ruines romaines d'Offémont. Rapports avec plan sur les fouilles faites en 1839 et 1841, *fig.* et *pl.*, p. 166 à 188.

[Rapports de M. A. Ingold (1839) et de M. R. Charlier (1841).]

RHÔNE. — LYON.

ACADÉMIE DES SCIENCES, BELLES-LETTRES ET ARTS DE LYON.

Voir, pour les publications de cette Société antérieures à 1901, la table récapitulative de notre *Bibliographie générale;* et pour ses publications postérieures, les tables placées à la fin des tomes I et II de notre *Bibliographie annuelle.*

III. — Académie des sciences, belles-lettres et arts de Lyon. Rapports, fondations, concours, notices biographiques. 1905-1908. (Lyon, 1909, gr. in-8°, 337 p.)

29695. Vachez (A.). — Émile Charvériat (1826 † 1904), p. 21 à 33.

29696. Vincent (Dr Eugène). — Allocution prononcée à l'inauguration du monument élevé à la mémoire du professeur Ferdinand Crolas, p. 35 à 38.

29697. Vachez (A.). — Allocution prononcée à l'inauguration du monument érigé à M. Gaspard André dans une galerie du Palais des Arts, p. 43 à 45.

29698. Tavernier (Henri). — Discours prononcé aux funérailles de M. le Dr Marduel († 1906), p. 95 à 98.

29699. TAVERNIER (Henri). — Discours prononcé à l'inauguration d'une plaque commémorative à Poleymieu sur la maison où est né Ampère, p. 99 à 102.

29700. TAVERNIER (Henri). — Discours prononcé aux funérailles de M. Léon Malo († 1906), p. 103 à 108.

29701. TAVERNIER (Henri). — Henri Beaune (1833 † 1906), p. 157 à 171.

29702. GARRAUD (J.-R.). — Éloge funèbre de M. Léon Paliard (1826 † 1906), p. 217 à 220.

29703. GARRAUD (J.-R.). — Discours prononcé aux funérailles de M. le Dr Clément († 1907), p. 221 à 223.

RHÔNE. — LYON.

SOCIÉTÉ DE GÉOGRAPHIE DE LYON.

Voir, pour les publications de cette Société antérieures à 1901, la table récapitulative de notre *Bibliographie générale;* et pour ses publications postérieures, les tables placées à la fin des tomes I et II de notre *Bibliographie annuelle.*

XXII. — **Bulletin de la Société de géographie de Lyon et de la région lyonnaise,** t. XXII. (Lyon, 1907, in-8°, 308 p.)

29704. ROUSSELON (Louis). — Sienne et San Gimignano, p. 1 à 35.

29705. JONERT (J.). — Notes sur Ko-Kiéou et la région des mines, province chinoise du Yunnan, p. 187 à 195.

29706. CUPET (Colonel P.-P.). — Les populations de l'Indo-Chine, p. 239 à 305.

RHÔNE. — VILLEFRANCHE.

SOCIÉTÉ DES SCIENCES ET ARTS DU BEAUJOLAIS.

Voir, pour les publications de cette Société antérieures à 1901, la table récapitulative de notre *Bibliographie générale;* et pour ses publications postérieures, les tables placées à la fin des tomes I et II de notre *Bibliographie annuelle.*

IX. — **Bulletin de la Société des sciences et arts du Beaujolais,** 9e année, 1908. (Villefranche, 1908, gr. in-8°, 412 p.)

29707. SABATIER (Antoine). — Étude revisionnelle des sceaux de plomb fiscaux commerciaux publiés dans l'*Histoire de Lyon* d'André Steyert, *fig.*, p. 5 à 30, et 111 à 147.

29708. LONGEVIALLE (Louis DE). — L'ancienne paroisse d'Ouilly-en-Beaujolais, p. 31, 173, et 252.

29709. DÉRESSE (Antoine). — Dictionnaire étymologique du patois beaujolais, canton de Villefranche-sur-Saône, p. 46 à 61. — Suite de VIII, p. 191, et 290.

29710. E. L. [LONGIN (E.).] — Étude sur la milice bourgeoise de Villefranche, p. 62 à 81, et 148 à 172. — Suite de III, p. 129, 207, 321; VI, p. 201, 301; VII, p. 43, 240, 329; VIII, p. 46, 121, 214, et 311.

29711. MOREL DE VOLEINE (L.). — Note sur le château du Sou et ses possesseurs, *fig.*, p. 217 à 232, et 327 à 353.

29712. E. L. [LONGIN (E.).] — Le registre terrier de Villefranche de 1744, p. 233 à 251, et 311 à 326.

29713. AUDIN (Marius). — Recueil très sommaire de biographie beaujolaise, p. 278 à 301. — Suite de VII, p. 274, 359; et VIII, p. 132, et 236.

29714. CAILLET (Louis). — Accord entre Anne dauphine et Aymé de Viry (1412), p. 354 à 360.

29715. SAINT-CHARLES (F. DE). — La Chaize, p. 361 à 374.

SAÔNE (HAUTE-). — GRAY.

SOCIÉTÉ GRAYLOISE D'ÉMULATION.

Voir, pour les publications de cette Société antérieures à 1901, la table récapitulative de notre *Bibliographie générale;* et pour ses publications postérieures, les tables placées à la fin des tomes I et II de notre *Bibliographie annuelle.*

XI. — Bulletin de la Société grayloise d'émulation, n° 11, année 1908. (Gray, 1908, in-8°, 175 p.)

29716. C. F. — Mission confiée par la ville de Besançon à Jean-Baptiste d'Auxiron en 1769, p. 21 à 58. — Suite de IX, p. 85; et X, p. 35.

29717. Godard (Ch.). — Annales de Gray (1893-1908); notices biographiques, supplément et corrections à l'*Histoire de Gray*, de MM. Gatin et Besson, p. 61 à 121.

29718. Godard (Ch.). — Les bâtiments des Cordeliers de Gray, *fig.*, p. 123 à 141.

SAÔNE (HAUTE-). — VESOUL.

SOCIÉTÉ D'AGRICULTURE, LETTRES, SCIENCES ET ARTS DE LA HAUTE-SAÔNE.

Voir, pour les publications de cette Société antérieures à 1901, la table récapitulative de notre *Bibliographie générale;* et pour ses publications postérieures, les tables placées à la fin des tomes I et II de notre *Bibliographie annuelle.*

Une table générale des publications de la Société a paru en 1908 (voir notre n° 29719.)

29719. Letonnelier (Gaston) et Godard (Charles). — Table analytique et centennale des publications de la Société d'agriculture, lettres, sciences et arts du département de la Haute-Saône. (Vesoul, 1908, in-8°, 76 p.)

XXXIII. — Bulletin de la Société d'agriculture, lettres, sciences et arts du département de la Haute-Saône, année 1908. (Vesoul, s. d., in-8°, xxx-471 p.)

29720. Beauséjour (Gaston de) et Godard (Charles). — Pesmes et ses seigneurs du XIIe au XVIIIe siècle, 2e partie. Maison de Grandson (1327-1451), 3 *pl.*, p. 1 à 108. — Suite de XX, p. 29; XXXI, p. 1.

29721. Blondeau (G.). — Le Livre d'heures de Jean Jouard, premier président des Parlements de Franche-Comté et de Bourgogne, manuscrit à miniatures de la bibliothèque de Vesoul, *pl.*, p. 109 à 133.

29722. Monnier (Louis). — Histoire de la ville de Vesoul, t. I, *fig.* et *pl.*, p. 135 à 392.

29723. Longin (Émile). — Contribution à l'histoire de l'infante Isabelle-Claire-Eugénie, p. 393 à 422.

SAÔNE-ET-LOIRE. — AUTUN.

SOCIÉTÉ ÉDUENNE.

Voir, pour les publications de cette Société antérieures à 1901, la table récapitulative de notre *Bibliographie générale*; et pour ses publications postérieures, les tables placées à la fin des tomes I et II de notre *Bibliographie annuelle*.

XXXVI. — Mémoires de la Société Éduenne, nouvelle série, t. XXXVI. (Autun, 1908, in-8°, XXIV-392 p.)

29724. Fyot (E.). — Chaseu, 2 *pl.*, p. 1 à 50.

29725. Valat (G.). — Issy-l'Evêque, seigneurie et paroisse, *pl.*, p. 51 à 110.

29726. Charmasse (A. de). — Note sur la communauté d'habitants de Nolay, d'après une charte de 1244, p. 111 à 119.

29727. Montarlot (P.). — Les députés de Saône-et-Loire aux assemblées de la Révolution (1789-1799), p. 121 à 221. — Suite de XXX, p. 281; XXXI, p. 141; XXXII, p. 133; XXXIII, p. 181; XXXIV, p. 33; et XXXV, p. 43, et 404.

29728. Muguet (Paul). — Le prieuré du Val-Saint-Benoît, p. 223 à 265. — Suite de XXXV, p. 207.

29729. Déchelette (Joseph). — Le jeu du Fort chez les Romains, *fig.* et *pl.*, p. 267 à 275.

29730. Gadant (R.). — Note sur un hypocauste trouvé dans une maison gallo-romaine du faubourg Saint-Jean à Autun, *pl.*, p. 277 à 282.

29731. Boell (Ch.). — Les spectacles républicains à Autun pendant la Révolution, p. 283 à 303.

29732. Charmasse (A. de). — Les familles de dix et douze enfants à Autun au XVIIIe siècle, p. 305 à 316.

29733. M. de R. [Romiszowski (M. de).] — Fouilles du quartier de Saint-Jean-le-Grand à Autun (juin 1908), p. 317 à 322.

29734. C. — Une découverte par Jean de Montholon en 1516, p. 322 à 325.

[Le *De Sacramento altaris* d'Étienne de Bagé.]

29735. M. de R. [Romiszowski (M. de).] — A propos d'un denier d'Herennius Etruscus, p. 325 à 327.

29736. G. V. — La maison de Denys Poillot à Autun, p. 327 à 332.

29737. M. de R. [Romiszowski (M. de).] — Ordonnance sur le rétablissement des croix [1662], p. 332.

29738. C. — Un amateur d'orgues en 1428 [Robert Caillot], p. 333 à 337.

29739. Anonyme. — A travers les rues et l'histoire de Semur-en-Auxois, p. 339 à 348.

29740. Anonyme. — Promenade aux ruines de Chandiou, p. 349 à 353.

29741. Charmasse (A. de). — Nécrologie, p. 356, 378, et 386.

[F. Rodary (1856 † 1907); L. Gueneau († 1908); l'abbé J.-L.-R. Sébille († 1908), p. 356. — A. Bertucat († 1908); A.-M.-B. Perrette (1872 † 1908), Lequin († 1908); P. Bellœuf († 1908), p. 378. — A. Moron († 1908), p. 386.]

29742. Romiszowski. — Triens mérovingien trouvé à Varolles, commune de Tavernay, p. 373.

IMPRIMERIE NATIONALE.

SAÔNE-ET-LOIRE. — CHALON-SUR-SAÔNE.

SOCIÉTÉ D'HISTOIRE ET D'ARCHÉOLOGIE DE CHALON-SUR-SAÔNE.

Voir, pour les publications de cette Société antérieures à 1901, la table récapitulative de notre *Bibliographie générale;* et pour ses publications postérieures, les tables placées à la fin des tomes I et II de notre *Bibliographie annuelle.*

X. — Mémoires de la Société d'histoire et d'archéologie de Chalon-sur-Saône, 2e série, t. II (t. X de la collection). (Chalon-sur-Saône, 1907, in-8°, 393 p.)

29743. Bazin (J.-Louis). — Notice historique sur le village de Laives d'après les archives antérieures à 1790, *fig.*, p. 11 à 159.
29744. Gauthier (P.-J.). — Tentative en 1700 pour faire cesser la mendicité à Chalon-sur-Saône, p. 161 à 172.
29745. Dubois (Alexandre). — Notes sur Saint-Loup de Varennes, *fig.*, p. 173 à 214.
29746. Reboüillart (Albert). — Histoire de Mouthier-en-Bresse, *fig.*, p. 217 à 376.
29747. Pérot (Francis). — Le puits symbolique d'Ishangy, *fig.*, p. 377 à 381.
29748. Navarre (P.). — Lettres sur l'identité d'Aluze avec Alésia, p. 386 à 392.

SAÔNE-ET-LOIRE. — LOUHANS.

SOCIÉTÉ D'AGRICULTURE ET D'HORTICULTURE DE L'ARRONDISSEMENT DE LOUHANS.

Voir, pour les publications de cette Société antérieures à 1901, la table récapitulative de notre *Bibliographie générale;* et pour ses publications postérieures, les tables placées à la fin des tomes I et II de notre *Bibliographie annuelle.*

XX. — La Bresse louhannaise. Bulletin mensuel agricole, scientifique, historique et littéraire, organe de la Société d'agriculture et d'horticulture de l'arrondissement de Louhans. 20e année. (Louhans, 1908, in-8°, 376 et 64 p.)

29749. Lex (L.). — A Mervans [pierres tombales], *facs.*, p. 33 à 42.
29750. L. G. [Guillemaut (L.).] — Pages d'histoire locales. Armoiries et familles nobles du Louhannais. Anciens châteaux, *fig.*, p. 42, 63, 107, 141, 179, 207, 246, 277, 298, 334, 343, et 368. — Suite de XIX, p. 30, 65, 108, 159, 198, 247, 283, 321, 399, et 415.
29751. Jeanton (G.). — Note sur la découverte faite à Paris de la sépulture d'un seigneur bourguignon, Nicolas Fyot, seigneur de la Marche dans la Bresse chalonnaise, p. 86 à 88.
29752. J. P. — Lucien Lanier († 1908), *portr.*, p. 154 à 161.
29753. Mention. — Lucien Lanier († 1908), p. 239 à 244.
29754. Anonyme. — M. Demole († 1908), p. 244.
29755. L. G. [Guillemaut (L.).] — Philippe Jolyet, artiste peintre († 1908), *fig.*, p. 325.

29756. Guillemaut (L.). — M. Vadot († 1908), p. 327 à 331.

29757. Muller (Commandant). — Rapport officiel sur la mort du capitaine Fleury, en Chine († 1908), p. 365 à 367.

Supplément.

29758. Guillemaut (Lucien). — Notice historique sur Cuisery et son canton (Louhans, 1908, in-8°, 64 p., *fig.*).

SAÔNE-ET-LOIRE. — MÂCON.

ACADÉMIE DE MÂCON.

Voir, pour les publications de cette Académie antérieures à 1901, la table récapitulative de notre *Bibliographie générale*; et pour ses publications postérieures, les tables placées à la fin des tomes I et II de notre *Bibliographie annuelle*. Le tome X de la 3e série (XXXVII) des *Annales* de cette Académie n'a pas encore paru.

XL. — **Annales de l'Académie de Mâcon, Société des arts, sciences, belles-lettres, agriculture et encouragement au bien de Saône-et-Loire**, 3e série, t. XIII. (Mâcon, 1908, in-8°, LXXXVII-444 p.)

29759. Duréault. — Extraits du journal de Mme de Lamartine touchant le mariage de Lamartine, p. LXXVI à LXXIX. — Cf. n° 29774.

29760. Jeanton (G.). — Note sur la découverte de la sépulture de Nicolas Fyot, seigneur de la Marche dans la Bresse chalonnaise, fils de Philippe Fyot, conseiller et garde des sceaux de la chancellerie du Parlement de Dijon [† 1666], p. 1 à 3.

29761. Duréault (A.). — Mgr Rameau [1828 † 1908], *portr.*, p. 4 à 9.

29762. La Perrière (Jacques de). — Notes d'un voyage à Paris d'une dame de Lyon [Catherine Deschamps], p. 10 à 30.

29763. Perot (Francis). — Note sur quelques *ex libris* et *ex præmiis* bourguignons, p. 31 à 35.

29764. Battanchon (G.). — M. le baron Hermann Lombard de Buffières (1843 † 1908), *portr.*, p. 38 à 40.

29765. Jeanton (Gabriel). — La Bourgogne à Paris au moyen âge. Les vins du Mâconnais et la rêve mâconnaise à Paris au XIVe et au XVe siècle, p. 41 à 52.

29766. Quarré de Verneuil (Raoul). — Guillaume Malard (1752 † 1827), *portr.*, p. 70 à 158.

29767. Martin (Jean). — Les derniers grands baillis d'épée du Mâconnais, 4 *portr.*, p. 159 à 174.

[Famille Desbois.]

29768. Perot (Francis). — Note sur les débris antiques des Pérus, près Digoin (S.-et-L.), p. 175 à 179.

29769. Pérot (Francis). — Les antiquités de Cologne, à Saint-Aubin en Charollais (S.-et-L.), 5 *pl.*, p. 180 à 190.

29770. Bernard (Albert). — Tournus en 1789, p. 191 à 217.

29771. Bertin (Georges). — Le commandant Scarampi de Monale tué au combat de Mâcon (19 février 1814), p. 218 à 234.

29772. Muguet (Paul). — État de guerre en Bourgogne entre le roi de France et le duc de Bourgogne (1470-1477). Lettre de Charles le Téméraire aux seigneurs de Fautrières, p. 235 à 248.

29773. Bizot (Ernest). — Excursion archéologique à Vienne (Isère), p. 249 à 264.

29774. Riaz (Henri de). — Le mariage protestant de Lamartine, p. 265 à 278. — Cf. n° 29759.

29775. Duréault (Armand). — Une académie italienne à Mâcon [1832], p. 279 à 312.

29776. Anonyme. — Visites pastorales de l'archiprêtré du Rousset par Mgr de Lort de Sérignan de Valras [1746], p. 330 à 395.

SAÔNE-ET-LOIRE. — TOURNUS.

SOCIÉTÉ DES AMIS DES ARTS DE TOURNUS.

La Société des Amis des arts de Tournus est demeurée assez longtemps sans donner des signes d'une activité scientifique régulière. Nous n'avions trouvé jusqu'à ce jour aucune publication d'elle postérieure à 1900 qui dût être ajoutée à la liste des ouvrages ou fascicules mentionnés dans notre *Bibliographie générale*, t. II, p. 668, et t. V, p. 758; mais, en 1908, elle a fait paraître un fascicule de comptes rendus, qui a attiré notre attention sur les deux ouvrages suivants publiés sous ses auspices.

29777. Guironde (J.). — Tournus en 1814 et en 1815, histoire locale. (Tournus, 1903, in-8°, 205 p.)

29778. Jeanton (G.) et Ravenet (L.). — L'ancienne paroisse de Préty en Mâconnais. Préty, Lacrost, la Truchère, la Froidière de l'abergement de Cuisery. (Tournus, 1904, in-8°, II-II, 302 p., *pl.*)

VI. — Société des Amis des arts et des sciences de Tournus, 1876-1907. (Tournus, 1908, in-8°, 55 p.)

29779. Anonyme. — La Société des Amis des arts et des sciences de Tournus (1876-1907), p. 5 à 10.

29780. Anonyme. — L'église Notre-Dame de Prayes (Saône-et-Loire), monument en appareil en épi, antérieur à l'époque romane, p. 11 à 18.

29781. Martin (J.). — Étude sur une victoire sans ailes, statuette bronze du Musée de Tournus, *pl.*, p. 19 à 23.

29782. Bernard (A.). — Tournus à travers les âges, p. 26 à 55.

SARTHE. — LA FLÈCHE.

SOCIÉTÉ D'HISTOIRE, LETTRES, SCIENCES ET ARTS DE LA FLÈCHE.

Voir, pour les publications de cette Société antérieures à 1901, la table récapitulative de notre *Bibliographie générale;* et pour ses publications postérieures, les tables placées à la fin des tomes I et II de notre *Bibliographie annuelle.*

IX. — Société d'histoire, lettres, sciences et arts de la Flèche. Les Annales fléchoises et la vallée du Loir, revue historique, archéologique, artistique et littéraire, 6e année, t. IX, 1908. (La Flèche, 1908, in-8°, 416 p.)

29783. Lorière (Ed. de). — Quelques notes sur les émigrants manceaux et principalement fléchois au Canada pendant le XVIIe siècle, *carte*, p. 7 à 27, et 81 à 100.

29784. Hallopeau (L.-A.). — Un petit voyage jusques à la rivière de Loire, campagne de Henri IV dans le Vendômois et le Maine (novembre et décembre 1589), p. 28 à 38.

29785. Ubald d'Alençon (Le P.). — Un correspondant inconnu de F. de La Mennais. Documents sur le F. Martinien du Lude, avec des extraits de ses lettres (1759 † 1830), p. 39 à 50, et 111 à 117.

29786. Martellière (Jean). — Origines vendômoises de poètes et de rois, p. 51 à 60.

29787. Dunget (Ch.). — La géographie et l'histoire par

la lecture des noms de contrées, lieux, etc., *fig.*, *cartes*, p. 61 à 76, et 132 à 147. — Suite de VIII, p. 406.

29788. Bezard (Lucien). — Quelques étymologies patoises, p. 101 à 108.

29789. Uzureau (F.). — Mgr Le Pelletier, évêque d'Angers, les actes de son épiscopat [1693-1705], p. 109 à 110.

29790. Calendini (Louis). — La municipalité de Sainte-Colombe, p. 118, 173, et 329. — Suite de VIII, p. 371.

29791. P. C. [Calendini (L'abbé Paul).] — M. Charles Crès (1850 † 1907), p. 150 à 154.

29792. Laumonier (Paul). — Un faux en librairie à propos de la mort de Ronsard, p. 161 à 168.

29793. Froger (L.). — Un auteur vendômois inconnu [Pierre Gentil, xvie s.], p. 169 à 172.

29794. Uzureau (F.). — Mgr Poncet de La Rivière, évêque d'Angers, les actes de son épiscopat [1707-1730], p. 180 à 183.

29795. Linière (R. de). — Le congrès archéologique de la Flèche, *fig.*, p. 184 à 269, et 344 à 403.

[La Flèche, Bazouges, Durtal, le Lude, Champmarin.]

29796. Beaumont (Comte Ch. de). — Catalogue des artistes angevins, tourangeaux, vendômois et blésiens qui ont exposé aux Salons de 1908, p. 289 à 306.

29797. Uzureau (F.). — Les districts de la Flèche et de Sablé (1787-1790), p. 307 à 314.

29798. Martellière (Jean). — Les amis vendômois de Ronsart, p. 315 à 328. — Suite de VIII, p. 269.

[H. Florent Chrestien.]

29799. Calendini (Louis). — Les aérostats à la Flèche en 1785, p. 340 à 343.

29800. P. C. [Calendini (L'abbé Paul).] — M. l'abbé Maurice Leveau († 1907), p. 407 à 416.

SARTHE. — LE MANS.

SOCIÉTÉ D'AGRICULTURE, SCIENCES ET ARTS DE LA SARTHE.

Voir, pour les publications de cette Société antérieures à 1901, la table récapitulative de notre *Bibliographie générale;* et pour ses publications postérieures, les tables placées à la fin des tomes I et II de notre *Bibliographie annuelle.*

XLI. — Bulletin de la Société d'agriculture, sciences et arts de la Sarthe, 2e série, t. XXXIII, XLIe tome de la collection, 1907-1908. (Le Mans, 1907 [-1908], in-8°, 500 p.)

29801. Erard. — Souvenirs d'un mobile de la Sarthe (33e régiment), p. 13 à 216.

29802. Dupas (Léon). — L'art vétérinaire dans le Maine à la fin du xviiie siècle, p. 257 à 299, et 305 à 333.

29803. Rebut. — Le général François-Roch Ledru, baron des Essarts (1766 † 1844), p. 341 à 384, et 453 à 492.

29804. Daguet. — Un poète mort trop jeune. François Marchais [1874 † 1907], p. 385 à 391.

29805. Deschamps La Rivière. — Les prisons du Mans sous l'ancien régime, *fig.*, p. 405 à 449.

SARTHE. — LE MANS.

SOCIÉTÉ DES ARCHIVES HISTORIQUES DU MAINE.

Voir, pour les publications de cette Société antérieures à 1901, la table récapitulative de notre *Bibliographie générale;* et pour ses publications postérieures, les tables placées à la fin des tomes I et II de notre *Bibliographie annuelle.*

XVI. — Société des archives historiques du Maine. La Province du Maine, revue mensuelle publiée sous les auspices de M. de La Rochefoucauld, duc de Doudeauville, t. XVI. (Le Mans, 1908, in-8°, 404 p.)

29806. Ledru (Amb.). — Saint Siviard, ermite à Savonnières (VIIe siècle), p. 15 à 28.

29807. Bézard (Lucien). — Remarques toponymiques, p. 29, 81, 149, et 256. — Suite de XV, p. 318. — Cf. n° 29814.

[Quelaines, Villavard, Vouvray et Voivres, p. 29. — Artins, Briosne, Centrannis, Entramnes, Javron, Gorron, Semur, p. 81. — Athenay, Beillé, Chantrigné, Cigné, Eguillé (Pruillé-l'Éguillé, Fillé), p. 149. — Lassay, Lavaré, Lévaré, Madré, Mayet, Andouillé, Douillet, p. 256.]

29808. Latouche (Robert). — A propos d'une histoire de Bretagne, remarques critiques sur les sources de l'histoire bretonne et les institutions de la Bretagne au XIe et au XIIe siècles, p. 37 à 47.

29809. Latouche (Robert). — Javron au XIe siècle, p. 49 à 53.

29810. Froger (Louis). — Les enquêtes au Maine en 1247, p. 54 à 68, et 112.

29811. Busson (Gustave). — A propos des *Actus* [*episcoporum Cenomannis in urbe degentium*], p. 69, 128, et 166. — Suite de XV, p. 343, et 390.

29812. Gaugain (Ferdinand) et Engelhard (Ch.). — Interrogatoire de M. Martial de Savignac, curé de Vaiges (9 mai 1796), p. 87 à 91.

29813. Froger (Louis). — Note sur Michel Langlois, curé d'Ancinnes et du Grand-Oisseau [XVe-XVIe s.], p. 92 à 95.

29814. Busson (Gustave). — Quelaines, Villavard, Vouvray et Voivres, réponse à M. Bézard, p. 96 à 100. — Cf. n° 29807.

29815. Denis (L.-J.) — Un procès entre le prieur de Quincampoix et le curé de Beaumont-Pied-de-Bœuf (1398), p. 101 à 109, et 141 à 146.

29816. Chappée (Julien). — Fouilles dans le Pré de Saint-Siviard à Saint-Fraimbault de Gabrone, *fig.* et *pl.*, p. 113 à 127.

29817. Froger (Louis). — Le testament de Gervais Goyet, fabricien de la cathédrale du Mans (1370), p. 132 à 140.

29818. Froger (Louis). — Le testament de Raoul de Bazeille (1326), p. 156 à 165.

29819. Busson (G.). — Saint Turibe, p. 171, 204, et 221.

29820. Chambois (Em.-Louis). — Livre de comptes de Marguerit de Vendômois, étudiant manceau à Paris en 1541, p. 175 à 179.

29821. Froger (L.). — Sébastien de Brossard [† 1730], p. 181 à 189.

29822. Calendini (Louis). — La métairie du Boullay-en-Lamnay (1650-1795), p. 190 à 192.

29823. Denis (L.-J.). — Marguerite de Broc, veuve de Georges de Bueil (1512-1520), p. 193 à 199.

29824. Uzureau (F.). — Assassinat d'un prêtre assermenté [J.-F. Hayer], par les Chouans (1799), p. 200 à 203.

29825. Bontemps (Léon). — Jacques Peletier et Bonaventure Des Périers, p. 213 à 217.

29826. Latouche (Robert). — Les chartes de fondation du prieuré de Saint-Victeur au Mans, p. 218 à 220.

29827. Ledru (Ambroise). — Essai historique et topographique sur la commune d'Affigné, p. 228, 266, et 291.

29828. Froger (Louis). — Le premier abbé commendataire de Saint-Calais. Nicolas Raince, p. 245 à 255.

29829. Deschamps La Rivière (R.). — Antoine Maguin, curé constitutionnel de la Couture [au Mans], et le clergé constitutionnel manceau de 1791 à 1794, p. 277, 331, 358, et 373.

29830. Froger (Louis). — Un baptême à Conflans en 1806, p. 289.

29831. Froger (Louis). — Note sur le testament du cardinal Jean Du Bellay, p. 303 à 306.

29832. Rouveille (L'abbé A.) et Froger (L.). — La

communauté d'habitants de Pont-de-Gennes, *fig.* et *pl.*, p. 309, 341, et 385.

29833. LEDRU (A.). — Origine de Lethald, moine de Micy (fin du Xe siècle), p. 326 à 328.

29834. LATOUCHE (R.). — L'abbaye de Saint-Martin de Sées et les juifs au début du XIIe siècle, p. 329.

IX. — Archives historiques du Maine, t. IX. (Le Mans, 1908, in-8°, VI-302 p.)

29835. BERTRAND DE BROUSSILLON (Comte). — Cartulaire de l'évêché du Mans (965-1786). (Le Mans, 1908, in-8°, VI-302 p.)

[Table par Eugène VALLÉE.]

SARTHE. — LE MANS.

SOCIÉTÉ HISTORIQUE ET ARCHÉOLOGIQUE DU MAINE.

Voir, pour les publications de cette Société antérieures à 1901, la table récapitulative de notre *Bibliographie générale;* et pour ses publications postérieures, les tables placées à la fin des tomes I et II de notre *Bibliographie annuelle.*

LXIII. — Revue historique et archéologique du Maine, t. LXIII, année 1908, 1er semestre. (Le Mans, 1908, in-8°, 344 p.)

29836. CELIER (Léonce). — Catalogue des actes des évêques du Mans jusqu'à la fin du XIIIe siècle, p. 32, 144, et 289; LXIV, p. 18, 132, et 246.

29837. FROGER (L.). — L'itinéraire de René Du Bellay, évêque du Mans [1535-1546], p. 64 à 73.

29838. PASSE (M.). — L'ancien logis des abbés d'Évron, *fig.* et *pl.*, p. 74 à 82.

29839. CALENDINI (Paul). — Aveux de Christophe de Boisyvon et de Péan de Brye à Françoise d'Alençon (baronne de Fresnay) [1541], p. 83 à 91.

29840. TRIGER (Robert). — Note sur l'amphithéâtre gallo-romain du Mans, *fig.*, p. 92 à 102.

29841. MOUSSET (Albert). — Pierre de Ségusson, seigneur de Longlée-Renault en Asnières, ambassadeur de France en Espagne sous les règnes de Henri III et de Henri IV (1583-1590), p. 113, 252; et LXIV, p. 59.

[Préface de M. le marquis de BEAUCHESNE.]

29842. CALENDINI (Louis). — Bibliographie sarthoise (1906-1907), p. 204 à 231.

29843. NOAILLES (Vicomte DE). — Nuremberg, Lutzen et la mort de Gustave-Adolphe (1632), p. 233 à 251.

29844. BEZARD (Alexandre). — Un épisode de la bataille du Mans. Une attaque de nuit au Chemin-aux-Bœufs, [1871], p. 332 à 337.

29845. E. L. — M. Gustave Triger [1825 † 1908], p. 339 à 341.

LXIV. — Revue historique et archéologique du Maine, t. LXIV, année 1908, 2e semestre. Le Mans, 1908, in-8°, 352 p.)

29846. FLEURY (Gabriel). — Quatre portraits de la famille Denisot, 5 *pl.*, p. 5 à 17. — Nouveaux portraits de la famille Denisot, *pl.* et *tableau généalogique*, p. 233 à 245.

[29836.] CELIER (Léonce). — Catalogue des actes des évêques du Mans, p. 18, 132, et 246.

[29841.] MOUSSET (Albert). — Pierre de Segusson, seigneur de Longlée-Renault, en Asnières, p. 59 à 93.

29847. BEAUCHESNE (Marquis DE). — Le congrès archéologique de la Flèche, *fig.*, p. 94 à 112.

29848. VÉRITÉ (Pascal) et LEFÈVRE-PONTALIS (E.). — Le tracé du chœur de la cathédrale du Mans, *fig.* et *pl.*, p. 113 à 120. — Cf. n° 28352.

29849. FROGER (L.). — L'église de Baillon, 4 *pl.*, p. 121 à 131.

29850. PASSE (M.). — Maucourt de Bourjolly, seigneur de La Coudrière, et la duchesse de Roquelaure, châtelaine du Rocher-Mezangers, *pl.*, p. 132 à 184.

29851. CANDÉ (Dr). — A propos de la Motte du Lude et de son emplacement, p. 185 à 190.

29852. BESNARD (L'abbé L.). — Un monastère de Clarisses à Beaumont-le-Vicomte (1632-1757), p. 191 à 221, et 310 à 332. — Suite de LXI, p. 86, 202; et LXII, p. 181 et 234.

29853. UZUREAU (F.). — L'assemblée provinciale du Maine et l'élection de la Flèche, p. 290 à 309.

29854. TRIGER (Robert). — Les stations préhistoriques des environs de Sablé, p. 333 à 335.

29855. PASSE (M.). — Le Champ des Caves à Évron, p. 337.

SAVOIE. — CHAMBÉRY.

SOCIÉTÉ SAVOISIENNE D'HISTOIRE ET D'ARCHÉOLOGIE.

Voir, pour les publications de cette Société antérieures à 1901, la table récapitulative de notre *Bibliographie générale;* et pour ses publications postérieures, les tables placées à la fin des tomes I et II de notre *Bibliographie annuelle.*

XLVI. — Mémoires et documents publiés par la Société savoisienne d'histoire et d'archéologie, t. XLVI, 2e série, t. XXI. (Chambéry, 1908, in-8°, XXXIX-497 p.)

29856. Cochon (J.). — Michel Paccard et Jacques Balmat. Deux portraits savoyards du XVIIIe siècle par un artiste alors savoisien devenu général de l'Empire [Bacler Dalbe], 2 *pl.*, p. 1 à 18.

29857. Vermale (François) et Blanchoz (S.). — Documents pour l'histoire de la Révolution en Savoie. Procès-verbaux de l'assemblée générale des Allobroges. Procès-verbaux de la Commission provisoire d'administration des Allobroges, t. I, p. 19 à 136.

29858. Letanche (Jean). — Le prieuré d'Yenne, suivi de nouveaux documents inédits sur sa léproserie (maladrerie d'Entresaix), 1 *pl.*, p. 137 à 242.

29859. Masse (Jules). — Histoire de l'ancienne Chautagne depuis les temps les plus reculés jusqu'à la Révolution, p. 245 à 490.

SAVOIE. — MOUTIERS.

ACADÉMIE DE LA VAL D'ISÈRE.

Voir, pour les publications de cette Académie antérieures à 1901, la table récapitulative de notre *Bibliographie générale;* et pour ses publications postérieures, les tables placées à la fin des tomes I et II de notre *Bibliographie annuelle.*

Une table des 8 premiers volumes des Mémoires termine le tome VIII de cette série (voir notre n° 29873).

VIII. — Recueil des mémoires et documents de l'Académie de la Val d'Isère, série des Mémoires, 8e vol. (Moutiers, 1903-1908, in-8°, 496 p.)

29860. Pascalein. — Histoire de la Tarentaise, p. 1 à 158. — Suite de VII, p. 307.

29861. Emprin (J.-M.). — Le curé de Prime [curé de la cathédrale de Moutiers], p. 159 à 169.

29862. Tantet (C.). — Monographie de la paroisse de Notre-Dame-du-Pré, p. 181 à 255.

29863. Chenu (F.). — Le grand vicaire Bérard, chevalier de la Légion d'honneur (1802 † 1874), p. 257 à 298.

29864. Pellissier (L'abbé J.). — Un fléau public dans la vallée de Beaufort au XVIIe siècle. A propos d'un bref d'Innocent XII (30 juillet 1696), p. 313 à 316.

29865. Chenu (F.). — Le journal d'un paysan [Pierre Villien, 1740-1840], p. 317 à 325.

29866. Emprin (Joseph). — Relation de l'auguste réception faite à Mgr l'archevêque de Tarentaise dans la ville de Moutiers, le 19 octobre 1727, p. 327 à 333.

29867. Emprin (Joseph). — Les seigneurs chanoines de Tarentaise (1605-1793), p. 335 à 373.

29868. Chenu (Ferdinand). — A propos de saint Germain et de saint Restitut, p. 375 à 381.

29869. Savarin (Chanoine) et Emprin (L'abbé J-M.). — Notice biographique sur M. Jean-Pierre Perrot, vicaire général de Tarentaise [XVIIe s.], p. 388 à 440.

29870. Pascalein. — Noms de lieux habités à Saint-Martin de Belleville, p. 441 à 454.

29871. Emprin (J-M.). — Œuvres littéraires de M. l'abbé A.-O. Bompard, p. 458 à 461.

29872. Emprin (J.-M.). — Mgr de Montfalcon [archevêque de Tarentaise, † 1793], p. 462.

29873. Anonyme. — Table générale des matières des huit premiers volumes des Mémoires de l'Académie de la Val d'Isère, p. 484 à 496.

SAVOIE. — SAINT-JEAN-DE-MAURIENNE.

SOCIÉTÉ D'HISTOIRE ET D'ARCHÉOLOGIE DE MAURIENNE.

Voir, pour les publications de cette Société antérieures à 1901, la table récapitulative de notre *Bibliographie générale;* et pour ses publications postérieures, les tables placées à la fin des tomes I et II de notre *Bibliographie annuelle.*

XIII. — **Travaux de la Société d'histoire et d'archéologie de Maurienne,** 2e série, t. IV, 2e partie. (Saint-Jean-de-Maurienne, 1908, in-8°, IX-295 p.)

29874. Gros. — La maison des nobles Palluel [à Avrieux], p. 29 à 32.

29875. Gravier (L'abbé). — Pèlerinage de Saint-Benoît [à Avrieux], p. 34 à 37.

29876. Gravier (L'abbé). — Notice historique sur Detienne Joseph, né à Aussois, vétéran des armées de Napoléon Ier, p. 37 à 42.

29877. Gorré (L'abbé). — La mort de Charles le Chauve à Brios (6 octobre 877), p. 42 à 48.

29878. Frutaz (Le chanoine). — A propos d'Oger Moriset, de Conflans, évêque d'Aoste, puis de Maurienne (XVe s.), p. 50 à 52.

29879. Gros (Le chanoine). — Chamoux, p. 57 à 59.

29880. Truchet (Le chanoine). — Notes sur les inféodations de la seigneurie de Chamoux, p. 60 à 63.

29881. Gros (L'abbé). — La manufacture Bertrand à Saint-Michel en 1777, p. 66 à 68.

29882. Anonyme. — Excursion à Suse, p. 70 à 88.

29883. [Gros (L'abbé).] — Le club des Jacobins de Saint-Jean-de-Maurienne, p. 90 à 167.

29884. Truchet (Le chanoine). — Quelques noms de lieux en Maurienne, p. 168 à 234. — Cf. n° 29885.

29885. Gros (A.). — Rapport sur le mémoire précédent, p. 235 à 247. — Cf. n° 29884.

29886. Mottard (M.). — Bibliographie de M. le chanoine Truchet [1828 † 1904], p. 248 à 289.

29887. Gros (A.). — Suse et la Maurienne, p. 289 à 293.

IMPRIMERIE NATIONALE.

SAVOIE (HAUTE-). — ANNECY.

ACADÉMIE SALÉSIENNE.

Voir, pour les publications de cette Académie antérieures à 1901, la table récapitulative de notre *Bibliographie générale;* et pour ses publications postérieures, les tables placées à la fin des tomes I et II de notre *Bibliographie annuelle.*

XXXI. — Mémoires et documents publiés par l'Académie salésienne, t. XXXI. (Annecy, 1908, in-8°, XVI-641 p.)

29888. J.-F. G. [GONTHIER (J.-F.).] — Notes sur Amphion [eaux ferrugineuses], p. XIII à XVI.

29889. ALBERT (Nestor). — Histoire de Mgr Claude-François de Thiollaz, premier évêque d'Annecy (1752-1832) et du rétablissement de ce siège épiscopal (1814-1824), tome II. (Annecy, 1907, in-8°, 641 p., *portr.*) — Suite de XXX.

SAVOIE (HAUTE-). — ANNECY.

SOCIÉTÉ FLORIMONTANE.

Voir, pour les publications de cette Société antérieures à 1901, la table récapitulative de notre *Bibliographie générale,* et pour ses publications postérieures, les tables placées à la fin des tomes I et II de notre *Bibliographie annuelle.*

XLIX. — La Revue savoisienne, publication périodique de la Société florimontane d'Annecy, 1908, 49e année. (Annecy, 1908, in-8°, X-278 p.)

29890. BUTTIN (Ch.). — Le guet de Genève au XVe siècle, p. 14, 119, 156, et 247. — Suite de XLVIII, p. 63.

29891. MARTEAUX (C.). — Le répertoire archéologique [de la Haute-Savoie] (période romaine et burgunde), *pl.*, p. 27 à 44, et 81 à 82.

29892. BUTTIN (Ch.) et LE ROUX (M.). — M. Ernest Guinier (1839 † 1908), *portr.*, p. 76 à 79.

29893. RITTER (Eugène). — La Philothée de saint François de Sales et la maison de Clèves, p. 85 à 91.

[Madame de Charmoisy.]

29894. BRUCHET (Max). — Lettres inédites de Germain Sommeiller [1853-1857], p. 92 à 96.

29895. SERVETTAZ (Claudius). — Chansons rustiques savoyardes. Les chansons de moisson, p. 97 à 105. — Les chansons de bergères, p. 184 à 198.

29896. DESORMAUX (J.). — Notes de dialectologie savoisienne, p. 106 à 115. — Cf. n° 29905.

[Parlers de Rumilly, Annecy, Viuz-en-Sallaz, Morzine.]

29897. DUVAL (César). — Les savoyards et l'ordre impérial des trois Toisons d'or, p. 137 à 153, et 207 à 221.

29898. PERROUD. — Aperçu historique sur le service des eaux potables à Cluses, p. 153 à 155.

29899. MARTEAUX (Charles). — Note sur la chronologie des vases noirs allobroges, p. 167 à 175, et 233 à 246.

29900. J.-F. G. [GONTHIER (J.-F.).] — Les prieurs de Talloires, p. 175 à 183, et 263 à 270.

29901. MARTEAUX. — Lettre d'Adrian, évêque de Sion à M. d'Arenthon d'Alex, évêque d'Annecy (1678), p. 201.

29902. Marteaux. — *Savoie*, nom de lieu hors de la Savoie, p. 203.

29903. Marteaux. — Le vocable Saint-Laurent de l'église d'Annecy-le-Vieux, emprunté à une inscription romaine, p. 205.

29904. Lalanne (L.). — Étude des industries de la Haute-Savoie. Les fondeurs et forges de Crans, p. 222 à 233.

29905. J. D. [Desormaux (J.).] — Parabole de l'Enfant prodigue. Appendice, p. 270 à 273. — Suite de XLIV, p. 11 à 102. — Cf. n° 29896.

[Parlers de Viuz-en-Sallaz, et de Morzine.]

29906. Miquet (Francis). — Le sergent Combet à la bataille d'Austerlitz (2 décembre 1805), p. 274.

SAVOIE (HAUTE-). — THONON.

ACADÉMIE CHABLAISIENNE.

Voir, pour les publications de cette Académie antérieures à 1901, la table récapitulative de notre *Bibliographie générale;* et pour ses publications postérieures, les tables placées à la fin des tomes I et II de notre *Bibliographie annuelle.*

XXII. — Mémoires et documents publiés par l'Académie chablaisienne..., t. XXII, (Thonon, 1908, in-8°, xcv-224 p.)

29907. Duplan. — Monnaie de Maxime Ier trouvée au Mur-Blanc, près Évian, p. vi.

29908. Duplan. — Requête adressée par les fils de Gaspard-Marie de Loys au roi Charles-Emmanuel III (1749), p. vii à ix.

29909. Vuarnet (Émile). — Extraits des registres paroissiaux de Messery relatifs aux Boccard de Filly-Sciez et aux Brotty d'Antioche de Nernier (1698-1756), p. xi.

29910. Piccard (Mgr). — Franchises et libertés de La Roche (15 décembre 1684), p. xiv à xxiii.

29911. Duplan. — Mesures préventives prises contre la peste à Évian de 1679 à 1682, p. xxiv à xxxi.

29912. Bouchet (Ch.-A.). — Le *Mercure acatique*, guide d'Évian (1697), p. xxxi.

29913. Vuarnet (Émile). — Remèdes contre la fièvre aphteuse à Yvoire, Excenevex, Chevilly, Cerisier (1682 et 1705), p. xxxii à xxxv.

29914. Piccard (Mgr). — Inféodation des seigneuries de Cluses et Châtillon en faveur de Joseph Dufresnoy (1699), p. xxxv à xxxviii.

29915. Dunoyer (Norbert). — Ordre de rénovation des fiefs de Monthoux, Gaillards, Foncenex et du Rovenoz (1730), p. xxxix.

29916. Vernaz. — Charte concernant Francin (1496), p. xl.

29917. Vuarnet. — Sépultures anciennes découvertes à Filly-Sciez, p. xli.

29918. Duplan. — Lettre du chevalier Roget de Cevins concernant les luttes entre les Français et les alliés dans les gorges de la Dranse en 1815, p. xliii à xlviii.

29919. Duplan. — Déclaration du cardinal de Savoie comme abbé d'Aulps, concernant la pension du maître d'école d'Évian (1632), p. xlviii à l.

29920. Piccard (Mgr). — Les délibérations municipales de Thonon (1636-1649), p. li.

29921. Duplan. — Le droit de patronage des seigneurs du Chatelard sur la cure de Feigère (1618), p. liii à lvi.

29922. Duplan. — Arrêtés de l'administration du département du Mont-Blanc au sujet de l'agiotage sur les monnaies d'or et d'argent (1797), p. lvi à lviii.

29923. Piccard (Mgr). — Documents concernant les Peccouz, les Gerbaix et les Bonnevaux, p. lxii.

29924. Vuarnet (E.). — Note de Berthet, curé d'Hermance sur l'invasion des Autrichiens en 1815, p. lxiv.

29925. Duplan. — Mouvements de troupes à Evian de 1691 à 1696, p. lxv.

29926. Duplan. — Le siège et la prise de Chillon par Pierre de Savoie dans la seconde moitié du xiiie siècle, p. lxvii.

29927. Duplan. — Lettre du banquier genevois Facio au sujet de transports d'argent (1691), p. lxx.

29928. Duplan. — Arrêt du sénat de Savoie concernant les droits de police de la ville d'Évian (1714), p. lxxi.

29929. Duplan. — Fête civique à Bonneville en 1793, p. lxxii à lxxiv.

29930. Piccard (Mgr). — Testament de Péronne Piotton, bienfaitrice de l'hôpital de Thonon (1699), p. lxxx à lxxxv.

29931. Dubouloz (Jacques). — Essai sur les affranchissements de 1771 [en Savoie], p. 1 à 98.

SEINE. — PARIS.

ASSOCIATION FRANÇAISE POUR L'AVANCEMENT DES SCIENCES.

Voir, pour les publications de cette Société antérieures à 1901, la table récapitulative de notre *Bibliographie générale;* et pour ses publications postérieures, les tables placées à la fin des tomes I et II de notre *Bibliographie annuelle.*

29932. Anonyme. — Clermont-Ferrand et le Puy-de-Dôme, Congrès de l'Association française pour l'avancement des sciences, 1908. (Clermont-Ferrand [1908], in-8°, VIII-787 p.)

XXXVII. — Association française pour l'avancement des sciences... Compte rendu de la 37e session, Clermont-Ferrand, 1908. Notes et mémoires. (Paris, 1909, in-8°, 1467 p.)

29933. Hennet (Jules). — L'aménagement des eaux du Rhône. Résumé chronologique sur les avant-projets mis à l'étude dans le cours d'un siècle, p. 149 à 154.

29934. Commont (V.). — Les gisements paléolithiques de Saint-Acheul, coupe du quaternaire dans la vallée de la Somme, géologie et préhistoire, *carte*, p. 454 à 465.

29935. Commont (V.). — L'industrie de l'âge du renne dans la vallée de la Somme, fouilles à Belloy-sur-Somme, *fig.*, p. 634 à 643.

29936. Marignan (Émile). — Présentation de silex d'une station plenusienne du Gard, p. 647 à 651.

29937. Coutil (L.). — Exploration et restauration du tumulus de Fontenay-le-Marmion (Calvados), *fig.*, p. 651 à 654.

29938. Coutil (L.). — Allée couverte de Saint-Symphorien-du-Teilleul (canton du Teilleul, arrondissement de Mortain, Manche), *fig.*, p. 654 à 657.

29939. Clastrier (Stanislas). — Les fouilles de l'habitat ligure, le Pain-de-Sucre à Marseille, *fig.*, p. 658 à 660.

29940. Clastrier (Stanislas). — La céramique antique. Doit-on en reconstituant les vases brisés, en les réparant, les porter à l'état neuf? p. 660.

29941. Charvilhat (G.). — De quelques survivances paléolithiques dans l'industrie néolithique des plateaux de Gergovia et de Corent, *fig.*, p. 662 à 664.

29942. Müller. — Station néolithique et gallo-romaine de la grotte du Trou-aux-Loups à La Buisse (Isère), *fig.*, p. 669 à 678.

29943. Jullien et Müller. — Fouille d'une grotte funéraire dans les balmes d'Auriolles, canton de Joyeuse (Ardèche), p. 678.

29944. Deloet (J.-B.). — Station préhistorique des Augerons, près Cosne (Nièvre), p. 679.

29945. Dalloni (Marius). — Sur quelques gisements de silex taillés des vallées de la Dordogne et de la Vézère, *fig.*, p. 680 à 686.

29946. Chantre (Ernest). — L'âge de la pierre dans la Berbérie orientale, Tripolitaine et Tunisie, p. 686 à 688.

29947. Peyrony (D.). — Station du Ruth près le Moustiers (Dordogne), superposition du Solutréen à l'Aurignacien, p. 689 à 691.

29948. Boucbereau (A.). — Note sur l'anthropologie de l'Auvergne, *fig.*, p. 692 à 701.

29949. Leroy (J.). — A propos de l'homme tertiaire. Note sur la soi-disant rétractation de l'abbé Bourgeois, p. 712.

29950. Cotte (Ch.) et Chaix (A.). — La caverne de l'Adaouste (fouilles archéologiques, 1907-1908), *carte*, p. 714 à 725.

29951. Collot. — Poteries d'origine italique dans les Bouches-du-Rhône, p. 725 à 727.

29952. Sicard (Germain). — Sépultures et cimetières antiques du département de l'Aude, p. 730 à 743.

29953. Aymar (Alphonse). — Nouvelle hypothèse sur l'usage des bâtons de commandement, p. 743 à 745.

29954. Aymar (Alphonse). — Stéréotomie préhistorique, ou l'art de tailler la pierre à l'époque chelléenne, *fig.*, p. 746 à 750.

29955. Boudeeade (Éloi). — Découverte gallo-romaine à Antignac (Cantal); découverte d'une nécropole franque à Sauronnet (Antignac), p. 750.

29956. Deydier (Marc). — La vallée du Largue paléolithique, p. 751 à 758.

29957. Cartaz (Dr Adolphe). — La toxicologie dans les drames de Shakespeare, p. 772 à 783.

29958. Regnault (Félix). — Une collection de terres cuites pathologiques de l'époque Alexandrine, *fig.*, p. 878 à 884.

29959. Regnault (Félix). — L'œuvre pathologique des coroplastes de Smyrne, *fig.*, p. 884 à 894.
29960. Michalias (R.). — Étude sur le dialecte roman du Livradois. Poésies et essai de grammaire, p. 1259.
29961. Nicolas (Ad.). — La langue internationale : sabirisme et sémantisme au point de vue mnémonique, p. 1260 à 1268.
29962. Franchet (Louis). — La céramique émaillée pendant le moyen âge, p. 1423 à 1430.
29963. Villaret (J.). — Les évangiles apocryphes, source partielle de l'art chrétien, p. 1431 à 1439.

SEINE. — PARIS.

ASSOCIATION POUR L'ENCOURAGEMENT DES ÉTUDES GRECQUES.

Voir, pour les publications de cette Société antérieures à 1901, la table récapitulative de notre *Bibliographie générale;* et pour ses publications postérieures, les tables placées à la fin des tomes I et II de notre *Bibliographie annuelle.*

XXI. — Revue des études grecques, publication trimestrielle de l'Association pour l'encouragement des études grecques..., t. XXI, année 1908. (Paris, 1908, in-8°, LXXXII-490 p.)

29964. Divers. — Discours prononcés aux obsèques de M. Amédée Hauvette (1856 † 1908), p. 1 à 12.

[Discours de MM. A. Croiset, Th. Reinach, J. Martha.]

29965. Reinach (Salomon). — Un indice chronologique applicable aux figures féminines de l'art grec, *fig.*, p. 13 à 38.
29966. Legrand (Ph.-E.). — Les *Dialogues des courtisanes* [de Lucien] comparés avec la comédie, p. 39 à 79. — Suite de XX, p. 176.
29967. Labaste (H.). — Note sur un manuscrit italien du XVIe siècle concernant la Crète, *fig.*, p. 80 à 84.
29968. Bréal (Michel). — Πρέπει «il convient», p. 113 à 118.
29969. Pichon (René). — Le témoignage de Pline sur Hégias, p. 119.
29970. Bouché-Leclercq (A.). — L'ingénieur Cléon, *fig.*, p. 121 à 152.
29971. Bourguet (E.) et Reinach (A.-J.). — Bulletin épigraphique, p. 153 à 217.
29972. Croiset (Maurice) — Ménandre, l'*Arbitrage*, p. 233 à 325.
29973. Tannery (Paul) et Carra de Vaux (Baron). — L'invention de l'hydraulis [orgue], p. 326 à 340.
29974. Ridder (A. de). — Bulletin archéologique, *fig.*, p. 341 à 374.
29975. Meillet (A.). — La place du pamphylien parmi les dialectes grecs, p. 413 à 425.
29976. Vos (Luc de). — Le palais de l'empereur Julien à Paris. Critique d'un texte de Libanius, p. 426 à 433.
29977. Ruelle (Ch.-Em.). — Bibliographie annuelle des études grecques (1905-1906-1907), p. 434 à 488.

SEINE. — PARIS.

ASSOCIATION POUR L'ENSEIGNEMENT DES SCIENCES ANTHROPOLOGIQUES (ÉCOLE D'ANTHROPOLOGIE DE PARIS).

Voir, pour les publications de cette Société antérieures à 1901, la table récapitulative de notre *Bibliographie générale;* et pour ses publications postérieures, les tables placées à la fin des tomes I et II de notre *Bibliographie annuelle.*

XVIII. — Association pour l'enseignement des sciences anthropologiques... Revue de l'École d'anthropologie de Paris..., 18e année, 1908. (Paris, s. d., in-8°, 428 p.)

29978. Zaborowski (J.). — Les introducteurs du cuivre sur la côte orientale de l'Espagne et en Sicile, *fig.*, p. 1 à 19.

29979. Schrader (Fr.). — Géographie anthropologique. Océans et humanité, p. 33 à 45.

29980. Favraud (A.). — La station moustérienne du Petit-Puymoyen, commune de Puymoyen (Charente), *fig.*, p. 46 à 72.

29981. Capitan (L.). — Cours d'antiquités américaines du Collège de France, leçon inaugurale, p. 89 à 111.

29982. Gross (Dr Victor). — Les sépultures de l'époque de la Tène à Münsingen, canton de Berne (Suisse), étude anthropologique sommaire, *fig.*, p. 112 à 116.

29983. Papillault (G.). — L'anthropologie est-elle une science unique? p. 117 à 132.

29984. Morgan (Henry de). — Notes sur les stations quaternaires et sur l'âge du cuivre en Égypte, *carte* et *fig.*, p. 133 à 149.

29985. Capitan (L.), Breuil (H.), Bourrinet et Peyrony. — La grotte de la Mairie à Teyjat (Dordogne), fouilles d'un gisement magdalénien, *fig.*, p. 153 à 173, et 198 à 218.

29986. Sturler (J.-E. de). — Les danseuses de cour à Java, p. 174 à 181.

29987. Dussaud (René). — La protohistoire orientale et quelques éléments décoratifs chypriotes, *fig.*, p. 185 à 197.

29988. Capitan (Dr). — Inauguration de la statue de Boucher de Perthes à Abbeville, p. 221 à 223.

29989. Hervé (Georges). — L'anthropologie de Voltaire, p. 225 à 254.

29990. Pittard (Eugène). — Ossements utilisés (diaphyses) de la période moustérienne, station des Rebières (Ourbières) [Dordogne], *fig.*, p. 255 à 261.

29991. Mortillet (A. de). — Les pierres à fusil, leur fabrication en Loir-et-Cher, *fig.*, p. 262 à 266.

29992. Dussaud (René). — Anciennes civilisations orientales, fouilles et découvertes, p. 267 à 276. — Suite de XVII, p. 97.

29993. Mortillet (A. de). — Souterrains et grottes artificielles de France, p. 285 à 307.

29994. Dumas (Ulysse). — La grotte des Fées à Tharaux (Gard), *fig.*, p. 308 à 326.

29995. Huguet (J.). — Remarques sur la région des Dayas [Algérie], p. 327.

29996. Thulié (H.). — Phénomènes mystiques dans l'ordre affectif des théologiens, p. 329 à 348.

29997. Huguet (J.). — Dans les Zaouias, *fig.*, p. 349 à 357.

29998. Mahoudeau (Pierre-G.). — La question de l'origine de l'homme et la faillite de la science d'après Brunetière, p. 361 à 379.

29999. Peyrony (D.). — À propos des fouilles de la Micoque et des travaux récents parus sur ce gisement, p. 380 à 382.

30000. Zaborowski (J.). — La Sicile. L'Italie préhistorique jusqu'à la première pénétration aryenne. Le peuple de Remedello-Sotto, p. 393 à 406.

30001. Favraud (A.). — La grotte du Roc, commune de Sers (Charente) avec superposition du solutréen sur l'aurignacien, *fig.*, p. 407 à 423.

30002. Capitan. — Le professeur Hamy [† 1908], p. 423 à 425.

SEINE. — PARIS.

COMITÉ D'ÉTUDES HISTORIQUES, ARCHÉOLOGIQUES ET ARTISTIQUES « LA MONTAGNE SAINTE-GENEVIÈVE » (Ve ET XIIIe ARRONDISSEMENTS).

Voir, pour les publications de cette Société antérieures à 1901, la table récapitulative de notre *Bibliographie générale;* et pour ses publications postérieures, les tables placées à la fin des tomes I et II de notre *Bibliographie annuelle.*

V. — **Bulletin de la Montagne Sainte-Geneviève et ses abords.** Comité d'études historiques, archéologiques et artistiques (ve et xiiie arrondissements). V, 1905-1908. (Paris, 1909, in-8°, 491 p.)

30003. Valet (Paul). — L'École militaire de Paris, histoire, bâtiments, richesses d'art, École supérieure de guerre, *fig.*, p. 19 à 57.

30004. Périn (Louis). — Gabriel et Brongniart, les architectes de l'École royale militaire, p. 58 à 61.

30005. Poëte (Marcel). — La formation territoriale des ve et xiiie arrondissements. La Montagne Sainte-Geneviève et ses abords depuis l'époque romaine jusqu'au xiie siècle, p. 62 à 78.

30006. Maire (Albert). — La vie universitaire à Paris pendant le moyen âge et la première imprimerie à la Sorbonne, p. 79 à 108.

30007. MANNEVILLE (Ch.). — Les repas à Paris au moyen âge, p. 109 à 125.

30008. POËTE (Marcel). — Le prétendu Parloir aux Bourgeois de la Montagne Sainte-Geneviève, p. 129 à 135.

30009. VOS (Luc DE). — L'empereur Julien à Paris, p. 136 à 157.

30010. MAGNE (Charles). — Premiers éléments d'un inventaire des noms et marques de potiers inscrits sur des vases ou fragments de vases, lampes, etc., trouvés dans les fouilles parisiennes (époque gallo-romaine), *fig.*, p. 158 à 190.

30011. FILOZ (N.). — Quelques notes sur l'abbaye de Sainte-Geneviève. Lycée Henri IV, p. 219 à 244.

30012. CAPITAN (Jeanne). — Notules sur la Bièvre, son présent, son passé, *fig.*, p. 245 à 261.

30013. MANNEVILLE (Ch.). — Les Canaye, teinturiers en écarlate à Saint-Marcel-lez-Paris, *fig. et tableau généalogique*, p. 262 à 293.

30014. PÉRIN (Louis). — Un propriétaire dans le quartier Saint-Victor sous Louis XIV [le peintre Charles Le Brun], p. 294 à 297.

30015. MANNEVILLE (Ch.). — Le cimetière de Sainte-Catherine, *fig.*, p. 298 à 348.

[Tombeau de Pichegru, *fig.*, sépulture de Mirabeau.]

30016. PINET (Commandant G.). — Le jubé de Saint-Étienne-du-Mont et l'École polytechnique, p. 349 à 352.

30017. MANNEVILLE (Ch.). — Les pierres tombales de Racine et de Pascal à Saint-Étienne-du-Mont, *fig.*, p. 353 à 379.

30018. MAGNE (Charles). — Génie funèbre, statuette de bronze recueillie dans les fouilles du sous-sol parisien de la rive gauche, *fig.*, p. 380 à 388.

30019. MANNEVILLE (Charles). — L'hôpital de la Pitié, *fig.*, p. 389 à 421.

30020. FLOBERT (Paul). — Les jurés crieurs de corps et de vins de la ville de Paris, *fig.*, p. 422 à 432.

30021. MAGNE (Charles). — Découvertes archéologiques dans les fouilles de la rue Dante (avril, mai, juin et juillet 1901), *fig.* et 2 *pl.*, p. 433 à 461.

SEINE. — PARIS.

COMITÉ DES TRAVAUX HISTORIQUES ET SCIENTIFIQUES.

Voir, pour les publications de ce Comité antérieures à 1901, la table récapitulative de notre *Bibliographie générale;* et pour ses publications postérieures, les tables placées à la fin des tomes I et II de notre *Bibliographie annuelle.*

I

DOCUMENTS INÉDITS.

SÉRIE IN-4°.

30022. ESPÉRANDIEU (Commandant). — Recueil général des bas-reliefs de la Gaule romaine, t. II. Aquitaine. (Paris, 1908, in-4°, 478 p., *fig.*)

[Le tome I a paru en 1907.]

SÉRIE IN-8°.

30023. AULARD (F.-A.). — Recueil des actes du Comité de Salut public, avec la correspondance des représentants en mission et le registre du Conseil exécutif provisoire. Tome XVIII, 7 novembre 1794-20 décembre 1794 (17 brumaire an III-30 frimaire an III). (Paris, 1908, gr. in-8°, XXXI-851 p.)

[Les tomes I à XVII ont paru de 1889 à 1906.]

Inventaires.

30024. OMONT (H.). — Anciens inventaires et catalogues de la Bibliothèque nationale. Tome I. La librairie royale à Blois, Fontainebleau et Paris au XVIe siècle. (Paris, 1908, in-8°, II-482 p.)

II

CATALOGUE DES MANUSCRITS.

Catalogue général des manuscrits des bibliothèques publiques de France. Paris, Chambre des députés, par E. Coyecque et H. Debraye. (Paris, 1907, in-8°, LXXI-663 p.)

30025. Coyecque (E.) et Debraye (H.). — Catalogue des manuscrits de la bibliothèque de la Chambre des Députés, p. I à LXXI, et 1 à 663.

Catalogue général des manuscrits des bibliothèques publiques de France. Bibliothèques de la Marine, par Ch. La Roncière. (Paris, 1907, in-8°, XI-558 p.)

30026. La Roncière (Ch. de). — Catalogue des manuscrits des bibliothèques de la Marine, p. I à XI, et 1 à 558.

[Ministère de la Marine, p. 1. — Dépôt des cartes et plans de la Marine, p. 143. — Port de Brest, p. 271. — École de Santé de la Marine, à Brest, p. 413. — Port de Cherbourg, p. 441. — Port de Rochefort, p. 445. — Port de Toulon, p. 449. — Hôpital maritime de Toulon, p. 455.

Catalogue général des manuscrits des bibliothèques publiques de France. Paris. Bibliothèque du Sénat par Louis Engerand. (Paris, 1908, in-8°, XIII-597 p.)

30027. Engerand (Louis). — Catalogue des manuscrits de la Bibliothèque du Sénat, p. I à XIII, et 1 à 597.

III

BULLETINS DU COMITÉ.

SECTION D'ARCHÉOLOGIE.

XXVI. — Bulletin archéologique du Comité des travaux historiques et scientifiques, année 1908. (Paris, 1908, in-8°, CCLXIII-485 p.)

30028. Blanchet (Adrien). — Fouilles du mur de l'ancienne ville d'Alet, p. XXXV.

30029. Lefèvre-Pontalis (Eugène). — Statue du cimetière de Cormeilles-en-Vexin, p. XXXVII.

30030. Saglio. — Statuette de bois du XVIe siècle du château de Voutenay (Yonne), p. XXXVIII.

30031. Héron de Villefosse (Antoine). — Fragment d'inscription romaine découvert dans l'ancienne église des Cordeliers d'Auch, p. XXXIX.

30032. Blanchet (Adrien). — Découvertes d'antiquités à Angres (Pas-de-Calais), p. XLII.

30033. Capitan (D^r). — Les murs établis autour des dolmens, p. XLIII à XLV.

30034. Prou (M.). — Fouilles dans la nécropole de l'époque barbare découverte sur le territoire de Bourogne, près de Belfort, p. XLVI. — Cf. n° 30035.

30035. Lablotier (A.) et Scheurer (Ferdinand). — Note sur les fouilles du cimetière barbare de Bourogne, p. XLVII à L. — Cf. n° 30034.

30036. Blanchet (Adrien). — Découverte d'antiquités dans une source à Corlier (Ain), p. LIV.

30037. Blanchet (Adrien). — Antiquités trouvées à Leyris (Ardèche), p. LV.

30038. Prou (M.). — Fouilles du cimetière barbare de Vaudonjon, commune de Montillot (Yonne), p. LVIII.

30039. Héron de Villefosse (A.). — Fouilles au Mont-Jouër, p. LX. — Cf. n° 30097.

30040. Héron de Villefosse (A.). — Inscriptions romaines trouvées à Narbonne, p. LXXI.

30041. Prou (M.). — Réunion annuelle des délégués des sociétés savantes, p. LXXIV à CXVI.

30042. Magne (Charles). — Statuette de bronze représentant un génie funèbre trouvée à Paris, p. LXXVIII.

30043. Héron de Villefosse (A.). — Lamelle de cuivre avec inscription latine, p. LXXIX.

30044. Angérard. — Villa romaine à Muids (Eure), p. LXXXI.

30045. Béranger. — L'atelier monétaire de Caen de 1417 à 1772, p. LXXXII.

30046. Coutil (Léon). — Le culte de sainte Clotilde aux Andelys, p. XC.

30047. Durand (Le chanoine François). — Bas-relief de saint Léonard au Musée de Nîmes, p. XCIV. — Cf. n° 30121.

30048. Vesly (Léon de). — Exploration archéologique du plateau de Boos (Seine-Inférieure), p. XCV.

30049. Plessier. — Le culte de Mercure aux environs de Compiègne et de Soissons, p. XCVI.

30050. Raimbault. — Le monnayage des archevêques d'Arles, p. XCVII.

30051. Cagnat et Héron de Villefosse (A.). — Borne milliaire au Paradou, p. cxxv et cxxxiii.
30052. Capitan (Dr). — Fouilles de Laugerie-Haute, p. cxxv.
30053. Héron de Villefosse. — Monuments lapidaires du château de Bach, près Tulle, p. cxxvii.
30054. Capitan (Dr). — Statues-menhirs de la région de Lacaune (Tarn), p. cxxxi.
30055. Capitan (Dr). — Découverte d'objets de bronze à Saint-Front-de-Pardoux (Dordogne), p. cxli.
30056. Palanque (Ch.). — Note sur les fouilles de l'hôpital d'Auch, p. cxliii.
30057. Rouquette (Dr). — Découverte de sarcophages romains dans l'ancienne abbaye de Saint-Pons près de Nice, p. cxliv à cxlvi.
30058. Blanchet (Adrien). — Fouilles dans la villa romaine de Pérignat, p. cli.
30059. Capitan (Dr). — La céramique à l'époque hallstattienne dans les tumulus et dans les grottes, p. clii.
30060. Héron de Villefosse (A.). — Monument funéraire découvert à Narbonne, p. cliv à clvii.
30061. Merlin. — Fouilles et inscriptions romaines en Tunisie, *pl.*, p. clxi, cxc, ccv, ccxviii, ccxxv, ccxlii, et cclvi.
30062. Berger (Ph.). — Fragment de poterie avec inscription néo-punique, *pl.*, p. clxvi; — inscriptions néo-puniques, p. clxix.
30063. Héron de Villefosse (A.). — Inscriptions romaines et chrétiennes trouvées à Carthage, p. clxx, clxxxiv, cxcvii, ccii, ccxiii, ccxxii, et ccxlix.
30064. Merlin. — Fouilles de Sbeitla, p. clxxiv à clxxx.
30065. Barby. — Travaux romains aux mines de l'Ouenza, p. clxxx.
30066. Renault (Jules). — Peson de balance romaine trouvé à Carthage, p. clxxxi.
30067. Diehl. — Sur l'histoire militaire de la Tunisie, p. clxxxii.
30068. Gsell. — Trouvaille de deniers du roi Juba II, p. clxxxviii.
30069. Gsell. — Inscription romaine découverte à Pascal (Bahira), p. clxxxix.
30070. Gsell. — Inscription des reliques de saint Vincent et chapelle de Thamallula à Tocqueville, p. cxc, ccxv à ccxvii.
30071. Gsell. — Inscription romaine de la Kherba des Aouissat, p. cci.
30072. Pallary. — Poteries romaines trouvées à Eckmühl (département d'Oran), p. cciv.
30073. Cagnat (R.). — Bornes milliaires des environs de Gighthi, p. ccxii.
30074. Bertrand. — Antiquités découvertes à Philippeville, p. ccxiv.
30075. Hinglais. — Statuette de bronze trouvée dans les environs de Constantine, p. ccxvii.
30076. Monceaux (Paul). — Inscriptions romaines du Musée de Tébessa, p. ccxxiii.
30077. Berger (Ph.). — Inscription punique trouvée à Bordj-Djedid, p. ccxxxvii.
30078. Gsell. — Inscriptions romaines de Taoura et de Constantine, p. ccxli.
30079. Robert. — Inscriptions romaines des Maadid (département de Constantine), p. ccxliv.
30080. Cagnat. — Borne milliaire de Sour-Djouab, près d'Aumale, p. ccxlvi.
30081. Cagnat. — Inscriptions en cursive latine à Henchir-Touta et à Henchir-el-Abiod, p. ccxlvii à ccxlix.
30082. Babelon. — Médaillon de bronze trouvé à Sousse, p. cclii.
30083. Gsell. — Lampe chrétienne de bronze des Maadid, *pl.*, p. ccliii.
30084. Cagnat et Bénédite. — Statuette égyptienne trouvée à Cherchell, *pl.*, p. ccliv à cclvi.
30085. Audollent (Aug.). — Rapport sur des *Tabellae defixionum* récemment découvertes à Sousse, 3 *pl.*, p. 3 à 21.
30086. Barbier (Lieutenant) et Benson (lieutenant). — Fouilles à Thina (Tunisie), *fig.* et 5 *pl.*, p. 22 à 58.
30087. Barbier (Lieutenant) et Benson (lieutenant). — Fouilles du champ de manœuvres de Sfax, p. 59 à 62.
30088. Dessigny (Capitaine). — Notice sur quelques monuments de la région d'Aïn-Sefra, p. 63 à 86.
30089. Monceaux (Paul). — L'inscription des martyrs de Dougga et les banquets des martyrs en Afrique, *fig.* et *pl.*, p. 87 à 104.
30090. Poulaine (L'abbé). — Haches de bronze trouvées à Jully et à Voutenay (Yonne), *fig.*, p. 105 à 107.
30091. Berget (Adrien). — L'emplacement de la localité gauloise et romaine d'*Admagetobriga* [le mont Ardou, près de Broie-les-Pesmes (Haute-Saône)], p. 108 à 116.
30092. Raimbault (Maurice). — Un problème de numismatique languedocienne, *facs.*, p. 117 à 122.

[Monnaie *Mangencha* dans une charte de Montfrin (1147).]

30093. Arditti (R.). — Rapport sur sept stèles funéraires trouvées à la Mornaghia [près de Tunis], p. 123 à 130.
30094. Héron de Villefosse. — Stations légionnaires de Pontailler-sur-Saône et de La Noue (Côte-d'Or), *fig.*, p. 131 à 137.
30095. Héron de Villefosse. — La mosaïque de Rouquet près de Tarascon, *fig.*, p. 138 à 141.
30096. Espérandieu (Commandant). — Fouilles du mont Auxois. Rapport sur les fouilles exécutées en 1907, *fig.* et 6 *pl.*, p. 142 à 170.
30097. Dercier (L'abbé). — Second rapport sur les fouilles du Mont-Jouer, près de Saint-Goussaud (Creuse), *fig.*, p. 171 à 178. — Cf. XXI, p. 36 et n° 30039.
30098. Mallard (Gustave). — Rapport sur les fouilles du forum de Drevant, *fig.*, p. 179 à 184.

30099. Meunier (Dr). — Second rapport sur l'établissement céramique de Lavoye (Meuse), p. 185 à 198. — Cf. XXIII, p. 137.

30100. Blanchard (Fernand). — Tombeaux gallo-romains à incinération découverts à Soissons (Aisne), *fig.* et *pl.*, p. 199 à 204.

30101. Leblond (Dr V.). — Note sur un fragment céramique gallo-romain trouvé à Nourard-le-Franc (Oise), *fig.*, p. 205 à 211.

[Suivi d'une note par A. Héron de Villefosse.]

30102. Véran (A.). — Stèle funéraire découverte à Arles, *pl.*, p. 212.

30103. Blanchet (Adrien). — Découverte d'un trésor de monnaies romaines et de substructions près de Thoiry (Seine-et-Oise), *fig.*, p. 214 à 217.

30104. Chanel (Émile). — Le trésor de monnaies romaines trouvé à Anglefort (Ain), p. 218 à 221.

30105. Collignon (Dr). — La jetée mégalithique du Nez de Tchilache [Cotentin], *carte*, p. 222 à 225.

30106. Roland. — Les fouilles du cimetière mérovingien de Villevenard (Marne), *fig.*, p. 226 à 229.

30107. Ballu (Albert). — Rapport sur les fouilles exécutées en 1907 par le Service des monuments historiques en Algérie, p. 230 à 254.

30108. Guénin (Commandant). — Notice sur les fouilles effectuées dans une maison romaine à Henchir-Touta (Algérie), *fig.*, p. 255 à 260.

30109. Fort (Lieutenant). — Notes pour servir à la restitution de la frontière romaine au sud de la Maurétanie césarienne, *fig.* et *carte*, p. 261 à 284.

30110. Icard (Adjudant). — Fouilles dans deux nécropoles anciennes d'Hammam-Lif (Tunisie), p. 285 à 289.

30111. Audollent (Auguste). — Rapport sur deux fragments de lamelles de plomb avec inscription, découverts à Sousse (Tunisie), p. 290 à 296.

30112. Parat (L'abbé). — La poterie primitive dans les grottes du département de l'Yonne, p. 297 à 301.

30113. Dumas (Ulysse). — Une sépulture dans la grotte de Seynes (Gard), *fig.*, p. 302 à 305.

30114. Dumas (Ulysse). — Le tumulus du Moulin-à-Vent, commune de Baron (Gard), p. 306.

30115. Chanel (Émile). — Note sur une épée de bronze trouvée à Beynost (Ain), *fig.*, p. 308 à 312.

30116. Roger (Robert). — Cimetière barbare de Tabariane, commune de Teilhet, *fig.* et 9 *pl.*, p. 313 à 327.

30117. Boulanger (C.). — Le cimetière mérovingien de Monceaux (Oise), *fig.* et 6 *pl.*, p. 328 à 343.

30118. Bobeau (Octave). — Les églises de Cormery (Indre-et-Loire), *fig.* et *pl.*, p. 344 à 370.

30119. Arnaud d'Agnel (L'abbé). — Notice sur des coffrets provençaux de bois peint du xve siècle, 6 *pl.*, p. 371 à 382.

30120. Bonno (L'abbé Alfred). — Fragment de vêtement liturgique [provenant de l'abbaye de Chelles], *pl.*, p. 383. — Cf. n° 30047.

30121. Durand (Le chanoine François). — Le bas-relief du prisonnier et ses inscriptions au Musée de Nîmes *pl.*, p. 385 à 388. — Cf. n° 30047.

30122. Doublet (Georges). — Statuette de bronze des environs de Tende, *fig.*, p. 389 à 392.

30123. Toussaint (Lieutenant-colonel). — Résumé des reconnaissances archéologiques exécutées par les officiers des brigades topographiques d'Algérie et de Tunisie pendant la campagne de 1906-1907, p. 393 à 409.

30124. Carton (Dr). — Note sur des fouilles exécutées à Thuburnica et à Chemtou, p. 410 à 444.

30125. Hovart (Lieutenant). — Note sur les ruines du château byzantin d'Henchir-Zaga, *fig.*, p. 445 à 447.

COMMISSION ARCHÉOLOGIQUE D'INDO-CHINE.

La Commission archéologique d'Indo-Chine, créée par arrêté du Ministre de l'Instruction publique du 18 janvier 1908, est rattachée pour ordre à la Section d'archéologie du Comité des travaux historiques et scientifiques. Elle a en fait une organisation distincte de celle de cette section et publie un *Bulletin* spécial dont le premier fascicule a paru en 1908.

I. — **Bulletin de la Commission archéologique de l'Indo-Chine**, année 1908, 1re livraison. (Paris, 1908, in-8°, 95 p.)

[Le volume de 1908 est complet avec cette seule livraison.]

30126. Finot (Louis). — Rapport sur les monuments archéologiques de l'Indo-Chine et les mesures de préservations prises par les autorités coloniales, p. 5 à 12.

30127. Chavannes. — Observations archéologiques recueillies au cours d'un voyage en Annam et au Cambodge, p. 12 à 15.

30128. Bonhoure. — Rapport à M. le Ministre des Colonies sur la conservation des monuments historiques de l'Indo-Chine, p. 33 à 45.

30129. Parmentier (H.). — Rapport sur les travaux à exécuter à Angkor, *fig.*, p. 46 à 81.

30130. Parmentier (H.). — Rapport sur la méthode suivie dans les travaux de restauration de Po-Nagar, p. 82 à 87.

30131. Parmentier (H.). — Rapport sur la création d'un musée cham, p. 89 à 94.

30132. Ducret (Lieutenant). — Plan d'ensemble des monuments du groupe d'Angkor (mission Lunet de Lajonquière), *pl. sans texte.*

SECTION D'HISTOIRE ET DE PHILOLOGIE.

XXVI. — Bulletin historique et philologique du Comité des travaux historiques et scientifiques, année 1908. (Paris, 1908, in-8°, 485 p.)

30133. OURSEL. — Le plus ancien obituaire de l'insigne collégiale Notre-Dame de Beaune, p. 10 à 21.

30134. MEYER (Paul). — Rapport sur une communication de M. Destandau, p. 21 à 22.

[Lettre de Charles d'Anjou, comte de Provence.]

30135. DELISLE (Léopold). — Notice sur M. de Boislisle [† 1908], p. 29.

30136. MAURY (Eugène). — Dom Mareschal et les archives de Bar-sur-Aube, p. 32 à 34.

30137. ROUCHON (Ulysse). — La musique et la librairie au Puy à la fin du XVIe siècle, p. 35 à 44.

30138. DELAGE (Franck). — Statuts du chapitre du Dorat au diocèse de Limoges (1291-1477), p. 45 à 77.

30139. GAZIER (G.). — Congrès des sociétés savantes. Séances de la section d'histoire et de philologie, p. 78 à 150.

30140. COQUELLE. — La maladrerie de Janval, près de Dieppe, p. 90.

30141. CARAMAN (Paul). — L'instruction publique à Castelmoron-d'Albret (Gironde), p. 92.

30142. FLOBERT (Paul). — Clocheteurs et crieurs des morts, p. 93.

30143. GUESNON (A.). — Trouvères artésiens, p. 94.

30144. MOREL (Le chanoine). — Chronologie des évêques de Laon, p. 96.

30145. BAZEILLE. — Anciennes mesures usitées dans l'Orne, p. 99.

30146. GÉRIN-RICARD (DE). — Phénomènes météorologiques observés en Provence de 1634 à 1818, p. 100.

30147. SAINT-SAUD (A. DE). — Les chartriers des Donissan de Cibran (Bordelais), La Roussie de La Pouyade (Périgord), Du Vergier de La Rochejaquelein (Poitou), p. 101.

30148. MONTÉGUT (DE). — Les testaments de saint Yrieix, p. 103.

30149. DEPOIN. — Origine des comtes du Vexin, d'Amiens et de Valois, p. 104.

30150. DEPOIN. — La famille de Robert le Fort, p. 105.

30151. SABRAN D'ALLARD (Louis DE). — Les haras en Auvergne au XVIe siècle, p. 106.

30152. GAUTHIER (Gaston). — Droits d'usage dans les forêts du Nivernais, p. 107.

30153. HOUCHART D'ENTREMONT (Mlle). — La baronnie de Grimaudet et son castellum fortifié, p. 108.

30154. CLÉMENT-SIMON. — Le refus de l'impôt à Tulle en 1693, p. 110.

30155. DEVILLE (Étienne). — Mandements de François Ier, concernant le port du Havre (1518) et les abus des officiers royaux à Avranches (1540), p. 112.

30156. THIOT (L.). — Les Sociétés populaires de Beauvais, p. 118.

30157. RUMEAU. — Les Sociétés populaires de Grenade [Haute-Garonne], p. 119 à 120.

30158. CORDIER. — Les études chinoises, p. 123 à 143. — Cf. id., n° 30190.

30159. LESORT. — Notes biographiques sur le chroniqueur Enguerrand de Monstrelet, p. 153 à 157.

30160. QUIGNON (H.). — Les obituaires de l'Hôtel-Dieu de Beauvais, p. 158 à 174.

30161. QUIGNON (H.) — Cartulaire du XIIIe siècle de l'Hôtel-Dieu de Beauvais, p. 175 à 178.

30162. MEISTER (L'abbé). — La confrérie de Saint-Jean-l'Évangéliste établie en l'église Saint-Pierre de Beauvais (Oise), sa fondation, ses statuts, ses revenus aux XIIIe et XIVe siècles, p. 179 à 216.

30163. COQUELLE (P.). — Le chevalier d'Éon, ministre plénipotentiaire de France à Londres (avril-octobre 1763), p. 217 à 246.

30164. ARNAUD D'AGNEL (L'abbé). — La politique de René envers les juifs de Provence, p. 247 à 276.

30165. GRAVE (E.). — Calvin et les protestants du Vexin, p. 277 à 290.

30166. LAURAIN (E.). — Du style chronologique en usage dans le Bas-Maine au commencement du XIIIe siècle, p. 291 à 301.

30167. BAGUENAULT DE PUCHESSE. — Les opérations de l'armée royale dans le Limousin en juin 1569 d'après les lettres inédites de François de L'Aubespine, p. 302 à 313.

30168. COULON (Dr H.). — Énumération des épidémies survenues à Cambrai du XIe au XVIIIe siècle et des mesures prises pour les combattre, p. 314 à 325.

30169. DEVILLE (Étienne). — Funérailles de Henri II d'Orléans, duc de Longueville, gouverneur de Normandie (11 mai 1663), p. 326 à 336.

30170. DURIEUX (J.). — Le marquis de Fénelon, lieutenant général des armées du roi Louis XV, p. 337 à 343.

30171. SOYER (Jacques). — Lettres de rémission accordées par l'empereur Charles-Quint lors de son passage à Orléans (20 décembre 1539), p. 344 à 353.

30172. POMMIER. — Notes sur des manuscrits et lettres autographes du peintre Girodet, p. 354 à 371.

30173. BLOSSIER. — Taveau, député du Calvados à la Convention, sa correspondance politique avec la municipalité et la Société populaire de Honfleur, p. 371 à 380.

30174. GALLAND (A.). — La Société populaire de Cherbourg depuis le 10 août 1792 jusqu'à sa dissolution (29 août 1795), p. 381 à 397.

30175. DELISLE (L.). — Rapport sur une communication de M. Loriquet, p. 403 à 404.

[Charte de Guillaume Le Maréchal.]

30176. Meyer (Paul). — Rapport sur l'inventaire d'un forgeron de Calvisson (Gard) communiqué par M. Bligny-Bondurand (1442) [liste des termes techniques en langue provençale], p. 404 à 405. — Cf. n° 30177.

30177. Bligny-Bondurand. — Inventaire d'un forgeron de Calvisson (Gard) (1442), texte en langue d'oc, p. 406 à 414. — Cf. n° 30176.

30178. Vidal. — Notre-Dame-du-Montement à Rabastens, projet pour la construction d'un appareil destiné à figurer à l'Assomption [1501], p. 415 à 421.

30179. Babelon. — Discours à l'occasion de la mort de M. Gaston Boissier, p. 425 à 430. — Cf. id., n°s 30391 et 30437.

30180. Boutillier du Retail. — Un épisode de la vie de François Gentil (1579), p. 431 à 438.

30181. Delisle (L.). — Charles de Beaurepaire [1820-† 1908], p. 442 à 444.

30182. Laurain. — Description d'un manuscrit de la bibliothèque de Laval non mentionné dans le catalogue, p. 445 à 450.

[Recueil de chartes de Laval.]

30183. Langlois (Ch.-V.). — Rapport sur une communication de M. l'abbé Joseph Bonnet. Anciens comptes de missions [1313-1318], p. 453 à 463.

30184. Rouchon (Ulysse). — Le théâtre au Puy à la fin du XVIIIe siècle, p. 465 à 476.

SECTION DE GÉOGRAPHIE.

XXIII. — Bulletin de géographie historique et descriptive, année 1908. (Paris, 1908, in-8°, 452 p.)

30185. Desplagnes (Lieutenant L.). — Les ruines de Ganna, vieille métropole soudanaise, p. 33 à 36.

30186. Avelot (Capitaine R.). — L'Afrique occidentale au temps des Antonins, *carte*, p. 37 à 80.

30187. Hamy (E.-T.). — Réunion des délégués des Sociétés savantes. Section de géographie, p. 81 à 132.

30188. Humbert. — Documents manuscrits relatifs au Vénézuéla conservés au musée Britannique, p. 94.

30189. Masson. — Concessions et campagnes d'Afrique (1800-1830), p. 101 à 103.

30190. Cordier (Henri). — Les études chinoises, p. 110 à 126. — Cf. id. n° 30158.

30191 Mary (Albert et Alexandre). — L'enfouissement des eaux et l'hydrographie du littoral de la Seine-Inférieure, *fig.*, p. 133 à 157.

30192. Coincy (Henri). — Cartographie des dunes de Gasgogne, p. 165 à 172.

30193. Duffart (Charles). — L'extension du cap Ferret et l'instabilité des passes du bassin d'Arcachon, du XVIe siècle à la fin du XIXe siècle, *carte*, p. 173 à 184.

30194. Buffault (Paul). — Les anciennes forêts du Rouergue, p. 185 à 191.

30195. Fabre (L.-A.). — L'exode montagneux en France, p. 192 à 272.

30196. Aymonier. — Notice sur M. Camille Paris [† 1908], p. 293 à 295.

30197. Vidal de La Blache. — Notice sur M. Himly [1823 † 1906], p. 295 à 297.

30198. Vacher (Antoine). — Fleuves et rivières de France. Étude sur les documents réunis par l'administration des Ponts et Chaussées, p. 325 à 400.

30199. Avelot (Capitaine R.). — Le pays d'origine des Pahouins et des Bakalais, p. 401 à 403.

30200. Cabaton (A.). — Le Cambodge et le Champa au XVIe siècle, d'après des documents espagnols, p. 404 à 409.

30201. Pawlowski (Auguste). — Les transformations du littoral français. Le golfe d'Aunis (de La Rochelle à Fouras) à travers les âges, d'après la géologie, la cartographie et l'histoire, p. 410 à 438.

SECTION DES SCIENCES ÉCONOMIQUES ET SOCIALES.

XXVI. — Bulletin du Comité des travaux historiques et scientifiques. Section des sciences économiques et sociales. Congrès des Sociétés savantes de 1908, tenu à Paris. (Paris, 1909, in-8°, 222 p.). — Compte rendu des séances, année 1908. (Paris, 1909, in-8°, 75 p.).

Congrès.

30202. Nicolaï (Alexandre). — Recherches sur la situation et sur les rapports respectifs des patrons et des ouvriers à Bordeaux pendant le XVIIIe siècle (1700-1800), p. 120 à 145.

30203. Martin (Germain). — Les famines de 1693 à 1709 et la spéculation sur les blés, *tableau*, p. 150 à 172.

30204. Yrondelle. — Le collège d'Orange, p. 175 à 179.

30205. Turpin (D^r^). — Les anciennes communautés de laboureurs et la coutume du bordelage dans les paroisses de Cours de Magny, près Nevers, du XVe au XVIIIe siècle, p. 179, et 192.

30206. Cavaillès (Henri). — Note sur les syndicats de communes dans les vallées pyrénéennes, p. 193 à 201.

30207. Lavialle (J.-B.). — La forêt limousine autrefois et aujourd'hui, p. 202 à 210.

III

REUNION DES SOCIÉTÉS DES BEAUX-ARTS.

XXXII. — Réunion des Sociétés des beaux-arts des départements, Salle de l'hémicycle à l'École nationale des Beaux-Arts, du 21 au 24 avril 1908. (Paris, 1908, in-8°, 328 p.)

30208. Jadart (Henri). — Du sort des monuments et des œuvres d'art à Reims pendant la Révolution (1790-1800), *pl.*, p. 33 à 62.

[Abbaye de Saint-Denis de Reims, *pl.*]

30209. Gandilhon (A.). — Documents pour servir à l'histoire des arts à Bourges du XIVe au XVIe siècle, p. 62 à 86.

30210. Delignières (Em.). — Restes de peintures murales de la première moitié du XVIe siècle retrouvées à l'église paroissiale de Saint-Riquier (Somme), 2 *pl.*, p. 87 à 95.

30211. Urseau (Chanoine Ch.). — Les peintures murales de l'ancien couvent de La Baumette près d'Angers, 5 *pl.*, p. 95 à 103.

30212. Lesort (André). — Correspondance inédite du peintre et graveur Houël (21 janvier-17 août 1791), p. 103 à 118.

30213. Biais (Émile). — Deux portraits par Martin Drolling (1793), *pl.*, p. 118 à 121.

[Portraits de Mlles de Saint-Gresse, *pl.*]

30214. Bouillon-Landais. — Ponson (Luc-Raphaël), [1835 † 1903], p. 121 à 125.

30215. Guillibert (Baron). — Un buste du philosophe marquis d'Argens [par Bridan], *pl.*, p. 125 à 132.

30216. Veuclin (E.). — Un artiste villageois de la seconde moitié du XVIIe siècle [Ildevert Canteloup], *pl.*, p. 133 à 142.

[Ornement du lambris de l'église de Nonancourt (Eure), *pl.*]

30217. Brune (P.). — Quatre ivoires anciens des musées du Jura (Lons-le-Saunier et Dôle), 3 *pl.*, p. 143 à 146.

30218. Brune (P.). — Le Musée de Dôle et les statues dijonnaises de Froidefontaine, 5 *pl.*, p. 147 à 153.

30219. Bossebœuf (L.). — La vaisselle d'or et d'argent du cardinal Georges d'Amboise, p. 153 à 157.

30220. Hénault. — Les Lussigny, orfèvres, *pl.*, p. 158 à 173.

30221. Jacquot (Albert). — Essai de répertoire des artistes lorrains ferronniers, serruriers d'art, fondeurs, horlogers mécaniciens, 5 *pl.*, p. 173 à 204.

30222. Giron (Léon). — Le Musée du cloître au Puy (Haute-Loire), p. 205 à 208.

30223. Paumès (B.). — Le clocher du lycée Gambetta de Cahors, *pl.*, p. 209 à 213.

30224. Charvet (E.-L.-G.). — Enseignement public des arts du dessin à Lyon, *fig.*, p. 214 à 272.

30225. Coelier (Charles). — Documents sur l'art musical en Touraine, 2 *pl.*, p. 273 à 286.

[Joseph Laneuville, *portr.*; orgue de la cathédrale de Tours, *pl.*]

SEINE. — PARIS.

COMMISSION DES MISSIONS SCIENTIFIQUES ET LITTÉRAIRES.

Voir, pour les publications de cette Commission antérieures à 1901, la table récapitulative de notre *Bibliographie générale;* et pour ses publications postérieures, les tables placées à la fin des tomes I et II de notre *Bibliographie annuelle.*

XV. — Nouvelles archives des Missions scientifiques et littéraires. Choix de rapports et instructions publiés sous les auspices du Ministère de l'Instruction publique, t. XV. (Paris, 1908, in-8°, 593 p.)

30226. Braesch (F.). — Rapport sur les documents relatifs à la Révolution française à Paris, conservés au British Museum à Londres, p. 1 à 60.

30227. Gravier (Charles). — Rapport sur une mission scientifique à l'île de San Thomé (golfe de Guinée), *fig.*, p. 61 à 70.

30228. Germain de Montauzan (C.). — Rapport sur une mission scientifique en Italie et en Tunisie, *fig.*, p. 71 à 123.

30229. Gauckler (P.). — Rapport sur des inscriptions latines découvertes en Tunisie de 1900 à 1905, *fig.* et 35 *pl.*, p. 283 à 593.

XVI. — Nouvelles archives des Missions scientifiques et littéraires..., t. XVI. (Paris, 1908, in-8°, 407 p.)

30230. Olmer (L.-J.). — Rapport sur une mission scientifique en Perse, p. 1 à 110.

30231. Bel (J.-Marc). — Rapport sur une mission au Congo français (1906-1907), p. 111 à 162.

30232. Amar (Jules). — Rapport sur une mission scientifique dans le bassin occidental de la Méditerranée, p. 163 à 172.

SEINE. — PARIS.

COMMISSION DE RECHERCHE ET DE PUBLICATION DES DOCUMENTS RELATIFS À LA VIE ÉCONOMIQUE DE LA RÉVOLUTION.

Voir, pour les publications antérieures de cette Commission, la table placée à la fin du tome II de notre *Bibliographie annuelle.*

30233. Gerbaux (Fernand) et Schmidt (Charles). — Procès-verbaux des Comités d'agriculture et de commerce de la Constituante, de la Législative et de la Convention. T. III. Convention nationale, 1re partie. (Paris, 1908, in-8°, xiv-763 p.)

[Les tomes I et II ont paru en 1906 et 1907.]

30234. Bourgin (Georges). — Le partage des biens communaux. Documents sur la préparation de la loi du 10 juin 1793. (Paris, 1908, in-8°, xxiv-757 p.)

30235. Bruchet (Max). — L'abolition des droits seigneuriaux en Savoie (1761-1793). (Annecy, 1908, in-8°, ciii-638 p.)

30236. Guillaume (L'abbé). — Recueil des réponses faites par les communautés de l'élection de Gap au questionnaire envoyé par la Commission intermédiaire des États du Dauphiné. (Paris, 1908, in-8°, xvii-609 p.)

30237. Moulin (Paul). — Département des Bouches-du-Rhône. Documents relatifs à la vente des biens nationaux. T. Ier. (Marseille, 1908, in-8°, lxxii-592 p.)

30238. Fournier (Joseph). — Département des Bouches-du-Rhône. Cahier de doléances de la sénéchaussée de Marseille pour les États généraux de 1789. (Marseille, 1908, in-8°, lxi-557 p.)

30239. Bligny-Bondurand. — Département du Gard. Cahiers de doléances de la sénéchaussée de Nîmes pour les États généraux de 1789. T. Ier. (Nîmes, 1908, in-8°, iv-584 p.)

30240. Lesueur (Dr F.) et Cauchie (A.). — Département de Loir-et-Cher. Cahiers de doléances du bailliage de Blois et du bailliage secondaire de Romorantin pour les États généraux de 1789. T. II. (Blois, 1908, in-8°, 510 p., *carte.*)

[Le tome Ier a paru en 1907.]

30241. Fourastié (Victor). — Département du Lot. Cahiers de doléances de la sénéchaussée de Cahors pour les États généraux de 1789. (Cahors, 1908, in-8°, xiv-383 p., *carte.*)

30242. Bridrey (Émile). — Département de la Manche. Cahiers de doléances du bailliage de Cotentin (Coutances et secondaires) pour les États généraux de 1789. T. II. (Paris, 1908, in-8°, 806 p.)

[Le tome Ier a paru en 1907.]

30243. Mourlot (Félix). — Département de l'Orne. Recueil des documents d'ordre économique contenus dans les registres de délibérations des municipalités du district d'Alençon (1788-an iv). T. II. Cantons de Courtomer, d'Essai et du Mêle-sur-Sarthe. (Alençon, 1908, in-8°, 672 p.)

[Le tome Ier a paru en 1907.]

30244. Porée (Charles). — Département de l'Yonne. Cahiers de doléances du bailliage de Sens pour les États généraux de 1789. (Auxerre, 1908, in-8°, xxxviii-847 p.)

III. — Commission de recherche et de publication des documents relatifs à la vie économique de la Révolution. Bulletin trimestriel, année 1908. (Paris, 1908, in-8°, 543 p.)

30245. Anonyme. — Deuxième instruction pour la publication des documents relatifs aux biens nationaux, p. 1 à 10.

30246. Schmidt (Ch.). — Un essai de statistique industrielle en l'an v, p. 11 à 205.

[Départements de la Corrèze, de la Creuse, de la Moselle, du Nord, du Pas-de-Calais, de la Sarthe.]

30247. Caron (P.). — Mémoire du Conseil général du département du Nord sur les assignats (1792), p. 206 à 212.

30248. Caron (P.). — Le maximum des eaux-de-vie dans la région charentaise (vendémiaire-brumaire an ii), p. 212 à 217.

30249. Caron (P.). — Les conséquences du maximum pour l'agriculture, p. 217 à 221.

30250. Anonyme. — Instruction pour la publication des documents relatifs à l'assistance publique, p. 225 à 231.

30251. Bloch (Camille). — Notes sur la législation et l'administration de l'assistance de 1789 à l'an viii, p. 232 à 250.

30252. Bloch (Camille). — Recueil des principaux textes législatifs et administratifs concernant l'assistance de 1789 à l'an viii, p. 251 à 521.

30253. Bloch (Camille). — Note sur les sources aux Archives nationales de l'histoire de l'assistance publique de 1789 à l'an viii, p. 522 à 536.

SEINE. — PARIS.

COMMISSION DU VIEUX PARIS.

Voir, pour les publications de cette Commission antérieures à 1901, la table récapitulative de notre *Bibliographie générale;* et pour ses publications postérieures, les tables placées à la fin des tomes I et II de notre *Bibliographie annuelle.*

XI. — Ville de Paris. Commission municipale du Vieux Paris. Année 1908. Procès-verbaux. (Paris, 1908, in-4°, 180 et 143 p.)

30254. Divers. — Démolition de la tour de Dagobert, rue Chanoinesse, 3 *pl.*, p. 3, 8, et 113.

30255. Sellier (Charles). — La chapelle Saint-Aignan [en la Cité], 2 *pl.*, p. 3 à 8.

30256. Laugier (André). — L'ancienne tourelle de la rue de l'École-de-Médecine, *pl.*, p. 10.

30257. Lambeau (Lucien). — La fontaine Montreuil [faubourg Saint-Antoine], *pl.*, p. 11 à 16.

30258. Lambeau (Lucien). — La place Royale et le lotissement du parc des Tournelles, 2 *pl.*, p. 19 à 31, et 130 à 131.

30259. Lambeau (Lucien). — L'ancien couvent de la Visitation de la rue Saint-Jacques, puis des Dames de Saint-Michel; boiseries d'un oratoire intérieur; élection aux États généraux de 1789, p. 38 à 40, et 86 à 88.

30260. Lambeau (Lucien). — Le bas-relief de la façade de l'École de médecine, p. 40.

30261. Mareuse (Edgar). — La tourelle de Saint-Mandé, *pl.*, p. 41.

30262. Laugier (André). — Anciennes maisons de la rue Galande, p. 42.

30263. Laugier (André). — Ancien cimetière Saint-André-des-Arts. Croix de pierre avec inscription tombale, p. 44.

30264. Sellier (Charles). — L'ancien couvent des Carmélites de la rue d'Enfer, p. 45 à 56.

30265. Lambeau (Lucien). — Iconographie de la Commission du Vieux Paris [liste des planches publiées depuis 1898], p. 56 à 69.

30266. Petit. — Alignements de la place des Vosges; pavillon sud situé jadis sur la rue du Pas-de-la-Mule; arcades du pavillon de la Reine, p. 76 à 81.

30267. Sellier (Charles). — Fragment de l'enceinte de Lutèce découvert rue Chanoinesse, 4 *pl.*, p. 82 à 84.

30268. Lambeau (Lucien). — L'Abbaye-aux-Bois; cérémonie du baptême d'une cloche au xviiie siècle; élection aux États généraux de 1789, p. 84 à 86.

30269. Petit et Bouvard. — Les surélévations de la rue de Rivoli, p. 90 à 93.

30270. La Vallée-Poussin (L. de). — Maison de la rue de Penthièvre, n° 26, p. 102.

30271. Divers. — Protection des monuments; l'hôtel de Sens, 2 *pl.*, p. 106 à 108.

30272. Sellier (Charles). — A propos de la démolition de l'Hôtel du prévôt, dénommé à tort l'hôtel de Graville, note rectificative et complémentaire, *pl.*, p. 110 à 112. — Cf. X, p. 167.

30273. Sellier (Charles). — Vestiges d'un pavage antique découverts rue et place du Petit-Pont, p. 112.

30274. Sellier (Charles). — Découvertes archéologiques faites dans diverses fouilles, p. 113.

[Poteries gallo-romaines; mur de l'enceinte de Charles V, et de la porte Saint-Honoré, place du Théâtre-Français; sarcophages de l'Abbaye-aux-Bois.]

30275. Sellier (Charles). — Nouveaux vestiges du théâtre gallo-romain de la rue Racine, 2 *pl.*, p. 114.

30276. Laugier (André). — Maison de la rue Transnonain, actuellement rue Beaubourg, *pl.*, p. 116.

30277. Anonyme. — Servitudes d'architecture aux abords de l'église de la Trinité, p. 124 à 126.

30278. Lambeau (Lucien). — La maison de Balzac, rue Raynouard, 4 *pl.*, p. 130.

30279. Lambeau (Lucien). — Tableau représentant la tourelle de Saint-Mandé, p. 131.

30280. Laugier (André). — Niches contenant des statuettes de la Vierge, p. 133.

30281. Sellier. — Résultat des fouilles exécutées dans Paris, p. 134 à 139, et 163.

[Cercueil de plomb rue du Cardinal-Lemoine, *pl.*; fragment de l'enceinte de Philippe Auguste, dérivation de la Bièvre; ancien mur de quai sur le quai d'Austerlitz; anciens murs d'enceinte du Palais, au Palais de justice.]

30282. Divers. — L'ancienne Faculté de médecine de la rue de la Boucherie, *pl.*, p. 153 à 155.

30283. Tesson (L.). — Bornes situées devant l'ancien Théâtre-Italien, p. 156.

30284. Tesson. — Le grenier à sel de Paris [rue Saint-Germain-l'Auxerrois, 6], 4 *pl.*, p. 157 à 162.

30285. Divers. — A propos de la démolition de l'hôtel de Flesselle, 3 *pl.*, p. 165.

30286. Divers. — Sculptures décorant une maison de la rue Caumartin, *pl.*, p. 166 à 168.

Annexe.

30287. Lambeau (Lucien). — Un vieux couvent parisien. Les Dominicaines de la Croix de la rue de Charonne (1639-1904), 7 *pl.*, 143 p.

SEINE. — PARIS.

CONSEIL HÉRALDIQUE.

Voir, pour les publications de cette Société antérieures à 1901, la table récapitulative de notre *Bibliographie générale;* et pour ses publications postérieures, les tables placées à la fin des tomes I et II de notre *Bibliographie annuelle.*

XXI. — Annuaire du Conseil héraldique, 21e année. (Paris, 1908, in-16, 419 p.)

30288. Du Boscq de Beaumont (G.). — Les anoblissements à l'infini tant en ligne masculine que féminine [xve s.], p. 63 à 73.

30289. Guillot (Gaëtan). — La famille de Bernardin Kadot, marquis de Sébeville, envoyé extraordinaire du roi Louis XIV à Vienne, p. 74 à 92.

30290. Rodière (Roger). — La famille de Hègues et le roman de mademoiselle Du Hamelet, p. 93 à 134.

30291. Couret. — L'ordre du Saint-Sépulcre de Jérusalem et le bref pontifical du 3 mai 1907, p. 135 à 146.

30292. Launay (L'abbé J. de). — Une sainte veuve parisienne au xvie siècle. Marie Du Drac et sa famille, p. 147 à 199.

[Livre de raison de la famille Du Drac (1502-1588), p. 169.]

30293. La Loge d'Ausson (Vicomte Th. de). — De l'usurpation des noms nobles et de sa répression pénale, p. 200 à 206.

30294. Pérot (Francis). — Le Bourbonnais épiscopal, p. 207 à 296.

30295. Wismes (Baron Gaëtan de). — Train de maison d'une grande dame bretonne [Jeanne de Trésiguidy, dame de Sainte-Beuve] au xve siècle, et notes historiques sur les Trésiguidy, p. 297 à 310.

30296. Launay (L'abbé J. de). — Bourgeois de Paris, maçons au moyen âge, p. 311 à 343.

30297. M. G. B. — Le comte de Poli [† 1908], *portr.*, p. 354 à 359.

SEINE. — PARIS.

INSTITUT DE FRANCE.

Voir, pour les publications de l'Institut antérieures à 1901, la table récapitulative de notre *Bibliographie générale;* et pour ses publications postérieures, les tables placées à la fin des tomes I et II de notre *Bibliographie annuelle.*

XCI. — Institut de France. Séance publique annuelle des cinq Académies du samedi 24 octobre 1908, présidée par M. Ernest Babelon, président de l'Académie des inscriptions et belles-lettres. (Paris, 1908, in-4°, 97 p.)

30298. Babelon (Ernest). — Discours, p. 3 à 15.
30299. Lacroix (A.). — Les derniers jours d'Herculanum et de Pompéi interprétés à l'aide de quelques phénomènes récents du volcanisme, p. 21 à 39. — Cf. id. n° 31010.
30300. Guiffrey. — André Le Nostre, p. 41 à 57.
30301. Luchaire. — Un diplomate [Pierre de Blois, XIIe siècle], p. 59 à 71.

PIÈCES DIVERSES.

30302. Picot (Georges) et Guiffrey (Jules). — Inauguration de l'Institut français de Florence le lundi 27 avril 1908. (Paris, 1908, in-4°.)

[Discours de MM. Georges Picot et Jules Guiffrey.]

JOURNAL DES SAVANTS.

VI. — Journal des Savants, publié sous les auspices de l'Institut de France. Nouvelle série. 6e année. (Paris, 1908, in-4°, 684 p.)

30303. Maspero (G.). — La statuaire égyptienne, p. 5 à 17.
30304. Luchaire (Achille). — L'Albigéisme languedocien, p. 17 à 30.
30305. Le Dantec (Félix). — Quatre discours de Lamarck, p. 30 à 41.
30306. Delisle (Léopold). — Un livre de chœur normanno-sicilien conservé en Espagne, *facs.*, p. 42 à 49.
30307. Lasteyrie (R. de). — Observations sur l'architecture gothique en Angleterre, p. 57 à 71.
30308. Jullian (Camille). — Les villes fortes de la Gaule romaine, p. 72 à 79.
30309. Weil (H.). — Remarques sur les nouveaux fragments de Ménandre, p. 80 à 84.
30310. Huguet (Edmond). — La langue française au XVIe siècle, p. 84 à 96.
30311. Mézières (A.). — Le Musée Condé en 1907, p. 96 à 102.
30312. Cumont (Franz). — La religion et les philosophes en Grèce, p. 113 à 126.
30313. Bellaigue (C.). — L'office de Pierre de Corbeil, p. 127 à 135.
30314. Lévi (Silvain). — Numismatique hindoue, p. 135 à 140.
30315. Léger (L.). — Un historien tchèque, Vacslav Tomek, p. 141 à 153.
30316. Foucart (Paul). — Les certificats de sacrifice pendant la persécution de Décius (250), p. 169 à 181.
30317. Merlin (A.). — Les types monétaires de la Grèce primitive, leur intérêt historique, p. 181 à 190.
30318. Thureau-Dangin (Fr.). — La chronologie babylonienne, p. 190 à 202.
30319. Radet (Georges). — La Gaule primitive et archaïque, p. 202 à 207, et 257 à 271.
30320. Guiffrey (Jules). — Les derniers jours de l'Académie de France à Rome en 1793, p. 225 à 234. — Cf. n° 30346.
30321. Coville (Alfred). — La jeunesse et la vie privée de Louis XI, p. 235 à 246, et 294 à 302.
30322. Gaffiot (F.). — Le vrai latin, p. 246 à 257.
30323. Berger (Élie). — Jacques II d'Aragon, le Saint-Siège et la France, p. 281 à 294, et 348 à 359.

IMPRIMERIE NATIONALE.

30324. Weil (H.). — Textes grecs récemment découverts, p. 303 à 309.

[*Péans* de Pindare; *Hellenika* de Théopompe (?); Συμπόσιον de Platon.]

30325. Auerbach (B.). — L'évolution des conceptions et de la méthode en géographie, p. 309 à 321.

30326. Pichon (René). — Le style des discours de Cicéron, p. 360 à 368.

30327. Perrot (Georges). — Gaston Boissier († 1908), p. 388 à 392.

30328. Fagniez (G.). — L'organisation professionnelle à Amiens [xve-xvie s.], p. 393 à 401.

30329. Marion (M.). — La propriété rurale en France au xviiie siècle, p. 401 à 408.

30330. Léger (Louis). — Le centenaire de la littérature bulgare, p. 408 à 417.

30331. Langlois (Ch.-V.). — L'affaire des Templiers, p. 417 à 435.

30332. Perrot (Georges). — Un inventaire des matériaux de l'archéologie classique, p. 449 à 456, et 516 à 529.

30333. Toutain (J.). — La Bretagne romaine, fouilles et découvertes récentes, p. 457 à 467.

30334. Thomas (Antoine). — La légende de Saladin en Poitou, p. 467 à 471.

30335. Dehérain (Henri). — Le naturaliste Auguste Broussonet [1761 † 1807], p. 471 à 490.

30336. Delisle (L.). — Un manuscrit de la cathédrale de Mende perdu et retrouvé. Les miracles de saint Privat, p. 505 à 512.

30337. Puiseux (P.). — Le plus ancien monument de l'astronomie chinoise, p. 512 à 516.

30338. Halévy (Elie). — La reine Victoria, p. 530 à 542.

30339. Pottier (E.). — Les cylindres Chaldéens, p. 561 à 569.

30340. Goyau (G.). — Gladstone et l'anglicanisme, p. 570 à 580.

30341. Grenier (A.). — L'histoire des origines de Rome d'après les derniers travaux italiens, p. 580 à 592, et 632 à 642.

30342. Léger (Louis). — M. V. Jagic et les études slaves, p. 592 à 596.

30343. Cagnat (R.). — Pouzzoles et les commerçants étrangers établis dans les ports du monde romain, p. 617 à 624.

30344. Le Breton (André). — Le goût de la musique dans la société française du xviie siècle, p. 625 à 631.

30345. Auerbach (Bertrand). — La formation de l'État anglo-égyption. p. 643 à 655.

30346. Guiffrey (J.). — L'Académie de France à Rome de 1793 à 1803, p. 655 à 668. — Cf. n° 30320.

ACADÉMIE FRANÇAISE.

LXXVIII. — Institut de France. Académie française. Séance publique annuelle du jeudi 26 novembre 1908, présidée par M. le marquis de Ségur, directeur. (Paris, 1908, in-4°, 109 p.)

30347. Ségur (Marquis de). — Discours sur les prix de vertu, p. 83 à 109.

Institut de France. Académie française. Discours prononcés dans la séance publique tenue par l'Académie française pour la réception de M. le marquis de Ségur, le 16 janvier 1908. (Paris, 1908, in-4°, 59 p.)

30348. Ségur (Marquis de). — Discours, p. 3 à 33.

[Éloge de M. Rousse.]

30349. Vandal (Albert). — Discours, p. 35 à 59.

Institut de France. Académie française. Discours prononcés dans la séance publique tenue par l'Académie française pour la réception de M. Henri Barboux, le jeudi 20 février 1908. (Paris, 1908, in-4°, 68 p.)

30350. Barboux (Henri). — Discours. p. 3 à 38.

[Éloge de Ferdinand Brunetière.]

30351. Claretie (Jules). — Discours, p. 39 à 68.

CXI. — Institut de France. Funérailles de M. Émile Gebhart, membre de l'Académie française et de l'Académie des sciences morales et politiques, le vendredi 24 avril 1908. (Paris, 1908, in-4°, 13 p.)

30352. Ségur (Marquis de). — Discours, p. 1 à 7.

30353. Foville (De). — Discours, p. 9 à 13.

CXII. Institut de France. Académie française. Funérailles de M. Victorien Sardou, membre de l'Académie française, le mercredi 11 novembre 1908. (Paris, 1908, in-4°.)

30354. Vandal (Albert). — Discours, p. 1 à 6.
30355. Hervieu (Paul). — Discours, p. 7 à 12.

PIÈCES DIVERSES.

30356. Bazin (René). — Institut de France. Académie française. Inauguration du monument élevé à la mémoire de Honoré d'Urfé, à Virieu-le-Grand, le dimanche 20 septembre 1908. (Paris, 1908, in-8°, 11 p.)

ACADÉMIE DES INSCRIPTIONS ET BELLES-LETTRES.

En 1908, l'Académie des Inscriptions et belles-lettres a commencé la publication d'une nouvelle collection consacrée aux *Chartes et diplômes;* nous en indiquons ci-après (nos 30448 et 30449) les deux premiers volumes.

LII. — Académie des Inscriptions et belles-lettres. Comptes rendus des séances de l'année 1908. (Paris, 1908, in-8°, 872 p.)

30357. Jerphanion (Le P. Guillaume de). — Les églises souterraines de Gueuremé et Soghanle (Cappadoce), *fig.*, p. 7 à 21.
30358. Giron (Noël). — Nouvelles maximes en démotique appartenant au papyrus moral de Leyde, *facs.*, p. 29 à 36.
30359. Babelon (E.). — Discours prononcé à l'occasion du décès de M. le baron Victor de Rosen, p. 38 à 43.
30360. Monceaux (Paul). — La chronologie des œuvres de saint Augustin, p. 51 à 53.
30361. Collignon. — Statuette grecque archaïque du musée d'Auxerre, p. 53.
30362. Delattre (Le P.). — La Basilica majorum [à Carthage], puits rempli de squelettes, *fig.*, p. 59 à 69.
30363. Bréal (Michel). — Les mots servant à exprimer les idées de *bienséance* et de *convenance*, p. 75.
30364. Blanchet (Adrien). — Le monnayage de l'Empire romain après la mort de Théodose Ier, p. 77 à 82.
30365. Mély (F. de). — Le Christ à tête d'âne du Palatin, *fig.*, p. 82 à 92.
30366. Gondouin (Capitaine). — Trouvailles épigraphiques à l'Henchir-Chett, p. 98.
30367. Durrieu (Comte Paul). — Les armoiries du bon roi René, *fig.*, p. 102 à 114.
30368. Merlin (Alfred). — Une inscription latine découverte à Korbous (Tunisie), *fig.*, p. 120 à 125.
30369. Babelon (E.). — Discours prononcé à l'occasion du décès de M. A. de Boislisle, p. 135 à 139. — Cf. id. n° 30432.
30370. Héron de Villefosse. — Inscription latine découverte à Malte, p. 140.
30371. Bouché-Leclercq. — Les nouveaux papyrus grecs d'Éléphantine, p. 142 à 144.
30372. Mély (F. de). — Le Laocoon de la collection du duc d'Arenberg à Bruxelles, p. 145.
30373. Maurice (Jules). — La véracité historique de Lactance, p. 146 à 159.
30374. Holleaux (Maurice). — Rapport sur les travaux exécutés dans l'île de Délos par l'École française d'Athènes pendant l'année 1907, *fig.* et *plan*, p. 163 à 187.
30375. Chavannes (Édouard). — Note sur les résultats archéologiques de la mission accomplie en 1907 dans la Chine du Nord, 15 *pl.*, p. 187 à 203.
30376. Diehl (Charles). — Note sur deux inscriptions byzantines d'Éphèse, p. 207 à 213.
30377. Psichari (Jean). — Le Philoctète de Sophocle et Hippocrate, p. 213 à 217.
30378. Radet (Georges). — L'invention du type archaïque de la Niké volante, *fig.*, p. 221 à 236.
30379. Babelon (E.). — Discours prononcé à l'occasion du décès de M. Hartwig Derenbourg, p. 239 à 243. — Cf. id. n° 30436.
30380. Merlin. — Statues en bronze trouvées près de Mahdia, *fig.*, p. 245 à 254. — Cf. nos 30398 et 30418.
30381. Mispoulet (J.-B.). — Diocèses et ateliers monétaires de l'Empire romain, *fig.*, p. 254 à 256.
30382. Babelon (E.). — Discours prononcé à l'occasion du décès de M. Th. von Sickel, p. 267. — Cf. id. n° 30767.
30383. Chabot (J.-B.). — Inscription araméenne de Medaïn Saleh, p. 269 à 272.
30384. Arbois de Jubainville (D'). — L'accent gaulois, p. 272.
30385. Gauckler (Paul). — L'amazone au repos des jardins de Salluste à Rome, *fig.*, p. 274 à 286.
30386. Chatelain (Émile). — Rapport sur les travaux des Écoles françaises d'Athènes et de Rome pendant les années 1906-1907, p. 288 à 305.
30387. Monceaux (Paul). — Inscription de l'évêque Argentius à Lamiggiga, près Batna, p. 308.
30388. Joret (Charles). — L'enseignement du grec moderne en France, p. 310.
30389. Gauckler. — Sarcophage à représentations historiques découvert à Rome, p. 319 à 321.

30390. Durrieu (Paul). — Le prétendu portrait de saint Louis à la Sainte-Chapelle, p. 324.

30391. Babelon (E.). — Discours prononcé à l'occasion du décès de M. Gaston Boissier [1823 † 1908], p. 330 à 335. — Cf. id. n°s 30179 et 30437.

30392. Gauckler (Paul). — L'Antinoüs du sculpteur Antonianos, d'Aphrodisias, *carte* et *pl.*, p. 338 à 357.

30393. Héron de Villefosse. — Inscription romaine trouvée à Narbonne, *fig.*, p. 359 à 362, et 809 à 812.

30394. Martin (Henry). — Épitaphe de Béatrix de Bourbon, reine de Bohême, p. 370.

30395. Reinach (Salomon). — La chronologie de Pisanello, p. 371.

30396. Morgan (J. de). — Les résultats des derniers travaux de la Délégation scientifique en Perse, p. 373 à 379.

30397. Joret (Charles). — La *Paléographie grecque* de Villoison, p. 384.

30398. Merlin (Alfred) et Poinssot (Louis). — Les bronzes de Mahdia, p. 386 à 388. — Cf. n° 30380.

30399. Gustafson (Gabriel). — La trouvaille d'Oseberg (Norvège), p. 389 à 394.

[Sépulture à navire du temps des Vikings.]

30400. Bouché-Leclercq. — Discours prononcé à l'occasion du décès de M. Chabaneau, p. 407 à 409.

30401. Heuzey (Léon). — Armes royales chaldéennes, *fig.*, p. 415 à 422.

30402. Zeiller (Jacques). — Le palais de Dioclétien à Spalato, p. 423 à 434.

30403. Grégoire (Henri). — Note sur une inscription gréco-araméenne trouvée à Farasa (Ariaramneia-Rhodandos), *fig.*, p. 434 à 447.

30404. Perdrizet. — D'une fiction du droit privé attique, p. 448 à 450.

30405. Dieulafoy. — Le palais d'Al-Okhaydhir (Mésopotamie), p. 451.

30406. Dieulafoy. — Fouilles de M. le général de Beylié à la Kaleh des Beni-Hammad, p. 453.

30407. Mispoulet (J.-B.). — Chronologie de Maximin Hercule, p. 455 à 465.

30408. Moret et Capart. — Les faux scarabées de Néchao II, *fig.*, p. 466 à 468. — Cf. n° 30414.

30409. Babelon (E.). — Discours prononcé à l'occasion du décès de M. Charles de Robillard de Beaurepaire, p. 474 à 476.

30410. Reinach (S.). — Bas-relief grec du ve siècle découvert à Liménas, près Thasos, p. 477.

30411. Reinach (S.). — Disque de terre cuite avec signes imprimés trouvé à Phaestos, p. 478.

30412. Delaporte (L.). — Empreinte de cylindres orientaux, p. 479.

30413. Ringelmann (Max). — Essais de fonctionnement de lampes puniques, p. 480 à 487.

30414. Maspéro. — Les faux scarabées de Néchao II, p. 493 à 495. — Cf. n° 30408.

30415. Héron de Villefosse. — Monument funéraire antique découvert à Narbonne, p. 496.

30416. Héron de Villefosse. — Inscription votive découverte à Alise-Sainte-Reine, p. 498 à 500.

30417. Gauckler (Paul). — Les fouilles du *Lucus Furrinae* à Rome, *fig.* et 2 *plans*, p. 510 à 529.

30418. Merlin (Alfred). — Recherches sous-marines près de Mahdia (Tunisie), *fig.*, p. 532 à 541. — Cf. n° 30380.

30419. Reinach (S.). — Une miniature d'Attavante, *fig.*, p. 543 à 546.

30420. Clermont-Ganneau. — Inscription bilingue minéo-grecque, découverte à Délos, *fig.*, p. 546 à 560.

30421. Besnier (Maurice). — Antiquités romaines trouvées à Tanger, p. 567 à 569.

30422. Glotz (Gustave). — Les esclaves et la peine du fouet en droit grec, p. 571 à 587.

30423. Delattre (Le P.). — Fouilles dans le flanc sud de la colline de Bordj-Djedid à Carthage (1908), *fig.*, p. 592 à 601.

30424. Perrot (Georges). — Notice sur la vie et les travaux de Marie-Louis-Antoine-Gaston Boissier, *portr.*, p. 644 à 755. — Cf. id. n° 30452.

[Suivi d'une bibliographie des travaux et ouvrages de Gaston Boissier, rédigée par Léon Dorez.]

30425. Cordier (Henri). — La Chine en France au xviiie siècle, p. 756 à 770.

30426. Lefebvre (Gustave). — Un ἱερὸν ἄσυλον au Fayoum, p. 772 à 782.

30427. Seymour de Ricci. — Lettres [inscriptions grecques, latines et carienne d'Égypte; manuscrits coptes, grecs, nubiens], p. 791 à 804.

30428. Seymour de Ricci. — Lettre [sur la découverte du temple funéraire de la pyramide de Mykerinos à Memphis], p. 806 à 808.

30429. Kern (H.). — Notice sur la vie et les travaux de M. Graziadio Ascoli [1829 † 1907], p. 814 à 836.

LXVIII. — Institut de France. Académie des Inscriptions et belles-lettres. Séance publique annuelle du vendredi 20 novembre 1908, présidée par M. Ernest Babelon, président. (Paris, 1907, in-4°, 76 p.)

30430. Babelon (Ernest). — Discours, p. 3 à 30.

30431. Cordier (Henri). — La Chine en France au xviiie siècle, p. 59 à 76.

[Cf., pour le complément de cette séance, n° 30452.]

ÉLOGES FUNÈBRES.

CXXVI. — Institut de France. Académie des Inscriptions et belles-lettres. Discours de

M. Babelon, président de l'Académie, à l'occasion de la mort de M. de Boislisle, membre libre de l'Académie, lu dans la séance du vendredi 20 mars 1908. (Paris, 1908, in-4°, 7 p.)

30432. Babelon (Ernest). — Discours, p. 1 à 7. — Cf. id. n° 30369.

CXXVII. — Institut de France. Académie des Inscriptions et belles-lettres. Funérailles de M. Barbier de Meynard, membre de l'Académie, le jeudi 2 avril 1908. (Paris, 1908, in-4°, 20 p.)

30433. Babelon (Ernest). — Discours, p. 1 à 8. — Cf. id. n° 30689.
30434. Levasseur. — Discours, p. 9 à 15.
30435. Senart. — Discours, p. 17 à 20.

CXXVIII. — Institut de France. Académie des Inscriptions et belles-lettres. Discours de M. Babelon, président de l'Académie, à l'occasion de la mort de M. Hartwig Derenbourg, membre de l'Académie, lu dans la séance du mercredi 15 avril 1908. (Paris, 1908, in-4°, 7 p.)

30436. Babelon. — Discours, p. 1 à 7. — Cf. id. n° 30379.

CXXIX. — Institut de France. Académie des Inscriptions et belles-lettres. Discours de M. Babelon, président de l'Académie, à l'occasion de la mort de M. Gaston Boissier [1823 † 1908], membre de l'Académie, lu dans la séance du vendredi 12 juin 1908. (Paris, 1908, in-4°, 10 p.)

30437. Babelon (Ernest). — Discours, p. 3 à 10. — Cf. id. n°s 30179 et 30391.

CXXX. — Institut de France. Académie des Inscriptions et belles-lettres. Funérailles de M. Ernest Hamy, membre libre de l'Académie, le samedi 21 novembre 1908. Discours de M. Babelon, président de l'Académie. (Paris, 1908, in-4°, 12 p.)

30438. Babelon (Ernest). — Discours, p. 1 à 9.
30439. Richer (Paul). — Discours, p. 11 à 12.

XI. — Mémoires présentés par divers savants à l'Académie des Inscriptions et belles-lettres de l'Institut de France, 1re série, sujets divers d'érudition, t. XI, 2e partie. (Paris, 1904, in-4°, 379 p.)

30440. Berger (Samuel). — Les préfaces jointes aux livres de la Bible dans les manuscrits de la Vulgate, p. 1 à 78.
30441. Carton (Dr). — Le théâtre romain de Dougga, *fig.* et 18 *pl.*, p. 79 à 191.
30442. Chavannes (Ed.). — Dix inscriptions chinoises de l'Asie centrale d'après les estampages de M. Ch.-E. Bouin, 7 *pl.*, p. 193 à 295.
30443. Euting (J.). — Notice sur un papyrus égypto-araméen de la Bibliothèque impériale, *pl.*, p. 297 à 311.
30444. Morisse (G.). — Contribution préliminaire à l'étude de l'écriture et de la langue Si-Hia, 2 *pl.*, p. 313 à 379.

XII. — Mémoires présentés par divers savants à l'Académie des inscriptions et belles-lettres de l'Institut de France, t. XII, 1re partie. (Paris, 1908, in-4°, 382 p.)

30445. Carton (Dr). — Le sanctuaire de Tanit à El-Kénissia, 12 *pl.*, p. 1 à 160.
30446. Monceaux (Paul). — Enquête sur l'épigraphie chrétienne d'Afrique, *fig.* et *pl.*, p. 161 à 339.
30447. Toutain (J.). — Le cadastre de l'Afrique romaine, étude sur plusieurs inscriptions recueillies par M. le capitaine Donau, 2 *pl.*, p. 341 à 382.

CHARTES ET DIPLÔMES.

30448. Prou (M.). — Recueil des actes de Philippe Ier, roi de France (1059-1108). (Paris, 1908, in-4°, ccl-567 p., 8 *pl.*)
30449. Halphen (Louis) et Lot (Ferdinand). — Recueil des actes de Lothaire et de Louis V, rois de France (954-987). (Paris, 1908, in-4°, lvi-227 p.)

FONDATION PIOT.

30450. Dieulafoy. — La statuaire polychrome en Espagne. (Paris, 1908, in-4°, 256 p., *fig.* et *pl.*)

30451. Dorez (Léon). — Les manuscrits à peintures de la bibliothèque de lord Leicester, à Holkham Hall, Norfolk. Choix de miniatures et de reliures publié sous les auspices de l'Académie des inscriptions et belles-lettres et de la Société des bibliophiles françois. (Paris, 1908, in-fol., 110 p. et 60 *pl.*)

PIÈCES DIVERSES.

30452. Perrot (Georges). — Académie des inscriptions et belles-lettres. Notice sur la vie et les travaux de M. Marie-Louis-Antoine-Gaston Boissier [1823 † 1908], lue dans la séance publique annuelle du vendredi 20 novembre 1908. (Paris, 1908, in-4°, 112 p., *portr.*) — Cf. id. 30424.

[Avec une bibliographie des travaux et ouvrages de M. Gaston Boissier rédigée par M. Léon Dorez.]

PUBLICATIONS DIVERSES.

30453. Cagnat (R.) et Lafaye (G.). — Inscriptiones graecae ad res romanas pertinentes. Tome IV, fasc. 1. (Paris, 1908, in-4°.)

[Voir, pour le tome III, notre n° 21271.]

30454. Ridder (A. de). — Collection de Clercq. Catalogue publié par les soins de l'Académie des inscriptions et belles-lettres et sous la direction de MM. de Vogüé, E. Babelon, E. Pottier. Tome V. Les antiquités chypriotes. (Paris, 1908, gr. in-4°.)

[Pour le début de cet ouvrage, voir n° 21270.]

ACADÉMIE DES SCIENCES.

L. — **Mémoires de l'Académie des sciences de l'Institut de France**, t. L, 2ᵉ série. (Paris, 1908, in-8°, XXV-XLII-135, 263, 31 p.)

30455. Berthelot (M.). — Notice sur la vie et les travaux de Ferdinand Fouqué [1828 † 1904], p. I à XXV. — Cf. id. n° 21273.

30456. Darboux (Gaston). — Notice historique sur Antoine d'Abbadie [1810 † 1897], 14 *pl.*, p. I à XLII. — Cf. id. n° 25928.

Institut de France. Académie des sciences. Séance publique annuelle du lundi 7 décembre 1908. (Paris, 1908, in-4°, 11 et 26 p.)

30457. Bouchard (Ch.). — Discours, p. 1 à 11.

30458. Van Tieghem (Ph.). — Notice sur la vie et les travaux de Pierre Duchartre [1811 † 1894], p. 1 à 26.

CCXIV. — **Institut de France. Académie des sciences.** Funérailles de M. Henri Becquerel, secrétaire perpétuel de l'Académie des sciences, le samedi 29 août 1908. (Paris, 1908, in-4°, 12 p.)

30459. Darboux (Gaston). — Discours, p. 1 à 4.

30460. Perrier (Edmond). — Discours, p. 5 à 8.

30461. Vieille. — Discours, p. 9 à 12.

CCXV. — **Institut de France. Académie des sciences.** Funérailles de M. Albert Gaudry, membre de l'Académie, le mardi 1ᵉʳ décembre 1908. (Paris, 1908, in-4°, 17 p.)

30462. Lévy (Michel). — Discours, p. 1 à 3.

30463. Douvillé. — Discours, p. 5 à 9.

30464. Perrier (Edmond). — Discours, p. 11 à 17.

ACADÉMIE DES BEAUX-ARTS.

CII. — **Institut de France. Académie des Beaux-arts.** Séance publique annuelle du samedi 7 novembre 1908, présidée par M. Luc-Olivier Merson. (Paris, 1908, in-4°, 100 p.)

30465. Merson (Luc-Olivier). — Discours, p. 3 à 13.

30466. Roujon (Henry). — Notice sur la vie et les travaux de Giuseppe Verdi (1813 † 1901), p. 75 à 100.

CLXIX. — **Institut de France. Académie des Beaux-arts.** Funérailles de M. Achille Jacquet, membre de l'Académie, le lundi 2 novembre 1908. (Paris, 1908, in-4°, 3 p.)

30467. Merson (L.-O.). — Discours, p. 1 à 3.

PIÈCES DIVERSES.

30468. Rothschild (Baron Edmond de). — Institut de France. Académie des Beaux-Arts. Notice sur la vie et les travaux de M. Henri Bouchot [1849 † 1906], lue dans la séance du 13 juin 1908. (Paris, 1908, in-4°, 17 p., *portr.*)

30469. Richen (Paul). — Institut de France. Académie des Beaux-Arts. Notice sur la vie et les travaux de M. le baron Alphonse de Rothschild, lue dans la séance du samedi 19 décembre 1908. (Paris, 1908, in-4°, 14 p.)

PUBLICATIONS DIVERSES.

30470. Guiffrey (Jules) et Barthélemy (J.). — Institut de France. Académie des Beaux-Arts. Liste des pensionnaires de l'Académie de France à Rome donnant les noms de tous les artistes récompensés dans les concours du prix de Rome de 1663 à 1907, publiée d'après les documents officiels sous les auspices de l'Académie des Beaux-Arts. (Paris, 1908, in-8°, VIII-195 p.)

ACADÉMIE DES SCIENCES MORALES ET POLITIQUES.

LXIII. — Institut de France. Académie des sciences morales et politiques. Séance publique annuelle du samedi 12 décembre 1908, présidée par M. A. de Foville, président de l'Académie. (Paris, 1908, in-4°, 145 p.)

30471. Foville (A. de). — Discours, p. 3 à 31.

30472. Picot (Georges). — Notice historique sur la vie et les travaux de M. le comte Du Châtel [1803 † 1867], p. 89 à 131.

CLXIX. — Séances et travaux de l'Académie des sciences morales et politiques..., compte rendu..., 68e année. Nouvelle série, t. LXIX (CLXIXe de la collection), 1908, 1er semestre. (Paris, 1908, in-8°, 752 p.)

30473. Picot (Georges). — Notice historique sur la vie et les travaux de M. Bardoux [1829 † 1897], p. 138 à 177. — Cf. id. n° 25970.

30474. Luchaire (A.). — Conseils d'un père [le chevalier de La Tour Landri] à ses filles, p. 286 à 293. — Cf. id. n° 25762.

30475. Bardoux (Jacques). — La reine Victoria d'après sa correspondance inédite, p. 295 à 322.

30476. Lefebvre (Charles). — La communauté du Code civil comparée à sa tradition première de compagnie conjugale, p. 323 à 348.

30477. Luchaire (Achille). — Funérailles de M. Victor Brochard († 1907), Discours, p. 349 à 357. — Cf. id. n° 25973.

30478. Welschinger (Henri). — Notice sur la vie et les travaux de M. Julian Klaczko [1826 † 1906], p. 389 à 437. — Cf. id. 25978.

30479. Luchaire (Julien). — L'Institut français de Florence, p. 457 à 467.

30480. Dieulafoy. — La prédestination et le libre arbitre dans les tragiques espagnols et dans le Coran, p. 505 à 528.

30481. Welschinger (Henri). — Le couronnement de Napoléon, p. 529 à 545.

30482. Vidal de La Blache. — Notice sur la vie et les œuvres de M. Alfred Rambaud [1842 † 1905], p. 546 à 583. — Cf. id. n° 30501.

30483. Rodocanachi (E.). — Les œuvres latines de Boccace, p. 597 à 609.

30484. Cheysson (Émile). — Notice sur la vie et les travaux de M. Maurice Block [1816 † 1901], p. 656 à 684. — Cf. id. n° 25977.

30485. Lefebure (Léon). — Notice sur la vie et les travaux de M. Antonin Lefèvre-Pontalis [1830 † 1903], p. 696 à 718. — Cf. id. n° 25979.

CLXX. — Séances et travaux de l'Académie des sciences morales et politiques..., compte rendu..., 68e année, nouvelle série, t. LXX (CLXXe de la collection) 1908, 2e semestre. (Paris, 1908, in-8°, 674 p.)

30486. Waddington (Ch.). — Un grand homme [Victor Cousin] et son secrétaire, p. 1 à 31.

30487. Levasseur (E.). — Notice sur M. Léon Faucher [1803 † 1854], p. 32 à 81.

30488. Levasseur (E.). — Rapport sur le concours pour le prix Léon Faucher à décerner en 1908. La culture actuelle en France. Les changements depuis cinquante ans, p. 136 à 303.

30489. Ségur (Mis de) et Foville (de). — Funérailles de M. Émile Gebhart († 1908), p. 313 à 322. — Cf. id. nos 30352, et 30353.

30490. Luchaire (Achille). — La Jeanne d'Arc de M. Anatole France, p. 337 à 369.

30491. Dareste (R.). — Notice sur V. Bogisić [1834 † 1908], p. 385 à 386.

30492. Lair (Adolphe). — Damiron intime, p. 400 à 436.

30493. Welschinger (Henri). — Talleyrand et la guerre d'Espagne, p. 497 à 510.

30494. Foville (A. de). — Paroles à l'occasion du décès de M. Liégeois [† 1908], p. 522.
30495. Foville (A. de). — Paroles à l'occasion du décès de M. Caird [† 1908], p. 619.
30496. Foville. — Paroles à l'occasion du décès de M. P. de Boutarel [† 1908], p. 621.

ÉLOGES FUNÈBRES.

LXXXIII. — Institut de France. Académie des Sciences morales et politiques. Funérailles de M. Achille Luchaire, membre de l'Académie, le lundi 16 novembre 1908. (Paris, 1908, in-4°, 10 p.)

30497. Foville (De). — Discours, p. 1 à 4.
30498. Croiset (Alfred). — Discours, p. 5 à 10.

PIÈCES DIVERSES.

30499. Anonyme. — Institut de France. Académie des sciences morales et politiques. Notices biographiques et bibliographiques 1906-1907. Membres titulaires et libres, associés étrangers. (Paris, 1907, in-8°, III-275 p.)
30500. Beauregard (Paul). — Institut de France. Académie des sciences morales et politiques. Notice sur la vie et les travaux de M. Clément Juglar [1819 † 1905] lue dans la séance du 4 janvier 1908. (Paris, 1908, in-4°, 33 p., *portr.*)
30501. Vidal de La Blache. — Institut de France. Académie des sciences morales et politiques. Notice sur la vie et les œuvres de M. Alfred Rambaud [1842 † 1905], lue dans les séances des 11 et 18 janvier 1908. (Paris, 1908, in-4°, 45 p., *portr.*) — Cf. id. n° 30482.
30502. Haussonville (Comte d'). — Institut de France. Académie des sciences morales et politiques. Notice sur la vie et les travaux de M. Octave Gréard [1828 † 1904], lue dans les séances des 6 et 13 juin 1908. (Paris, 1908, in-4°, 68 p.)

SEINE. — PARIS.

SOCIÉTÉ DES AMÉRICANISTES.

Voir, pour les publications de cette Société antérieures à 1901, la table récapitulative de notre *Bibliographie générale;* et pour ses publications postérieures, les tables placées à la fin des tomes I et II de notre *Bibliographie annuelle.*

X. — Journal de la Société des Américanistes de Paris, nouvelle série, t. V. (Paris, 1908, gr. in-8°, 280 p.)

30503. Hamy (Dr E.-T.). — Les voyages de Richard Grandsire, de Calais, dans l'Amérique du Sud (1817-1827), p. 1 à 20.
30504. Hamy (Dr E.-T.). — Les Indiens de Rasilly peints par Du Viert et gravés par Firens et Gaultier (1613), étude iconographique et ethnographique, *fig.* et *pl.*, p. 21 à 52.
30505. Humbert (Jules). — Les documents manuscrits du British Museum relatifs à la colonisation espagnole en Amérique et particulièrement au Vénézuéla, p. 53 à 57.
30506. Blanchard (Pr R.). — Les tableaux de métissage au Mexique, p. 59 à 66.
30507. Périgny (Cte Maurice de). — Yucatan inconnu, *carte, fig.* et 3 *pl.*, p. 67 à 84.
30508. La Rosa (Gonzalez). — Les Caras de l'Équateur et les premiers résultats de l'expédition G. Heye sous la direction de M. Saville, p. 85 à 93.
30509. Périgny (Cte Maurice de). — Les dernières découvertes de M. Maler dans le Yucatan, p. 95 à 98.
30510. Divers. — Nécrologie, p. 111 à 114.

[P. Mirabaud; A.-S. Gatschet, L. Brackebusch, H. Mangels, H. Obst, J.-C. Russel, E. Schmidt.]

30511. Divers. — Le professeur Hamy [† 1908], *portr.*, p. 141 à 156.
30512. Hamy (Dr E.-T.). — Un petit problème d'ethnographie américaine. La corbeille de Joseph Dombey, *fig.*, p. 157 à 161.
30513. Seler (Ed.). — Costumes et attributs des divinités du Mexique selon le P. Sahagun, *fig.*, p. 163 à 220.

30514. Capitan (D^r^). — Le XVIe congrès international des Américanistes (Vienne, septembre 1908), p. 221 à 233.

30515. Beuchat (H.) et Rivet (P.). — La famille linguistique Zaparo, p. 235 à 249.

30516. Rivet (Dr P.). — Note sur deux crânes du Yucatan, *fig.*, p. 251 à 259.

30517. La Rosa (G. de). — A propos de la découverte de la ville antique de Choquéquirao sur la rive droite de l'Apurimac (Pérou), p. 261 à 264.

SEINE. — PARIS.

SOCIÉTÉ DES ANCIENS TEXTES FRANÇAIS.

Voir, pour les publications de cette Société antérieures à 1901, la table récapitulative de notre *Bibliographie générale;* et pour ses publications postérieures, les tables placées à la fin des tomes I et II de notre *Bibliographie annuelle.*

30518. Piaget (Arthur) et Picot (Émile). — Œuvres poétiques de Guillaume Alexis, prieur de Bucy, t. III. (Paris, 1908, in-8°, xv-279 p.)

[Les tomes I et II ont paru en 1896 et 1899.]

30519. Constans (Léopold). — Le roman de Troie par Benoît de Sainte-Maure, t. IV. (Paris, 1908, in-8°, 446 p.)

[Les tomes I à III ont paru de 1904 à 1907.]

30520. Hoepffner (Ernest). — Œuvres de Guillaume de Machaut, t. I. (Paris, 1908, in-8°, xc-293 p.)

XXXIV. — Bulletin de la Société des anciens textes français, 34e année. (Paris, 1908, in-8°, 87 p.)

30521. Meyer (P.). — Chansons latines et françaises, p. 45 à 56, et 86.

SEINE. — PARIS.

SOCIÉTÉ D'ANTHROPOLOGIE DE PARIS.

Voir, pour les publications de cette Société antérieures à 1901, la table récapitulative de notre *Bibliographie générale;* et, pour ses publications postérieures, les tables placées à la fin des tomes I et II de notre *Bibliographie annuelle.*

XLIX. — Bulletins et mémoires de la Société d'anthropologie de Paris, t. IX, 5e série, 1908. (Paris, 1908, in-8°, xlii-812 p.)

30522. Peyrony (D^r^) et Bourrinet (J.). — Concrétions avec contre-empreinte des gravures de Teyjat, p. 6 à 8.

30523. Avelot (Capitaine R.). — Le ouri, un jeu africain à combinaisons mathématiques, *carte*, p. 9 à 22. — Suite de XLVII, p. 267.

30524. Laville. — Rape angulaire néolithique [trouvée dans le Dunois], p. 22 à 26.

30525. Vauvillé (O.). — Instruments en forme de scie du gisement quaternaire de Cœuvres (Aisne), p. 29 à 31.

30526. Baudouin (Dr Marcel). — La croix blanche des fermes du Bocage vendéen, christianisation d'un culte préhistorique, *fig.*, p. 42 à 77. — Cf. n° 30548.

30527. Brussaux (E.). — Notes sur la race Baya, *pl.*, p. 80 à 102.

30528. Jarricot (Jean). — Un crâne humain réputé paléolithique : le crâne de Béthenas [Isère], *fig.*, p. 103 à 152.

30529. Vauvillé (O.). — Sépulture néolithique de Braine (Aisne), *fig.*, p. 158 à 162.

IMPRIMERIE NATIONALE.

30530. Giuffrida-Ruggeri (Dr V.). — Les crânes Myrina du Musée impérial de Vienne, p. 162 à 167.

30531. Ten Kate (Dr H.). — Notes détachées sur les Japonais, p. 178 à 195.

30532. Giovanetti (Giulio de). — L'esclavage au moyen âge et son influence sur les caractères anthropologiques des Italiens, d'après le docteur Livi (Ridolfo), p. 201 à 209.

30533. Rivet (Dr). — La race de Lagoa-Santa chez les populations précolombiennes de l'Équateur, *fig.* et 3 *pl.*, p. 209 à 274.

30534. Hamy (Dr E.-T.). — Charles Arthaud de Pont-à-Mousson (1748 † 1791), courte notice sur sa vie et sur son œuvre, suivie de deux mémoires inconnus de cet observateur sur les anciens indigènes de Saint-Domingue, p. 295 à 314.

30535. Anthony (R.) et Rivet (P.). — Étude anthropologique des races précolombiennes de la République de l'Équateur. Recherches anatomiques sur les ossements (os des membres) des abris sous roche de Paltacalo, *fig.*, 3 *pl.*, p. 314 à 430.

30536. Hamy (Dr E.-T.). — Un crâne du camp de Chassey, p. 433 à 436.

30537. Baudouin (Dr Marcel). — Étude d'un crâne préhistorique [d'origine Limousine], à triple trépanation exécutée sur le vivant, *fig.*, p. 436 à 450.

30538. Lejeune (Charles). — De l'anthropoïde à l'homme, p. 450 à 454.

30539. Bacot (J.). — Anthropologie du Tibet. Les populations du Tibet sud-oriental, 9 *pl.*, p. 462 à 473.

30540. Delisle (Dr F.) — Sur les caractères physiques des populations du Tibet sud-oriental, p. 473 à 486.

30541. Gautier (E.-F.) — Les Mpaka-Fo (chercheurs de cœur) [à Madagascar], p. 487 à 491.

30542. Archambault (Marius). — Sur les chances de durée de la race canaque, p. 492 à 502.

30543. Manouvrier (L.). — L'inauguration de la statue de Boucher de Perthes à Abbeville (7 juin 1908), p. 539 à 542.

30544. Depéret (Ch.) et Jarricot (Jean). — Le crâne préhistorique de Saint-Paul-de-Fenouillet, p. 543 à 561.

30545. Deyrolle (Dr). — Un sécateur indo-chinois, *fig.*, p. 581 à 583.

30546. Huguet. — Sur la recherche du manuscrit du du Kitab en-Nasab et la traduction Giacobetti, p. 660 à 666.

30547. Camus (Paul). — Étude sur la puissance de la hache préhistorique et sur l'évolution de son tranchant, *fig.*, p. 667 à 671.

30548. Dubreuil-Chambardel (Dr Louis). — A propos des croix blanches des fermes, p. 678 à 680. — Cf. n° 30526.

30549. Bloch (Dr Adolphe). — Quelques remarques d'anthropologie et d'ethnogénie sur les Gallas du Jardin d'acclimatation, *fig.*, p. 681 à 687.

30550. Bonifacy (Commandant). — Les Kiao Tche, étude étymologique et anthropologique, p. 699 à 706.

30551. Zaborowski. — Découverte d'une langue aryenne prétendue primitive dans le Turkestan oriental, p. 709 à 712.

30552. Zaborowski. — Les métissages au Mexique, d'après [les lettres de] M. Engerrand, *fig.*, p. 712 à 716.

30553. Hamy (Dr E.-T.). — Crânes des tourbières de l'Essonne, p. 723 à 725.

30554. Manouvrier. — Discours prononcé aux obsèques de M. Hamy [† 1908], p. 739.

30555. Laville (A.). — Instrument en silex du type dit *chelléen* de l'Ergeron de Villejuif, *fig.*, p. 742.

30556. Mathews (R.-H.). — Descendance par la lignée maternelle dans la tribu des Binbingha du territoire septentrional, p. 786 à 789.

SEINE. — PARIS.

SOCIÉTÉ NATIONALE DES ANTIQUAIRES DE FRANCE.

Voir, pour les publications de cette Société antérieures à 1901, la table récapitulative de notre *Bibliographie générale;* et pour ses publications postérieures, les tables placées à la fin des tomes I et II de notre *Bibliographie annuelle.*

LXVIII. — Mémoires de la Société nationale des Antiquaires de France, 7e série, t. VIII [1908]. (Paris, 1909, in-8°, 327 p.)

30557. Espinas (Georges). — Essai sur la technique de l'industrie textile à Douai aux XIIIe et XIVe siècles (1229-1403), p. 1 à 81.

30558. Besnier (Maurice). — Note sur un plan de ruines de Corseul (Côtes-du-Nord), daté de 1709, *pl.*, p. 82 à 96.

30559. Martroye (F.). — Saint Augustin et le droit d'héritage des églises et des monastères, étude sur les origines du droit des communautés religieuses à la succession des clercs et des moines, p. 97 à 129.

30560. Mowat (Commandant Robert). — Origine germanique du pied de roi, et caractère de la réforme des poids et mesures opérée par Charlemagne, p. 130 à 159.

30561. Vauvillé (Octave). — L'enceinte de Saint-Pierre-en-Chastre (Oise) [oppidum des Suessiones], *fig.* et *carte*, p. 160 à 184.

30562. Héron de Villefosse (A.). — Inscription romaine de Vendœuvres-en-Brenne (Indre), *fig.*, p. 185 à 214.

30563. Pallu de Lessert (C.). — L'œuvre géographique d'Agrippa et d'Auguste, p. 215 à 298.

30564. Baudot (Commandant A.). — Cadouin et son cloître, *fig.*, p. 299 à 323.

LII. — Bulletin de la Société nationale des Antiquaires de France, 1908. (Paris, s. d., in-8°, 416 p.)

30565. Marquet de Vasselot (J.-J.). — Vitraux du XIIIe siècle au Musée du Louvre, p. 80 à 84.

30566. Bertrand de Broussillon (Comte A.). — État-civil et armoiries de Pierre Lescot [1515 † 1578], p. 84.

30567. Loisne (Comte A. de). — Lampe chrétienne trouvée à Noyelle-Godault (Pas-de-Calais), *fig.*, p. 86 à 89.

30568. Durand-Gréville (E.-A.). — Technique des peintures du Pérugin et de Raphaël, p. 89.

30569. Deshoulières (F.). — Statues de l'église de Maisonnais (Cher), p. 90 à 94.

30570. Delattre (Le P.). — Sceaux et plombs byzantins trouvés à Carthage, p. 94, 120, 164, 176, 219, 221, 241, 288, 299, 307, 330, et 363.

30571. Mayeux (A.). — Iconographie du portail de Saint-Jean-le-Vieux de Perpignan, p. 96 à 100.

30572. Monceaux (P.). — Inscriptions chrétiennes découvertes à Aïn-Cherchouch (Tunisie), p. 100 à 102.

30573. Lauer (Ph). — Le joyau carolingien de Waulsort-sur-Meuse, p. 102 à 107.

30574. Dumuÿs (L.). — Fresque de l'église de Fontana, près Crémone, p. 107.

30575. Martha (J.). — A. Hauvette († 1908), p. 109 à 112.

30576. Durrieu (Comte). — Miniature de Jean Bourdichon pour le comte Charles d'Angoulême, p. 112 à 114.

30577. Boinet (A.). — Plaque d'ivoire de l'époque carolingienne du Musée de Lyon, *fig.*, p. 115 à 120.

30578. Héron de Villefosse. — Inscriptions relatives à T. Furius Victorinus, préfet du prétoire de Marc-Aurèle et de L. Verus († 167), p. 123 à 125.

30579. Mély (F. de). — Les fresques de Saint-Pétrone de Bologne et les prétendus portraits de Jeanne d'Arc, p. 125 à 128.

30580. Toutain (J.). — Inscription dédicatoire au dieu Héros ou Héron trouvée à Carthage, p. 128 à 131.

30581. Monceaux (P.). — Inscriptions chrétiennes trouvées à Mdeina (Tunisie), p. 131.

30582. Fage (R.). — Documents concernant la reconstruction de la bretèche du clocher de Saint-Léonard (Haute-Vienne), p. 133.

30583. Clouzot (H.). — Portrait de Rabelais conservé au Musée de Châteauroux, p. 134.

30584. Héron de Villefosse. — Médaillon en terre cuite de Sainte-Colombe-lez-Vienne (Rhône), p. 134 à 136.

30585. Michon (E.) — La statuette d'Aphrodite de Clazomène, au Musée du Louvre, p. 137.

30586. Mély (F. de). — Restes d'une fonderie de fer préhistorique au Mesnil-Germain (Calvados), p. 138.

30587. Héron de Villefosse. — Le puits funéraire du terrain de Mcidfa à Carthage, p. 140.

30588. Blanchet (A.). — Pygmée en bronze, p. 142.

30589. Enlart (C.). — Croix de bronze doré trouvée à Aulignac, commune de Bordes-sur-Lez, *fig.*, p. 143 à 146.

30590. Monceaux (P.). — Bouchon de jarre avec inscription trouvé à Bou-Grara (Tunisie), p. 146.

30591. Ravaisson-Mollien. — L'Éros de Thespies, p. 147 à 148, et 154.

30592. Merlin (A.). — Pièce de bronze trouvée à Kasrin, Musée de Sousse (Tunisie), *fig.*, p. 150 à 152.

30593. Marquet de Vasselot (J.-J.). — Coupe limousine en émail peint (XVIe s.) au Petit-Palais (collection Dutuit), p. 153.

30594. Lefebvre des Noëttes. — Le cheval de la statue du Colleone, p. 153.

30595. Martha (J.). — M. A. de Boislisle († 1908), p. 155 à 156.

30596. Loisne (Comte A. de). — La tour dite de Jean-sans-Peur, 20, rue Étienne-Marcel, à Paris, p. 157 à 160.

30597. Roman (J.). — Sceaux dauphinois des Archives nationales, p. 160.

30598. Delattre (Le P.). — Fouilles de l'amphithéâtre de Carthage, p. 162.

30599. Héron de Villefosse (A.). — Le torse d'Auguste provenant d'Arles transmis par le Louvre au Musée d'Arles, p. 166 à 168.

30600. Vesly (L. de). — Trouvaille de monnaies romaines au Bosc-Normand (Eure), p. 169.

30601. Michon (E.). — Bas-reliefs romains conservés en Corse, p. 171.

30602. Mély (F. de). — Croix du Musée de Bologne, (XIIe s.), p. 172 à 174.

30603. Monceaux (P.). — Chapelle chrétienne d'Henchir-el-Rhiria (Tunisie), *fig.*, p. 174 à 176.

30604. Ravaisson-Mollien (Ch.). — Atalante et l'Amour sur une agathe, p. 177.

30605. Bruston (Ch.). — Papyrus judéo-araméens trouvés dans la Haute-Égypte, p. 180.

30606. Roche (D.). — Statues en terre cuite de l'église de Verteuil (Charente), p. 181 à 183.

30607. Pillot (J.). — Esclave porteur de lanterne, figurine de bronze gallo-romaine, p. 184 à 187.

30608. Demaison (L.). — Inscription du xe siècle à Saint-Remi de Reims, p. 187.

30609. Loisne (Comte A. de). — Tombe signée de l'imagier Denis, à Saint-Vaast d'Arras (1213), p. 190.

30610. Baye (Baron J. de). — Fibules trouvées en Ukraine, p. 191.

30611. Clouzot (H.). — La *Devise de Monsieur l'Admiral* au château d'Oiron, *fig.*, p. 193 à 196.

30612. Monceaux (P.). — Inscriptions trouvées à Carthage dans la basilique de Mcidfa, p. 198.

30613. Cagnat (R.). — Stèle de marbre blanc trouvée à Cherchel, p. 200.

30614. Maurice (J.). — Les ateliers monétaires de Cyzique et de Carthage, p. 205.

30615. Ravaisson-Mollien (Ch.). — Sur une invention de Léonard de Vinci, p. 206.

30616. Enlart (C.). — Bijoux gothiques, p. 207 à 210.

30617. Loisne (Comte A. de). — Monument funéraire de Hues Walois, au Musée d'Arras, *fig.*, p. 210 à 215.

30618. Baye (Baron de). — Bas-reliefs de l'église Saint-Michel à Kief, *fig.*, p. 215 à 218.

30619. Héron de Villefosse. — Statue romaine trouvée à Montagnac (Hérault), p. 218.

30620. Buston (Ch.). — Stèle araméenne de Zakir, roi de Hamath, p. 223.

30621. Rouquette (Dr). — Note sur les lanternes romaines, p. 224.

30622. Héron de Villefosse. — Tête antique trouvée à Roquefeuil, p. 226.

30623. Mély (F. de). — Rétable de la chapelle du cellier dépendant de l'abbaye de Clairvaux, p. 228.

30624. Dimier (L.). — Le portrait de Budé, par Jean Clouet, p. 229.

30625. Lauer (Ph.). — Icone byzantine de Sainte-Marie-du-Transtévère, *fig.*, p. 231 à 239.

30626. Baye (Baron J. de). — Bijoux russes ornés de globules, p. 239 à 241.

30627. Golouдew (V. de) et Michon (E.). — Recueil de dessins appartenant au prince Dolgoroukoff, p. 243 à 247.

30628. Ravaisson-Mollien (Ch.). — A propos de la Vénus de Milo, p. 247.

30629. Lafaye (G.). — Sarcophages découverts à l'Almanar, près d'Hyères, p. 248.

30630. Mély (F. de). — La tête de Laocoon, du duc d'Arenberg, à Bruxelles, p. 251.

30631. Lauer (Ph.). — Fouilles de Saint-Sylvestre-in-Capite, à Rome, p. 251.

30632. Martroye (F.). — Date de la prise de Carthage par Bélisaire, p. 253 à 256.

30633. Gresy (E.). — Représentations scéniques dans les arènes de Bourges au xvie siècle, p. 256.

30634. Lefebvre des Noëttes (Commandant). — Les animaux dans la sculpture romane et gothique, *fig.*, p. 258 à 262, et 345 à 350.

30635. Monceaux (P.). — Inscription grecque découverte à Carthage, p. 262.

30636. Pallu de Lessert (Cl.). — Inscriptions romaines d'Afrique sur lesquelles le nom d'un légat de Numidie a été martelé, p. 264.

30637. Ravaisson-Mollien (Ch.). — L'Aphrodite Euploïa, p. 266.

30638. Delattre (Le P.). — Coupes en argent trouvées à Carthage, p. 267.

30639. Michon (E.). — Rebords sculptés byzantins, *fig.*, p. 268 à 283.

30640. Carton (Dr L.). — Inscription de Sidi-bou-Arkoub, p. 283.

30641. Prinet (M.). — Sur une miniature du Trésor de la Sainte-Chapelle, p. 285.

30642. Pallu de Lessert. — Inscription d'Henchir-ben-Hassen, près Tunis, p. 286 à 288.

30643. Vauvillé (O.). — Coins monétaires romains trouvés à Soissons, p. 289.

30644. Fage (R.). — Clocher sculpté sur le porche de l'église de Lagraulière (Corrèze), p. 288.

30645. Monceaux (P.). — Inscription romaine de Miliana (Algérie), p. 291.

30646. Héron de Villefosse. — Intaille inscrite trouvée à Duran, près d'Auch, p. 291.

30647. Chénon. — Monnaie de Guillaume de Déols trouvée à Carthage, p. 293.

30648. La Tour (H. de). — Plaquette italienne en bronze à la Bibliothèque nationale, p. 295 à 297.

30649. Lauer (Ph.). — Coffret d'ivoire musulman transformé en reliquaire, p. 299 à 302.

30650. Toutain (J.). — Sur une inscription grecque du *Lucus Furrinae* au Transtévère, p. 307.

30651. Héron de Villefosse. — Buste de Magnence découvert à Vienne (Isère), p. 308 à 310.

30652. Le Nail. — A propos de la restauration de l'église d'Avenas, p. 311.

30653. Zeiller (J.). — Basilique chrétienne de Salone, p. 312 à 315.

30654. Villenoisy (F. de). — Épitaphe de Blaise Léopold Le Prudhomme de Fontenoy trouvée au marché du Temple, p. 315.

30655. Monceaux (P.). — Inscription chrétienne d'Hadjeb-el-Aïoun (Tunisie), p. 318 à 320.

30656. Mély (F. de). — Les miniatures du bréviaire Grimani, p. 323.

30657. Loisne (Comte A. de). — Tapisserie du Musée de Saint-Omer, p. 325 à 327.

30658. Rodière (R.). — Équipement d'un franc-archer d'Ingré près Orléans (1454); marché pour cinq statues de l'église de Chilleurs (1512-1513); marché pour la cloche de l'horloge d'Orléans (1458); marché pour une chape de l'église de Sury-aux-Bois (1464), p. 327 à 330.

30659. Héron de Villefosse. — Fragment d'inscription romaine trouvée à Ampeils (Gers), *fig.*, p. 331 à 333.
30660. Michon (E.). — Athéna de Myron, Musée de Toulouse, *fig.*, p. 335 à 344.
30661. Toutain (J.). — Sur une inscription de Gortyne, p. 350 à 352.
30662. Michon (E.). — Sur une tabette d'héliaste athénien acquise par le Musée du Louvre, *fig.*, p. 352 à 360.
30663. Demaison (L.). — Les vitraux de l'église de Longueval (Marne), p. 360 à 363.
30664. Héron de Villefosse. — Inscription romaine de Pellefigue (Gers), p. 365.
30665. Héron de Villefosse (A.) et Michon (E.). — Musée du Louvre. Département des antiquités grecques et romaines. Acquisitions de l'année 1908, *fig.*, p. 368 à 375.

V. — **Mettensia. V.** Mémoires et documents publiés par la Société nationale des Antiquaires de France. Fondation Auguste Prost. (Paris, 1908, in-8°.)

30666. Marichal (Paul). — Cartulaire de l'évêché de Metz. II. Introduction et tables. Essais de restitution du *Vieil registre* et du second registre des fiefs. (Paris, 1906-1908, in-8°, cxxxiv-293 p.)

SEINE. — PARIS.

SOCIÉTÉ ASIATIQUE.

Voir, pour les publications de cette Société antérieures à 1901, la table récapitulative de notre *Bibliographie générale*; et, pour ses publications postérieures les tables placées à la fin des tomes I et II de notre *Bibliographie annuelle.*

CLXXII. — **Journal asiatique...**, 10ᵉ série, t. XI. (Paris, 1908, in-8°, 532 p.).

30667. Gaden (Henri). — Note sur le dialecte Foul parlé par les Foulbé du Baguirmi, p. 5 à 70.
30668. Balhassan Oglou Nedjib Açem. — La versification nationale turque, p. 71 à 85.
30669. Chabot (J.-B.). — Discours de Jacques (Denys) Bar Ṣalibî à l'intronisation du patriarche Michel le Syrien, p. 87 à 115.
30670. Thureau-Dangin (Fr.). — Notes pour servir à la chronologie de la dynastie Kassite, p. 117 à 134.
30671. Charencey (De). — Deux mots basques d'origine sémitique, p. 147 à 149.
30672. Fossey (C.). — Études sumériennes, p. 177 à 182. — Suite de CLXVI, p. 105.
30673. Fossey (C.). — Études assyriennes, p. 183 à 189.
30674. Decourdemanche (J.-A.). — Note sur les poids assyro-babyloniens, p. 191 à 202.
30675. Cœdès (George). — La stèle de Têp Praṇaṃ (Cambodge), p. 203 à 225.
30676. Labourt (J.). — Note sur les schismes de l'église nestorienne du xviᵉ au xixᵉ siècle, p. 227 à 235.
30677. Amar (Émile). — Sur une identification de deux manuscrits arabes de la Bibliothèque nationale.

[Supplément à l'Histoire de Bagdâd d'Al-Khaṭîb par Ibn An-Nadjdjâr.]

30678. Revillout (E.). — Le papyrus moral de Leide, p. 243 à 314. — Suite de CLXVI, p. 193; CLXVII, p. 275; CLXIX, p. 83; et CLXX, p. 429.
30679. Mayer-Lambert. — Notes de grammaire sabéenne, p. 319 à 325.
30680. Ferrand (Gabriel). — L'origine africaine des Malgaches, p. 353 à 500.
30681. Chavannes (Édouard). — Un faux archéologique chinois, 4 *pl.*, p. 501 à 510. — Cf. n° 30694.
30682. Meillet (A.). — Une fausse lecture de l'*Avesta*, p. 520.
30683. Barth (A.). — Kisori Mohan Ganguli [1848 † 1908], p. 521.

CLXXIII. — **Journal asiatique...**, 10ᵉ série, t. XII. (Paris, 1908, in-8°, 518 p.)

30684. Lévi (Sylvain). — Açvaghoṣa, le Sûtrâlaṃkâra et ses sources, p. 57 à 184.

30685. Betlié (Général de) — Une capitale berbère au XIe siècle [la Kalaa des Beni-Hammad], 4 pl., p. 193 à 211.

30686. Coedès (Georges). — Les inscriptions de Bàt Čum (Cambodge), p. 213 à 254.

30687. Cabaton (Antoine). — Quelques documents espagnols et portugais sur l'Indo-Chine aux XVIe et XVIIe siècles, p. 255 à 293.

30688. Lunet de La Jonquière (Commandant). — Voyage archéologique au Cambodge et au Siam, p. 332 à 337.

30689. Babelon, Levasseur et Senart. — Barbier de Meynard [discours prononcés à ses funérailles], p. 338 à 351. — Cf. id nos 30433, 30434 et 30435.

30690. Anonyme. — Nécrologie, p. 352 à 354.

[F. Kielhorn (1840 + 1908); Viggo Fausböll (1821 + 1908); W. Grube (1855 + 1908); S. W. Bushell (1844 + 1908).]

30691. Brengues (Dr J.). — Une version laotienne du Pañcatantra, p. 358 à 395. — Cf. n° 30692.

[Publié par L. Finot].

30692. Hertel (Johannes). — La Mulla-Tantai et le Pañcatantra, remarques sur l'article précédent, p. 397 à 434. — Cf. n° 30691.

30693. Huart (Cl.). — Les séances d'Ibn-Nâqiyâ, p. 435 à 454.

30694. Vissière (A.). Lettre [à propos d'un faux archéologique chinois, l'inscription de l'année 524 après J.-C.], p. 455 à 465. — Cf. n° 30681.

SEINE. — PARIS.

SOCIÉTÉ BIBLIOGRAPHIQUE.

Voir, pour les publications de cette Société antérieures à 1901, la table récapitulative de notre *Bibliographie générale;* et, pour ses publications postérieures, les tables placées à la fin des tomes I et II de notre *Bibliographie annuelle.*

CXII. — Polybiblion. Revue bibliographique universelle... Partie littéraire, 2e série, t. LXVII (CXIIe de la collection). (Paris, 1908, in-8°, 576 p.)

30695. Divers. — Nécrologie, p. 75 à 80.

[P.-J.-C. Janssen (1822 + 1907); Aimé Giron (1888 + 1907); le P. Pargoire (1872 + 1907); J. Cornély (1845 + 1907); H. Derenburg (1829 + 1907); Oscar II, roi de Suède (+ 1907), etc.]

30696. Divers. — Nécrologie, p. 174 à 178.

[Le général J.-L. Lewal (1823 + 1908); L. Fison (+ 1907); etc.]

30697. Divers. — Nécrologie, p. 266 à 271.

[A. Hauvette (+ 1908); J. Bourgoin (+ 1908); Mme [Marie Vieu, pseud. Marie-Robert Halt (1849 + 1908); Mlle L. de La Ramée, pseud. Ouida (+ 1908); E.-G. Stedman (+ 1908), etc.]

30698. Divers. — Nécrologie, p. 362 à 368.

[A. de Boislisle (1835 + 1908); Auguste Lepage (1835 + 1908); A. Kirchoff (+ 1908); E. de Amicis (1846 + 1908); etc.]

30699. Divers. — Nécrologie, p. 463 à 469.

[Barbier de Meynard (1826 + 1908); Hartwig Derenbourg (1844 + 1908); E. Gebhart (1839 + 1908); Dr Cornil (1837 + 1908); Dr Terrier (+ 1908); Édouard Zeller (1814 + 1908); etc.]

30700. Divers. — Nécrologie, p. 535 à 541.

[François Coppée (1842 + 1908); A. de Lapparent (1839 + 1908); Mme de Witt (1829 + 1908); Jean Réville (+ 1908); Dr Mœbius (1825 + 1908); Th. von Sickel (1826 + 1908); etc.]

CXIII. — Polybiblion. Revue bibliographique universelle... Partie littéraire, 2e série, t. LXVIII (CXIIIe de la collection). (Paris, 1908, in-8°, 576 p.)

30701. Divers. — Nécrologie, p. 72 à 78.

[G. Boissier (1823 + 1908); Ludovic Halévy (1834 + 1908); l'abbé Blanchet (+ 1908); John Evans (1823 + 1908); L. Frechette (1839 + 1908); etc.]

30702. Divers. — Nécrologie, p. 177 à 181.

[Dom Chamard (1838 + 1908); O. Pfleiderer (1839 + 1908); etc.]

30703. Divers. — Nécrologie, p. 273 à 280.

[C.-F. Lenient (1826 + 1908); J. Liégeois (1833 + 1908); A. Giard (1846 + 1908); A.-H. Becquerel (1852 + 1908); E. N

Mascart (1835 + 1908); Mme A.-M. de Francliou (+ 1908); E. Schrader (+ 1908); etc.]

30704. Divers. — Nécrologie, p. 366 à 371.

[C. Chabaneau (1831 + 1908); Ch. de Robillard de Beaurepaire (1828 + 1908); H. Lantoine (1845 + 1908); etc.]

30705. Divers. — Nécrologie, p. 465 à 469.

[C. Cheraux (1828 + 1908); Ch. Aubertin (1825 + 1908); V. Récsey (1858 + 1908); J. Inglis (+ 1908); etc.]

30706. Divers. — Nécrologie, p. 541 à 546.

[V. Sardou (1831 + 1908); A. Luchaire (1846 + 1908); M.-Ch. Vincens, *pseud.* Arvède Barine (1840 + 1908); A. Ditte (1843 + 1908); etc.]

CXIV. — Polybiblion. Revue bibliographique universelle... Partie technique, 2e série, t. XXXIV (CXIVe de la collection). (Paris, 1908, in-8°, 568 p.)

SEINE. — PARIS.

SOCIÉTÉ FRANÇAISE DE BIBLIOGRAPHIE.

Voir, pour les publications antérieures de cette Société le troisième fascicule du tome II de notre *Bibliographie annuelle*, p. 145.

30707. Brière (Gaston), Stein (Henri), Tourneux (Maurice). — Table générale de la Revue universelle des arts (1855-1906). (Chartres, 1908, in-8°, x-116 p.)

SEINE. — PARIS.

SOCIÉTÉ DES COLLECTIONNEURS D'EX-LIBRIS.

Voir, pour les publications de cette Société antérieures à 1901, la table récapitulative de notre *Bibliographie générale;* et pour ses publications postérieures, les tables placées à la fin des tomes I et II de notre *Bibliographie annuelle.*

XV. — Archives de la Société française des collectionneurs d'ex-libris, 15e année. (Paris, 1908, gr. in-4°, 196 p.)

30708. Du Roure de Paulin (Baron). — Les ex-libris d'Hozier, *fig.* et *pl.*, p. 3 à 6.
30709. Remacle (A. de). — Les ex-libris de la famille Grangier de Lamotte, *fig.* et *pl.*, p. 7 à 10.
30710. Falgairolle (Prosper). — Les bibliophiles du Bas-Languedoc, *fig.*, p. 10, 23, 60, 82, 97, et 110. — Suite de XIII, p. 99, 124; XIV, p. 8, 49, 92, 105, 125, 137, 155, 172, et 183.
30711. Linnig (Benjamin). — Jean-Joseph-Benjamin, comte de Looz-Corswarem d'Avin (1788†1843), *fig.*, p. 18.
30712. Cadet de Gassicourt (F.). — Les marques de reliure de Cambacérès, *fig.* et *pl.*, p. 39 à 44. — Cf. n° 30724.
30713. Mareschal de Bièvre (Comte). — Les ex-libris des Mareschal de Bièvre et des Mareschal de Monteclain, *fig.* et *pl.*, p. 44 à 49.
30714. Du Roure de Paulin (Baron). — Les ex-libris de La Carre de Saumery, *fig.* et *pl.*, p. 54 à 57.
30715. J. C. W. [Wiggishoff (J.-C.).] — Danton eut-il un ex-libris? *fig.*, p. 57. — Cf. nos 30725 et 30736.
30716. Decauville-Lachénée (Abel) et Cadet de Gassicourt (F.). — Une reliure exécutée vers 1586, famille royale de France, *pl.*, p. 58 à 60.
30717. Quantin (Léon). — Denys de Salvaing de Boissieu, bibliophile; Jean Picart et Louis Spirinx, graveurs du XVIIe siècle, *fig.* et *pl.*, p. 70 à 77.

30718. Denis du Péage (P.). — Une curieuse série d'ex-libris [flamands], *fig.*, p. 79 à 81.

30719. Du Roure de Paulin (Baron). — La bibliothèque de la Maison royale de Saint-Louis de Saint-Cyr, *fig.* et 2 *pl.*, p. 87 à 91.

30720. Cadet de Gassicourt (F.). — Les reliures modernes de la collection Audéoud [à la Bibliothèque nationale], p. 92 à 94.

30721. Wiggishoff (J.-C.). — Un ex-libris du maréchal d'Ancre, *fig.*, p. 95.

30722. Raisin (F.). — Une variante de l'ex-libris Stolberg d'Albany, *fig.*, p. 102.

30723. Dujarric-Descombes. — Les anciens ex-libris du Périgord, *fig.*, p. 104 à 107. — Suite de XIII, p. 113, 167; et XIV, p. 38.

30724. Lair (Comte). — L'ex-libris de Cambacérès, *fig.*, p. 108. — Cf. n°s 30712.

30725. Quantin (Léon). — Ex-libris de Danton, *fig.*, p. 109. — Cf. n°s 30715 et 30736.

30726. Combes (Paul). — Ex-libris Souchay, *fig.*, p. 115.

30727. Hennezel d'Ormois (Vicomte de). — Ex-libris et fers de reliure Laonnais, *pl.*, p. 118, 157, et 174.

30728. Richebé (H.). — A propos d'un ex-libris anonyme [J.-G. Therisse, abbé de Saint-Victor en Caux], *fig.*, p. 122.

30729. Pas (J. de). — Ex-Libris de la famille Lenglé de Schœbeque, *fig.*, p. 123.

30730. Linnig (Benj.). — Christophe-Jacques Trew, médecin et botaniste (1695 † 1769), p. 125.

30731. Marquet (Comte A. de) et Des Robert (Edmond). — Les marques de bibliothèque de la famille Philippe, p. 127.

30732. Fassy (Léopold). — La bibliothèque du château de Chaumont [sur Loire], *fig.*, p. 129.

30733. Du Roure de Paulin (Baron). — Les ex-libris du prince de Bournonville, *fig.*, p. 133 à 136.

30734. Wiggishoff (J.-C.). — Les grands bibliophiles. Ch. Sauvageot, son ex-libris, sa bibliothèque et ses collections, *fig.* et *pl.*, p. 136 à 139.

30735. Cochon (J.). — L'ex-libris de Waroquier, *fig.*, p. 139 à 142, et 178.

30736. Bertarelli (Achille). — Toujours sur le pseudo ex-libris Danton, p. 142. — Cf. n°s 30715 et 30725.

30737. Remacle (A. de). — A propos des bibliophiles du Bas-Languedoc, *fig.*, p. 143.

30738. Combes (Paul). — Deux ex-libris manuscrits, *pl.*, p. 144.

30739. Tonquédec (H. de) et Cadet de Gassicourt (F.). — L'ex-libris de Jean-Joseph-François Le Conte de Bièvre, *fig.*, p. 144 à 146.

30740. Quantin (Léon), André (Ernest). — Ex-libris de la famille de Saint-Maurice, p. 147.

30741. Du Roure de Paulin (Baron). — L'ex-libris du dernier roi d'armes de France [Du Verdier de Vauprivas], *fig.*, p. 149.

30742. Quantin (Léon). — Fer à dorer de l'Université de Dijon, *fig.*, p. 151.

30743. Du Roure de Paulin (Baron). — Un bréviaire de Louis XV, 2 *pl.*, p. 153.

30744. La Perrière (Henri de). — Les ex-libris manceaux antérieurs au XIXe siècle, *fig.*, p. 154 à 156.

30745. La Perrière (Henri de). — L'ex-libris Arnoux de Corgeat, *fig.*, p. 160.

30746. Engelmann (E.). — A propos des bibliophiles du Bas-Languedoc, p. 166.

30747. Combes (Paul). — Les ex-libris de médecins et de pharmaciens, *fig.* et 2 *pl.*, p. 167 à 172.

30748. Du Roure de Paulin (Baron). — La bibliothèque de l'École spéciale militaire de Saint-Cyr, *fig.*, p. 173.

30749. Perrier (Émile). — Ex-libris de J.-F.-L. d'Allard de Néoules, *fig.*, p. 177.

30750. Quantin (Léon). — Ex-libris Borjon, *fig.*, p. 182.

30751. Du Roure de Paulin (Baron). — L'ex-libris Defontaine, *pl.*, p. 183.

SEINE. — PARIS.

SOCIÉTÉ DE L'ÉCOLE DES CHARTES.

Voir, pour les publications de cette Société antérieures à 1901, la table récapitulative de notre *Bibliographie générale;* et pour ses publications postérieures, les tables placées à la fin des tomes I et II de notre *Bibliographie annuelle.*

LXIX. — Bibliothèque de l'École des Chartes..., 69e année, 1908. (Paris, 1908, in-8°, 763 p.)

30752. Lot (Ferdinand). — La grande invasion normande de 856-862, p. 5 à 62.

30753. Bloch (Camille). — Inventaire sommaire des volumes de la collection Joly de Fleury concernant l'assistance et la mendicité, p. 63 à 168.

30754. Fazy (Max). — Note sur le style employé par Étienne de Tournai pour dater les actes, p. 169 à 184.

30755. Stein (Henri). — Aventures d'un Grec en France au début du xve siècle [Alexis Claudioti], p. 185 à 190.
30756. Jusselin (Maurice). — Une satire contre Philippe le Bel et Clément V, p. 280.
30757. Delaborde (H.-François). — Les archives royales depuis la mort de saint Louis jusqu'à Pierre d'Étampes, p. 289 à 302.
30758. Bernus (Pierre). — Le rôle politique de Pierre de Brézé au cours des dix dernières années du règne de Charles VII (1451-1461), p. 303 à 347.
30759. Delisle (L.). — Le sceau de Guillaume le Maréchal, *facs.*, p. 348 à 351.
30760. Valois (N.). — Un plaidoyer du xive siècle en faveur des Cisterciens, p. 352 à 368.
30761. Gaillard (H.). — Essai de biographie de Jean de Folleville, prévôt de Paris sous Charles VI, p. 369 à 404.
30762. Halphen (Louis). — Note sur la chronique de Saint-Maixent, p. 405 à 411.
30763. H. O. [Omont (H.).] — Catalogue des manuscrits de la bibliothèque de M. Pierpont Morgan à New-York, p. 412 à 422.
30764. Gaillard (H.). — Marcel Thibault [1874 † 1908], p. 515 à 518.
30765. Lauer (Ph.). — Joseph Petit [1874 † 1908], p. 518.
30766. Delaborde (H.-François). — Arthur de Boislisle et l'École des Chartes, p. 520 à 525.
30767. Babelon (E.). — Théodore von Sickel [1826 † 1908], p. 526. — Cf. id. n° 30382.
30768. Auvray (L.). — Jeanne d'Arc dans le *Chronicon universale* de Sozomène de Pistoie, p. 532.
30769. L. A. [Auvray (L.).] — Le *monasterium Turris majoris* [= *Terrae majoris*] dans le *Liber Censuum*, p. 534.
30770. H. O. [Omont (H.)]. — Confrérie de Saint-Wolfgang de Ratisbonne, p. 535 à 538.
30771. Anonyme. — Duodecim abusiva, p. 538.
30772. Delisle (L.). — Recueil de 109 chartes originales de Henri II, roi d'Angleterre et duc de Normandie, rassemblées et photographiées par le Rév. H. Salter, p. 541 à 580, et 738 à 740.
30773. Aubert (Félix). — Les Requêtes du Palais (xiiie-xvie siècle), style des Requêtes du Palais au xve siècle, p. 581 à 642.
30774. Poupardin (René). — Fragment du recueil perdu de formules franques dites *Formulae Pithoei*, p. 643 à 662.
30775. Anonyme. — Prêt d'un manuscrit français au début du xive siècle, p. 741.
30776. Anonyme. — Nomination d'un maître d'école au xve siècle [à Pont-Audemer], p. 741.
30777. H. O. [Omont (H.).] — Un prétendu manuscrit original de l'*Hodoeporicon* d'Ambroise le Camaldule, p. 742.
30778. L. A. [Auvray (L.)]. — Écritures du cardinal de Richelieu et de ses secrétaires, p. 744 à 747.

VIII. — Mémoires et documents publiés par la Société de l'École des Chartes. VIII.

30779. Manteyer (Georges de). — La Provence du i^er au xiie siècle. Études d'histoire et de géographie politique. (Paris, 1908, in-8°, 531 p.)

SEINE. — PARIS.

SOCIÉTÉ DE L'ÉCOLE DES SCIENCES POLITIQUES.

Voir, pour les publications de cette Société antérieures à 1901, la table récapitulative de notre *Bibliographie générale;* et pour ses publications postérieures, les tables placées à la fin des tomes I et II de notre *Bibliographie annuelle.*

XXIII. — Annales des sciences politiques, revue publiée avec la collaboration des professeurs et des anciens élèves de l'École libre des sciences politiques..., 23e année, 1908. (Paris, s. d., in-8°, 8-856 p.)

30780. Leroy-Beaulieu (A.) et Delatour (Albert). — Discours prononcés à l'inauguration du monument élevé à la mémoire d'Emile Boutmy, le 12 janvier 1908, p. 1 à 8.
30781. Piot (Stéphane). — Le rôle politique de Giosue Carducci, poète national de la troisième Italie (1835 † 1907), p. 1 à 35.

30782. Liesse (André). — L'œuvre de Villèle, ses idées, ses doctrines, p. 174 à 188.
30783. Antony (Alfred). — Le journalisme au Gouvernement provisoire de 1848, p. 208 à 235.
30784. Ripert (H.). — La présidence des assemblées politiques, p. 346 à 368.
30785. Wallon (Maurice). — Les Saint-Simoniens et les chemins de fer, l'élaboration du réseau, p. 515 à 528.
30786. A. D. — Anatole Dunoyer († 1908), p. 529 à 542.
30787. Levasseur (E.). — Le mouvement des salaires, p. 709 à 730.

SEINE. — PARIS.

SOCIÉTÉ DE L'ENSEIGNEMENT SUPÉRIEUR.

Voir, pour les publications de cette Société antérieures à 1901, la table récapitulative de notre *Bibliographie générale;* et pour ses publications postérieures, les tables placées à la fin des tomes I et II de notre *Bibliographie annuelle.*

LV. — Revue internationale de l'enseignement publiée par la Société de l'enseignement supérieur..., rédacteur en chef : François Picavet, t. LV, janvier à juin 1908. (Paris, 1908, in-8°, 582 p.)

30788. Renard (Georges). — Chaire d'histoire du travail au Collège de France, leçon d'ouverture, p. 5 à 17.
30789. Dessertaux. — Le centenaire de la Faculté de droit de Dijon, p. 21 à 30.
30790. Goelzer (Henri). — Histoire du latin du IIIe au VIIe siècle. Le latin de l'Église, méthode à suivre dans l'étude de ses origines et de son développement, p. 97 à 129.
30791. Bourgin (Hubert). — La pédagogie de Fourier, p. 130 à 143.
30792. Divers. — M. Amédée Hauvette [† 1908], p. 173 à 175.

[Discours de MM. A. Croiset, Martha, Th. Reinach.]

30793. Xénopol. — Leçon d'ouverture du cours sur la théorie de l'histoire, p. 193 à 203.
30794. Carcopino (Jérome). — Edmond Demolins et la science sociale, p. 226 à 231.
30795. Léger (Louis). — Souvenirs d'un vieux professeur. Mes débuts à l'École des langues orientales. Une mission en Russie, p. 289 à 296. — Suite de LI, p. 5.
30796. Boutroux (Émile). — Édouard Zeller [1814 † 1908], p. 345 à 349.
30797. Souriau (Maurice). — Edgard Zevort, p. 349.
30798. Lemercier. — Jules Tessier, p. 350 à 352.
30799. Bastide (Ch.). — Huit lettres de Locke à Graevius, p. 385 à 396.
30800. C. Bayet. — Edgard Zevort, p. 568 à 570.
30801. Ségur (De) et Foville (de). — Gebbart [1839 † 1908], p. 570.

LVI. — Revue internationale de l'enseignement..., t. LVI, juillet à décembre 1908. (Paris, 1908, in-8°, 582 p.)

30802. Anonyme. — L'Institut français de Florence, p. 31 à 42.
30803. Saleilles. — L'enseignement du droit, p. 289 à 310.

SEINE. — PARIS.

SOCIÉTÉ DES ÉTUDES HISTORIQUES.

Voir, pour les publications de cette Société antérieures à 1901, la table récapitulative de notre *Bibliographie générale;* et pour ses publications postérieures, les tables placées à la fin des tomes I et II de notre *Bibliographie annuelle.*

30804. Schuermans (Albert). — Itinéraire général de Napoléon Ier. Préface de Henry Houssaye. (Paris, 1908, in-8°, ix-390 p.) — Cf. id. n° 30806.

[Bibliothèque de la Société des études historiques, VI.]

LXXIX. — Revue des études historiques, 74e année, 1908. (Paris, s. d., in-8°, 690 p.)

30805. Tabournel (Raymond). — Le prince Henri de Prusse et le Directoire (1795-1802), p. 5 à 41.

30806. Schuermans (Albert). — Itinéraire général de Napoléon Ier, p. 42 à 80, et 124 à 170. — Suite et fin de LXXVII, p. 257, 384, 471, 583; et LXXVIII, p. 36, 159, 299, et 483. — Cf. id. n° 30804.

30807. Boutry (Maurice). — Un document janséniste. Lettre de la mère Angélique de Saint-Jean, abbesse de Port-Royal, à l'abbé Feydeau, exilé à Annonay (8 août 1682), p. 81.

30808. Lavollée (Robert). — Les mémoires inédits de Favreau de Chizay [1614-1671], p. 113 à 123.

30809. Baglion (Comte L. de). — Épisodes des luttes de factions en Ombrie au xve siècle, p. 225 à 243.

30810. Pavie (André). — Sainte-Beuve et Aloysius Bertrand. Documents inédits, p. 244 à 258.

30811. Paquier (L'abbé J.). — Lettres familières de Jérôme Aléandre (1510-1540), p. 259, 386 et 603. — Suite de LXXVI, p. 191; LXXVII, p. 32, 161, 370, 498; et LXXVIII, p. 17.

30812. Depoin (J.). — Études préparatoires à l'histoire des familles palatines, p. 321, 473, et 553.

[La famille de Robert le Fort, p. 321. — Origine des comtes du Vexin, p. 473. — Thibaud le Tricheur, p. 553.]

30813. Laborde-Milaa (A.). — La sensibilité de Montesquieu, p. 333 à 340.

30814. Hauterive (Ernest d'). — Un attentat contre l'Empereur. L'accoucheur de Marie-Louise, p. 341 à 350.

30815. Courson (Vicomte Aurélien de). — Les projets et les hésitations de la duchesse de Berry (1831), p. 351 à 371.

30816. Villatte des Prugnes (Robert). — Le rôle de Beaumarchais dans les événements qui ont précédé la guerre d'Amérique de 1774 à 1778, p. 372 à 385.

30817. Loviot (Louis). — Un document révolutionnaire. Lettre d'un royaliste (31 juillet 1792), p. 400 à 403.

30818. Coquelle (Pierre). — Le comte de Guerchy, ambassadeur de France à Londres (1763-1767), p. 433 à 472.

30819. Couvreu (Émile). — Pichegru a-t-il trahi? p. 483 à 491.

30820. Maliebran (Commandant A.). — La bataille de Tourcoing et le combat de Pont-à-Chin (mai 1794), p. 624 à 632.

SEINE. — PARIS.

SOCIÉTÉ DES ÉTUDES JUIVES.

Voir, pour les publications de cette Société antérieures à 1901, la table récapitulative de notre *Bibliographie générale;* et pour ses publications postérieures, les tables placées à la fin des tomes I et II de notre *Bibliographie annuelle.*

LV. — Revue des études juives, publication trimestrielle de la Société des études juives, t. LV. (Paris, 1898, in-8°, 320-XV p.)

30821. Régné (Jean). — Étude sur la condition des juifs de Narbonne du Ve au XIVe siècle, p. 1 à 36, et 221 à 243.
30822. Dauriac (Lionel). — Philon, p. 37 à 47.
30823. Kamenetzky (A.-S.). — Deux lettres de l'époque du dernier exilarque (1020), p. 48 à 53; et LVI, p. 254 à 256. — Cf. n° 30835.
30824. Goldziher (J.). — Mélanges judéo-arabes, p. 54 à 59. — Suite de XLIII, p. 1; XLIV, p. 63; XLV, p. 1; XLVII, p. 41, 179; XLVIII, p. 219; L, p. 32, 182; LII, p. 43, et 187.
30825. Heller (Bernard). — Le nom divin de 22 lettres dans la prière qui suit la bénédiction sacerdotale, p. 60 à 71. — Cf. n° 30855.
30826. Darmesteter (Arsène). — Les gloses françaises de Raschi dans la Bible, p. 72 à 83; et LVI, p. 70 à 98. — Suite de LIII, p. 161; et LIV, p. 1, et 205.
30827. Aptowitzer (V.). — Deux problèmes d'histoire littéraire, p. 84 à 95.

[L'auteur du commentaire des Chroniques, p. 84. (Cf. n° 30851.) — Note sur le *Choix des perles*, p. 98.]

30828. Liber (M.). — Les manuscrits hébreux de la bibliothèque du Louvre [au temps de Charles V et de Charles VI], p. 96 à 108.
30829. Liber (M.). — Montaigne à Rome, p. 109 à 118.
30830. Crémieux (Ad.). — Un établissement juif à Marseille au XVIIe siècle, p. 119 à 145; et LVI, p. 99 à 123.
30831. Kaminka (A.). — Les psaumes LXVIII et LXXXVII à la lumière des découvertes d'Assouan, p. 146.
30832. Krauss (S.). — Le nom de Jésus chez les Juifs, p. 148 à 151.
30833. Psichari (Jean). — Essai sur le grec de la Septante, p. 161 à 208.
30834. Blau (L.). — La récitation du schéma et de la Haftara, p. 209 à 220. — Cf. n° 30850.
30835. Poznanski (Samuel). — Sur les deux lettres de l'époque du dernier exilarque, p. 244 à 248. — Cf. n° 30823.
30836. Bacher (W.). — Le livre d'Ezra de Schahin Schirazi, p. 249 à 280.
30837. Mayer-Lambert. — Notes exégétiques et lexicographiques, p. 281 à 284.
30838. Lévi (Israël). — Encore un mot sur le texte araméen du testament de Lévi récemment découvert, p. 285 à 287.
30839. Lévi (Israël). — Les cinq écritures japhétites d'après le midrasch Hagadol, p. 287 à 290; et LVI, p. 249 à 251.

LVI. — Revue des études juives..., t. LVI. (Paris, 1908, in-8°, 320 p.)

30840. Gross (Henri). — La famille juive des Hamon, contribution à l'histoire des Juifs en Turquie, p. 1 à 26.
30841. Krauss (S.). — Divisions territoriales en Palestine, p. 27 à 41.
30842. Poznanski (Samuel). — Nouveaux renseignements sur Abou'l-Faradj Haroun ben al-Faradj et ses ouvrages, p. 42 à 69.
[30826]. Darmesteter (Arsène). — Les gloses françaises de Raschi dans la Bible, p. 70 à 98.
[30830] Crémieux (Ad.). — Un établissement juif à Marseille au XVIIe siècle, p. 99 à 123.
30843. Reinach (Théodore). — Notes sur Josèphe [*Antiq. jud.*, XVII, 10, 10], p. 124.
30844. Heller (Bernard). — Le mischle Sindbad, source méconnue du fableau de Constant Du Hamel, p. 125.
30845. Schwab (Moïse). — Documents provenant de la Gueniza du Caire, p. 127 à 130.
30846. Liber (Maurice). — Revue bibliographique [des études juives], année 1907, p. 132 à 143, et 257 à 316.
30847. Lévi (Israël). — Le temple du Dieu Yahou et la colonie juive d'Éléphantine au Ve siècle avant l'ère chrétienne, p. 161 à 168. — Suite de LIV, p. 161.

30848. Berto (Paul). — Ce que l'on sait actuellement de la topographie de l'ancienne Jérusalem, p. 169 à 197.
30849. Heller (Bernard). — La légende judéo-chrétienne du Compagnon au Paradis, p. 198 à 221.
30850. Elbogen (J.). — La récitation du schéma et de la haftara, p. 222 à 227. — Cf. n° 30834.
30851. Wellesz (J.). — L'auteur du commentaire anonyme des Chroniques, p. 228 à 232. — Cf. n° 30827.
30852. Chapira (B.). — Documents provenant de la Gueniza du Caire, p. 233 à 242.
30853. Schwab (Moïse). — Deux épitaphes judéo-arabes [provenant de Bagdad], *fig.* p. 243 à 247.
30854. Kamenetzky (A.-S.). — אשכולות (*Sota*, 47, a.), p. 248 à 249.
[30839]. Lévi (Israël). — Encore un mot sur les écritures japhétiques d'après le midrasch Hagadol, p. 249 à 251.
30855. Krauss (S.). — Note sur le nombre de 22 lettres et sur le démon de l'oubli, p. 251 à 254. — Cf. n° 30825.
[30823]. Kamenetzki (A.-S.). — Encore quelques remarques sur les deux lettres de l'époque du dernier exilarque, 254 à 256.

SEINE. — PARIS.

SOCIÉTÉ DES ÉTUDES RABELAISIENNES.

Voir, pour les publications antérieures de cette Société, les tables placées à la fin des tomes I et II de notre *Bibliographie annuelle*.

VI. — **Revue des études rabelaisiennes**, publication trimestrielle consacrée à Rabelais et à son temps, t. VI, 1908. (Paris, 1908, in-8°, XV-420 p.)

30856. Psichari (Michel). — Les jeux de Gargantua, p. 1, 124, et 317.
30857. Lefranc (Abel). — Le logis de Pantagruel à Paris, p. 38 à 44, et 273.
30858. Tilley (Arthur). — La date de la seconde lettre de Budé à Rabelais, p. 45 à 48.
30859. Sturel (René). — Rabelais et Hippocrate. Notes bibliographiques, p. 49 à 55.
30860. Haskovec (Dr P.). — Rabelais et Jean Bouchet, p. 56 à 60.
30861. Plattard (J.). — Les trésors de l'Antéchrist (Tiers-livre, ch. XXVI), p. 61 à 63.
30862. Cohen (Gustave). — Rabelais et Marnix de Sainte-Aldegonde, p. 64.
30863. Beaurain (Georges). — Les lieues des Landes [liv. II, ch. XXXIII], p. 66.
30864. Grimaud (Henry). — Chinon au temps de la jeunesse de Rabelais, p. 68.
30865. Anonyme. — Partage des biens et héritages de feue Andrée Pavin entre Antoine Rabelais, licencié ès loix d'une part, et Jean, François, Guillaume, Antoine, Pierre Frapin et Pierre Delopiteau, à cause de Madeleine Frapin, sa femme, d'autre part (1505, 12 mars. Montsoreau), p. 70 à 74.
30866. Clouzot (Henri). — Roger de Gaignières au pays de Rabelais, *pl.*, p. 75 à 78.
30867. Smith (W.-F.). — Les noms de Cormier, d'Ulmeau et les Hamadryades [l. III, chap. LI], p. 93.
30868. Clouzot (H.). — Rabelais et le *Moyen de parvenir*, p. 94.
30869. Boulenger (Jacques). — Valeur critique des textes de Gargantua, p. 97 à 123.
30870. Hauser (Henri). — Le *Transport des règnes et des Empires des Grecz ès François*, p. 182 à 189.
30871. Clouzot (Henri). — Nouveaux documents sur Saint-Ayl, p. 190 à 195.
30872. Oulmont (Charles). — Le *Rabelais ressuscité*, (1611), p. 196 à 200.
30873. Anonyme. — Trois livrets rares, *facs.*, p. 201 à 202. — Cf. n° 30889.

[Le *Songe de Pantagruel*, par F. Habert; *Fantastiques batailles des grans roys Rodilardus et Croacus; Satyres chrestiennes de la Cuisine papale*, par P. Viret.]

30874. Grimaud (Henri). — Documents relatifs à la famille Rabelais, p. 203 à 211.
30875. Dorveaux (P.). — Notes pour le commentaire, p. 212.
30876. Clouzot (Henri). — Notes pour le commentaire, p. 213.
30877. Smith (W.-F.). — Rabelais et Érasme, p. 215 à 264, et 375 à 378.
30878. Lefranc (Abel). — Conjectures sur la date de la naissance de Rabelais. p. 265 à 270.
30879. Grimaud (Henry). — Rabelais et Tallemant Des Réaux, p. 274.
30880. H. C. [Clouzot (H.).] — Rabelais vendu sous le manteau, p. 277.

30881. Smith (W.-F.). — La généalogie de Pantagruel (l. II, ch. I), p. 278.
30882. H. C. [Clouzot (H.).] — Pantagruel et Gargantua sur un éventail, 279.
30883. Sainéan (Lazare). — Le vocabulaire de Rabelais, p. 285 à 316.
30884. Potez (Henri). — Rabelais et Fontenelle, p. 362 à 367.
30885. Clouzot (Henri). — La devise de Monsieur l'Admiral, *fig.*, p. 368 à 374.
30886. Soyer (Jacques). — Monsieur le seelleur, identification d'un nom [Claude Framberge] contenu dans la lettre de Rabelais à Antoine Hullot, datée de Saint-Ay, p. 379 à 384.
30887. Chambard-Hénon (D^r^). — Les piliers d'Énay [l. I, ch. XIV], p. 385.
30888. Ricci (Seymour de). — Un témoignage du XVIe siècle inédit sur François Rabelais, p. 387 à 389.
30889. Ricci (Seymour de). — Les *Fantastiques batailles de Rodilardus et Croacus*, p. 390. — Cf. n° 30873.
30890. Thomas (Antoine). — Passelourdin. La légende de Saladin en Poitou, p. 392 à 397.
30891. J. B. [Boulenger (Jacques).] — Trois témoignages sur Rabelais au XVIIe siècle, p. 398 à 400.
30892. Grimaud (H.). — Les écluses de la Vienne, p. 405.
30893. J. B. [Boulenger (Jacques).] — Les portraits de Rabelais, p. 406 à 409.
30894. H. G. [Grimaud (H.).] — Un manuscrit de Rabelais, p. 410.
30895. H. C. [Clouzot (H.).] — *Coguetus* ou *Goguetus*, p. 410 à 411.

SEINE. — PARIS.

SOCIÉTÉ DES ÉTUDES ROBESPIERRISTES.

Cette Société a été fondée à la fin de l'année 1907; elle a fait paraître, en 1908, une Revue trimestrielle intitulée *Annales révolutionnaires*.

I. — Annales révolutionnaires, t. Ier, 1908. (Paris, 1908, in-8°, 720 p.)

30896. Chuquet (Arthur). — La jeunesse de Camille Desmoulins, p. 1 à 26.
30897. Mathiez (Albert). — Un portrait de Robespierre [dans les *Nouvelles politiques* du 13 thermidor an II], p. 27 à 32.
30898. Barbier (Victor). — Le flambeau de la Provence et la chandelle d'Arras [dans les *Actes des apôtres*], p. 33 à 37.

[Mirabeau et Robespierre.]

30899. Lévi (L.). — Robespierre dans le théâtre allemand, p. 38 à 63.
30900. Vellay (Charles). — Un ami de Saint-Just, Gateau, p. 64 à 79, et 265 à 275.
30901. Chuquet (A.). — La défense nationale en 1815, p. 80 à 90.
30902. C. V. [Vellay (Charles).] — Robespierre aux Rosati [d'Arras, 1787], p. 91.
30903. A. C. [Chuquet (A.).] — Buzot et Mme Roland, p. 93.
30904. A. C. [Chuquet (A.).] — Un témoignage sur Pétion, p. 94.
30905. A. C. [Chuquet (A.).] — La mission de Joseph Bonaparte en 1793 et 1794, p. 95 à 98.
30906. A. C. [Chuquet A.).] — Napoléon Bonaparte et Mazurier, avec une lettre inédite de Bonaparte (6 mars 1794), p. 98 à 101.
30907. C. V. [Vellay (Ch.).] — Saint-Just et le procès des Dantonistes, p. 101.
30908. A. C. [Chuquet (A.).] — Le colonel Moncey et les Cent-Jours, p. 102 à 106.
30909. A. C. [Chuquet (A.).] — Le signalement de Drouet, p. 107.
30910. C. V. [Vellay (Ch.).] — Une lettre inédite de Robespierre, p. 108.
30911. A. C. [Chuquet (A.).] — Lettre de Metzinger au député Couturier (23 août 1792) sur la situation de Sarrelouis, p. 109.
30912. A. C. [Chuquet (A.).] — Lettre de Duvignau à Carnot (15 septembre 1793) sur les nobles expulsés de l'armée, p. 110 à 112.
30913. C. V. [Vellay (Ch.).] — Une lettre de Payan à Viot (10 juillet 1794), p. 113.
30914. A. C. [Chuquet (A.).] — La nomination de Malet au grade de général de brigade (13 août 1799), p. 115.
30915. C. V. [Vellay (Ch.).] — Une lettre de la mère de Saint-Just (10 février 1809), p. 116.

30916. A. C. [Chuquet (A.).] — Lettre du capitaine Christ au grand-maréchal Bertrand (24 mars 1815), p. 117.

30917. A. C. [Chuquet (A.).] — Une notice autobiographique du général Michaud (6 juin 1815), p. 118 à 120.

30918. A. C. et C. V. [Chuquet (A.) et Vellay (C.).] — Notes et glanes, p. 121, 337, 517, et 681.

[Bonaparte à la fin de 1797; Maurice Duplay; Hérault de Séchelles; Robespierre; J.-J. Rousseau; le général Thouvenot; Venise et Bonaparte, p. 121. — Ambassadeurs et envoyés à Pétersbourg : Duroc, Caulaincourt, Hédouville, Beaupuy, général Billot; Brissot à l'Assemblée législative; le 18 Brumaire en Allemagne; Constituants et conventionnels sous le Consulat; Arthur Dillon; un vieil émigré à Eutin; Léon Faucher; Mérimée; Miranda; Oudinot en 1792; Piet-Chambelle et Marie-Antoinette; Robespierre chez Duplay; Saint-Just et Mably; De Serres; Sieys ou Sieyès; Mme de Staël et Guillaume Schlegel, p. 337. — Delille et les prisonniers français des ans VIII et IX; Lavoisier jugé par Marat; Napoléon à Dresde en août 1813; Robespierre et les Hébertistes; les derniers vêtements de Robespierre, p. 517. — Bailleul; *La Carmagnole;* Marie-Antoinette; Merlin de Thionville au 9 thermidor; la noblesse sous l'ancien régime; Robespierre au collège d'Arras, p. 681.]

30919. Chuquet (Arthur). — Cent lettres inédites de Bonaparte (1793-1796), p. 183 à 222.

30920. Mathiez (Albert). — La lecture des décrets au prône sous la Constituante, p. 223 à 243.

30921. Buffenoir (Hippolyte). — Les portraits de Robespierre, *portr.*, p. 244, 457, et 641.

30922. Chuquet (A.). — Dagobert à l'armée d'Italie. Nice et d'Anselme, Sospel, l'expédition de la Vésubie, p. 276 à 299.

30923. C. V. [Vellay (Ch.).] — Les lettres inconnues de Robespierre, p. 300 à 303.

30924. A. Mz [Mathiez (A.).] — Les femmes et la Révolution, p. 303.

30925. A. C. [Chuquet (A.).] — Deux poésies de Bürger contre la Révolution (1792), p. 305.

30926. A. C. [Chuquet (A.).] — Turreau et son plan général de défense et d'attaque (22 décembre 1793), p. 307 à 313.

30927. A. C. [Chuquet (A.).] — Le journal de Steinmüller sur la campagne de Russie, p. 314 à 317.

30928. A. C. [Chuquet (A.).] — Une lettre de Desportes sur le général La Harpe (19 novembre 1792), p. 318.

30929. Saint-André (Claude). — Un billet de Mme Du Barry, p. 319.

30930. C. V. [Vellay (Ch.).] — Une lettre de Buissart à Robespierre (2 février 1794), p. 321 à 324.

30931. A. Mz [Mathiez (A.).] — Mariages précoces en l'an VI, p. 324.

30932. A. Mz [Mathiez (A).] — Sucre et sirop de raisin, p. 325.

[Le blocus continental et les réceptions de M. de Montalivet, ministre de l'Intérieur (1810).]

30933. A. C. [Chuquet (A.).] — Notice autobiographique du général Collaërt (1799-1814), p. 326.

30934. A. C. [Chuquet (A.).] — Exelmans sous la première Restauration, p. 328.

30935. A. C. [Chuquet (A.).] — L'espion Schulmeister (1814-1815), p. 329 à 332.

30936. A. C. [Chuquet (A.).] — Lettres de Montrond à Bourrienne (5 mai 1816), p. 332 à 336.

30937. Chuquet (A.). — Dagobert à l'armée des Pyrénées orientales. Le combat de Mas Deu (19 mai 1793), et le combat du Mas-Ros, dit la bataille de Perpignan (17 juillet 1793), p. 417 à 456.

30938. Campagnac (Edmond). — Le comité de surveillance de Melun, p. 467 à 482.

30939. A. Ch. [Chuquet (A.).] — Robespierre à l'Assemblée constituante d'après Camille Desmoulins, p. 483 à 487.

30940. A. Mz [Mathiez (A.).] — La popularité de Robespierre en 1791, p. 487.

30941. A. C. [Chuquet (A.).] — Mme de Charrière peinte par Thérèse Huber (janvier 1806), p. 488 à 492.

30942. A. Mz [Mathiez (A).] — Sentiment d'un évêque sur la fuite à Varennes, p. 493.

30943. Pélissier (L.-G.). — Devant Toulon (frimaire an II), p. 493 à 498.

30944. Chuquet (Arthur). — Monsieur Josse [Antoine-Estienne], p. 577 à 583.

30945. Mathiez (Albert). — Les propositions du roi au pape pour le baptême de la Constitution civile du clergé, p. 584 à 609.

30946. Hennet (Léon). — Une femme-soldat. Anne-Françoise-Pélagie Dulierre, p. 610 à 621.

30947. Vellay (Charles). — Le numéro VII du *Vieux Cordelier,* p. 622 à 640.

30948. A. Mz [Matiez (A.).] — Marat père des Sociétés fraternelles, p. 661 à 664.

30949. Lyonnet (Henry). — Collot d'Herbois critique dramatique, p. 665 à 669.

30950. A. C. [Chuquet (A.).] — Le 2e bataillon des volontaires des Ardennes (1793-1794), p. 669 à 680.

SEINE. — PARIS.

SOCIÉTÉ D'EXCURSIONS SCIENTIFIQUES.

Voir, pour les publications de cette Société antérieures à 1901, la table récapitulative de notre *Bibliographie générale;* et pour ses publications postérieures, les tables placées à la fin du tome II de notre *Bibliographie annuelle.*

V. — Bulletin de la Société d'excursions scientifiques, t. V, 1907-1908. (Louviers, 1909, in-8°, 121 p.)

30951. Anonyme. — Collections rapportées de l'Équateur par M. Rivet, p. 9 à 15.
30952. Anonyme. — Environs d'Étampes, *fig.*, p. 16 à 30.
30953. Rambaud (D^r^). — Amiens et Saint-Acheul, *fig.*, p. 31 à 40.
30954. Anonyme. — Inauguration du médaillon Doigneau à Nemours, *fig.*, p. 44 à 50.
30955. Anonyme. — Musée de Saint-Germain-en-Laye, *fig.*, p. 51 à 67.
30956. Anonyme. — Environs de Nemours, *fig.*, p. 68 à 79.
30957. Anonyme. — Inauguration de la statue de Boucher de Perthes, à Abbeville, *fig.*, p. 80 à 83.
30958. Anonyme. — Environs de Palaiseau, p. 84 à 94.

SEINE. — PARIS.

SOCIÉTÉ FRANCO-JAPONAISE.

Cette Société, fondée en 1900, a publié en 1902 et 1903 un *Annuaire* qui ne contient pas de travaux originaux. Elle a entrepris en 1902 la publication d'un *Bulletin* dont 13 fascicules avaient paru en 1908.

I. Bulletin de la Société franco-japonaise de Paris, I. (Paris, 1902, gr. in-8°.)

30959. Hayashi (T.). — Le Japon à l'Exposition universelle de 1900, *pl.*, p. 3.

II. — Bulletin de la Société franco-japonaise de Paris, II. (Paris, 1903, gr. in-8°.)

30960. Mène (Ed.). — Les armures japonaises et les armuriers, *pl.*, p. 5.
30961. Yamada (T.). — L'état actuel de l'édition et de la librairie au Japon, p. 37.

III. — Bulletin de la Société franco-japonaise de Paris, III. (Paris, 1905, gr. in-8°.)

30962. Arcambeau. — La Croix-Rouge japonaise et les œuvres de bienfaisance au Japon, p. 29.

IV. — Bulletin (Annuaire) de la Société franco-japonaise de Paris, fondé le 16 septembre 1900 [juin 1906 n° 4]. (Paris, 1906, gr. in-8°, 54 p.)

30963. Nagaoka. — Les premières relations de l'Europe avec le Japon, p. 36 à 40.

V. — Bulletin de la Société franco-japonaise de Paris [décembre 1906, n° 5]. (Paris, 1906, gr. in-8°, 60 p.)

30964 Koechlin (Raymond). — M. T. Hayashi [† 1906], *portr.*, p. 7 à 16.
30965. Mène (Dr Édouard). — Aperçu sommaire sur les laques du Japon; laqueurs célèbres, Ritsouo [† 1747], *fig.* et *pl.*, p. 24 à 41.
30966. La Mazelière (Mis de). — Le Japon des Tokugawa. La vie extérieure, p. 42 à 52.

VI. — Bulletin de la Société franco-japonaise de Paris... [mars 1907, n° 6]. (Paris, 1907. gr. in-8°, 64 p.)

30967. Vissière (A.). — Un quatrain de l'empereur de Chine, p. 5 à 10.
30968. Lucy-Fossarieu. — Les monuments commémoratifs français au Japon, *fig.*, p. 11 à 51.

VII. — Bulletin de la Société franco-japonaise de Paris... [juin 1907, n° 7]. (Paris, 1907, gr. in-8°, 67 p.)

30969. Nocq (Henry). — Félix Regamey († 1907), p. 5 à 12.
30970. Bertin (E.). — Le Japon avant la féodalité militaire, anciennes familles et vieilles institutions, 7 *pl.*, p. 13 à 40.
30971. Rosenthal (Dr Pierre). — Causerie sur le Djioudjiss [lutte japonaise], p. 47 à 51.

VIII. — Bulletin (Annuaire) de la Société franco-japonaise de Paris... [septembre 1907, n° 8]. (Paris, 1907, gr. in-8°, 76 p.)

30972. Mène (Édouard). — Des modifications successives des armures japonaises, *fig.* et *pl.*, p. 17 à 64.

IX. — Bulletin de la Société franco-japonaise de Paris... [décembre 1907, n° 9]. (Paris, 1907, gr. in-8°, 62 p.)

30973. Matignon (Dr J.-J.). — Souvenirs de campagne en Mandchourie avec l'armée japonaise, p. 5 à 27.
30974. Yamashita (S.). — Des Kakemono [peintures sur soie], p. 28 à 34.
30975. Anonyme. — Table analytique des matières contenues dans les publications de la Société franco-japonaise de Paris, p. 63.

X. — Bulletin de la Société franco-japonaise de Paris... [mars 1908, n° 10]. (Paris, 1908, gr. in-8°, 63 p.)

30976. Chevrey-Rameau (P.). — Le Japon en 1864, *pl.*, p. 5 à 11.

XI. — Bulletin (Annuaire) de la Société franco-japonaise de Paris... XI. (Paris, 1908, gr. in-8°, 78 p.)

30977. Lebon (L'abbé P.). — L'œuvre pédagogique des marianistes français au Japon, *fig.*, p. 17 à 38.
30978. Mène (Dr Édouard). — Les anciennes garnitures de sabres du Japon, *fig.*, p. 39 à 63; et XII, *fig.*, p. 5 à 41.

XII. — Bulletin de la Société franco-japonaise de Paris... XII. (Paris, 1908, in-8°, 96 p.)

30979. Mène (Dr Édouard). — Les anciennes garnitures de sabres du Japon, forgeurs et ciseleurs, *fig.*, p. 5 à 41.
30980. Ryutaro-Takimura. — Esquisse psychologique du peuple japonais, p. 45 à 53.

XIII. — Bulletin de la Société franco-japonaise de Paris... XIII. (Paris, 1908, gr. in-8°, 86 p.)

30981. Harmand (Jules). — M. de Lucy-Fossarieu [1859 † 1908], p. 3 à 9.
30982. Migeon (Gaston). — Shunko Sugiura [peintre japonais], *fig.*, p. 11 à 25.
30983. Anonyme. — Le général Nogi éducateur, p. 27 à 30.
30984. Mène (Dr Édouard). — Le chrysanthème dans l'art japonais, p. 36 à 43.
30984bis. Challaye (Félicien). — Conférence sur la morale japonaise, p. 44.
30985. Deshayes. — Tableau synoptique des collections du musée d'Ennery [à Paris], p. 61 à 65.
30986. A. D. — M. Gustave Canet (1846 † 1908), p. 77 à 79.
30987. Anonyme. — Yaïtchiro Koshiyama [† 1908], p. 79 à 80.

IMPRIMERIE NATIONALE.

SEINE. — PARIS.

SOCIÉTÉ DE GÉOGRAPHIE.

Voir, pour les publications de cette Société antérieures à 1901, la table récapitulative de notre *Bibliographie générale;* et, pour ses publications postérieures, les tables placées à la fin des tomes I et II de notre *Bibliographie annuelle.*

XVII. — La Géographie. Bulletin de la Société de géographie, publié tous les mois par le baron Hulot..., et Charles Rabot..., t. XVII, 1er semestre 1908. (Paris, 1908, gr. in-8°, 520 p.)

30988. Cordier (Henri). — Les Lolos, état actuel de la question, p. 17 à 40.
30989. Rabot (Charles). — De N'Guigmi à Bilma, p. 109.
30990. Verneau (Dr). — Note sur les objets en pierre recueillis en Afrique centrale par le lieutenant Ayasse, p. 115.
30991. Backlund (Helge). — Travaux et résultats de l'expédition de la Khatanga (1905), *carte,* p. 117 à 124.
30992. Gentil (Louis). — Itinéraire dans le haut Atlas marocain, *carte* et *fig.,* p. 177 à 201.
30993. Cortier (Lieutenant). — L'Adr'ar des Ifor'ass, *pl.,* p. 265 à 280.
30994. Gaillard (Dr). — Le lac Nokoué, *fig.,* p. 281 à 284.
30995. Schrader (F.). — Albert de Lapparent († 1908), *portr.,* p. 345 à 348.
30996. Legendre (Dr A.-F.). — À travers la région alpestre du Sseu-tch'ouan occidental (vallées du Ngan-ning, Ya-long et Ta-tou-hô), *fig.,* p. 369 à 378.
30997. Pelliot (Paul). — Mission en Asie centrale, p. 425 à 430.
30998 Ollone (Capitaine d'). — De Yun-Nan-Sen à Tch'en-tou, *carte,* p. 431 à 438.
30999. Cloüzot (Étienne). — Anciennes forêts de la France, *fig.,* p. 439 à 452.
31000. Ducasse (Dr Ch.). — Les Labbis chez les Bayas, mission de délimitation Congo-Cameroun (commandant Moll), p. 453 à 457.

XVIII. — La Géographie..., t. XVIII, 2e semestre 1908. (Paris, 1908, gr. in-8°.)

31001. Grandidier (G.). — Européens et Malgaches, leurs relations aux siècles passés, p. 1 à 22.
31002. Levainville. — La toponymie morvandelle, *fig.,* p. 23 à 32.
31003. Deniker (J.). — Les récentes explorations du Dr Stein en Asie centrale, p. 33 à 38.
31004. Rodes (Jean). — L'état actuel de la Chine, p. 81 à 98.
31005. Privat-Deschanel (Paul). — L'Australie pastorale, p. 145 à 168, et 239 à 248.
31006. Rabot (Charles). — L'expédition Mylius Erichsen dans le Grönland nord-oriental, *carte,* p. 169 à 177.
31007. Bordeaux (Commandant). — Deux contre-rezzous dans l'Ouaddai, l'Eondi et le Borkou, *carte,* p. 209 à 226.
31008. Périgny (Comte Maurice de). — Le Yucatan inconnu, p. 227 à 238.
31009. Rabot (Charles). — La nouvelle exploration du Dr Sven Hedin au Tibet, p. 249 à 252.
31010. Lacroix (A.). — Les derniers jours d'Herculanum et de Pompéi interprétés à l'aide de quelques phénomènes récents du volcanisme, *fig.,* p. 281 à 296. — Cf. id., n° 30299.
31011. Gut (Camille). — Le Sine-Saloum [Sénégal], p. 297 à 314.
31012. Ollone (Capitaine d'). — Exploration dans les régions nord-est du Tibet, *carte,* p. 315 à 325.

SEINE. — PARIS.

SOCIÉTÉ DE L'HISTOIRE DE L'ART FRANÇAIS.

Voir, pour les publications de cette Société antérieures à 1901, la table récapitulative de notre *Bibliographie générale;* et, pour ses publications postérieures, les tables placées à la fin des tomes I et II de notre *Bibliographie annuelle.*

31013. Montaiglon (Anatole de) et Guiffrey (Jules). — Correspondance des directeurs de l'Académie de France à Rome avec les surintendants des bâtiments, publiée d'après les manuscrits des Archives nationales, XVII, 1797-1804. (Paris, 1908, in-8°, vi-436 p.)

[Les tomes I à XVI ont paru de 1887 à 1907.]

II. — **Archives de l'art français**, recueil de documents inédits publiés par la Société de l'art français. Nouvelle période, t. II. (Paris, 1908, in-8°, 341 p.)

31014. Obser (Dr Karl). — Lettres sur les salons de 1773, 1777 et 1779 adressées par Du Pont de Nemours à la margrave Caroline-Louise de Bade, p. 1 à 123. — Cf. n° 31050.

31015. Anonyme. — Le Supplément de Marlborough au Salon du Louvre [1783], p. 124 à 128.

31016. Lechevallier-Chevignard (G.). — Jean-Jacques Caffiéri (1766-1767), p. 129 à 133.

31017. Pélissier (Georges). — Une lettre autographe de Pigalle aux Archives nationales [1769], p. 134 à 136.

31018. Vitry (Paul). — Décorations exécutées pour les fêtes de l'entrée de Marie de Médicis à Paris en 1610 par Germain Grenoble et Barthélemy Prieur, p. 137 à 139.

31019. Vitry (Paul). — Pierre Biard et les sculptures du jubé de Saint-Étienne du Mont, *pl.*, p. 140 à 144.

31020. Caron (Pierre). — Le versement de l'administration des Beaux-Arts aux Archives nationales, p. 145 à 185.

31021. Bruel (F.-L.). — Deux inventaires de bagues, joyaux, pierreries et dorures de la reine Marie de Médicis (1609 ou 1610), p. 186 à 215.

31022. Schneider (R.). — Devis pour les peintures des singes [hôtel Sully, à Paris], p. 216 à 220.

31023. Clouzot (Henri). — Documents inédits concernant Jean Toutin et les premiers peintres sur émail français (1593-1686), p. 221 à 252.

31024. Fontaine (A.). — Documents concernant Charles Coypel, p. 253 à 257.

31025. G. M. — Trois quittances de Jacques Patin (1564), p. 258.

31026. Dreyfus (Carle). — Les statues du dôme des Invalides au xviiie siècle, p. 260 à 318.

31027. Tourneux (Maurice). — Inventaire après décès de Jacques-André Portail [1759], p. 319 à 339.

II. — **Bulletin de la Société de l'histoire de l'art français**, année 1908. (Paris, 1908, in-8°, 255 p.)

31028. Dacier (Émile). — Une *Description de Paris* de Piganiol de La Force, illustrée par G. de Saint-Aubin, p. 13 à 15.

31029. Fontaine (André). — A propos des portraits de Mignard, p. 16 à 19.

31030. Marmottan (Paul). — Documents sur Chaudet et sur J.-B. Isabey, p. 20.

31031. Mabeuse. — Identification d'un pastel de La Tour, p. 21.

31032. Marcheix (Lucien). — Quels furent les douze premiers pensionnaires de l'Académie de France à Rome? p. 23.

31033. Lemonnier (Henry), — Le rétable de Simon Vouet à Saint-Nicolas-des-Champs, p. 25.

31034. Marquet de Vasselot (J.-J.). — Une écuelle de Th. Germain au Musée du Louvre, p. 27 à 29.

31035. Dreyfus (Carle). — Le bas-relief de Guillaume Coustou au tympan de la porte de l'Hôtel des Invalides, p. 30.

31036. Vitry (Paul). — Le buste du marquis de Gouvernet, par Bouchardon, p. 31.

31037. Vitry (Paul). — A propos du *Baiser donné* de Houdon, p. 33.

31038. Furcy-Raynaud (Marc). — Identification de trois vases anonymes du Musée du Louvre, *pl.*, p. 33 à 35.

[Vases de Girardon et de Verberck.]

31039. Clouzot (Henri). — A propos de portraits de Rabelais, p. 36.

31040. Courboin (François). — Le physionotrace de Quénédy, *pl.*, p. 38 à 42.

31041. Fromageot. — Notice sur Gilles-Louis Chrétien, inventeur du physionotrace, p. 42.

31042. Furcy-Raynaud (Marc). — Identification de deux statues de l'église des Invalides, p. 43 à 45.

[La *Religion*, par Jacques Rousseau; *Christ* d'après Michel-Ange, par Michel-Ange Slodtz.]

31043. Mareuse (E.) et Rouart (L.). — Le *Déjeuner sur l'herbe* de Manet, p. 46.

31044. [Bruel (F.-L.).] — Les artistes français à Saint-Pétersbourg de 1714 à 1814, p. 47 à 61.

31045. Dimier (Louis). — Notes sur deux statues conservées dans l'église des Invalides, p. 63 à 66.

31046. Demont (L.). — Décoration de Nicolas Mignard pour l'hôtel de l'Escarène à Avignon, *pl.*, p. 66 à 69.

31047. Fontaine (André). — Documents rassemblés par le comte de Caylus pour écrire l'histoire de l'Académie [des Beaux-Arts], p. 70 à 74.

31048. Furcy-Raynaud. — Buste de Voltaire et du maréchal de Saxe par Louis-Philippe Mouchy, p. 74.

31049. Tourneux (Maurice). — Lettres inédites sur le salon de l'an x, p. 76.

31050. Brière (G.). — Lettres de Du Pont de Nemours sur les salons de 1773, 1777, 1779, p. 92 à 93. — Cf. n° 31014.

31051. Benoit (François). — Un calvaire attribuable au groupe de Bourdichon, *pl.*, p. 95 à 100.

31052. Bruel (François-L.). — Note sur Jean-Martial Fredou et sur trois portraits inédits du duc de Bourgogne, du comte de Provence et du comte d'Artois peints par cet artiste en 1761, p. 100 à 108, et 191.

31053. Lemoyne (J.-B.). — Note sur le tombeau du cardinal Fleury par J.-B. Lemoyne, à propos d'un moulage du Musée de Versailles, p. 112 à 122.

31054. Guiffrey (Jules). — Les Dumonstier, p. 127 à 131.

31055. Vitry (Paul). — A propos d'un dessin du Louvre représentant la *Diane* d'Anet, p. 131.

31056. Lemonnier (Henry). — Les procès-verbaux de l'Académie d'architecture, p. 132 à 140.

31057. Benoit (François). — Quelques tableaux français du Musée de Lille, 5 *pl.*, p. 141 à 157.

31058. Brière (G.), Vitry (P.), Tourneux (M.) et Stein (H.). — Notes critiques sur les œuvres de peinture et de sculpture réunies à l'exposition des cent pastels du xviiie siècle, ouverte à la galerie Petit, en mai-juin 1908, p. 158 à 182, et 227 à 234.

31059. Brière (Gaston). — Notes sur le catalogue de l'exposition de portraits d'hommes et de femmes célèbres (1830-1900) organisée au palais de Bagatelle, p. 183 à 190.

31060. Fontaine (André). — Quelques documents inédits sur les Coypel, p. 195 à 198.

31061. Vitry (Paul). — Un buste de J.-J. Caffieri au Musée de Tours, p. 199.

[Buste de M. de La Faye, vice-directeur de l'Académie royale de chirurgie (1769).]

31062. Furcy-Raynaud. — Les termes du jardin des Tuileries, p. 200 à 202.

31063. Guiffrey (Jules). — Portraits de Napoléon Ier et Marie-Louise par le peintre Goubaud, p. 204 à 208.

31064. Benoit (François). — Un Le Nain inconnu, p. 208 à 212.

[*Adoration des Bergers*, sur cuivre, au Musée de Lille.]

31065. Vaillat (Léandre). — Quelques documents sur Perronneau, p. 212 à 217.

31066. Rouart (Louis). — Une statue de Louis XIV par Martin Des Jardins, *pl.*, p. 217 à 220.

31067. Rouart (Louis). — Un buste en terre cuite représentant le marquis de Louvois, *pl.*, p. 220.

31068. Guiffrey (Jules). — Un almanach illustré par Oudry, p. 221.

31069. Guiffrey (Jules). — Une statue d'André Le Nostre en Angleterre, p. 222.

31070. Marcheix (Lucien). — Sur les archives de l'Acamie royale de peinture et de sculpture conservées à l'École des beaux-arts, p. 223.

31071. Dimier (Louis). — Un portrait de G. Budé peint par Jean Clouet, p. 224 à 226.

31072. Demonts (Louis). — Nouvelles attributions et rectifications du Catalogue sommaire du Musée du Louvre, p. 235 à 249.

SEINE. — PARIS.

SOCIÉTÉ D'HISTOIRE CONTEMPORAINE.

Voir, pour les publications de cette Société antérieures à 1901, la table récapitulative de notre *Bibliographie générale;* et, pour ses publications postérieures, les tables placées à la fin des tomes I et II de notre *Bibliographie annuelle.*

31073. Boulay de la Meurthe (Comte). — Correspondance du duc d'Enghien (1801-1804) et documents sur son enlèvement et sa mort. T. II. Découverte du complot, la sentence de Vincennes. (Paris, 1908, in-8°, 475 p.)

[Le tome I a paru en 1904.]

31074. Kermaingant (P.-L. de). — Souvenirs et fragments pour servir aux Mémoires de ma vie et de mon temps par le marquis de Bouillé (Louis-Joseph-Amour), 1769-1812. T. II. (Paris, 1908, in-8°, 598 p.)

[Le tome I a paru en 1906.]

31075. Geoffroy de Grandmaison. — Correspondance du comte de La Forest, ambassadeur de France en Espagne (1808-1813). T. II. (Paris, 1908, in-8°, 470 p.)

[Le tome I a paru en 1905.]

31076. Bourgin (Georges). — Adolphe de Circourt. Souvenirs d'une mission à Berlin en 1818. (Paris, 1908, in-8°, xcviii-447 p.)

31077. Anonyme. — La jeunesse libérale de 1830. Lettres d'Alphonse d'Herbelot à Charles de Montalembert et à Léon Cornudet (1828-1830), publiées par ses petits-neveux. (Paris, 1908, in-8°, xvii-295 p.)

[Avertissement par Lanzac de Laborie.]

XVIII. — Société d'histoire contemporaine. 18e assemblée générale tenue le vendredi 12 juin 1908 sous la présidence du baron de Barante, président de la Société. (Paris, 1908, in-8°, 63 p.)

31078. Maricourt (Baron de). — Louis XVIII en Suède et en Angleterre d'après le journal du duc de Gramont (1807), p. 14 à 23.

31079. Lacombe (Bernard de). — Talleyrand dans la retraite, p. 24 à 40.

31080. Blazy (L'abbé). — Lettre d'un prêtre français déporté en Italie [Barthélemy Maurel] (13 août 1794), p. 41 à 47.

SEINE. — PARIS.

SOCIÉTÉ D'HISTOIRE DIPLOMATIQUE.

Voir, pour les publications de cette Société antérieures à 1901, la table récapitulative de notre *Bibliographie générale;* et, pour ses publications postérieures, les tables placées à la fin des tomes I et II de notre *Bibliographie annuelle.*

XXII. — Revue d'histoire diplomatique publiée par les soins de la Société d'histoire diplomatique. 22e année. (Paris, 1908, in-8°, 640 p.)

31081. Nadaillac (Colonel marquis de). — Le Japon dans l'antiquité et jusqu'à sa dernière évolution, p. 25 à 54.

31082. Ribet (Joseph). — Diplomate d'hier et diplomate d'aujourd'hui, p. 55 à 68.

31083. Coville (H.). — Mazarin et Fouquet, p. 69 à 84.

31084. Aulneau (Joseph). — Le Monténégro dans les Balkans, p. 85 à 114.

31085. Laigue. — Un soldat diplomate au XVIe siècle, ambassade extraordinaire de Beauvoys à Venise en 1536, p. 115 à 140, et 249 à 262. — Suite de XXI, p. 592.

31086. Martens (F. de). — La Russie et la France pendant la Restauration, p. 161 à 248.

31087. Rain (Pierre). — La France et l'Europe au lendemain du Congrès de Vienne, p. 263 à 300.

31088. Pitteurs (M.-A. de). — Les idées et les goûts d'un grand seigneur au XVIIIe siècle [le duc de Croÿ], p. 301 à 316.

31089. Le Glay (André). — Une victime de Napoléon, Mgr Arezzo, p. 329 à 349.

31090. Bojani (Ferdinando de). — L'affaire du Quartier à Rome à la fin du XVIIe siècle. Louis XIV et le Saint-Siège, p. 350 à 378.

31091. Clément-Simon (F.). — La politique de la Prusse en Orient (1763-1871), p. 383 à 415.

31092. Gallavresi (Giuseppe). — La chute du Sénat napoléonien en Italie, p. 416 à 456.

31093. La Roncière (Charles de). — Le secret de la reine [Catherine de Médicis] et la succession de Portugal (1580-1585), p. 481 à 515.

31094. Pitteurs (Marie-Amélie de). — La correspondance de la reine Victoria, p. 516 à 539.

31095. Troplong (Édouard). — La diplomatie d'Attila, p. 540 à 568.

31096. Teissier (Georges). — Canning et Châteaubriand. L'Angleterrre et la France pendant la Guerre d'Espagne, p. 569 à 617.

SEINE. — PARIS.

SOCIÉTÉ DE L'HISTOIRE DE FRANCE.

Voir, pour les publications de cette Société antérieures à 1901, la table récapitulative de notre *Bibliographie générale;* et, pour ses publications postérieures, les tables placées à la fin des tomes I et II de notre *Bibliographie annuelle.*

31097. Boislisle (Jean de). — Mémoriaux du Conseil de 1661, t. III. (Paris, 1907, in-8°, XCVIII-320 p.)

[Les tomes I et II ont paru en 1905 et 1906.]

31098. Bourrilly (V.-L.) et Vindry (F.). — Mémoires de Martin et Guillaume Dubellay, t. Ier, l. I et II (1513-1525). (Paris, 1908, in-8°, 368 p.)

31099. Vaesen (Joseph) et Mandrot (B. de). — Lettres de Louis XI, roi de France, t. X. Lettres de Louis XI (1482-1483) et supplément. (Paris, 1908, in-8°, 508 p.)

[Les tomes I à IX ont paru de 1883 à 1905.]

XLV. — Annuaire. Bulletin de la Société de l'histoire de France. Année 1908. (Paris, 1908, in-8°, 241 p.)

31100. Raynaud (Gaston). — Discours, p. 85 à 104.

[Dr Gelineau († 1907); Ch. Pradel-Verzenobre (1836 † 1907); J.-A. Lair († 1907); J. Vaesen (1852 † 1907); le vicomte C. de Meaux; J.-A.-G. Louvrier de Lajolais; le marquis de Courcival; M. de Boislisle (1835 † 1908). — Notes sur Pierre Remy (XIVe s.).]

31101. Valois (Charles). — Un dialogue historique du temps de la Ligue, p. 189 à 222.

31102. Boislisle (A. de). — La tragédie de *Pélopée,* lettre du duc du Maine [1710], p. 223 à 231.

[Publié par L. Lecestre.]

31103. Lecestre (Léon). — Trois lettres inédites du duc de Saint-Simon au marquis de Fénelon, p. 232 à 240.

SEINE. — PARIS.

SOCIÉTÉ D'HISTOIRE LITTÉRAIRE DE LA FRANCE.

Voir, pour les publications de cette Société antérieures à 1901, la table récapitulative de notre *Bibliographie générale;* et, pour ses publications postérieures, les tables placées à la fin des tomes I et II de notre *Bibliographie annuelle.*

XV. — **Revue d'histoire littéraire de la France** publiée par la Société d'histoire littéraire de la France. 15e année, 1908. (Paris, 1908, in-8°, 782 p.)

31104. Dubois (Pierre). — La famille maternelle de Victor Hugo, p. 1 à 19.

31105. Drouhet (Charles). — Les originaux du *Barbon* de J.-L. Guez de Balzac, p. 20 à 64.

31106. Lombard (A.). — Notes sur l'abbé Du Bos, p. 65 à 75.

31107. Dick (E.). — Le séjour de Chateaubriand en Suffolk, p. 76 à 109.

31108. Pitou (A.). — Lettres inédites de Montesquieu et de Maupertuis, p. 110 à 112.

31109. Kastner (L.-E.). — Desportes et Angelo di Costanzo, p. 113 à 118. — Cf. n° 31119.

31110. Foulet (Lucien). — Voltaire en Angleterre, p. 119 à 125.

31111. Estrée (Paul d'). — La mort de l'abbé Desfontaines, p. 126 à 128.

31112. Martinon (Ph.). — Sur deux textes de Hugo et Vigny, p. 129 à 130.

31113. Caussy (Fernand). — Lettres inédites de Thiériot à Voltaire, p. 131, 340, et 705.

31114. Guy (Henry). — Octovien de Saint-Gelays. *Le séjour d'honneur*, p. 193 à 231.

31115. Rösler (M.). — Sur les sources des *Trônes d'Orient* [de V. Hugo], p. 232 à 244.

31116. Vézinet (F.). — Moratin et Molière (Molière en Espagne), p. 245 à 285. — Suite de XIV, p. 193.

31117. Morel (Louis). — Sainte-Beuve, la littérature allemande et Gœthe, p. 286 à 313, et 430 à 478.

31118. Lanson (Gustave). — Sept lettres inédites de Michel Servan à Voltaire (1766-1770), p. 314 à 329.

31119. Vianey (Joseph). — Desportes et Angelo di Constanzo, p. 330. — Cf. n° 31109.

31120. Caussy (Ferdinand). — Lettre inédite de Montesquieu, p. 332.

31121. Giraud (Victor). — Sur le témoignage de Chateaubriand dans les *Mémoires d'outre-tombe*, p. 333. — Cf. n° 31131.

31122. Baldensperger (F.). — Quelques lettres inédites de romantiques français à Gœthe, p. 335 à 338.

[Lettres d'Edgar Quinet, de Jouy, du vicomte d'Arlincourt, de Chênedollé.]

31123. Léger (Louis). — Georges Farcy et Hortense Allart de Méritens, p. 338.

31124. Léger (L.). — Molière à Raguse, p. 385 à 390.

31125. Latreille (C.). — J. de Maistre et le jansénisme, p. 391 à 424.

31126. Gandini (Ada). — Boursault et Boileau, p. 425 à 429.

31127. Monin (H.). — Étude critique sur le texte des *Lettres d'exil* d'Edgar Quinet, p. 479 à 490. — Suite de XIV, p. 106, et 515.

31128. Pélissier (L.-G.). — Saint-René-Taillandier, éditeur de Sismondi, et l'*Adolphe* de Benjamin Constant, p. 491 à 494.

31129. Martinon (Ph.). — Note sur le *Philandre* attribué à Maynard, p. 495.

31130. Bernard (Jean-Marc). — François Villon à la cour de Blois, p. 497 à 500.

31131. Dick (E.). — Sur le témoignage de Châteaubriand dans les *Mémoires d'outre-tombe*, p. 501. — Cf. n° 31121.

31132. Martinenche (Ernest). — Molière jugé par un Hongrois. Molière et l'Espagne, par Guillaume Huszár, p. 503 à 506.

31133. Augé-Chiquet (Mathieu). — D'une *canzone* de Corfino à la *Psyché* de Corneille, p. 507 à 510.

31134. Usteri (Paul). — Lettres inédites de Melchior Grimm à Gessner, p. 511 à 515.

31135. Ritter (Eugène). — Pascal et l'accident du pont de Neuilly, p. 516.

31136. Maigron (Louis). — Un manuscrit inédit de Remard sur Delille. *Les Géorgiques*, p. 518 à 540, et 722 à 754. — Suite de XIV, p. 330.

31137. Marsan (Jules). — Romantiques: Jules de Saint-Félix (documents inédits), p. 577 à 609.

31138. Joret (Charles). — Madame de Staël et l'helléniste d'Ansse de Villoison, p. 610 à 619.

31139. Madeleine (Jacques). — Les différents états de la *Tentation de Saint Antoine* [de Flaubert], p. 620 à 641.

31140. Bonnefon (Paul). — L'historien Du Haillan, lettres et documents inédits, p. 642 à 696.

31141. Cherel (A.). — Fénelon lecteur de Pascal, p. 697 à 700.

31142. Giraud (Victor). — Sur le titre *Génie du Christianisme*, p. 701 à 703.

31143. L. A. [Auvray (Lucien).] — La première rédaction des *Quatre concordats* de l'abbé de Pradt, p. 704.

SEINE. — PARIS.

SOCIÉTÉ FRANÇAISE D'HISTOIRE DE LA MÉDECINE.

Voir, pour les publications antérieures de cette Société, les tables placées de la fin des tomes I et II de notre *Bibliographie annuelle*.

VII. — **Bulletin de la Société française d'histoire de la médecine,** publié par M. le docteur Albert Prieur, secrétaire général, t. VII, 1908. (Paris, s. d., in-8°, 254 p.)

31144. Gabory (Émile). — Une épidémie de maladies vénériennes en Vendée sous la Révolution, p. 64 à 68.

31145. Neveu (Dr Raymond). — Le régime de Pythagore d'après le Dr Cocchi [1762], p. 72 à 76.

31146. Baudouin (Dr Marcel). — La syphilis en Vendée, préhistoire et histoire, p. 77 à 81.

31147. Le Pileur (D^r^). — Note sur une médaille toulousaine de proxenette juré, p. 82 à 85.

31148. Dorveaux (Dr Paul). — Pierre Quthe, maître apothicaire de Paris, son portrait peint par François Clouet, *pl.*, p. 86 à 99.

31149. Rambaud (Pierre). — Factum des médecins de Poitiers pour le règlement qu'ils demandent contre les apothicaires, p. 100 à 132.

31150. Le Pileur (Dr L.). — Première mention officielle du mal de Naples, p. 133.

31151. Dorveaux (Dr Paul). — Adrien Le Tartier, médecin champenois et ses *Promenades printannières*, p. 140 à 155.

31152. Mac Auliffe (Dr Léon). — Note sur un portrait inédit de Laënnec, p. 156.

31153. Wickersheimer (Dr E.). — La médecine à l'hôtel Le Pelletier de Saint-Fargeau (été 1908), p. 158 à 162.

31154. Neveu (Dr Raymond). — La médecine et les médecins dans l'œuvre de Sénèque le Philosophe, p. 163 à 174.

31155. Sudhoff (Dr Karl). — Le *T sincipital* néolithique et le périscythisme ou l'hypospatisme des peuples anciens considérés comme des opérations chirurgicales devant guérir des maladies chroniques des yeux, p. 175 à 179.

31156. Hamy (Dr E.-T.). — Jean de Giustry, médecin et physicien du Roi, et le Collège de Cornouailles, quelques lignes de commentaires au sujet d'un document inédit de 1379, *pl.*, p. 180 à 185.

31157. Guelliot (Dr O.). — Cabanis à la Faculté de médecine de Reims, p. 186 à 192.

31158. Hamy (Dr E.-T.). — Un médecin grec à la cour de Charles VII. Thomas de Coron dit *le Franc*, p. 193 à 205.

31159. A. P. [Prieur (A.).] — État général des hospices militaires et civils, maisons d'arrêt et de détention qui se trouvent sur chacun des douze arrondissements de la commune de Paris, indicatif de la manière dont s'y font les inhumations, p. 241 à 243.

31160. Anonyme. — Épigraphie médicale, p. 244 à 251.

SEINE. — PARIS.

SOCIÉTÉ D'HISTOIRE MODERNE.

Voir, pour les publications de cette Société, les tables placées à la fin des tomes I et II de notre *Bibliographie annuelle.*

31161. SIMON (Pierre). — L'élaboration de la charte constitutionnelle de 1814. (Paris, 1906, in-8°, 183 p.)

[Bibliothèque d'histoire moderne, t. II, fasc. 2.]

31162. FESTY (Octave). — Le mouvement ouvrier au début de la Monarchie de Juillet (1830-1834). (Paris, 1908, in-8°, 360 p.)

[Bibliothèque d'histoire moderne, t. II, fasc. 3.]

31163. DREYFUS (Ferdinand). — L'assistance sous la Seconde République (1848-1851). (Paris, 1907, in-8°, 220 p.)

[Bibliothèque d'histoire moderne, t. III, fasc. 1.]

[31281.] ANONYME. — Procès-verbaux du Comité du travail de l'Assemblée constituante de 1848. Volume établi avec le concours de la Société d'histoire moderne. (Paris, 1908, in-8°, XII-308 p.)

[Bibliothèque de la Révolution de 1848. I.)

SEINE. — PARIS.

SOCIÉTÉ DE L'HISTOIRE DE PARIS ET DE L'ÎLE-DE-FRANCE.

Voir, pour les publications de cette Société antérieures à 1901, la table récapitulative de notre *Bibliographie générale;* et, pour ses publications postérieures, les tables placées à la fin des tomes I et II de notre *Bibliographie annuelle.*

31164. MARTIN (Henry). — Légende de saint Denis. Reproduction des miniatures du manuscrit original présenté en 1317 au roi Philippe le Long. (Paris, 1908, gr. in-8°, 63 p., 81 *pl.*)

XXXV. — Mémoires de la Société de l'histoire de Paris et de l'Île-de-France, t. XXXV. (Paris, 1908, in-8°, 340 p.).

31165. HARTMANN (P.). — Conflans, 8 *pl.*, p. 1 à 188.

31166. VIDIER (A.). — Le Trésor de la Sainte-Chapelle, p. 189 à 339. — Suite de XXIV, p. 199.

XXXVI. — Bulletin de la Société de l'histoire de Paris et de l'Île-de-France, 35e année, 1908. (Paris, 1908, in-8°, 296 p.)

31167. DIVERS. — Compte rendu des séances, p. 33, 81, 165, 185, et 233.

[Les anciens bâtiments de la rue de la Bucherie, p. 35, 82, 84, 287; statue de saint François de Paule au couvent des Carmes déchaussés, p. 81; le pavillon de la rue du Pas-de-la-Mule et de la place Royale, p. 85; les criées du Châtelet, p. 188.]

31168. LA RONCIÈRE (DE). — Lettre de Mersenne à Hévélius relative à un aéroplane (1648), p. 35.

31169. DACIER (Émile). — Une *Description de Paris*, de Piganiol de La Force, illustrée et annotée par Gabriel de Saint-Aubin, 5 *pl.*, p. 36 à 77.

31170. Vial (Henri). — La Roquette. La seigneurie et le fief de la Grande Chambrerie. Un arpentage de la Roquette en 1582, p. 86 à 113.

31171. Blanchet (Adrien). — Travaux exécutés au port Saint-Landry en 1566, p. 114 à 118, et 235.

31172. Rey (Aug.). — Discours prononcé à l'Assemblée générale, p. 121 à 160.

[MM. Cramail; L.-D. Greder; H. Dabot; J.-Ch. Babinet; J. Lair; A. de Boislisle. — Les châteaux de Montmorency.]

31173. Vidier (A.). — Les manuscrits de la collection Phillipps à la Bibliothèque nationale, p. 166.

31174. Cochin (Henry). — Un conflit et un compromis au xvie siècle, le château de Nandy, p. 169 à 182.

31175. Pélissier (Georges). — Le *Mercure* et la *Renommée* de Coyzevox de la place de la Concorde, p. 182.

31176. Coyecque (Ernest). — Un rituel de l'Hôtel-Dieu de Paris (1527-1532), p. 189 à 209.

31177. Mareuse (E.). — Un dernier mot sur le plan de Gomboust, p. 209 à 212.

31178. Mély (F. de). — Un album de dessins à la plume, par A. Flamen (de Bruges), né vers 1620, mort après 1664, p. 213 à 216.

31179. Coyecque (Ernest). — A Belleville. I. La sépulture du réservoir de la rue du Télégraphe. II. Les pierres tombales de la rue du Pré-Saint-Gervais, p. 217 à 222.

31180. H. O. [Omont (H.)]. — Les imprimeries parisiennes en 1721; l'imprimerie de Jacques Collombat, p. 222 à 226.

31181. Babeau (Albert). — Vues de Paris conservées dans les musées des départements et les collections particulières, p. 227.

31182. Coyecque (Ernest). — De la publication des textes épigraphiques, p. 229 à 232.

[Épitaphe de Marie-Louise de Roquette († 1659).]

31183. Coyecque (Ernest). — Les plans cadastraux de la ville de Paris aux Archives nationales [et à la Bibliothèque nationale], p. 238 à 280.

31184. Bruel (F.-L.). — Contrat de blanchissage du linge du cardinal de Richelieu (26 janvier 1642), p. 280 à 282.

31185. Bournon (Fernand). — Chronique de l'année 1908, p. 283 à 291.

SEINE. — PARIS.

SOCIÉTÉ DE L'HISTOIRE DU PROTESTANTISME FRANÇAIS.

Voir, pour les publications de cette Société antérieures à 1901, la table récapitulative de notre *Bibliographie générale;* et, pour ses publications postérieures, les tables placées à la fin des tomes I et II de notre *Bibliographie annuelle.*

LVII. — Société de l'histoire du protestantisme français... Bulletin... 57e année, 6e de la 5e série, 1908. (Paris, 1908, in-8°, 612 p.)

31186. Renaudet (A.). — Jean Standonk, un réformateur catholique avant la Réforme, *fig.*, p. 5 à 81.

31187. R. L. — Statistique protestante [xviie s.], p. 82 à 87.

31188. Griselle (Eugène). — Avant et après la révocation de l'Édit de Nantes. Chronique des événements relatifs au protestantisme de 1682 à 1687, p. 88, 264, 435, et 551. — Suite de LVI, p. 180, 268, 465, et 559.

31189. Richemond (De). — La date de la mort du pasteur Jacques Merlin, p. 108.

31190. Ritter (Th.). — L'église française de Saint-Gall, *fig.*, p. 113, 226, et 456.

31191. N. W. [Weiss (N.)]. — L'église réformée de Saint-Maixent à ses débuts (1559-1560), p. 174 à 177.

31192. Bost (Ch.). — La chanson de Paul Colognac, p. 177 à 181.

31193. Bost (Ch.). — Deux études sur la Révocation dans le Languedoc, p. 193 à 225.

31194. Lehr (Henry). — Une liste des protestants chartrains en 1567, *fig.*, p. 244 à 249.

31195. Viénot (John). — Les protestants de Metz dénoncés par le coadjuteur de l'évêque (1644), p. 249 à 251.

31196. G. D. — Au pays montalbanais, p. 252 à 258.

31197. Pannier (Jacques). — Le cimetière des protestants de Paris près l'hôpital de la Trinité (rue Saint-Denis), *plan*, p. 259 à 263.

31198. Richemond (De). — Les Briand de Crèvecœur, p. 279.

31199. Richemond (De). — L'*Histoire véritable de certains voiages périlleux et hazardeux sur la mer*, par le capitaine Bruneau, sieur do Rivedoux, p. 281.
31200. H. C. — Notes complémentaires sur les frères Huaud, p. 282. — Cf. LV, p. 481.
31201. Schnetzler (Ch.). — À propos de Jean Martel, p. 283. — Cf. LVI, p. 424.
31202. Lehr (Henry). — Souvenirs supposés du siège de Chartres par Condé en 1568, p. 284.
31203. Weiss (N.). — Henri-Daniel Guyot [1832 † 1908], *fig.*, p. 287.
31204. Pannier (Jacques). — Les pasteurs de l'église de Madame (Catherine de Bourbon, sœur de Henri IV), à Paris, Nancy, etc. (1584-1604), p. 312 à 315.
31205. Weiss (N.). — La maison de Lorraine et la Réforme en France au xvie siècle, *fig.*, p. 316 à 351.
31206. F. P. [Puaux (F.).] — Comment Saint-Joseph des Prémontrés est devenu le temple de l'église réformée de Nancy, *fig.*, p. 352 à 358.
31207. Weiss (N.). — Calvin, Servet, G. de Trie et le tribunal de Vienne, p. 387 à 404.
31208. Bastide (Louis). — Un marin de La Rochelle au xviiie siècle, Jacques-Alexandre Boutet, *fig.*, p. 405 à 417.
31209. A. de C. — Valfrancesque, *fig.*, p. 418 à 425.
31210. Puaux (Frank). — À propos d'une décoration [Rabaut-Pommier et Rabaut-Dupuy], p. 426 à 433.
31211. Maillard (Th.). — Un nouveau méreau saintongeais, *fig.*, p. 433.
31212. G. D. — Une famille de gentilshommes verriers. Les Amouin, p. 449 à 455.
31213. Falguière (A.). — Livre de raison d'Étienne Ducros, époux Pierrette de Vignoles, bourgeois de Sumène, professant la religion réformée, extraits de 1618 à 1674, p. 518 à 525.
31214. Bourchenin (Daniel). — Pierre Coste, d'après quelques lettres inédites, p. 526 à 545.
31215. France (De). — Notes sur l'ancienne église protestante de la Bastide d'Armagnac, près Mont-de-Marsan, p. 546 à 550.
31216. Benoit (D.). — Une lettre de Pierre Butaud de Lensonnière, p. 574.

SEINE. — PARIS.

SOCIÉTÉ DE L'HISTOIRE DE LA RÉVOLUTION.

Voir, pour les publications de cette Société antérieures à 1901, la table récapitulative de notre *Bibliographie générale;* et, pour ses publications postérieures, les tables placées à la fin des tomes I et II de notre *Bibliographie annuelle.*

31217. Tuetey (Alexandre). — Les papiers des assemblées révolutionnaires aux Archives nationales. Inventaire de la série C. (Constituante, Législative, Convention.) (Paris, 1908, in-8°, xvii-299 p.)
31218. Braesch (F.). — Papiers de Chaumette, publiés avec une introduction et des notes. (Paris, 1908, in-8°, 232 p.)

LIV. — La Révolution française, revue d'histoire moderne et contemporaine publiée par la Société de l'histoire de la Révolution, Directeur-rédacteur en chef : A. Aulard. T. LIV, janvier-juin 1908. (Paris, 1908, in-8°, 576 p.)

31219. Dreyfus (Jean). — Le manifeste royal du 20 juin 1791, p. 5 à 22.
31220. Mourlot (Félix). — Impressions d'un garde national normand [Bonnet de Meautry] sur la fête de la Fédération (Paris, 14 juillet 1790), p. 23 à 29.
31221. Zivy (H.). — L'évêque de Saint-Pol-de-Léon [M. de La Marche] et la Constitution civile du Clergé, p. 30 à 41.
31222. Labroue (H.). — La Société populaire de la Garde-Freinet (Var), p. 42 à 64, et 131 à 157.
31223. Anonyme. — Bonaparte et Newton, p. 65 à 67.
31224. Mathiez (A.). — La France et Rome sous la Constituante, d'après la correspondance du cardinal de Bernis, p. 97 à 130, et 308 à 333. — Suite de LII, p. 97; LIII, p. 139, 326, et 385.
31225. Rousselot (Franck). — Les papiers de [l'amiral] Truguet, p. 158 à 161.
31226. Chapuisat (Édouard). — La surveillance spéciale en 1807 dans le département du Léman, p. 162 à 165.
31227. Aulard (A.). — Napoléon et les congrégations, *facs.*, p. 166.
31228. Perroud (Cl.). — À propos de l'abolition du droit d'aînesse, p. 193 à 202.

31229. Aulard (A.). — Avertissement au tome XVIII du *Recueil des actes du Comité de salut public*, p. 203 à 209.

31230. Kuscinski (Aug.). — Maignet et le clergé de l'arrondissement d'Ambert, p. 210 à 219.

31231. Tuetey (A.). — Le Comité des inspecteurs de la Salle de la Convention, extraits de ses procès-verbaux, p. 220 à 234.

31232. Anonyme. — Les pommes de terre des Tuileries et du Luxembourg, p. 235.

31233. Anonyme. — Barbès et Lamartine, p. 235 à 238.

31234. Anonyme. — Un arrêté de Dartigoeyte [représentant en mission dans le Gers et la Haute-Garonne] sur le décadi, p. 239 à 242.

31235. Chapuisat (Édouard). — Carnot à Genève, p. 334 à 340.

31236. Denolle (C.). — Les prêtes assermentés, p. 341 à 348.

31237. Anonyme. — Les actes notariés et les archives départementales, p. 349 à 357.

31238. Anonyme. — La Convention nationale et la traite des nègres, p. 358.

31239. Aulard (A.). — Fabre d'Églantine et l'*Orange de Malte*, p. 359 à 362.

31240. Anonyme. — La bibliothèque de Crispi, p. 362.

31241. Deville (Gabriel). — Origine des mots «socialisme» et «socialiste» et de certains autres, p. 385 à 401.

31242. Mauberger (Gaston). — Le chef de brigade Le Féron (1765 † 1799), p. 402 à 427.

31243. Braesch (F.). — Deux documents relatifs à Chaumette, p. 428 à 434.

31244. W. W. — Les troubles agraires en Russie, p. 435 à 446.

31245. Pasquier (F.). — Le dépôt des actes notariés et judiciaires aux archives départementales, p. 447 à 454.

31246. Anonyme. — La Commission supérieure des archives, [Compte rendu, notes et rapports.] p. 455 à 463.

[Samaran. Note sur l'inventaire analytique sur fiches des registres O[1] 1 et suivants (Maison du Roi). — Bourgin. Note sur les archives de la Marine. — Caron. Note sur les documents versés par l'administration des Beaux-Arts en 1906.]

31247. Robiquet (Paul). — Buonarrotti, une émeute cléricale à Bastia en juin 1791, p. 490 à 504.

31248. Pellet (Marcellin). — Le curé Solier dit Sans Peur et l'assassinat de Pellet de Fretmat (prairial an iv), p. 505 à 515.

31249. Anchel (Robert). — La répression de la chouannerie dans l'Eure en l'an vii et en l'an viii, p. 516 à 532.

31250. Anonyme. — La conversion de Talleyrand [lettre de la duchesse de Dino à l'abbé Dupanloup], p. 533 à 546.

LV. — La Révolution française..., t. LV, juillet-décembre 1908. (Paris, 1908, in-8°, 576 p.)

31251. Champion (Edme). — J.-J. Rousseau et le vandalisme révolutionaire, p. 22 à 34.

31252. Hauser (Henri). — Le serment à la Constitution civile dans deux paroisses bourguignonnes [Baulme-la-Roche, Saint-Léger-Triey], p. 35 à 45.

31253. Anonyme. — La journée du 9 thermidor an ii d'après le conventionnel Crevelier, p. 61 à 72.

31254. Barbey (Th.). — Les archives révolutionnaires de la ville du Havre, p. 97 à 126.

31255. Prudhommeaux (J.). — Babeuf jugé par un communiste de 1840 [A.-M. Samary], p. 127 à 141.

31256. Pellet (Marcellin). — Un libelle hollandais contre Napoléon (1810), p. 142 à 148.

31257. Braesch (F.). — La section des Tuileries et l'abolition de la royauté, p. 149.

31258. Paumès (B.). — La franc-maçonnerie [à Cahors] pendant la Révolution, p. 151.

31259. Aulard (A.). — M. Frédéric Masson et la légende de Napoléon, p. 153 à 156.

31260. Anonyme. — La Commission supérieure des archives [compte rendu, notes et rapports], p. 157.

[Maréchal. La série F[9], police militaire, aux Archives nationales. — Schmidt. Les affaires diverses dans la série F[7] a; les manufactures (F[12]). — Bourgin. L'inventaire de la série BB[4], marine, campagnes.]

31261. Baumont (H.). — Stanislas de Girardin, préfet de la Côte-d'Or (24 février 1819-3 avril 1820), p. 193 à 235.

31262. Lévi (L.). — Autour du 10 août 1793, p. 236 à 264.

31263. S. S. — Archivistes et employés de préfecture, p. 265 à 269.

31264. Lévy-Schneider (L.). — Marie-Joseph Chénier et Marat, p. 270.

31265. A. A. [Aulard (A.).] — Un discours de l'ex-constituant Mounier sur l'instruction publique en l'an xii, p. 271 à 281.

31266. Perroud (Cl). — A propos d'André Chénier, p. 289 à 294.

31267. Talbert (Jean). — L'abbé Givais prêtre déporté, p. 295 à 312.

31268. Bloch (Camille). — La vente des biens nationaux, à propos d'un livre récent de M. Marion, p. 313 à 328.

31269. Pellet (Marcellin). — Le diplôme de docteur en théologie de Jean-Baptiste Gobel (1747), p. 329.

31270. Abensour (L.). — Le féminisme pendant le règne de Louis-Philippe, p. 331 à 365.

31271. A. A. [Aulard (A.).] — Une lettre de Rœderer sur le procès de Moreau, p. 366 à 370.

31272. Charavay (N.). — Un jugement de Lamennais sur Thiers historien, p. 371.

31273. Busquet (Raoul). — Les fonds de l'agence des concessions d'Afrique et l'organisation des archives du gouvernement général de l'Algérie, p. 385 à 401.

31274. Lafont (Émile). — Le conventionnel Michel-Edme Petit, p. 402 à 423.

31275. Brette (A.). — L'ordre d'arrestation du duc d'Enghien, p. 424 à 430.

31276. Chapuisat (Édouard). — Au quartier général de Sierre (1799-1800), documents relatifs à l'occupation du Valais, p. 431 à 464.

31277. Braescu (F.). — Chaumette et l'hébertisme en frimaire an II, p. 481 à 513.

31278. Saumade (G.). — Les biens du seigneur à Fabrègues (Languedoc), p. 514 à 529.

31279. Lévy-Schneider (L.). — Napoléon et la garde nationale, à propos de l'ouvrage de M. Bucquoy *Les gardes d'honneur du Premier Empire*, p. 530 à 545.

31280. Lods (Armand). — Une lettre de Bonaparte aux capitaines-régents de la République de Saint-Marin, p. 546 à 550.

SEINE. — PARIS.

SOCIÉTÉ D'HISTOIRE DE LA RÉVOLUTION DE 1848.

Voir, pour les publications antérieures de cette Société, la table placée à la fin du tome II de notre *Bibliographie annuelle*. En 1908, la Société a commencé à publier, en plus de son *Bulletin*, une *Bibliothèque de la Révolution de 1848* dont nous indiquons ci-dessous les deux premiers volumes.

31281. Anonyme. — Procès-verbaux du Comité du travail à l'Assemblée constituante de 1848. Volume établi avec le concours de la Société d'histoire moderne. (Paris, 1908, in-8°, XII-328 p.)

[Bibliothèque de la Révolution de 1848. I.]

31282. Gossez (A.-M.). — Mémoires de l'ouvrier François Leblanc, adjoint au maire de Monville en 1848. Projet d'Adolphe Peynaud sur la crise industrielle de 1848 à Rouen. (Paris, 1908, in-8°, 72 p., *portr.*). — Cf. id. n° 31288.

[Bibliothèque de la Révolution de 1848. II.]

IV. — La Révolution de 1848. Bulletin de la Société de la Révolution de 1848... Rédacteur en chef : Georges Renard. 4ᵉ année 1907-1908. (Paris, 1907-1908, in-8°, 380 et 3 p.)

31283. Lazard (Raymond). — Les dernières années de Michel Goudchaux, p. 11.

31284. Gossez (A.-M.). — L'enseignement primaire et l'Église catholique vers 1851, p. 13 à 21.

31285. Jeanjean. — Le système cellulaire au Mont-Saint-Michel, sous la Monarchie de Juillet, p. 21.

31286. Puaux (Frank). — Un projet de séquestre [des mines d'Anzin], p. 28 à 30.

31287. Chambon (F.). — Inventaire des papiers de Barthélemy Saint-Hilaire conservés à la Bibliothèque Victor-Cousin à la Sorbonne, p. 31 à 48.

31288. Gossez (A.-M.). — Mémoires de l'ouvrier peintre François Leblanc, adjoint au maire de Monville en 1848, p. 61 à 82, et 158 à 175. — Suite de III, p. 281. — Cf. id. n° 31282.

31289. Jeanjean (J.-F.). — *L'éternel Révolté* (Armand Barbès), p. 83, 176, 291, et 356. — Suite de III, p. 225.

31290. Anonyme. — Souvenirs de Marc-Étienne Pinon, détenu politique de décembre 1851, p. 106 à 111.

31291. Monin (H.). — Lettres inédites d'Edgar Quinet à Pierre Lortet, p. 112.

31292. Renard (Georges). — Mémoires relatifs à l'histoire de la deuxième République française (1848-1852), p. 114 à 120.

31293. Gay (Jules). — Lettres inédites [de Louis Doubet] sur Rome et l'Italie au début du second Empire, p. 127, 195, et 267.

31294. Anonyme. — Une candidature phalanstérienne dans la Marne en 1848, p. 213 à 234.

31295. Monin (H.). — Devant la statue d'Edgar Quinet, pages inédites de Madier de Montjau (1883), p. 235 à 252.

31296. Gossez (A.-M.). — Un procès pour introduction frauduleuse de livres prohibés à Lille en 1853, p. 257 à 266.

31297. Monin (H.). — Note sur Louis Pujol et George Sand, p. 301.

31298. Seignobos. — Les documents inédits des Archives nationales sur la réaction de 1848-1858, p. 303 à 311.

31299. Ranvier (Adrien). — Une féministe de 1848, Jeanne Deroin, p. 317 à 355.

31300. Anonyme. — Tableau des élections du 23 avril 1848 dans l'Hérault, p. 366 à 369.

SEINE. — PARIS.

SOCIÉTÉ HISTORIQUE DU VIᵉ ARRONDISSEMENT.

Voir, pour les publications de cette Société antérieures à 1901, la table récapitulative de notre *Bibliographie générale;* et, pour ses publications postérieures, les tables placées à la fin des tomes I et II de notre *Bibliographie annuelle.*

XI. — Bulletin de la Société historique du VIᵉ arrondissement de Paris, t. XI, année 1908. (Paris, s. d., in-8°, 263 p.)

31301. Herbet (Félix). — Eugène Toulouze [1838 † 1908], *portr.*, p. 37 à 42.
31302. Lazard (Lucien). — Le plafond de Charles Lebrun à l'ancien séminaire de Saint-Sulpice, *pl.*, p. 43 à 49.
31303. Saunier (Charles). — Les statues du cardinal de Bérulle, *fig.*, p. 50 à 62.
31304. Raflin (Numa). — Notes sur le marché de la Vallée, p. 63 à 77.
31305. Mouton (Léo). — Le n° 6 de la rue Bonaparte, *fig.*, p. 78 à 122.
31306. Raflin (Numa). — Le séminaire de Saint-Sulpice, p. 123 à 152.
31307. Vuaflart. — Acte de décès d'Alexandre Lenoir († 1839) et note d'Éloi Johanneau sur le Musée des monuments français, p. 147 à 148.
31308. Mahler (P.). — Souvenirs évoqués à propos de l'École des mines. La chartreuse de Vauvert et l'hôtel de Vendôme, *fig.*, p. 154 à 204.
31309. Piton (Camille) et Ch. S. [Saunier (Ch.).] — La Meson de Navarre à Paris (1260-1484), p. 205 à 222.
31310. Fromageot (P.). — La rue du Cherche-Midi et ses habitants depuis ses origines jusqu'à nos jours, *plan*, p. 223 à 256.
31311. Gosselin (F.). — Deux cartes adresses [Sevin, peintre; Remoissenet, marchand d'estampes], *fig.*, p. 257 à 259.

SEINE. — PARIS.

SOCIÉTÉ D'HISTOIRE ET D'ARCHÉOLOGIE DU VIIᵉ ARRONDISSEMENT.

Voir, pour les trois premiers numéros du Bulletin de cette Société, notre *Bibliographie annuelle*, t. II, fasc. III, p. 171.

IV. — Bulletin de la Société d'histoire et d'archéologie du VIIᵉ arrondissement de Paris, nᵒˢ 4-5, juin et décembre 1908. (Paris, s. d., in-8°, 40 et 52 p.)

N° 4.

31312. Vacquier. — La tombe d'Adrienne Lecouvreur, *portr.*, p. 14 à 30.
31313. Lejeune (O.). — Nomenclature des hôtels particuliers de la rue de Grenelle, *plan*, p. 31 à 40.

N° 5.

31314. Marty (H.) et Préau (O.). — Première exposition de la Société d'histoire et d'archéologie du VIIᵉ arrondissement [catalogue], 2 *pl.*, p. 3 à 38.
31315. Vacquier. — Lieu de décapitation de Bailly, ancien maire de Paris, *fig.* et *portr.*, p. 39 à 50.
31316. Gillet (Lucien). — Essai de bibliographie, p. 52. — Suite de n° 1, p. 32; et n° 3, p. 32.

SEINE. — PARIS.

SOCIÉTÉ HISTORIQUE ET ARCHÉOLOGIQUE DES VIIIe ET XVIIe ARRONDISSEMENTS DE PARIS.

Voir, pour les publications de cette Société antérieures à 1901, la table récapitulative de notre *Bibliographie générale;* et, pour ses publications postérieures, les tables placées à la fin des tomes I et II de notre *Bibliographie annuelle.*

X. — **Bulletin de la Société historique et archéologique des VIIIe et XVIIe arrondissements de Paris.** 10e année, 1908. (Paris, s. d., in-8°, 146 p.)

31317. Le Senne (Émile). — Portraits de femmes. Madame de Païva, 4 *pl.*, p. 33 à 64.
31318. Raulet (Lucien). — Le projet de Bouret de Vézelay en 1788 pour le dégagement des abords de la nouvelle église de la Madeleine de la Ville-l'Évêque, *pl.*, p. 65 à 80. — Cf. n° 31326.
31319. Babeau (Albert). — L'abattoir du Roule et Rosa Bonheur, *pl.*, p. 81.
31320. Deroy (Léon). — Un projet de décoration de la place de la Concorde en 1838, p. 82.
31321. Mareuse (Edgar). — La chapelle Saint-André d'Antin et l'église Saint-Charles, p. 84.
31322. Pélissier (Georges). — Le *Mercure* et la *Renommée* de Coyzevox (de la place de la Concorde), p. 85 à 87.
31323. Mareuse (Edgar). — M. Léon Greder (1867 † 1908), p. 93.
31324. Gruel (Léon). — L'église de la Madeleine, *pl.*, p. 97 à 119. — Suite de IV, p. 31; V, p. 20; VI, p. 37; VII, p. 59; et VIII, p. 33.
31325. Duchesne (Henri-Gaston). — Notes sur la place de l'Étoile et sur l'Arc de triomphe, p. 120 à 126.
31326. Raulet (Lucien). — Notice bibliographique sur Jacques-Louis-Guillaume Bouret de Vézelay, *portr.* et *tableau*, p. 127 à 131. — Cf. n° 31318.

SEINE. — PARIS.

SOCIÉTÉ INTERNATIONALE DE MUSIQUE. SECTION DE PARIS.

Voir, pour les publications antérieures de cette Société, le tome II, fasc. III, de notre *Bibliographie annuelle*, p. 173.

IV. — **Bulletin français de la S. I. M. Société internationale de musique (section de Paris).** Ancien « Mercure musical », 4e année, 1908. (Paris, 1908, petit in-4°, 10-1326 p.)

31327. Bachmann (Alberto). — Nicolo Paganini, ses œuvres, son influence sur l'art du violon et sur la musique, *facs.*, p. 4 à 25.
31328. Dauriac (Lionel). — Un problème d'esthétique wagnérienne, p. 50 à 55.
31329. Écorcheville (J.). — Le luth et sa musique, 2 *pl.*, p. 131 à 164.
31330. Varton (Pol). — Le journal d'une chanteuse annamite, p. 165 à 180.
31331. Allix (G.). — A propos d'une réimpression de traités musicaux du moyen âge, p. 181 à 198.
31332. Imbart de La Tour (Georges). — La mise en scène d'*Hippolyte et Aricie* [de Rameau], 10 *pl.*, p. 247 à 271.
31333. Quittard (Henri). — La première comédie française en musique. [*Le Triomphe de l'amour*, par de La Guerre, 1654], p. 377 à 396, et 497 à 537.
31334. Arnoux (Alexandre). — Le goût de la musique chez Stendhal, p. 397.

31335. Prunières (Henry). — Lecerf de La Viéville et l'esthétique musicale classique au xviie siècle, p. 619 à 654.

31336. Knosp (Gaston). — Les chants d'amour dans la musique orientale, p. 768 à 791.

31337. Leblond (Marius-Ary). — Lettre sur la musique malgache, le sentiment de la musique chez les primitifs, p. 877 à 887.

31338. Lichtenberger (Henri). — La correspondance de Richard Wagner, p. 990 à 1002.

31339. Quittard (Henry). — Chanson du xve siècle. Essai de restitution, d'après les monuments, de l'accompagnement instrumental, p. 1043 à 1054 et 4 *p. de musique.*

31340. Kling (H.). — Giovanni Punto, célèbre corniste (1748 † 1803), p. 1066 à 1082.

31341. Carmen Sylva. — Souvenirs de Clara Schumann, p. 1119 à 1126.

31342. Pirro (André). — Frescobaldi [xvie-xviie s.] et les musiciens de la France et des Pays-Bas, *portr.*, p. 1127 à 1153.

31343. Vallas (Léon). — Un mémoire sur la trompette marine [par J.-B. Prin, 1742], *fig.*, p. 1176 à 1191.

31344. Roujon (Henri). — Giuseppe Verdi (1813 † 1901), p. 1219 à 1236.

31345. La Laurencie (Lionel de). — Deux violistes célèbres. Notes sur les Forqueray [xviie s.], 2 *pl.*, p. 1251 à 1274.

31346. Allix (G.). — A propos de l'anniversaire de Bizet, p. 1295 à 1301.

SEINE. — PARIS.

SOCIÉTÉ DE LINGUISTIQUE.

Voir, pour les publications de cette Société antérieures à 1901, la table récapitulative de notre *Bibliographie générale;* et, pour ses publications postérieures, les tables placées à la fin des tomes I et II de notre *Bibliographie annuelle.*

XIV. — Mémoires de la Société de linguistique de Paris, t. XIV. (Paris, 1906-1908, in-8°, xx-549 p.)

31347. Meillet (A.). — La phrase nominale indo-européenne, p. 1 à 26.

31348. Bloch (Jules). — La forme nominale en sanskrit, p. 27 à 96.

31349. Marçais (W.). — Le dialecte arabe des Ulâd Brāhîm de Saïda (département d'Oran), p. 97, 416, et 481.

31350. Henry (V.). — Vedica. L'hymme de Bhūtāmça aux Açvins, p. 165 à 179.

31351. Grammont (Maurice). — La métathèse de *æ* en breton armoricain, p. 180 à 189.

31352. Meillet (A.). — Deux notes sur le traitement de *ŏ* en indo-iranien, p. 190.

31353. Cuny (A.). — Védique *Vaṃçiṣīya*, p. 192.

31354. Meillet (A.). — Les alternances vocaliques en vieux slave, p. 193 à 209, et 332 à 390.

31355. Sainéan (Lazare). — Les noms romans du chien et leurs applications métaphoriques, p. 210 à 275.

31356. Lévi (S.). — Des préverbes chez Pāṇini (Sūtras, I, 4, 80-82), p. 276 à 279.

31357. Gauthiot (Rob.). — Note sur le rythme du vers épique persan, p. 280 à 285.

31358. Cuny (A.). — Lat. *Aprīlis*, p. 286.

31359. Adjarian (H.). — Gutturales issues de demi-occlusives par dissimilation, p. 288.

31360. Cuny (A.). — Les préverbes dans le Çatapatha-brāhmaṇa, p. 289 à 331.

31361. Meillet (A.). — Note sur la mouillure des vélaires en arménien, p. 391.

31362. Meillet (A.). — Lat. *Lex*, p. 392.

31363. Vendryes (J.). — Sur la chronologie des phénomènes de métaphonie et d'infection en irlandais, p. 393 à 411.

31364. Meillet (A.). — A propos du vieil irlandais *Beri*, p. 412 à 415.

31365. Ernout (A.). — Deux mots latins dialectaux [*Arferia*, *fitilla*], p. 473 à 475.

31366. Meillet (A.). — Vieux slave *Bičela;* le genre féminin des noms d'arbres et les thèmes en *o*; arm. *Hawasary* int. *Aniõ*, *Aniõns*, p. 476 à 480.

I. — **Collection linguistique**, publiée par la Société de linguistique de Paris, I.

31367. Meillet (A.). — Les dialectes indo-européens. (Paris, 1908, in-8°, 139 p.)

II. — **Collection linguistique**, publiée par la Société de linguistique de Paris. II. Mélanges offerts à M. Ferdinand de Saussure. (Paris, 1908, in-8°, 327 p.)

31368. Bally (Ch.). — Accent grec, accent védique, accent indo-européen, p. 1 à 29.

31369. Brandstetter (Renward). — Die Sprache der Liebe in der Makassarischen Liryk, eine sprachpsychologische Untersuchung auf sprachvergleichender Grundlage. [Le langage de l'amour dans la poésie lyrique, recherches psycholinguistiques de littérature comparée], p. 31 à 39.

31370. Niedermann (Max). — Minutiae latinae, p. 41 à 78.

[Une loi rythmique proethnique en latin; deux conséquences de l'insuffisance de l'alphabet latin; un cas spécial de dissimilation en latin vulgaire. Dissimilation entre un r intervocalique et un r combiné appartenant à deux tranches syllabiques consécutives; remarques sur la langue des tablettes d'exécration latines.]

31371. Meillet (A.). — Sur l'aoriste sigmatique, p. 79 à 106.

31372. Cuny (A.). — Grec βυκάνη, lat. *Būcina*, p. 107 à 114.

31373. Gauthiot (R.). — Gotique *Briggan : Brāhta*, p. 115 à 122.

31374. Wackernagel (J.). — Genetiv und Adjektiv, p. 123 à 152.

31375. Sechehaye (Albert). — La stylistique et la linguistique théorique, p, 153 à 187.

31376. Dottin (G.). — La formation du prétérit irlandais moderne, p. 189 à 208.

31377. Ernout (A.). — Remarques sur l'expression du genre féminin en latin, p. 209 à 222.

31378. Thurneysen (R.). — Altindisch *Étavái* [Étavái en vieil hindoustani], p. 223 à 227.

31379. Grammont (Maurice). — La métatèse en arménien, p. 229 à 243.

31380. Schwyzer (E.). — Κατηφής als adjektivische Zusammensetzung mit κατα- und Verbaladjektiv auf -ης [Κατηφής, juxtaposition adjective de κατα et d'un adjectif verbal en ης], p. 245 à 265.

31381. Muret (Ernest). — Le suffixe germanique *-ing* dans les noms de lieux de la Suisse française et des autres pays de langue romane, p. 267 à 306.

31382. Vendryes (J.). — A propos du rattachement de l'irlandais *Claideb* et du gallois *Cleddyf*, p. 307 à 321.

SEINE. — PARIS.

SOCIÉTÉ PRÉHISTORIQUE DE FRANCE.

Voir, pour les publications antérieures de cette Société, les tables placées à la fin des tomes I et II de notre *Bibliographie annuelle*.

V. — **Bulletin de la Société préhistorique de France**, t. V. (Paris, 1908, in-8°, 528 p.)

31383. Divers. — Commission d'étude des enceintes préhistoriques et fortifications anhistoriques [procès-verbaux], *fig.*, p. 20, 82, 115, 163, 217, 261, 308, 359, 428, et 471. — Cf. n° 31391.

31384. Collaye (Adrien). — Découverte d'un souterrain-refuge à Ville-sur-Retourne (Ardennes), p. 24.

31385. Bertin (A.). — Éclats et échantillons à grands éclats provenant d'Hardivilliers (Oise), p. 26.

31386. Martin (Henri). — Sphéroïdes en calcaire [de La Quina], *fig.*, p. 27.

31387. Baudouin (Dr Marcel). — Plan d'un répertoire général des haches polies de France, p. 29 à 38.

31388. Atgier (Dr). — Galets amulettes du tumulus de l'île de Ré, *fig.*, p. 38 à 41.

31389. Welter (T.). — Les mares ou mardelles, habitations souterraines celtiques en Lorraine, 2 *pl.*, p. 41 à 52.

31390. Hue (Edmond). — Camps néolithiques et camps romains, *fig.*, p. 53 à 64, et 96 à 101.

[Saint-Ursin, et la Haye de Saule, commune de Courseulles-sur-Mer (Calvados); Toubette, commune de Bernières-sur-Mer (Calvados).]

31391. Viré (Armand). — Commission d'étude des enceintes préhistoriques et fortifications anhistoriques. Inventaires, *fig.*, p. 70 à 81. — Suite de IV, p. 155. — Cf. n° 31383.

[Il. Lot, *fig.*]

31392. Camus (Paul). — Contribution à l'emmanchure des haches de pierre, *fig.*, p. 87 à 90.

31393. Jousset de Bellesme (Dr). — Note complémentaire sur l'origine des pierres de jet, *fig.*, p. 90 à 92.

31394. Coutil (Léon). — Épée pistilliforme de la fin de l'âge du bronze, trouvée à Saint-Aubin-sur-Gaillon (Eure), *fig.*, p. 93 à 96.

31395. Baudouin (Dr Marcel). — Le pseudo-dolmen de May-en-Multien (Seine-et-Marne), comment on diagnostique un mégalithe funéraire, *fig.*, p. 102 à 107.

31396. Martin (Dr Henri). — Nouvelles constatations sur les os utilisés à l'époque moustérienne, *fig.* et 2 *pl.*, p. 108 à 112.

31397. Baudet (Pol). — Grande hache polie de Chevennes (Aisne), p. 123.

31398. Barreau (J.-B.). — Présentation d'une hachette en silex taillé avec trou d'emmanchement naturel (Grand-Pressigny), *fig.*, p. 123.

31399. Bottin (Casimir). — Sur un atelier de verrerie antique à Signes (Var), p. 125.

31400. Courty (Georges). — A propos des éolithes d'Arpajon, p. 126.

31401. Gillet. — Nouvelles observations sur les pseudo-éolithes de Cromer, p. 126 à 128.

31402. Patté (Paul) et divers. — Haches taillées et superstitions populaires, *fig.*, p. 129 à 131, et 168 à 169.

31403. Bertin (Arcade). — Pièces à grands éclats provenant d'Hardivillers et Blancfossé (Oise), p. 131.

31404. Gillet. — Note sur deux grands perçoirs identiques et de provenance différente [Antilly (Oise) et Maingournois (Eure-et-Loir)], *fig.*, p. 133. — Cf. n° 31411.

31405. Romain (Georges). — Silex utilisés, recouverts de leur cortex [recueillis dans la forêt de Montgeon, près le Havre], p. 135 à 137.

31406. Mallet (Auguste). — Rainures énigmatiques de Boigneville (Seine-et-Oise), *fig.*, p. 138 à 143.

31407. Muller (H.). — A propos de la poterie pendant l'époque troglodytique, p. 143 à 150. — Cf. n° 31456.

31408. Bourgeade (Éloi). — Les cases préhistoriques de Châteauneuf près Riom-ès-Montagnes (Cantal), *fig.*, p. 150 à 155.

31409. Dumas (Ulysse). — Des enceintes et autres vestiges qui accompagnent les dolmens, p. 156 à 160, et 183 à 189.

31410. Guébhard. — A propos des anses néolithiques à trous verticaux, p. 163.

31411. Gourt (Georges). — Nouvel instrument identique à ceux de Maingournois et d'Antilly [recueilli à Courtemont (Marne)], p. 167. — Cf. n° 31404.

31412. Mallet (Auguste). — Grands perçoirs en silex, p. 168.

31413. Baudet (Pol). — Légende de l'*Écourcie du Diable* à Neuve-Maison (Aisne), p. 169.

31414. Bertin (Arcade). — Comparaison entre deux coups-de-poing, l'un de Bonneuil (Oise) et l'autre de Vigneux (Seine-et-Oise), p. 170.

31415. Pas (Comte Edmond de). — Sur la fouille du dolmen de Peygros à Mons (Var), *fig.*, p. 171. — Cf. n° 31423.

31416. Martin (Dr Henri). — Dent de renard perforée du moustérien supérieur [à La Quina], *fig.*, p. 173 à 175.

31417. Chapelet (H.). — Ébauche de hache de grande dimension trouvée dans le département de la Mayenne [musée de Laval], p. 176 à 183.

31418. Rutot (A.). — Les deux grandes provinces quaternaires de la France, *carte*, p. 190 à 208, et 242 à 256.

31419. Chapelet (H.). — A propos d'une hache herminette provenant de Carnac (Morbihan), p. 220.

31420. Baudet (Pol). — Flèche à dents de scie de Crécy-sur-Serre (Aisne), p. 221.

31421. Desforges (A.). — Polissoir à main et affûtoir en grès recueillis à Fléty (Nièvre), *fig.*, p. 222.

31422. Gasser. — Navette en pierre polie [trouvée à Merley-les-Zavoncourt (Haute-Saône)], *fig.*, p. 224.

31423. Pas (Comte Edmond de). — Sur la présence du lapin dans le dolmen de Peygros, p. 225. — Cf. n° 31415.

31424. Coutil (L.). — Haches, marteau et pics avec perforation centrale trouvés en Normandie, *fig.*, p. 227 à 232, et 375.

31425. Coutil (L.). — Haches en diorite portant des traces de sciage [trouvées à Port-Mort et à Léry (Eure), p. 232.

31426. Reber (B.). — La station paléolithique de Veyrier, p. 233, 459, et 516.

31427. Baudet (Pol). — Enseignement de la préhistoire en France, p. 265 à 272.

31428. Plessier. — Forage des silex à trous [trouvés à Fournival (Oise)], p. 272.

31429. Pezard (Lieutenant). — Recherches préhistoriques dans la région nord du Grand Erg tunisien, *fig.*, p. 273 à 277.

31430. Baudet (Pol) et Patté (Paul). — Sépulture gauloise à Montigny-sur-Crécy (Aisne), *fig.*, p. 277 à 279.

31431. Rutot (A.). — Sur la répartition des os utilisés en Belgique, p. 280.

31432. Jousset de Bellesme (Dr). — De l'action du feu sur les silex, p. 282 à 296.

31433. Baudouin (Dr Marcel) et Lacouloumère (G.). — Les mégalithes de Savatole au Bernard (Vendée), p. 297 à 304, et 400 à 416. — Suite de III, 353, 394; IV, *fig.*, p. 277, et 371.

31434. Divers. — Achat par la Société d'une grotte à Vendrest [Seine-et-Marne], p. 316 à 318.

31435. Jullien (Dr J.). — Notes sur les anses de poteries à trous verticaux, *fig.*, p. 319 à 322.

31436. Mortillet (Paul de). — Silex taillés provenant du dolmen de La Pierre Turquoise [cne de Saint Martin du-Tertre], p. 323.

31437. Doigneau (A.). — Sur une hache néolithique, cassée et recollée à une époque indéterminée [trouvée à Château-Landon], p. 324.

31438. Coutil (L.). — Géode en silex, ayant servi de tirelire pour les monnaies gauloises, découverte à Belleville-sur-Mer (Seine-Inférieure), p. 325.

31439. Atgier (Dr). — Présentation d'instruments de pierre pseudo-néolithiques, *fig.*, p. 327 à 329.

31440. Imbert (Martial). — Les haches polies au Mont-Saint-Michel (Manche), *fig.*, p. 330.

31441. Mallet (A.). — A propos de la coche polie et du piquage des haches en grès, p. 331.

31442. Doigneau (A.). — A propos des pierres percées, *fig.*, p. 333.

31443. Desmazières (O.). — Le chelléen et l'acheuléen dans le département de Maine-et-Loire, p. 335 à 341.

31444. Romain (Georges). — Plage du Havre. L'industrie paléolithique sous-marine et les pseudo-silex taillés, roulés et fabriqués par la mer, *fig.*, p. 341 à 348. — Cf. n° 31457.

31445. Schleicher (Charles). — Silex chelléens et acheuléens de la vallée de la Tamise et du comté de Suffolk (Angleterre), 2 *pl.*, p. 348 à 350.

31446. Schleicher (Charles). — Note sur un perçoir en silex, *fig.*, p. 351.

31447. Schleicher (Ch.). — Pic en silex recueilli à la Ferté-Saint-Aubin (Loiret), *fig.*, p. 376.

31448. Ballet. — Disque paléolithique taillé et retouché à trou martelé [trouvé à Billancourt], p. 377.

31449. Regnier (Ph.) et Taté. — La grotte sépulcrale de Belleville, à Vendrest (Seine-et-Marne), *fig.*, p. 378 à 384.

31450. Camus (Paul). — Le littoral préhistorique de l'Atlantique sur les côtes françaises, p. 384 à 391.

31451. Desforges (A.). — A propos des mardelles, p. 391 à 395.

31452. Dumas (U.). — Un poids de tisserand néolithique [Collorgues], *fig.*, p. 395 à 397.

31453. Bertin (Arcade). — Échantillons de forme géométrique provenant du Crotoy (Somme), Hardivillers. Caply (Oise), Vigneux (Seine-et-Oise), p. 398.

31454. Atgier (Dr). — Les faussaires de la préhistoire, *fig.*, p. 439.

31455. Rivière (Émile). — Le squelette humain chelléo-moustérien du Moustier de Peyzac (Dordogne), p. 441, et 497.

31456. Rutot (A.). — La poterie à l'époque troglodytique, p. 443 à 452. — Cf. n° 31407.

31457. Romain (Georges). — Les galets façonnés par la mer et les silex utilisés, p. 453 à 459. — Cf. n° 31444.

31458. Desforges (P.). — Sur les pics à crochet, p. 494.

31459. Dubalen (P.). — Le littoral préhistorique des Landes, p. 496.

31460. Chapelet (H.). — Crapaudine trouvée au camp de Chassey (Saône-et-Loire), p. 498 à 500.

31461. Aubin (E.). — La station néolithique de La Butte, commune de Marolette (Sarthe), *fig.*, p. 501 à 509.

31462. Aubin (E.). — Note sur un puits gallo-romain découvert aux Terres Noires, commune de Saint-Remy-des-Monts, près Mamers (Sarthe), *fig.*, p. 509 à 511.

31463. Cloutier (Eugène). — Fouilles de plusieurs puits funéraires à Gien-le-Vieux (Loiret) en 1864 et 1865, *fig.*, p. 512 à 515.

SEINE. — PARIS.

SOCIÉTÉ «LA SABRETACHE».

Voir, pour les publications de cette Société antérieures à 1901, la table récapitulative de notre *Bibliographie générale;* et, pour ses publications postérieures, les tables placées à la fin des tomes I et II de notre *Bibliographie annuelle.*

XVII. — Carnet de la Sabretache, revue militaire rétrospective publiée annuellement par la société la «Sabretache», 2e série, VIIe vol. (Paris, 1908, in-8°, 796 p.)

31464. La Croix-Vaubois (Commandant de). — Souvenirs du général de division Louis-Joseph Le Poittevin de La Croix, comte de Vaubois [1837 † 1865], p. 1 à 30, et 121 à 125. — Cf. XI, p. 335.

31465. Depréaux (Albert). — Une affiche de recruteurs pour Royal-Piémont-Cavalerie (1789), *pl.*, p. 31 à 36.

31466. Cottreau (G.). — Narration de la campagne de 1814 en Hollande, p. 37 à 38. — Suite et fin de XVI, p. 729.

31467. Mortureux (Commandant). — Vignette en-tête du Service des subsistances, étapes et convois militaires, *pl. sans texte.*

31468. Leplus (Lieutenant). — Documents relatifs à la tenue [an xii], provenant des archives du général baron de Stabenrath [1770 † 1853], *portr.*, p. 41 à 50.

31469. Sauzey (Le commandant). — Les Allemands sous les aigles françaises. Le régiment des duchés de Saxe. L'expédition de Manrésa (Espagne) [1810], p. 51 à 63.

31470. Joppé (Ed.). — Le colonel baron Martin [Jean-Baptiste-Isidore, 1772 † 1852], *portr.*, p. 65 à 96, et 181 à 186.

31471. Bouglon (Baron R. de). — Journal de la campagne que j'ai faite en Espagne et des malheurs que j'ai éprouvés pendant ma captivité dans les années 1808, 1809 et 1810 jusqu'à mon arrivée en Angleterre le 29 septembre 1810, par l'adjudant-major Husson [Eugène-Alexandre], p. 97 à 112, et 168 à 177.

31472. Mortureux (Commandant). — Brevet d'admission au corps national des volontaires nantais, *pl.*, p. 113.

31473. Dubieux (Joseph). — Un professeur de Napoléon, le fusilier Bounetou, p. 115 à 120.

31474. Soyer (J.). — Marché passé entre le lieutenant général comte de Maulevrier et le rôtisseur Corbon. [Paris, 3 avril 1677], p. 126.

31475. Cottreau (G.). — Portrait d'un adjudant général de la garde nationale parisienne en l'an ii, *pl.*, p. 127.

31476. Thomassin (Général). — Blocus de La Fère par les Prussiens en 1815, *pl.*, p. 129, 225, et 305.

31477. Martin (Commandant Emm.). — Entrevue des deux empereurs après Austerlitz (4 décembre 1805), *fig.*, p. 165 à 167.

31478. Dubet. — Une lettre de Desaix [22 pluviôse an iii], p. 178.

31479. Cottreau (G.). — Le régiment qui passe, gravure allemande de 1796, *pl.*, p. 179.

31480. La Jonquière (Commandant de). — Réclamation contre Murat [par François Ghirardi, de Brescia, 1798], p. 187 à 190.

31481. Cottreau (G.). — Louis de Morainville, colonel à la suite de l'infanterie française en 1789, p. 191. — Complément de XVI, p. 751.

31482. Brabois (Commandant de). — Journal historique de la cinquième campagne commencée le 9 prairial an iv de la République française (28 mai 1796), l'adjudant général Louis-Léopold Buquet [1768 † 1835], *fig.* et 2 *pl.*, p. 193, 289, 337, 417, et 465.

31483. Persan (Comte de). — Le général comte Le Grand (1762 † 1815), *fig.*, 2 *portr.*, p. 209, 257, 321, et 385.

31484. Carlet (Commandant). — Extraits des papiers d'un cavalier de la Grande Armée (J.-B. Villeminot), p. 251 à 254.

31485. Cottreau (G.). — Mots d'ordre et de ralliement pour la première quinzaine de brumaire an vii, p. 255.

31486. Barthes (Capitaine de frégate P.). — Le général Gues-Viller (1791 † 1865), *portr.*, p. 309 à 316.

31487. Cottreau (G.). — Entrevue de Tilsitt [25 juin 1807], p. 316 à 318.

31488. Martin (Commandant Emm.). — Centenaire de Saint-Cyr (1804-1908), 6 *pl.*, p. 353 à 380, et 438 à 448.

31489. La Bastide (Capitaine de). — Lettres de soldats (an ii), *pl.*, p. 381 à 383.

31490. Boislecomte (Vicomte de). — Le passage du Grand Saint-Bernard, *fig.* et 2 *pl.*, p. 413 à 415.

31491. Orange (Maurice). — Frégate française *la Vertueuse*, *pl. sans texte.*

31492. Juster (Capitaine). — La campagne de 1809 en Italie, journal historique du 52ᵉ régiment de ligne (10 avril-12 juillet) [par le commandant F. Bernard], *portr.*, p. 449 à 464.

31493. Hollander (O.). — Polleresky-Hussards (1743-1758), ses guidons, son colonel, *pl.*, p. 495 à 503.

31494. Margerand (J.). — Notes et documents sur la tenue, l'armement et l'équipement des armées de la Révolution et de l'Empire, *fig.* et 5 *pl.*, p. 504, 561, 625, et 689.

31495. Martin (Commandant Emm.). — Journal des campagnes et blessures de Charles-François Minod, ancien fourrier au 2ᵉ régiment suisse, service de France, sous les ordres de M. le colonel de Castella de Berlens [1807-1816], 2 *pl.*, p. 513 à 538.

31496. Hollander (O.). — Au sujet d'un étendard de Royal-Cravattes perdu en 1758, *pl.*, p. 539 à 547.

31497. Fanet (Commandant V.). — Le général Doppet (1753 † 1809), *pl.*, p. 548 à 551.

31498. Rothéa (F.). — Le combat de l'Oued-Guir (15 avril 1870) [lettre du lieutenant F. Moschenros], p. 552 à 560.

31499. Martin (Commandant Emm.). — Le journal intime du général de division de cavalerie Desvaux (1810 † 1884), *fig.* et *pl.*, p. 577, 640, et 721.

[Colonnes algériennes (1840-1865); campagne d'Italie (1859); guerre franco-allemande (1870-1871).]

31500. Devanlay (Commandant). — Lettres de Crimée du général Breton (1805-1855), *fig.* et *pl.*, p. 609, 673, et 737.

31501. Bruyère. — Routes et gîtes d'étapes du royaume de Westphalie [1808], p. 636 à 638.

31502. Juster (Capitaine). — Souvenirs des postes militaires du royaume de Westphalie, p. 639.

31503. Bottet (Capitaine M.). — Le petit chapeau [de Napoléon Iᵉʳ] du musée de Boulogne, *pl.*, p. 697 à 703.

31504. Depréaux (Albert). — Carnet d'étapes et souvenirs de guerre et de captivité du sergent-major Philippe Beaudoin, de la 31ᵉ demi-brigade de ligne (4 germinal an VIII-5 septembre 1812), p. 705 à 720.

31505. Lomier (Dʳ). — Le marin de la garde impériale Leroux (1786 † 1872), *pl.*, p. 753.

31506. La Moskowa (Prince de). — Documents sur la tenue (ans V et VI), p. 755.

31507. Defontaine (H.). — Le général comte Grandjean (1768 † 1828), *fig.* et *portr.*, p. 759 à 763.

31508. Anonyme. — Lettre du chef de bataillon Chauveau relative à l'aigle du 1ᵉʳ bataillon du 26ᵉ de ligne, p. 764 à 767.

SEINE. — PARIS.

SOCIÉTÉ DES TEXTES FRANÇAIS MODERNES.

Voir, pour les publications antérieures de cette Société, les tables placées à la fin des tomes I et II de notre *Bibliographie annuelle.*

31509. Maigron (Louis). — Fontenelle. Histoire des oracles. Édition critique. (Paris, 1908, in-16, X-220 p.)

31510. Haraszti (J.). — Jean de Schelandre. Tyr et Sidon, ou les Funestes amours de Belcar et Meliane, 1608. (Paris, 1908, in-16, LXX-172 p.)

31511. Chamard (Henri). — Joachim Du Bellay. Œuvres poétiques. I. Recueils de sonnets. Édition critique. — (Paris, 1908, in-16, XIV-149 p.)

SEINE. — PARIS.

SOCIÉTÉ DES TRADITIONS POPULAIRES.

Voir, pour les publications de cette Société antérieures à 1900, la table récapitulative de notre *Bibliographie générale;* et, pour ses publications postérieures, les tables placées à la fin des tomes I et II de notre *Bibliographie annuelle.*

XXIII. — Société des traditions populaires... Revue des traditions populaires... t. XXIII, 23ᵉ année. (Paris, 1908, in-8°, 473 p.)

31512. Divers. — Contes et légendes de la Basse-Bretagne, p. 1, 125, 235, 290, et 404. — Cf. XX, p. 392.

31513. Harou (Alfred). — Folk-lore du Limbourg hollandais, p. 7, 102, 141, 376, et 443.

31514. Dido (A.). — Contes estoniens, p. 14 à 19.

31515. Divers. — Pèlerins et pèlerinages, p. 20, 133, 188, et 270. — Cf. III, p. 105.

[Berats (E.). Beauvoisis, p. 20. — Cock (A. de). Les jarretières dans la médecine populaire en Flandre, p. 188. — Harou (A.). Ex-voto à Andenne, p. 133. — Edmont (E.). Saint Gengoult à Montreuil-sur-Mer (Pas-de-Calais), la Croix des Clochettes à Petite-Synthe (Nord), saint Christophe, p. 188. — Desaivre (L.). Fontaine de Caillouville, p. 189. — Laurent (P.). Morbihan, Le Croisty, p. 270.]

31516. Divers. — Chansons de la Haute-Bretagne, p. 23, 334, et 398. — Cf. XXI, p. 16.

31517. Millien (Achille). — Le père Roquelaure, conte du Nivernais, p. 27 à 34.

31518. P. S. [Sébillot (P.).] — Légendes contemporaines [Faidherbe], p. 35. — Cf. XXII, p. 199.

31519. Divers. — Petites légendes locales, p. 35, 146, 191, 233, et 392. — Cf. XII, p. 129.

[Quesneville (L.). Le trésor du souterrain de Bernières-sur-Mer, p. 35. — Harou (A.). Pains changés en pierre (Flandre); le Ravisseur puni (Ardennes), p. 146. — Mazeret (L.). Le pêcheur sorcier (Hautes-Pyrénées); la maison du mort (Gers); la femme blanche du pont du Saget (Basses-Pyrénées); la Pierre du Diable à Sarron (Landes), p. 191. — Menard (E.). Les fées du cap Frehel, p. 233. — Kerbeuzec (H. de). Le château des Ferrières en Sulniac (Morbihan), p. 392.]

31520. Divers. — Traditions et superstitions de la Haute-Bretagne, p. 36, 295, 356, et 429. — Cf. XIII, p. 500; et XVI, p. 140.

31521. Edmont (E.). — Anciennes coutumes du pays d'Artois, p. 37 à 40. — Cf. XXII, p. 318.

31522. Divers. — Traditions et superstitions de Basse-Bretagne, p. 41, 145, et 394. — Cf. XIX, p. 253; XX, p. 10; XXII, p. 65, 224, et 316.

31523. Pommerol (D[r]). — Devinettes de l'Auvergne, p. 42.

31524. Divers. — Les Traditions populaires et les écrivains français, p. 43, 149, et 410. — Cf. II, p. 75.

[Kerbeuzec (H. de). Jean de Bordenave, p. 43. — Desaivre (L.). Ambroise Paré, p. 149. — Sébillot (P.). Dassoucy, p. 410.]

31525. Ménard (Élie). — Les entrées frauduleuses en Paradis, p. 44. — Cf. XVII, p. 486.

31526. Divers. — Légendes et superstitions préhistoriques, p. 44, 105, 147, 289, et 397. — Cf. III, p. 617.

[Harou (A.). Menhir de Velaine-sur-Sambre (Namur), p. 44; blocs du Trou Ario (Luxembourg belge), p. 397. — Goénis (H.). Questionnaire sur les menhirs, p. 105. — Laurent (P.). Cromlech de Guernesey, p. 147; la pierre branlante à Bangor (Belle-Ile), p. 289. — Mortillet (A. de). Pierre à glissade en Bolivie, p. 147.]

31527. Roudenko (S.). — Traditions et contes Bachkirs, p. 49 à 63.

31528. Cock (A. de). — Les statues qu'on ne peut déplacer [Belgique], p. 64 à 74, et 136 à 140. — Cf. XVIII, p. 495.

31529. Basset (René). — Contes et légendes arabes, p. 74, 227, et 373. — Suite de XI, p. 502; XII, p. 65, 243, 337, 400, 477, 633, 668; XIII, p. 217, 476, 569, 617; XIV, p. 54, 118, 165, 213, 285, 350, 438, 480, 627, 704; XV, p. 22, 105, 143, 190, 281, 353, 459, 526, 606, 665; XVI, p. 37, 108, 165, 240, 395, 457, 583, 652; XVII, p. 34, 91, 148, 480, 606; XVIII, p. 136, 213, 347; XIX, p. 120, 250, 311, 422; XX, p. 267; XXI, p. 188, 273, 389, 440; XXII, p. 69, et 215.

31530. Pineau (Léon). — Les plus jolies chansons des pays scandinaves, p. 77 à 81. — Suite de XVIII, p. 258, 383, 494, 581; XIX, p. 224, 328, 418, 460; XX, p. 52, 370; XXI, p. 228, 443; XXII, p. 20, 101, 172, 356, et 397.

31531. Divers. — Contes et légendes de la Haute-Bretagne, p. 82, 240, 283, 341, et 381.

31532. Harou (Alfred). — Le folk-lore du grand-duché de Luxembourg, p. 93 à 95, et 279. — Suite de XXII, p. 362, 412, et 467.

31533. Divers. — Petites légendes chrétiennes, p. 96, 135, et 454.

[Edmont (E.). L'ours de Saint-Vaast d'Arras; la chasse de Saint-Kilien à Aubigny-en-Artois, p. 96; Sainte-Marie-des-Pleurs à Wormouth (Nord); une pêche miraculeuse à Dunkerque, p. 135. Mazeret (L.). Les Autels de Sainte Quitterie à Aubous (Basses-Pyrénées) et à Aire (Landes); la fontaine de Taillant à Tressens (c[ne] de Marsolan, Gers), p. 454.]

31534. Divers. — La mer et les eaux, p. 98, 113, 343, et 389. — Cf. II, p. 297.

[Ménard (E.). Les noyés à Plevenou; vœu à N.-D. de Nazareth dans les passes de Saint-Malo; pêcheurs du cap Frebel, p. 98. — Sébillot (P.). Navires consacrés dans les îles suédoises; processions de navires; navires tombeaux; navires propitiatoires ou expiatoires; images de navires; jeux du navire ou de la navigation; les rêves et les navires, p. 121; époques où la navigation est interdite; navigations miraculeuses, p. 343. — Calloc'h (J.). Pourquoi la mer est salée, p. 122. — Harou (A.). Traditions belges, p. 347, 391. — Edmont (E.). Le Neckre, génie malfaisant des eaux, p. 389. — Kerbeuzec (H. de). Fontaine Saint-Nicolas à Arzon, p. 391.]

31535. Cock (A. de). — Le folk-lore en sommeil, p. 99 à 101. — Cf. XXII, p. 385.

[Les Évangiles des quenouilles en Flandre.]

31536. Divers. — Le peuple et l'histoire, p. 101, et 134.

[Kerbeuzec (H. de). Légende huguenote à Vitré, p. 101. — Harou (A.). Malborough, p. 134.]

31537. Edmont (E.). — La transmission de la propriété dans les anciennes coutumes, p. 122 à 124.

31538. Divers. — Les bohémiens, p. 148, 333, et 444. — Cf. III, p. 648.

[Harou (A.). En Wallonie, p. 148, et 333. — Lucie de V. H. Haute-Bretagne, p. 444.]

31539. Huet (G.). — Variante tchèque du Trésor de Rhampsinite, p. 161.

31540. Guyot-Daubès (P.). — La fraternisation par le sang, p. 163. — Cf. VI, p. 577.

[Ateliers parisiens de couturières.]

31541. Basset (René). — Contes et légendes de la Grèce ancienne, p. 164 à 167. — Suite de XI, p. 643; XII, p. 607, 656; XIII, p. 273, 599, 663; XVI, p. 24, 199, 369, 501, 559, 633; XVII, p. 279, 411, 507; XVIII, p. 1, 240, 533; XIX, p. 111, 165; XX, p. 83, 141; XXI, p. 78, 172, 225, 448; XXII, p. 9, 99, et 258.

31542. Desaivre (Léo). — Les minéraux et les métaux [Beauvoir, près Niort], p. 168. — Cf. XVI, p. 601.

31543. Harou (A.). — La légende de Didon [Irlande], p. 169. — Cf. XIX, p. 172.

31544. Divers. — L'évolution du costume, p. 170, 263, et 440.

[Sébillot (P.). Évolution du costume, p. 170 à 180. — Laurent (P.). Belle-Île-en-Mer, p. 263. — Le Ny (J.). Langonnet (Morbihan); cantons de Gourin, Guémené, Cléguérec et du Faouët, p. 440.]

31545. Basset (René). — Les ordalies, p. 182.

[Le calice d'épreuve en Abyssinie; le vomitif au Darfour.]

31546. DIVERS. — Mythologie et folk-lore de l'enfance, p. 183, 217, 257, 323, 369, et 445. — Cf. XVIII, p. 489.

31547. PATRY (Albert). — Chansons du Cinglais (Basse-Normandie), p. 185 à 187.

31548. DESAIVRE (Léo). — Le soleil de la Saint-Vincent et les Bénédictins de Saint-Maixent, p. 190.

31549. DESTRICHÉ (Mme). — Le folk-lore du Maine, p. 195.

31550. DESAIVRE (Léo). — Les traditions populaires et les écrivains poitevins [Guillaume Bouchet], p. 196, 243, 297, et 358. — Suite de XX, p. 225, 302; XXI, p. 149, 210; XXII, p. 373, et 416.

31551. DECOURDEMANCHE (J.-A. DE). — Superstitions et coutumes de la Perse ancienne attachées aux mois et aux jours, p. 209 à 216.

31552. BASSET (René). — Les taches de la lune, p. 220. — Suite de XXI, p. 235; et XXII, p. 396. — Cf. III, p. 129.

31553. DIVERS. — Les météores, p. 221 à 223. — Cf. VI, p. 115.

[BASSET (René). L'arc-en-ciel; les étoiles filantes; les feux follets; les Pléiades, p. 396. — FILLEUL-PÉTIGNY. Au Perche, p. 272.]

31554. P. S. [SÉBILLOT (P.).] — Allusions anciennes à des chants populaires [Bretagne], p. 223.

31555. ROUGÉ (Jacques). — Folk-lore de la Touraine, p. 224 à 226. — Suite de XXII, p. 400.

31556. VAUGEOIS (Marie-Edmée). — Usages et superstitions du pays nantais, p. 234. — Cf. XV, p. 17.

31557. AURICOSTE DE LAZARQUE. — Histoires surnaturelles de Boulay, p. 236. — Cf. XIX, p. 257.

31558. DIVERS. — Coutumes de mariage, p. 237. — Cf. XX, p. 153, 237, 495; XXI, p. 143, 181; XXII, p. 49, et 450.

[DESAIVRE (L.). Ferrement des femmes en Poitou. — HAROU (A.). Redevances ecclésiastiques en Hainaut.]

31559. DU ROURE DE PAULIN (Baron). — Coutumes et fêtes de la Saint-Jean, p. 239.

31560. KERBEUZEC (H. DE). — Le tabac [prêtres en Bretagne], p. 239.

31561. MACLER (F.). — Jean Réville [1854 † 1908], p. 247 à 251.

31562. P. S. [SÉBILLOT (P.).] — Valtazar Bogisic, p. 252.

31563. VAN GENNEP (A.). — Les marques de propriété [Anjou], p. 265.

31564. EDMONT (E.). — Superstitions de civilisés, p. 267.

[Charles Nodier.]

31565. DIVERS. — Médecine superstitieuse, p. 268, 338, et 458.

[Mme P. S. [SÉBILLOT (P.).] Dans les Vosges; en Ille-et-Vilaine, p. 268. — DESAIVRE (L.). Formules empiriques dans les Deux-Sèvres, p. 338. — KERBEUZEC (H. DE). Remèdes des courtisanes romaines, remèdes contre la rage, p. 339. — Lucie DE V. H. Guérison du carreau, p. 458.]

31566. LAURENT (Pierre). — Chansons populaires bretonnes, p. 277 à 279.

31567. EDMONT (E.). — Anciennes fêtes de Picardie, p. 281.

31568. FILLEUL-PÉTIGNY. — Les esprits forts à la campagne [Perche], p. 291.

31569. DIVERS. — Les sermons facétieux, p. 293.

31570. BOUT (A. et KERBEUZEC (H. DE). — Le folk-lore de la Picardie, p. 294, et 353 à 356. — Cf. XX, p. 38; et XXII, p. 181.

31571. DIVERS. — Miettes de folk-lore parisien, p. 296.

31572. BEAUQUIER (Ch.). — Les animaux fantastiques en Franche-Comté, p. 305 à 322.

31573. MACLER (F.). — Quatre contes chaldéens, p. 327 à 333.

31574. DIVERS. — Les pourquoi, p. 335 à 338. — Cf. V, p. 244.

[SÉBILLOT (P.). Origine des poissons, p. 335. — HAROU (A.). Le signe de la croix à la vue d'un éclair, p. 338.]

31575. BRESSAN (Denis). — Contes populaire de la Bresse, p. 350 à 352, et 405 à 408.

31576. SÉBILLOT (Paul). — Textes patois de littérature orale de la Haute-Bretagne, p. 386 à 388.

31577. EDMONT (E.). — Anciennes coutumes du département du Nord [Marie au blé], p. 392.

31578. ROBERT (Achille). — Sidi Betka, de Bordj-bou-Arreridj (Algérie), p. 401 à 403.

31579. POMMEROL (Dr). — Folk-lore de l'Auvergne, p. 408 à 410. — Suite de XXII, p. 281.

31580. SÉBILLOT (Yves) et DUINE (F.). — Blason populaire de la Haute-Bretagne, p. 412.

31581. DOUSK (Otton). — Deux contes populaires des Slaves du Nord en rapport avec le sujet de la farce *Maître Pathelin*, p. 428 à 429.

31582. SÉBILLOT (Paul). — Légendes sur l'origine de l'homme, p. 430 à 439.

31583. SÉBILLOT (Paul). — Loys Brueyre [1835 † 1908]; E.-T. Hamy [1842 † 1908], p. 459 à 461.

SEINE. — PARIS.

SOCIÉTÉ ARCHÉOLOGIQUE, HISTORIQUE ET ARTISTIQUE «LE VIEUX PAPIER».

Voir, pour les publications antérieures de cette Société, les tables placées à la fin des tomes I et II de notre *Bibliographie annuelle*.

VI. — Bulletin de la Société archéologique, historique et artistique le Vieux Papier, t. VI, 1908. (Lille, 1908, gr. in-8°, xx-503 p.)

31584. Vivarez. — Les collections d'estampes relatives à l'histoire de France, p. 3 à 8.

31585. Hartmann (Georges). — Le vieux papier dans l'épicerie [xvi°-xix° s.], *fig.* et *pl.*, p. 8 à 17.

31586. Hélot (R.). — Notes sur l'imagerie populaire en Normandie, *fig.* et *pl.*, p. 18, 105, 205, 299, 367, et 459.

31587. Vivarez (Henry). — *La civilité puérile et honnête* et les caractères dits de civilité, *facs.*, p. 39 à 48.

31588. Pellisson (Jules). — Une grève sous la Révolution [à Montbron (Charente)], p. 49 à 51.

31589. Vivarez (Henry). — Deux ex-libris, *fig.*, p. 52.

[François et Thomas Vivarès.]

31590. Devaux (A.). — Papiers et parchemins timbrés de France, p. 54, 138, 232, 311, 395, et 464. — Suite de III, p. 234, 290, 379; IV, p. 40, 129, 202, 306, 377, 458; V, p. 59, 231, 303, et 458.

31591. Delpy (A.). — Essai d'une bibliographie spéciale des livres perdus, ignorés ou connus à l'état d'exemplaire unique, p. 68, 149, 244, 325, 405, et 476. — Suite de I, p. 32[illegible], 381, 455, 500, 550; II, p. 31, 94, 157, 220, 272 323, 378, 438, 505, 565, 625, 681; III, p. 43, 119, 179, 263, 321, 404; IV, p. 66, 141, 238, 315, 399, 477; V, p. 69, 146, 326, et 481.

31592. Quantin (Léon). — Les distributions de prix au collège des Godrans à Dijon, p. 76.

31593. Flobert. — La loterie, *fig.*, p. 81 à 87.

31594. Perrot (Victor). — Les principaux recueils de vues de Paris jusqu'en 1789, *pl.*, p. 88 à 97.

31595. Braun (Roger). — Bibliographie et iconographie de l'affiche illustrée, p. 98, 217, et 307.

31596. Sabatier (Antoine). — Les signatures ouvrières au quatre de chiffre, *facs.*, p. 114 à 125.

31597. Condamin de Clumanc. — Ancienneté des enveloppes, p. 126.

31598. Pellisson (Jules). — Documents sur les chapelles domestiques (1700-1786), p. 127 à 132.

31599. Daymard. — Ce qu'on trouve dans un dossier de faillite, *fig.*, p. 133 à 137.

[Étiquettes et en-têtes de factures et de lettres.]

31600. Havette (René). — La sténographie, p. 163 à 175.

31601. Vivarez (Henry). — Voyages et voitures de jadis, p. 183 à 192, et 257 à 266.

31602. Flobert (Paul). — Nos cartes de nouvel an, *fig.*, p. 193 à 201.

31603. Pellisson (Jules). — Billets de logement des gardes françaises (1750-1783), *fig.*, p. 214 à 216.

31604. Vivarez (Henry). — L'almanach mural parisien au xvii° et au xviii° siècle, p. 222 à 226.

31605. Quenaidit. — Les énigmes des marques d'imprimeurs, *fig.*, p. 227 à 231.

31606. Pellisson (Jules). — Une invitation à dîner en 1771, p. 254.

31607. Pellisson (Jules). — Un amateur de bon tabac [1779], p. 255.

31608. Flobert (Paul). — Les titres de musique et de romances illustrées avant 1870, *fig.*, p. 268 à 274.

31609. Moutaillier (G.). — L'Académie royale de peinture et l'Académie de Saint-Luc, p. 275 à 282.

31610. Cochon (J.). — Les filigranes de la Formule, *fig.*, p. 283 à 291, et 388 à 394. — Suite de IV, p. 334.

31611. Comtesse (Dr Alfred). — Ex-libris manuscrits, p. 292 à 294.

31612. Vivarez (Henry). — Les boucheries de carême [1756], p. 295 à 296.

31613. Pellisson (Jules). — Sur la mort d'Henriette d'Angleterre, p. 297 à 298.

31614. Courtot. — A propos du journal *le Prométhée*, p. 332.

31615. Creste (Georges). — Les curiosités des journaux de la Révolution, *fig.*, p. 341 à 355.

31616. Pellisson (Jules). — Fournisseurs de la Cour sous l'ancien régime, p. 357 à 362.

31617. Redon (Louis). — Tirage au sort et conseil de revision, p. 363.

31618. Vitarez (Henry). — Compliments de nouvelle année, p. 365.

31619. Le Senne (Eugène). — Les livres dépareillés, p. 386.

[Avis du libraire parisien Fetil (1782).]

31620. Pellisson (Jules). — Placards mortuaires chartrains, *fig.*, p. 411.

31621. Pellisson (Jules). — Documents sur les anciennes foires [Périgueux], p. 413 à 415.

31622. Comtesse (Dr Alfred). — L'affiche artistique en Suisse, *fig.* et *pl.*, p. 417 à 428.

31623. Comtesse (A.). — Imagerie suisse, p. 429.

31624. Pellisson (Jules). — Lettres militaires [an VII-1835], p. 430 à 434.

31625. Flobert (Laure-Paul). — Le billet de naissance et ses originalités, *fig.*, p. 435 à 448.

31626. Vitarez (Henry). — Grandeur et décadence du chapeau haut de forme, *fig.*, p. 449 à 458.

31627. Comtesse (A.). — Les trusts [Chaux-de-Fonds, 1777], p. 493.

31628. Pellisson (Jules). — Sur la coupe des arbres en Périgord (1774), p. 494.

SEINE-ET-MARNE. — BRIE-COMTE-ROBERT.

SOCIÉTÉ D'HISTOIRE ET D'ARCHÉOLOGIE DE BRIE-COMTE-ROBERT.

Nous avons donné dans le premier fascicule de notre *Bibliographie annuelle*, p. 140, l'analyse du tome I du *Bulletin* de cette Société publié de 1898 à 1901. Dix fascicules du tome II ont paru de 1902 à 1903; après quoi la Société n'a plus donné signe de vie jusqu'en 1907; elle a alors terminé le tome II et commencé un tome III qui est en cours de publication. Nous donnons ici une analyse complète du tome II du *Bulletin* qui remplacera celle que nous avions insérée provisoirement dans le 3e fascicule du tome I de notre *Bibliographie annuelle*.

II. — Bulletin et compte rendu des travaux de la Société d'histoire et d'archéologie de Brie-Comte-Robert, Mormant, Tournan et la vallée de l'Yères, IIe volume. (Brie-Comte-Robert, 1902-1907, in-4°, 228 p.)

31629. Brandin (A.). — Une circulaire du 17 avril 1728 sur les nourrices, p. 1 à 3.

31630. Blondeau (E.). — Évry-le-Chateaux. Chapelle de l'ancien prieuré de Vernelle, *fig.*, p. 3 à 5.

31631. Lioret (G.). — Louis XIII enfant à Brie-Comte-Robert, p. 5 à 8.

31632. F. L. — Chevry-Cossigny, p. 8 à 11.

31633. Lhuillier (Th.). — Notice historique sur la commune de Limoges-Fourches, p. 11 à 14, et 33 à 37.

31634. Blondeau (E.). — Blandy-les-Tours. Le château, *fig.*, p. 15 à 24, et 194 à 204.

31635. Leroy (G.). — En terre de Brie, p. 24 à 29.

31636. Drouin (G.). — Ferolles-Attilly. Le fief de la Barre, des origines à 1600, p. 29 à 32, et 74 à 76. — Suite de I, p. 100.

31637. Lesebr. — Quelques mots sur Santeny, p. 37, 61, 82, et 96. — Suite de I, p. 104.

31638. Mohler (V.). — Chronique du bourg et du château de Blandy-les-Tours, de l'an 485 à l'an 1900, *fig.*, p. 40 à 53.

31639. Mentienne. — Donation de rentes par Guillaume de Gien en 1305, p. 53 à 56.

31640. G. L. [Leroy (G.).] — Numismatique. Une trouvaille à Lieusaint [bulle de Martin IV], p. 56.

31641. E. B. [Blondeau (E.).] — Les anciennes maisons de Brie-Comte-Robert, *fig.*, p. 57 à 61, et 105 à 113.

31642. Blondeau (R.). — Brie-Comte-Robert. L'église Saint-Étienne, *fig.*, p. 63 à 70. — Suite de I, p. 15, et 208.

31643. Hugues (A.). — Les troubles de Brie-Comte-Robert en 1790-1791, p. 70 à 74.

31644. Lhuillier (Th.). — Jean Ballesdens, de l'Académie française, chapelain de Brie-Comte-Robert, p. 76 à 82.

31645. Camus (M.). — La fête de l'Être suprême à Brie-Comte-Robert (20 prairial an II), p. 92 à 96.

31646. Mottheau (Ch.). — Une plaque de cheminée de l'ancien château fort de Brie-Comte-Robert, *fig.*, p. 97 à 100.

IMPRIMERIE NATIONALE.

31647. Leroy (G.). — La dot de Valentine de Milan à Crèvecœur-en-Brie, p. 100 à 102.

31648. Brandin (A.). — L'hiver de 1709, p. 102 à 105.

31649. Mottheau (Ch.). — Le fief du colombier à Brie-Comte-Robert (1226-1741), p. 113 à 115, et 137 à 139.

31650. Leroy (G.). — Un fête patriotique en l'an II à Coubert, p. 116 à 117.

31651. Lhuillier (Th.). — L'église Notre-Dame de Soignolles en Brie, p. 117 à 120, et 132 à 135.

31652. Michel (Edmond). — Maisons briardes. La Galère, p. 120 à 123.

31653. Crèvecœur (Lionel de). — L'église Saint-Yon de Lésigny, *fig.*, p. 123 à 132.

31654. Anonyme. — Monnaies trouvées à Réau-en-Brie, p. 136.

31655. Leroy (G.). — Besenval incarcéré à Brie-Comte-Robert, *fig.*, p. 139 à 143.

31656. Michel (Edmond). — Une querelle au XVe siècle [lettres de rémission pour le capitaine Ferrières, 1432], p. 143 à 147.

31657. Mottheau (Ch.). — Vaux-la-Reyne (ancien domaine royal), *fig.*, p. 147 à 156.

31658. Lhuillier (Th.). — Moisenay, p. 156 à 167.

31659. Leroy (G.). — Anciennes mesures agraires de la Brie. La jugère et le journal, p. 167 à 169.

31660. Michel (Ed.). — Quelques documents relatifs à Mandres au XVIIe siècle, *fig.*, p. 169 à 178.

31661. Leroy (G.). — Villaroche en 1203, p. 178.

31662. Lhuillier (Th.). — A propos du *Martyre de saint Étienne*, tableau de l'église de Brie-Comte-Robert, p. 180.

31663. Ruffier. — Madame de La Guette, dame de Mandres et de Sucy, p. 181 à 189. — Suite de I, p. 78, et 89.

31664. E. B. [Blondeau (E.).] — La flèche du clocher de Brie-Comte-Robert, *fig.*, p. 190.

31665. Leroy (G.). — L'ancienneté des villages briards, p. 191 à 194.

31666. Lugan (G.). — Notice sur Cregy, p. 205.

31667. Noirmont (Jacques de). — Deux demeures d'autrefois. La maison seigneuriale de Suisnes, *fig.*, p. 206 à 211.

31668. Mottheau (Ch.). — Évry-les-Châteaux, p. 212 à 219.

31669. Blondeau (E.). — Les remparts de Chaumes, *fig.*, p. 220 à 223.

31670. Leroy (G.). — Note sur Romaine, c^ne^ de Lésigny, p. 223.

31671. Mottheau (Ch.). — La croix rouge de Mandres, légende, p. 223 à 225.

31672. E. B. [Blondeau (E.).] — Château d'Attilly (Seine-et-Marne), *fig.*, p. 225 à 228.

SEINE-ET-MARNE. — FONTAINEBLEAU.

SOCIÉTÉ HISTORIQUE ET ARCHÉOLOGIQUE DU GÂTINAIS.

Voir, pour les publications de cette Société antérieures à 1901, la table récapitulative de notre *Bibliographie générale;* et, pour ses publications postérieures, les tables placées à la fin des tomes I et II de notre *Bibliographie annuelle.*

XXVI. — Annales de la Société historique et archéologique du Gâtinais, t. XXVI. (Fontainebleau, 1908, in-8°, 368 p.)

31673. Lefèvre (L.-Eug.). — La peinture historique du palais royal d'Étampes (1307), avec un appendice sur les peintures de la chapelle de Farcheville (1304), *fig.* et 2 *pl.*, p. 1 à 36.

31674. Stein (Henri). — Recueil des chartes de la maladrerie de Pontfraud, près Château-Landon (XIe-XVe s.), p. 37 à 109.

31675. Thoison (Eugène). — Essai sur l'administration temporelle des paroisses en Gâtinais avant 1792, p. 110 à 184.

31676. Kreutzer (F.) et Doigneau (A.). — La collection Vallot au Musée de Fontainebleau, *fig.*, p. 193 à 210.

31677. Forteau (Ch.). — Quatre mois de l'histoire d'Étampes pendant la Révolution. Claude-Julien Boullemier, chanoine de Notre-Dame, élu maire en 1791, p. 211 à 265.

31678. Sadler (Mlle F.). — Notes pour l'histoire des familles du Gâtinais, p. 266 à 284.

31679. Herbet (Félix). — Fontainebleau révolutionnaire. Le portrait de Louis XIII par Philippe de Champaigne, p. 285 à 301.

31680. Stein (Henri). — Le pavillon de Maintenon au château de Fontainebleau, p. 302 à 309.

31681. Denizet (Dr). — Deux documents notariés. Testament de Valentin Pudsay, gentilhomme anglais, en 1661; bail à ferme de jeux publics à Girolles en 1768, p. 310 à 314.

31682. Billebault (L.). — Quelques notes sur Batilly-en-Gâtinais (Loiret), p. 315 à 344.

31683. Stein (Henri). — Recherches sur la topographie gâtinaise. VII. Une paroisse du pays de Bière disparue et retrouvée [*Tosiacum*, la Thoisie à Fleury-en-Bière], p. 345 à 347. — VIII. Gâtinais et Hurepoix, p. 348 à 353. — Suite de VIII, p. 183, 253; IX, p. 140, 355; XVI, p. 263, et XXI, p. 247.

31684. Stein (Henri). — La fin de l'abbaye de la Joye, p. 354 à 364.

SEINE-ET-MARNE. — MELUN.

SOCIÉTÉ D'ARCHÉOLOGIE, SCIENCES, LETTRES ET ARTS DU DÉPARTEMENT DE SEINE-ET-MARNE.

Voir, pour les publications de cette Société antérieures à 1901, le tome IV de notre *Bibliographie générale*, p. 393; et, pour ses publications postérieures, le tome II de notre *Bibliographie annuelle*, 3e fascicule, p. 187.

XII. — Bulletin de la Société d'archéologie, sciences, lettres et arts du département de Seine-et-Marne..., XIIe vol., 1907-1908. (Melun, 1909, in-8°, 366 p.)

31685. Anonyme. — Excursion de Larchant et de Nemours, p. 69 à 86.

31686. Anonyme. — Excursion à Provins, p. 97 à 126.

31687. Leroy (Gabriel). — Diplôme inédit du roi Louis VII en faveur de l'abbaye de Barbeau, p. 126 à 132.

31688. Lecomte (Maurice). — Une famille de seigneurs briards aux XIIe et XIIIe siècles. Les Britaud, seigneurs de Nangis-en-Brie, p. 133 à 229.

31689. Morel (René). — Vieilles maisons et vieux souvenirs. Le conventionnel Laurent Lecointre à Guignes, p. 231 à 246.

31690. Morel (René). — Le mémorial d'un vigneron de Vaux-le-Penil [J.-B. Vincelet, 1664-1736], p. 247 à 256.

31691. Leroy (G.). — Une fortune bourgeoise il y a cent ans [la succession Melin, 1812], p. 257 à 264.

31692. Anonyme. — Obsèques de M. Gabriel Leroy [† 1908], p. 265 à 274.

[Discours de MM. Delaroue et G. Sénéchal.]

SEINE-ET-OISE. — CORBEIL.

SOCIÉTÉ HISTORIQUE ET ARCHÉOLOGIQUE DE CORBEIL, D'ÉTAMPES ET DU HUREPOIX.

Voir, pour les publications de cette Société antérieures à 1901, la table récapitulative de notre *Bibliographie générale;* et, pour ses publications postérieures, les tables placées à la fin des tomes I et II de notre *Bibliographie annuelle.*

XIV. — **Bulletin de la Société historique et archéologique de Corbeil, d'Étampes et du Hurepoix**, 14e année, 1908. (Paris, 1908, in-8°, XXIV-144 p.)

31693. Forteau (Ch.). — La paroisse de Saint-Pierre d'Étampes, p. 5 à 30, et 98 à 121. — Suite de XIII, p. 31.

31694. Creuzet (Émile). — Recherches sur les enseignes et les vieilles hôtelleries de Corbeil, p. 31 à 68, et 122 à 126. — Suite de XIII, p. 100.

31695. Cochin (Claude). — Tableau d'histoire au relais d'Essonnes (1647), p. 69 à 72.

[Dépêche du nonce Bagni sur son entrevue à Essonnes avec Mazarin.]

31696. A. D. [Dufour (A.).] — Excursion archéologique à Ponthierry, au château de Montgermont, à Pringy et à l'abbaye du Lys, 2 *pl.*, p. 82 à 89.

31697. Dufour (A.). — La marquise de Pompadour au château d'Étioles, 4 *pl.*, p. 90 à 97.

31698. Dufour (A.). — Souvenir rétrospectif, *pl.*, p. 127.

[Prisonniers enfermés par les Prussiens dans l'église de Saint-Léonard de Corbeil (1870).]

31699. [Dufour (A.).] — Bibliographie, p. 129 à 137.

SEINE-ET-OISE. — PONTOISE.

SOCIÉTÉ HISTORIQUE ET ARCHÉOLOGIQUE DE L'ARRONDISSEMENT DE PONTOISE ET DU VEXIN.

Voir, pour les publications de cette Société antérieures à 1901, la table récapitulative de notre *Bibliographie générale;* et, pour ses publications postérieures, les tables placées à la fin des tomes I et II de notre *Bibliographie annuelle.*

XXVIII. — **Mémoires de la Société historique et archéologique de l'arrondissement de Pontoise et du Vexin**, t. XXVIII. (Pontoise, 1907-1908, in-8°, 195 p.)

31700. Passy (Louis). — Jules Lair [1836 † 1907], *portr.*, p. 21 à 47.

31701. Régnier (Louis). — Excursion à Lyons-la-Forêt, Mortemer et Lisors, *pl.*, p. 49 à 87.

31702. Humblot (L'abbé). — L'abbaye de Mortemer, p. 82 à 91.

31703. Régnier (L.). — Quels furent les architectes de l'église de Magny au XVIe siècle? p. 128 à 130.

31704. Patte (V.). — Découverte des ruines de trois habitations gallo-romaines à Gisors, p. 131 à 135.

31705. Brisay (Marquis de). — Le chartrier d'Hérouville, p. 137 à 178.

31706. Depoin (J.). — Un historien du Vexin, dom Claude Estiennot, p. 183 à 190.

31707. Raulet (Lucien). — Un poète pontoisien oublié, F. A. Henry ([illegible]), p. 191.

SEINE-ET-OISE. — RAMBOUILLET.

SOCIÉTÉ ARCHÉOLOGIQUE DE RAMBOUILLET.

Voir, pour les publications de cette Société antérieures à 1901, la table récapitulative de notre *Bibliographie générale;* et, pour ses publications postérieures, les tables placées à la fin des tomes I et II de notre *Bibliographie annuelle.*

XX. — Mémoires de la Société archéologique de Rambouillet..., série in-8°, t. XX. (Versailles, 1908, in-8°, 543 p.)

31708. Coüard (E.) et Lorin (F.). — Les élections à l'Assemblée législative de 1791 dans le département de Seine-et-Oise, *carte*, p. 1 à 277.

31709. Ledru (E.). — Notes sur Épernon (XIX° s.), p. 278 à 315.

31710. Anonyme. — Montfort-l'Amaury. Le huitième pardon d'Anne de Bretagne. Centenaire d'Émile Souvestre [1806 † 1854], *fig.*, p. 316 à 351.

31711. Anonyme. — Montfort-l'Amaury. Le neuvième pardon d'Anne de Bretagne. Centenaire de Cambry [1749 † 1807], *fig.*, p. 352 à 381.

31712. Anonyme. — Montfort-l'Amaury. Le dixième pardon d'Anne de Bretagne, *fig.*, p. 382 à 424.

31713. Lorin. — La légende de saint Yves et les peintres verriers, *fig.*, p. 425 à 440.

[Vitraux des églises de Moncontour (Côtes-du-Nord), des Iffs (Ille-et-Vilaine) et de Montfort-l'Amaury.]

31714. Lorin (F.). — La porte du cimetière de Montfort-l'Amaury, *fig.*, p. 441 à 443.

31715. Lorin. — Limours, contribution à son histoire, p. 444 à 484.

[Reliques de saint Marc l'Évangéliste.]

31716. Lorin. — Madame de Sévigné est-elle venue à Rambouillet? p. 485 à 496.

31717. Beaufils (P.). — Une œuvre présumée de Martin Claustre. La statue d'Antoine de Poysieu [† 1474] à Sainte-Mesme, *fig.*, p. 496 à 501.

31718. Lorin. — L'arrivée de mérinos d'Espagne et de perdreaux à Rambouillet sous Louis XVI, p. 502 à 508.

31719. Divers. — Nécrologie, p. 512 à 528.

[Le comte de Breteuil; M. Chasles; P. Brame; l'abbé Macaire, etc.]

SEINE-ET-OISE. — VERSAILLES.

COMITÉ DE RECHERCHE ET PUBLICATION DES DOCUMENTS RELATIFS À LA VIE ÉCONOMIQUE DE LA RÉVOLUTION.

Le premier fascicule du Bulletin de ce Comité est analysé dans le deuxième fascicule du tome II de notre *Bibliographie annuelle*, p. 159.

II. — Département de Seine-et-Oise. Recherche et publication des documents relatifs à la vie économique de la Révolution. Comité départemental de Seine-et-Oise, 2° fascicule. (Versailles, 1908, in-8°, 96 p.)

31720. Gatin. — Les subsistances et le commerce des grains [dans le district de Versailles], p. 29 à 35.

31721. Defresne. — Les premières transformations économiques dans le département de Seine-et-Oise (1790-1792), p. 36 à 59.

31722. Grave. — Les subsistances à Mantes en 1793 et 1794, p. 60 à 70.

SEINE-ET-OISE. — VERSAILLES.

COMMISSION DES ANTIQUITÉS ET DES ARTS.

Voir, pour les publications de cette Commission antérieures à 1901, la table récapitulative de notre *Bibliographie générale;* et, pour ses publications postérieures, les tables placées à la fin des tomes I et II de notre *Bibliographie annuelle.*

XXVIII. — Département de Seine-et-Oise. Commission des antiquités et des arts..., XXVIIIe vol. (Versailles, 1908, in-8°, 149 p.)

31723. Le Chenetier (L'abbé). — Note sur le château de l'Étoile [près Versailles], p. 22 à 24.

31724. Bridoux. — Inscription à Luzarches, *fig.*, p. 44.

31725. Stein (Henri). — Les peintures murales du tribunal d'Étampes, p. 46.

31726. Dujardin. — Sur l'étymologie du nom de Rambouillet, p. 53.

31727. Couard. — Saint-Germain-en-Laye, siège d'une officialité, p. 55.

31728. Paisant. — Le décret de Rambouillet du 26 avril 1907. — La conservation des monuments et objets d'art ayant un intérêt historique ou artistique, p. 59 à 75.

31729. Gillet. — Découverte à la butte d'Orgemont, à Argenteuil, de sépultures et d'une rigole romaines, *fig.*, p. 77 à 83.

31730. Grave (E.). — Visite à Maubuisson, p. 85 à 91.

31731. Grave (E.). — Le mariage d'une fille d'Arlequin, p. 93 à 98.

[Mariage de Charles Constantin de Turgis et de Françoise Biancolelli (1691).]

31732. Grave (E.). — Un tarif du péage de Mantes au XIIIe siècle, p. 99 à 115.

31733. Mangeant. — Les tableaux de l'église Saint-Symphorien à Versailles, p. 117 à 122.

31734. Renet-Tener. — Le radeau de Tilsitt, *fig.*, p. 123 à 128.

31735. Stein (H.). — Le maître des œuvres Robert Enfroy et la défense de Meulan en 1417, p. 129 à 136.

31736. Bournon (Fernand). — L'abbaye du Val-Profond et l'Abbaye-aux-Bois à Bièvres, p. 137 à 147.

SEINE-ET-OISE. — VERSAILLES.

CONFÉRENCE DES SOCIÉTÉS SAVANTES, LITTÉRAIRES ET ARTISTIQUES DE SEINE-ET-OISE.

Voir, pour les comptes rendus des trois premières réunions de cette Conférence, les tables placées à la fin des tomes I et II de notre *Bibliographie annuelle.*

IV. — Conférence des Sociétés savantes, littéraires et artistiques de Seine-et-Oise. Compte rendu et communication de la quatrième réunion tenue à Étampes les 13 et 14 juin 1908, sous la présidence de M. Maurice Croiset,... et de M. Alfred Paisant,... (Étampes, 1909, in-8°, 264 p.)

31737. Anonyme. — Visite de monuments [d'Étampes], *fig.*, p. 24 à 30.

[Églises Notre-Dame et Saint-Basile, tour Guinette, musée, maison d'Anne de Pisseleu, etc.]

31738. L.-E. L. [Lefèvre (L. E.).] — Au palais du tribunal [d'Étampes]. La peinture historique de 1307, *fig.*, p. 35 à 38.
31739. Couard (E.). — Le département d'Étampes, *fig.*, p. 61 à 79,
31740. Fromageot (Paul). — Lavallery à Versailles, p. 80.
31741. Forteau (Charles). — Notes sur la vie de dom Basile Fleureau et sur sa famille, p. 83 à 93.
31742. Dufour (A.). — Notes sur Jehan de La Barre, prévôt de Corbeil (1607-1624), p. 94 à 97.
31743. Dufour (A.). — Notes sur le musée de Saint-Jean de Corbeil et la reine Isburge, épouse de Philippe Auguste, p. 97 à 99.
31744. Desjardins. — Rivalité d'Anne de Pisseleu et de Diane de Poitiers, *fig.*, p. 100 à 109.
31745. Lorin. — Étampes, ville bretonne, p. 110 à 112.

[Le comté d'Étampes, possession des ducs de Bretagne.]

31746. Langevin (A.). — Vente du sel à Étampes de 1635 à 1651, p. 113.
31747. Gorneau. — Acte de foy et hommage rendu par le vicomte de Bizemont au seigneur de Courances (1787), p. 115 à 117.
31748. Quignon (G.-Hector). — Note sur la bibliothèque de Jean-Joseph de Laborde de Méréville (1724-1794), p. 118 à 124.
31749. Coquelle (P.). — Les objets mobiliers classés de Seine-et-Oise et les moyens d'en assurer la conservation, p. 129 à 139.
31750. Beaufils. — Les contrats notariés pour l'exécution des pierres tombales, p. 140 à 142.
31751. Legrand (Maxime). — Narcisse Berchère intime, notes biographiques et bibliographiques, *fig.*, p. 143 à 152.
31752. Gorneau. — Les silex taillés de la trouvaille de la Croix-Blanche, à Moigny, p. 199 à 202.
31753. Legrand (Maxime). — Curieuse clef et fragment d'éperon en bronze trouvés à Étampes, *fig.*, p. 203 à 207.
31754. Lefèvre-Pontalis (E.). — Les campagnes de construction de Notre-Dame d'Étampes, *fig.* et *pl.*, p. 208 à 236.
31755. Lefèvre (Louis-Eugène). — Mémoire sur plusieurs importantes questions archéologiques auxquelles on a dernièrement rattaché l'église Saint-Martin d'Étampes, *pl.*, p. 237 à 240.
31756. Lefèvre (Louis-Eugène). — Une importante construction antérieure au XIIe siècle à Étampes. L'église et la tour militaire du Petit-Saint-Mard, *fig.*, p. 241 à 248.
31757. Lefèvre (Louis-Eugène,). — Le château fort royal d'Étampes et la miniature des Très Riches Heures du duc de Berry, *fig.*, p. 249 à 252.
31758. Lefèvre (Louis-Eugène). — Les caves anciennes d'Étampes, p. 253 à 261.

SEINE-ET-OISE. — VERSAILLES.

SOCIÉTÉ DES SCIENCES MORALES, DES LETTRES ET DES ARTS DE SEINE-ET-OISE.

Voir, pour les publications de cette Société antérieures à 1901, la table récapitulative de notre *Bibliographie générale;* et, pour ses publications postérieures, les tables placées à la fin des tomes I et II de notre *Bibliographie annuelle.*

X. — **Revue de l'histoire de Versailles et de Seine-et-Oise**, année 1908. (Versailles, 1908, in-8°, 356 p.)

31759. Magnien (Maurice). — Le Trianon de marbre pendant le règne de Louis XIV, *fig.*, p. 1 à 30.
31760. Duhaut (D^{r}). — Le lycée de Versailles (1803-1815), p. 31 à 47, et 108 à 141. — Suite de IX, p. 55, 146, 265, et 354.
31761. Tambour (E.). — Un épisode de la Terreur, p. 48 à 61.

[*L'arrestation de Delaine d'Envers et Viai, membres du Directoire du département.*]

31762. Gatin (L.-A.). — Versailles pendant la Révolution française, p. 62, 142, 226, et 333.
31763. Thierry de Ville-d'Avray (Colonel baron). — Mémoires de Marc Antoine Thierry, baron de Ville-

d'Avray, premier maire de Versailles, p. 81 à 107, et 209 à 225.

31764. Fromageot (P.). — Légendes et reliques versaillaises du Val Vigezzo en Ossola (Italie), *fig.*, p. 161 à 172.

31765. Rey (A.). — Au temps de Mme d'Houdetot et de J.-J. Rousseau, *pl.*, p. 173 à 208, et 313 à 332.

31766. Fromageot (Paul). — Une chasse à Versailles en 1408, p. 254 à 256.

31767. Fromageot (P.). — Madame Du Barry de 1791 à 1793, d'après des documents inédits, *portr.*, p. 257 à 285.

31768. Pellerin de Latouche (G. de). — Un coin de la forêt de Marly. Chevaudeau, la Maison Rouge, la Croix Saint-Michel, *fig.* et *portr.*, p. 286 à 312.

SEINE-INFÉRIEURE. — LE HAVRE.

SOCIÉTÉ HAVRAISE D'ÉTUDES DIVERSES.

Voir, pour les publications de cette Société antérieures à 1901, la table récapitulative de notre *Bibliographie générale;* et, pour ses publications postérieures, les tables placées à la fin des tomes I et II de notre *Bibliographie annuelle.*

LV. — Recueil des publications de la Société havraise d'études diverses, 75e année, 1908. (Le Havre, 1908, in-8°, 512 p.)

31769. Bréard (Ch.). — Épisode de la révolte du général Vivanco au Pérou en 1857, p. 29 à 39.

31770. Acher (F.). — Note linguistique sur l'origine de quelques termes maritimes et de quelques noms de localités [de la Seine-Inférieure], p. 41 à 46.

31771. Roger (Dr Jules). — Les médecins de Louis XIV, p. 47 à 65.

31772. Lechevalier (A.). — A travers les anciens registres paroissiaux de l'arrondissement du Havre, p. 85 à 116.

31773. Thierry (Géo.). — Notes sur Mayotte, p. 129 à 142.

31774. Anthiaume (L'abbé). — Recherches sur l'histoire de la science nautique antérieurement à la découverte du Nouveau Monde, p. 207 à 275.

31775. Barrey (Philippe). — L'arsenal du Havre pendant la Révolution (1789-1801), p. 277 à 308, et 331 à 396.

31776. Anthiaume (L'abbé). — Un capitaine normand au xvie siècle, Guillaume de Houdetot, d'après des documents inédits, p. 397 à 446.

31777. Acher (F.). — Sanvic, Sandouville, Oudalle, p. 461 à 464.

31778. Martin (Alphonse). — A propos de Sanvic, p. 465 à 469.

SEINE-INFÉRIEURE. — ROUEN.

ACADÉMIE DES SCIENCES, BELLES-LETTRES ET ARTS DE ROUEN.

Voir, pour les publications de cette Académie antérieures à 1901, la table récapitulative de notre *Bibliographie générale;* et, pour ses publications postérieures, les tables placées à la fin des tomes I et II de notre *Bibliographie annuelle.*

CX. — Précis analytique des travaux de l'Académie des sciences, belles-lettres et arts de Rouen, année 1907-1908. (Rouen, 1909, in-8°, lxxx-492 p.)

31779. Haelling (J.). — Discours de réception, p. ix à xxiii.

[Les organistes de la cathédrale de Rouen.]

31780. Layer (Ernest). — Les Pères blancs et la civilisation dans l'Ouganda, 6 *pl.* et *carte*, p. 9 à 46.

31781. Boucher (Dr). — Voyage en Terre Sainte (xxixe pèlerinage), *fig.*, p. 103 à 292.

31782. La Bunodière (H. de). — Discours de réception, 2 *pl.*, p. 317 à 357.

[Les derniers jours de l'abbaye de Saint-Ouen de Rouen.]

31783. Le Verdier (P.). — Procuration par Pierre Corneille pour saisir les contrefaçons de son *Imitation* [1653], p. 385 à 394.

31784. Loth (Mgr Julien). — Les otages normands de Louis XVI, p. 395 à 414.

31785. Allard (Christophe). — Note sur le chevalier Le Bienvenu du Busc, p. 427 à 435. — Cf. CIX, p. 241.

31786. Loth (Mgr J.). — Notice sur M. Charles de Beaurepaire, *portr.*, p. 449 à 465.

31787. Allard (Christophe). — Notice sur Louis-Honoré Fréchette, *pl.*, p. 467 à 476.

SEINE-INFÉRIEURE. — ROUEN.

LES AMIS DES MONUMENTS ROUENNAIS.

Voir, pour les publications de cette Société antérieures à 1901, la table récapitulative de notre *Bibliographie générale;* et, pour ses publications postérieures, les tables placées à la fin des tomes I et II de notre *Bibliographie annuelle.*

XI. — Les Amis des monuments rouennais. Bulletin, année 1908. (Rouen, 1909, in-fol., 235 p.)

31788. Le Corbeiller (A.). — La maison de Roland à Rouen et les Malortie, *fig.*, p. 45 à 82.

31789. Vesly (Léon de). — Le couronnement de la Vierge (bas-relief en albâtre du xve s.), maison démolie rue Martainville, n° 47, *fig.*, p. 83 à 85.

31790. Vesly (Léon de). — Une figure de satyre ithyphallique (bois sculpté du xvie siècle) provenant d'une maison de la rue des Charrettes, n° 75, *fig.*, p. 87.

31791. Dubosc (Georges). — La régie des vivres à Rouen au xviiie siècle. La manutention de la rue des Augustins, *fig.*, p. 89 à 96.

31792. Rieder (Albert). — De la tour Saint-Romain à la cathédrale, *fig.*, p. 97 à 107.

[Pont ancien entre la cathédrale et la tour.]

31793. Beaurepaire (Ch. de). — Notes sur les architectes de Rouen de 1750 à la Révolution, p. 109 à 129.

31794. Duveau (Ed.). — Une ancienne fontaine couverte au quartier Saint-Filleul, *fig.*, p. 131.

31795. Duveau (Ed.). — Notice sur la maison des Templiers au Genetay, *fig.*, p. 133 à 139.

31796. Vesly (Léon de). — Inventaires du mobilier d'art des édifices religieux, *pl.*, p. 141 à 155.

[Cathédrale de Rouen, mobilier et trésor, tapisseries.]

31797. Lafond (Jean). — Un vitrail d'Engrand Le Prince à Saint-Vincent de Rouen, et sa copie par Mausse Heurtault à Saint-Ouen de Pont-Audemer, *fig.*, p. 157 à 167.

31798. Aubé (Raoul). — Chronique artistique et monumentale, *fig.* et *pl.*, p. 169 à 200.

[La tour de la Pucelle, *pl.;* le vieux château de Philippe-Auguste, *pl.;* cathédrale; stèle Flaubert, *fig.;* porte Sainte-Clair, *fig.;* monument de Gabriel Gravier, *fig.;* mur-escalier de la rue Saint-Maur; église de la Mi-Voie; inscription du Clos des Galées; hôtel de Mathan; vestiges archéologiques rue Poitron, rue des Vergetiers, rue Martainville, rue des Boucheries-Saint-Ouen, rue Beauvoisine, rue du Donjon, aître Saint-Nicaise. — Ch. de Robillard de Beaurepaire (1828 † 1908), *portr.;* Edmond Lebel (1834 † 1908); abbé Armand Collette (1852 † 1908); Louis Sauvageot (1842 † 1908).]

31799. Le François (G.) et Cruzelle (G.). — Excursions, *fig.* et *pl.*, p. 201 à 208.

[Blainville-Crevon, *fig.* et *pl.;* Ry, *fig.;* Martainville, Canteleu, Quevillon, Saint-Martin de Boscherville, *fig.;* le Genetay.]

31800. Aubé (Raoul). — Index bibliographique [région rouennaise, 1908], p. 209 à 218.

IMPRIMERIE NATIONALE.

SEINE-INFÉRIEURE. — ROUEN.

COMMISSION DES ANTIQUITÉS DE LA SEINE-INFÉRIEURE.

Voir, pour les publications de cette Commission antérieures à 1901, la table récapitulative de notre *Bibliographie générale;* et, pour ses publications postérieures, les tables placées à la fin des tomes I et II de notre *Bibliographie annuelle.*

XIV. — Bulletin de la Commission des antiquités de la Seine-Inférieure, t. XIV, 1906 à 1908. (Rouen, 1909, in-8°, 395 p.)

31801. Beaurepaire (Ch. de). — Note sur l'hôtel d'Étancourt [à Rouen], p. 6 à 9.

31802. Beaurepaire (Ch. de). — Note sur la chapelle Saint-Nicolas en la cathédrale de Rouen, p. 9 à 12.

[L'Association des bateliers de Rouen.]

31803. Vesly (L. de). — Inscription obituaire [Marthe Mauconduit, † 1655], p. 12.

31804. Vesly (Léon de). — Inscriptions sur de vieilles maisons dans la Seine-Inférieure, p. 13 à 16.

[Neufchâtel-en-Bray, Saint-Valery-en-Caux, Rouen, Canteleu.]

31805. Lesouen (Le chanoine). — Les peintures de la chapelle Saint-Nicolas à la cathédrale de Rouen, p. 21.

31806. Vesly (L. de). — Vitraux du xve siècle provenant d'églises de Rouen; statuette en bronze de discobole; épée d'origine espagnole, p. 22.

31807. Beaurepaire (Ch. de). — Notes diverses, p. 24 à 33.

[Inscriptions en l'église de Sassetot-le-Mauconduit, p. 24. — Contrat relatif à la thériaque (1396), p. 26. — Accord entre Jean de Sainte-Beuve et sa femme, Jeanne de Trézyguidy (1408), p. 28. — Bail d'une maison appartenant à Robin Alorge (1420), p. 30. — Hommage rendu par un tabellion de Rouen à la mémoire de Charles VII, p. 32. — Fleurs pour l'agneau qui figurait en l'église de Fécamp, à la fête de saint Jean-Baptiste, p. 32. — Acte d'inhumation de François Rouxel de Médavy (1617), p. 33.]

31808. Tougard (A.). — Les tombeaux de Bailleul, p. 35 à 36; — inscription du méridien d'Yville, p. 37; — ancienne horloge d'Arques, p. 38; — inscription obituaire à Neuville [Pierre Carrel], p. 39.

31809. Beaurepaire (Ch. de). — M. l'abbé Sommenil († 1906), p. 45.

31810. Anonyme. — Invitation [au bal des Grenadiers de France] de 1757, p. 47.

31811. Beaurepaire (Ch. de.) — Enlumineurs rouennais, p. 48 à 55.

31812. Vesly (Léon de). — Dragages de la Seine aux environs d'Oissel, p. 57 à 61.

31813. Beaurepaire (Ch. de). — Notes diverses, p. 64 à 70.

[Ricard Mictes [xve s.], p. 64. — Le bourg de Cailly, p. 67. — Frais d'inhumation de l'official de Rouen en 1591, p. 68. — Le mot *populo*, *populot* dans l'énoncé de travaux d'art, p. 70.]

31814. Beaurepaire (Georges de). — Note relative à la construction du monastère des Ursulines [de Rouen], 2 *pl.*, p. 73 à 76.

31815. Vesly (L. de). — Petiville, tombeaux de pierre, p. 78. — théâtre romain de Lillebonne, p. 80; — dragages de la Seine, p. 82; — Alizay, poignard en silex, p. 82; — édicule de Saint-Valery-sous-Bures, p. 82; — le camp de Mortagne à Incheville, p. 85.

31816. Tougard (L'abbé). — Inscription commémorative provenant des Ursulines (1813); dalle tumulaire de Jean Chapelle († 1555), p. 86.

31817. Beaurepaire (Ch. de). — Les anciens brodeurs de Rouen [xive-xviie s.], p. 88 à 112.

31818. Vesly (L. de). — Bague de Boïeldieu, p. 115; — l'inscription *Vici Ratumagensis*, de Rouen près Hermes (Oise), p. 116.

31819. Beaurepaire (Charles de). — Extrait d'un compte de l'abbaye de Fécamp (1518-1519), p. 118 à 121.

[Travaux d'art exécutés sous les auspices d'Antoine Boyer, archevêque de Bourges.]

31820. Beaurepaire (Charles de). — Succession de P. de Brézé [grand sénéchal de Normandie, † 1465], p. 121 à 124.

31821. Beaurepaire (Charles de). — Relations des Bassompierre avec Rouen, et note sur l'hôtel du Bourgtheroulde, p. 125.

31822. Beaurepaire (Charles de). — Note sur Claude Bizot, p. 127.

31823. Vesly (Léon de). — Un vase de Nicosthènes, d'Athènes au musée de Rouen, *fig.*, p. 137 à 139.

[Suivi d'une note de M. Heuzey.]

31824. Vesly (Léon de). — Sépultures franques à Quiberville, p. 140; — vases avec marques de potiers gallo-romains, au musée de Rouen, *fig.*, p. 141.

31825. Anonyme. — Médaillon [ivoire] relatif au mois de janvier, *fig.*, p. 144.

31826. Beaurepaire (Ch. de). — Notes diverses, p. 145 à 154.

[Carrières dites de Porquiéval, p. 145. — Mandement de Charles V relatif à Porquiéval, p. 147. — Charte de Robert Bertrand accordant aux religieux de Fécamp libre passage de la Seine pour se rendre à Honfleur (1283), p. 150. — État de la valeur et revenue de Lillebonne, p. 151. — Coutumes du Port Saint-Georges, p. 152. — Inscription obituaire de Pierre Pasquin à Sainte-Marguerite-sur-Duclair, p. 154.]

31827. Anonyme. — Extrait des registres de l'hôtel commun de la ville de Rouen [pose de la première pierre de Notre-Dame des Victoires au faubourg de Martainville (1672)], p. 161.

31828. Beaurepaire (Ch. de). — Notice sur les anciennes maisons à pignon, p. 163 à 171.

31829. Beaurepaire (Ch. de). — Note sur la cour d'Albane attenant à la cathédrale de Rouen, p. 171.

31830. Vesly (Léon de). — Trouvailles monétaires à Croisset, Celloville, Yerville; médaille de Farnèse trouvée à la Neuville Champ-d'Oisel, p. 174 à 177.

31831. Vesly (L. de). — Les villes gallo-romaines et le cimetière franc de Boos, p. 178 à 185.

31832. Anonyme. — Ancienne cloche de Notre-Dame de la Ronde de Rouen, p. 186.

31833. Beaurepaire (Ch. de). — Notes diverses, p. 189 à 195.

[Plan de la terre de Belaitre; échos du château de Genetey; la chapelle du lycée de Rouen; inhumation du s[r] de Saint-Laurent, général des finances (1546); obsèques de Jean Thorel, drapier à Rouen (1646); droit de pêche dans l'Epte; droit de coupe des chanoines de Gournay dans la forêt de Ridonne.]

31834. Vesly (L. de). — Denier d'argent d'Hostilien César trouvé à Celloville, p. 197; le château et la chapelle de La Heuze (c[ne] de Bellencombre), p. 197 à 200.

31835. Beaurepaire (Ch. de). — Notes sur les cartes à jouer à la fin du xviie siècle, p. 200 à 202.

31836. Beaurepaire (Ch. de). — Notes sur deux prétendues chapelles de Rouen, p. 203 à 207.

31837. Ruel. — Devis d'une œuvre de sculpture pour l'église de Honfleur (1670), p. 209 à 211.

31838. Vesly (L. de). — Le culte du taureau dans l'Ouest de la Gaule, *fig.*, p. 213 à 216.

31839. Vesly (L. de). — Les bronzes du musée [de Rouen], les sigles de patères, p. 216.

31840. Vesly (L. de). — Les montres solaires de crucifix de Dieppe, *fig.*, p. 218 à 222.

31841. Vesly (L. de). — Découvertes archéologiques, p. 222.

[Hôtel du Bourgtheroulde; Ursulines; trésor d'Auffay.]

31842. Sarrazin. — Vestiges du vieux château [de Rouen], p. 224 à 227.

31843. Beaurepaire (Ch. de). — Notes sur le peintre Cosme Du Monstier, p. 227 à 233.

31844. Tougard (L'abbé). — Travaux du portail de la cathédrale; anciens ornements de la cathédrale; sceau des évêques constitutionnels; sceau du Tiers Ordre de Saint-François de Rouen; épitaphe de Thomas de Joyeuse († 1774) à Cailly, p. 233 à 236.

31845. Fiquet. — Monts de l'If, dalles tumulaires et croix de cimetière du xvie siècle, p. 238 à 241.

31846. Fiquet. — Église de Bouville, p. 241 à 243.

31847. Vesly (L. de). — Médaille de la Renaissance trouvée à La Fresnaye (c[ne] de Buchy), p. 244; — épitaphe funéraire carthaginoise, p. 246; — pierre commémorative de la fondation du prieuré des Chartreux au Petit-Quevilly, p. 247.

31848. Beaurepaire (Ch. de). — Extraits d'anciens comptes de voyage dans la Haute-Normandie, spécialement de Paris à Rouen, p. 250 à 258.

[La terre de Sainneville, dépendance du collège du Plessis à Paris.]

31849. Beaurepaire (Ch. de). — Inscription relative au président François de Bordeaux, *pl.*, p. 263 à 265.

31850. Vesly (L. de). — Trésor monétaire de Bosc-Normand (Eure), p. 266 à 269.

31851. Vesly (L. de). — Découvertes de monnaies à Lillebonne, au Tot (c[ne] de Mont-Cauvaire), à Criquiers, p. 278; — inscription funéraire de Mme Françoise Jubert, veuve de Louis de Brinon († 1705), p. 282; — une figure de satyre ithyphalle, en bois sculpté, p. 283.

31852. Vesly (L. de). — Découverte de marbres antiques sur la côte de Neufchâtel, *fig.*, p. 289; — un vase à déversoir à mufle de lion, p. 291 (cf. n° 31875); — découverte de monnaies gauloises à Belleville-sur-Mer, p. 292.

31853. Tougard (A.). — Médaille de Pierre Corneille, p. 294; — dalle tumulaire dans la maladrerie d'Arques, p. 294; — le roi Henri Ier et les travaux de voirie dans les Alpes, d'après Guillaume de Jumièges, p. 295; — calvaire de Beauvais, *fig.*, p. 296.

31854. Duveau. — Cartouche avec millésime (1735) sur une maison de la rue Malpalu, *fig.*, p. 298.

31855. La Serre (De). — Grigneuseville. Frise sculptée, *fig.*, p. 301; — église de Gousseauville, p. 302.

31856. Vesly (L. de). — Quart de statère d'or trouvé à Belleville-sur-Mer, p. 304.

31857. Tougard (A.). — Épitaphe rimée de Paul Lallemant à Notre-Dame de Bonsecours; cartouche sur la maison n° 109 de la rue Molière, p. 309 à 311.

31858. Vesly (L. de). — Pierre d'obit de Saint-André-sur-Cailly, p. 316; — théâtre romain de Lillebonne, p. 317; — ancre romaine trouvée à Lillebonne, *pl.*, p. 319; — bas-relief du Couronnement de la Vierge rue Martainville à Rouen, *fig.*, p. 322 à 325.

31859. Anonyme. — Épitaphe de Christophe Vanchelle, bourgeois de Rouen († 1658), p. 325.

31860. Duveau. — Une ancienne fontaine couverte du quartier Saint-Filleul, *fig.*, p. 327 à 331.

31861. Baudry (P.). — Pierre des Emmurées, p. 335.

31862. Vesly (L. de). — Le trésor de Parfondval à Belleville-sur-Mer, p. 337; — vomer ou soc de charrue trouvé dans l'écluse en aval de Gaillon, p. 339; — anciennes mesures de la baronnie d'Esneval et de Pavilly, p. 339; — pierre tombale de Guillaume de Morainville, vicomte de Longueville, p. 342.

31863. Beaurepaire (Ch. de). — Notes sur quelques graveurs rouennais, p. 345 à 353.

31864. Duveau. — Notice sur un épi en plomb du XVIe siècle, *fig.*, p. 354 à 358.

31865. Ruel. — Cour aux ciseaux [à Rouen], p. 360 à 362.

SEINE-INFÉRIEURE. — ROUEN.

SOCIÉTÉ DES BIBLIOPHILES NORMANDS.

Voir, pour les publications de cette Société antérieures à 1901, la table récapitulative de notre *Bibliographie générale;* et, pour ses publications postérieures, les tables placées à la fin des tomes I et II de notre *Bibliographie annuelle.*

31866. Le Verdier (P.). — Le Triomphe des Normands suivi de la Dame à l'agneau, par G. Thibault. (Rouen, 1908, in-8°, LI-114 p.)

LXXXIX. — Société des Bibliophiles normands, 89e assemblée générale, 30 juin 1908. (S. l. n. d., pet. in-4°, 18 p.)

31867. Beaurepaire (Ch. de). — Discours, p. 6 à 16.

[L'abbé Belamy chapelain de N.-D. de Rouen [XVIIIe s.]; billet mortuaire parisien de 1652.]

XC. — Société des Bibliophiles normands, 90e assemblée générale, 17 décembre 1908. (S. l. n. d., pet. in-4°, 12 et 12 p.)

31868. Le Verdier (P.). — Notice sur M. Charles de Robillard de Beaurepaire [† 1908], *fig.*, p. 1 à 12.

SEINE-INFÉRIEURE. — ROUEN.

SOCIÉTÉ DE L'HISTOIRE DE NORMANDIE.

Voir, pour les publications de cette Société antérieures à 1901, la table récapitulative de notre *Bibliographie générale;* et, pour ses publications postérieures, les tables placées à la fin des tomes I et II de notre *Bibliographie annuelle.*

31869. Le Cacheux (Paul). — Actes de la chancellerie de Henri VI concernant la Normandie sous la domination anglaise (1412-1435), extraits des Registres du Trésor des Chartes aux Archives nationales. (Rouen, 1907-1908, 2 vol. in-8°.)

31870. Bréard (Charles). — Cartulaires de Saint-Ymer en Auge et de Bricquebec. (Rouen, 1908, in-8°, XCV-343 p.)

SEINE-INFÉRIEURE. — ROUEN.

SOCIÉTÉ ROUENNAISE DES BIBLIOPHILES.

Voir, pour les publications de cette Société antérieures à 1901, la table récapitulative de notre *Bibliographie générale;* et, pour ses publications postérieures, les tables placées à la fin des tomes I et II de notre *Bibliographie annuelle.* — La Société rouennaise des Bibliophiles a commencé, en 1908, à faire paraître le Compte rendu de son assemblée générale annuelle.

31871. Beaurepaire (Ch. de). — Obituaire de l'église cathédrale de Rouen pour l'année 1791. (Rouen, 1908, petit in-4°, xxvii-60-lxxxvi p.)

Compte rendu de la séance de l'assemblée générale, 17 décembre 1908. (S. l. n. d., pet. in-4°, 7 p.)

31872. Tougard (Le chanoine). — Discours, p. 1.

[Obituaire des chanoines de Notre-Dame de Rouen, par J.-B. Godart (1606).]

SEINE-INFÉRIEURE. — ROUEN.

SOCIÉTÉ D'ÉMULATION DU COMMERCE ET DE L'INDUSTRIE DE LA SEINE-INFÉRIEURE.

Voir, pour les publications de cette Société antérieures à 1901, la table récapitulative de notre *Bibliographie générale;* et, pour ses publications postérieures, les tables placées à la fin des tomes I et II de notre *Bibliographie annuelle.*

31873. Loquet (Charles) et E. Duveau. — Collection Ch. Loquet. Essai sur la serrurerie à travers les âges, publié par la Société libre d'émulation du commerce et de l'industrie de la Seine-Inférieure. Préface par M. Léon de Vesly. (Rouen, 1908, in-8°, xii-155 p., 64 *pl.*)

LXVIII.— Bulletin de la Société libre d'émulation du commerce et de l'industrie de la Seine-Inférieure, exercice 1908. (Rouen, 1909, in-8°, 364 p.)

31874. Giraud (Dr A.). — Impressions de voyage en Sicile, *fig.*, p. 213 à 230.

31875. Vesly (Léon de). — Notes archéologiques, *fig.* et 3 *pl.*, p. 301 à 319.

[Ancre trouvée à Lillebonne, *fig.*; trésor gaulois de Parfondval à Belleville-sur-Mer, *fig.*; quart de statère d'or; vase déversoir à mufle de lion trouvé à Quatre-Mares près Rouen, *fig.* (cf. n° 31852); le potier Jullinus; le tombeau de l'archevêque Maurille à la cathédrale de Rouen, 3 *pl.*]

31876. Vesly (Léon de). — Légendes, superstitions et vieilles coutumes [de Normandie], p. 320 à 327.

31877. Duveau (Édouard). — Notice sur une ancienne fontaine couverte du quartier Saint-Filleul [à Rouen], *fig.*, p. 328 à 333.

SEINE-INFÉRIEURE. — ROUEN.

SOCIÉTÉ NORMANDE DE GÉOGRAPHIE.

Voir, pour les publications de cette Société antérieures à 1901, la table récapitulative de notre *Bibliographie générale;* et, pour ses publications postérieures, les tables placées à la fin des tomes I et II de notre *Bibliographie annuelle.*

XXX. — Société normande de géographie. Bulletin, année 1908, t. XXX. (Rouen, 1908, in-4°, XXIX-270 p.)

31878. Castagné (J.-A.). — Notes et impressions de voyage en Asie centrale, *fig.*, p. 1 à 15.

[Tachkent.]

31879. Herlevin. — Carnac, Locmariaquer, Gav'rinis. Notes de voyage, p. 86 à 94.

31880. Lamy (Étienne). — L'enfance d'une grande dame. Mémoires inédits de la duchesse de Dino, p. 121 à 149.

31881. Faucillers. — Notice géographique et historique sur Gaillefontaine, ses environs et les cours d'eau du pays de Bray, p. 151 à 180.

31882. Moll (Commandant). — Forêt équatoriale et savanes congolaises, p. 185 à 212.

31883. Fourgous (Jean). — De Rocamadour en Quercy aux vieux logis de Toulouse, *fig.*, p. 215 à 242.

SOMME. — ABBEVILLE.

SOCIÉTÉ D'ÉMULATION D'ABBEVILLE.

Voir, pour les publications de cette Société antérieures à 1901, la table récapitulative de notre *Bibliographie générale;* et, pour ses publications postérieures, les tables placées à la fin des tomes I et II de notre *Bibliographie annuelle.*

VII. — Bulletin de la Société d'émulation d'Abbeville, années, 1906-1907-1908, t. VII. (Abbeville, 1908, in-8°, 489 p.)

31884. Macqueron (H.). — Documents divers, p. 12 à 22.

[Transaction sur homicide à Abbeville (1650); frais d'enterrement de Jean Carbonnier, brasseur à Abbeville (1649); milice bourgeoise d'Abbeville (1689).]

31885. Huré (Eugène). — Étude sur les origines du notariat, p. 23 à 51.

31886. Rodière (Roger). — L'église de Mionnay, p. 52 à 76.

31887. Rodière (Roger). — Compléments et rectifications [Montdidier, Piennes, Roye], p. 76 à 79. — Cf. V, p. 329.

31888. Macqueron. — La vente du cabinet Traullé en 1832, p. 92 à 96.

31889. Rodière (Roger). — Excursion dans la vallée de l'Oise, p. 97 à 115.

[Saint-Leu d'Esserent, Précy-sur-Oise, Boran, Bruyères, Chambly, Champagne, Beaumont-sur-Oise.]

31890. Delignières (Ém.). — L'hôtel de La Gruthuse à Abbeville et sa vente par le roi en 1793 aux officiers du Présidial, d'après des documents inédits, *pl.*, p. 116 à 149.

31891. Tillette de Clermont-Tonnerre (Baron). — Délibération prise par l'échevinage d'Abbeville le 4 décembre 1789 à l'occasion de la naissance d'un fils au mayeur en charge [le comte Tillette de Mautort], *pl.*, p. 150 à 152.

31892. Delignières (Ém.). — Le peintre abbevillois Bomy (XVIIe s.), p. 156 à 158.

31893. Delignières (Ém.). — La fontaine du prieuré de Saint-Pierre à Abbeville (IXe ou Xe siècle), *pl.*, p. 160 à 176.

31894. Mallet (F.). — La chapelle seigneuriale de Saint-Quentin-la-Motte-Croix-au-Bailly et les Ursulines d'Abbeville, p. 200 à 229.

31895. Rodière (Roger). — Un vitrail armorié à Abbeville, p. 230 à 234.

31896. Macqueron (H.). — Excursion aux Andelys et aux environs de Rouen, p. 245 à 271.

31897. Rodière (Roger). — Promenades épigraphiques. Mautort et Cambron, 3 *pl.*, p. 271 à 293.

31898. Saguez (L'abbé). — La paroisse Saint-Wulphy de Rue, 4 *pl.*, p. 306 à 408.

31899. Divers. — Inauguration de la statue de Boucher de Perthes, 2 *pl.*, p. 413 à 453.

31900. Anonyme. — Excursion à Melun et à Provins [et à Saint-Loup de Naud], 7 *pl.*, p. 453 à 469.

31901. P. W. — Albert Decamps (1861 † 1908), *portr.*, p. 470 à 474.

SOMME. — AMIENS.

ACADÉMIE DES SCIENCES, DES LETTRES ET DES ARTS D'AMIENS.

Voir, pour les publications de cette Académie antérieures à 1901, la table récapitulative de notre *Bibliographie générale;* et, pour ses publications postérieures, les tables placées à la fin des tomes I et II de notre *Bibliographie annuelle.*

LV. — **Mémoires de l'Académie des sciences, des lettres et des arts d'Amiens,** t. LV, année 1908. (Amiens, 1909, in-8°, 557 p.)

31902. Lemire (Ch.) et Thorel (Oct.). — Jules Verne, 7 *pl.*, p. 1 à 59.

[Discours de MM. Ch. Lemire et O. Thorel.]

31903. Moynier de Villepoix. — La correspondance d'un laboureur normand [Nicolas Boutry] de 1788 à 1790, p. 249 à 295.

31904. Durand (Georges). — Ernoul Boulin, Alexandre Huet et les autres huchers des stalles de la cathédrale d'Amiens, p. 297 à 350.

31905. Pinson. — Souvenirs et impressions de voyage. Villes d'Italie, p. 351 à 434.

31906. Fournier (D[r]). — Discours aux obsèques de M. Maurice Percheval, p. 435 à 437.

SOMME. — AMIENS.

SOCIÉTÉ DES ANTIQUAIRES DE PICARDIE.

Voir, pour les publications de cette Société antérieures à 1901, la table récapitulative de notre *Bibliographie générale;* et, pour ses publications postérieures, les tables placées à la fin des tomes I et II de notre *Bibliographie annuelle.*

XVII. — **Mémoires de la Société des Antiquaires de Picardie.** Documents inédits concernant la province, t. XVII.

31907. Maugis (Édouard). — Documents inédits concernant la ville et le siège du bailliage d'Amiens, extraits des registres du Parlement de Paris et du

Trésor des Chartes, t. Ier, XIVe siècle, 1296-1412. (Amiens, 1908, in-4°, v-496 p.)

XXXV. — Mémoires de la Société des Antiquaires de Picardie, 4e série, t. V. (Amiens, 1908, in-8°, 728 p.)

31908. Thorel (Oct.). — Jehan de Louvegny, apothicaire amiénois de 1487 à 1520. Recherches sur la pharmacopée et l'ameublement au XVIe siècle d'après son inventaire, *fig.* et *pl.*, p. 1 à 245.
31909. Leroy (L'abbé Maurice). — Histoire des chapelains de la cathédrale Notre-Dame d'Amiens, p. 247 à 728.

XXIII. — Bulletin de la Société des Antiquaires de Picardie, t. XXIII, 1907-1908. (Amiens, 1909, in-8°, 592 p.)

31910. Brandicourt (V.). — M. le chanoine Vitasse († 1907), p. 24 à 26.
31911. Francqueville (Am. de). — Les vieux moulins de Picardie, *fig.* et 4 *pl.*, p. 27 à 115.
31912. Thorel (Oct.). — Un repas du verd à Bussy-les-Poix (10 août 1713), p. 140 à 149.
31913. Brandicourt (V.). — Les Minimesses d'Abbeville et Catherine de Vis, p. 150 à 169.
31914. Goudallier (Léon). — Gothiques et Japonais dessinateurs d'animaux, *fig.*, p. 170 à 184.
31915. Beaurain. — Une pierre relative à la famille Cornu dans l'ancienne église de Beaucamps-le-Vieux [1218], p. 184 à 195.
31916. Durand (Georges). — Causerie sur la peinture sur verre en Picardie, p. 251 à 286.
31917. Dubois (P.). — Les maisons de campagne dans la banlieue d'Amiens au XVIIIe siècle, 4 *pl.*, p. 287 à 307.
31918. Francqueville (A. de). — Du martelage [des bois] *pl.*, p. 326 à 331.
31919. Guerlin (R.). — Nicolas Blasset, grossier de poissons [XVIIe s.], p. 332 à 335.
31920. Boinet (Am.). — Les anciennes croix d'Amiens avant la Révolution, 2 *pl.*, p. 336 à 361.
31921. Anonyme. — Inscriptions gallo-romaines de Hermes (Oise), p. 370 à 372.
31922. Beaurain (G.). — Le prieuré d'Hornoy et son prieur au commencement du XVIe siècle, p. 388 à 426.
31923. Huguet (Adrien). — Prise de Saint-Valery par les ligueurs en 1592, *pl.*, p. 434 à 442.
31924. Anonyme. — Volets de triptique du XVIe siècle, p. 453 à 456.
31925. Heren (E.). — Le folk-lore picard, p. 457 à 471.
31926. Thorel (Oct.). — L'équipement d'un pèlerin picard à Saint-Jacques de Compostelle, *fig.* et 2 *pl.*, p. 503 à 554.
31927. Dubois (P.). — Les granges d'abbayes aux XIIe et XIIIe siècles en Picardie et en Flandre, *carte* et 3 *pl.*, p. 555 à 575.

TARN. — ALBI.

SOCIÉTÉ DES SCIENCES, ARTS ET BELLES-LETTRES DU TARN.

Voir, pour les publications de cette Société antérieures à 1901, la table récapitulative de notre *Bibliographie générale;* et, pour ses publications postérieures, les tables placées à la fin des tomes I et II de notre *Bibliographie annuelle.*

XXV. — Revue historique, scientifique et littéraire du département du Tarn (ancien pays d'Albigeois)..., publiée sous la direction de M. Jules Jolibois et sous le patronage de la Société des sciences, arts et belles-lettres du Tarn, 33e année, 25e vol.; 2e série, 17e année. (Albi, 1908, in-8°, 415 p.)

31928. Hennet (Léon). — Rose Barreau, de Semalens (Tarn), volontaire de la République en 1793, p. 1 à 22.
31929. Marty (Émile). — Livre de raison de la famille Vigourous de Rabastens [1781-1812], p. 23 à 44.
31930. Vidal (Aug.). — Les vicomtes et la vicomté de Paulin, p. 65, 100, 180, 298, et [illegible]9. — Suite de XXIV, p. 125, 269, et 353.

31931. Bécus. — Monnaie d'or d'Honorius trouvée à Albi, p. 59.

31932. Cabié (Edmond). — Les seigneurs de Penne aux XIe et XIIe siècles, *pl.*, p. 77 à 89.

31933. Portal (Ch.). — Une lettre du général d'Hautpoul [1806], p. 90 à 93.

31934. Escafit (L.). — Interrogatz faicts aux consulz de Castelnau dans l'hostel de ville [1669], p. 94 à 101.

31935. Marty (Émile). — Archives des notaires de Rabastens [1322-1900], p. 116, 202, 312, et 370.

31936. Cathala (Ernest). — Le Sidobre, esquisse géographique, *fig.* et *carte*, 2 *pl.*, p. 141 à 179, et 269 à 297.

31937. Thomas (L'abbé Émile). — Le chapitre de Saint-Pierre de Burlats et le comte de Bioule [1627], p. 196 à 201.

31938. Thomas (L'abbé Émile). — Un tremblement de terre dans le Castrais en 1660, p. 227 à 229.

31939. Bécus. — Monnaie de bronze de *Leptis Magna* trouvée à Ambialet, p. 242.

31940. Vidal (Aug.). — Extraits des arrêts du Parlement de Toulouse [1548-1578], p. 244 à 249. — Suite de XXIII, p. 261, 342; et XXIV, p. 226, et 295.

31941. Cabié (Edm.). — Sur les limites du nord-ouest de l'Albigeois du IXe au XIe siècle, p. 261 à 268.

31942. Sahuqué de Goty (Louis). — Une rivalité sous Richelieu. Évêque de Lavaur [Ch.-F. d'Abra de Raconis] et marquis d'Ambres (1637-1646), p. 325 à 338.

31943. Blay de Gaïx (Baron de). — Des modifications survenues dans le patois castrais entre les années 1200 et 1500, p. 360 à 369.

TARN-ET-GARONNE. — MONTAUBAN.

SOCIÉTÉ ARCHÉOLOGIQUE DE TARN-ET-GARONNE.

Voir, pour les publications de cette Société antérieures à 1901, la table récapitulative de notre *Bibliographie générale;* et, pour ses publications postérieures, les tables placées à la fin des tomes I et II de notre *Bibliographie annuelle.*

XXXVI. — Bulletin archéologique, historique et artistique de la Société archéologique de Tarn-et-Garonne..., t. XXXVI, 1908. (Montauban, 1908, in-8°, 15-327 p.)

31944. Forestié (Édouard). — La création du Tarn-et-Garonne en 1808 et les poésies de circonstance, p. 1 à 34.

[Poésie patoise.]

31945. Lespinasse (Pierre). — Armand Cambon [peintre montalbanais, 1819 † 1885], 4 *pl.*, p. 35 à 52.

31946. France (Henri de). — Notes sur l'établissement de la Cour des Aides à Montauban, p. 53 à 64.

31947. Roumejoux (A. de). — Notre-Dame-de-Saux et Montpezat (Tarn-et-Garonne), p. 82 à 89.

[Extr. du *Bull. monum.* de 1885. Cf. dans notre *Bibliographie générale*, t. I, n° 21155. — Suivi d'observations du chanoine F. Pottier, p. 89 à 91.]

31948. Forestié (Édouard). — Comment s'exécutait un arrêt de justice au XVIIe siècle, p. 93.

[Rébellion du 3e d'Hautcastel, 1614.]

31949. Galabert (L'abbé F.). — Livrées consulaires p. 104 à 109.

31950. Donat (J.). — Le registre de maximum de la commune de Larrazet [1794], p. 110 à 117, et 289 à 296.

31951. Pottier (Chanoine F.). — Pierres tombales effigiées dans le diocèse de Montauban, 2 *pl.*, p. 124 à 132.

[Beaumont-de-Lomagne, *pl.*; abbaye de Belleperche, *pl.*]

31952. France (H. de). — Un hôtel des monnaies à Montauban [XVIe s.], p. 133 à 142.

31953. Boé (D^r^). — Coutumes du lieu de Belfort (Beaufort) à Gandalou (juridiction de Castelsarrasin), du 30 septembre 1316, p. 143 à 153.

31954. France (H. de). — Dariat, p. 161 à 183.

[Inventaire de noble Pierre de Fieys, de Dariat († 1687).]

31955. Forestié (Édouard). — Montbéqui, notes monographiques et charte de reconstruction (1er mars 1382), p. 197 à 213.

31956. Rivières (B^on^ de). — Les deuils et usages funèbres aux environs de Gaillac, p. 214 à 220.

31957. Scoraille (De) et Monribot (Dr). — Consultation médicale du Dr Tronchin, p. 221 à 228.

31958. Oulès (L'abbé). — Notes pour servir à l'histoire du département, p. 229 à 236.

[Extraits de registres de notaires.]

31959. Taillefer (L'abbé). — Sur des souterrains découverts auprès de Cazillac, cne de Lauzerte, *pl.*, p. 244 à 246.

31960. Claverie (Jules). — Notice biographique sur Pierre-Alexandre de Parisot de Durand [1750 † 1820], p. 253 à 258. — Cf. n° 31961.

31961. Panat (Mis de). — Parisot et son œuvre, 3 *pl.*, p. 259 à 272. — Cf. n° 31960.

31962. Galabert (L'abbé F.). — Un coin de la Société montalbanaise à la fin du XVIIIe siècle, p. 273 à 281.

31963. Taillefer (L'abbé B.). — Une vente à la criée à Castelnau-de-Montratier (Lot) en 1324, p. 282 à 288.

31964. Taillefer (L'abbé B.). — Une bibliothèque et un vestiaire de curé de campagne au XVIIIe siècle, p. 297 à 303.

31965. Forestié (Éd.). — État des dépenses faites à la préfecture [de Tarn-et-Garonne] à l'occasion du passage du duc d'Angoulême (1814), p. 310.

VAR. — TOULON.

ACADÉMIE DU VAR.

Voir, pour les publications de cette Académie antérieures à 1901, la table récapitulative de notre *Bibliographie générale;* et, pour ses publications postérieures, les tables placées à la fin des tomes I et II de notre *Bibliographie annuelle.*

LIX. — Bulletin de l'Académie du Var, 76e année, 1908. (Toulon, 1909, in-8°, XXXII-148 p.)

31966. Molmenti (Pompéo). — Le commerce et la navigation des anciens Vénitiens, p. 59 à 92.

31967. Rivière (Jules). — Lois terrestres et coutumes humaines, p. 93 à 107.

31968. Molmenti (Pompéo). — La fin de la République de Venise, p. 109 à 118.

VAUCLUSE. — AVIGNON.

ACADÉMIE DE VAUCLUSE.

Voir, pour les publications de cette Académie antérieures à 1901, la table récapitulative de notre *Bibliographie générale;* et, pour ses publications postérieures, les tables placées à la fin des tomes I et II de notre *Bibliographie annuelle.*

XXVII. — Mémoires de l'Académie de Vaucluse, 2e série, t. VIII, année 1908. (Avignon, 1908, in-8°, XV-467 p.)

31969. Gap (Lucien). — Reforciat d'Agoult et Rodrigue de Luna, capitaines généraux du Venaissin pour le pape Benoît XIII, leur rôle à Oppède et dans le Comtat (1398-1411), p. 9 à 26.

31970. Duprat (E.). — Essai sur l'histoire politique d'Avignon pendant le haut moyen âge (406-879), p. 27 à 58.

31971. Requin (H.). — L'auteur du retable de Boulbon, p. 59 à 71.

31972. Vissac (Baron M. de). — Paul de Cadecombe [† 1751], p. 73 à 93.

31973. Belleudy (Jules). — J.-J. Balechou, graveur du Roi, 2 *portr.*, p. 95 à 172.

31974. Laval (Dr Victorin). — Lettres inédites de Rovère, membre du Conseil des Anciens, à son frère, ex-évêque constitutionnel du département de Vaucluse (1er janvier 1796-15 août 1797), p. 173 à 189, et 201 à 272. — Suite de XXI, p. 241, 353; XXIII, p. 229; XXIV, p. 147; et XXVI, p. 293.

31975. Limasset (A.). — Réglementation du vin dans la province de Languedoc et particulièrement à Roquemaure aux xviie et xviiie siècles, p. 273 à 297.

31976. Sauve (Fernand). — Marius-André Garcin (1821 † 1906), *portr.*, p. 315 à 324.

31977. Sautel (J.). — Le pays de Vaison avant l'histoire, p. 325 à 372.

31978. Duprat (E.). — Les origines de l'église d'Avignon, p. 373 à 405.

31979. Forbin (Comte de). — Un gentilhomme avignonnais au xvie siècle. François Dragonet de Fogasses, seigneur de La Bastie (1536-1599), p. 407 à 427.

31980. Labande (L.-H.). — M. Gabriel Bourges († 1908), *portr.*, p. 429 à 434.

Supplément.

31981. Girard (Joseph). — Bibliographie vauclusienne (2e période). Années 1906-1907, p. 1 à 16.

VENDÉE. — LA ROCHE-SUR-YON.

SOCIÉTÉ D'ÉMULATION DE LA VENDÉE.

Voir, pour les publications de cette Société antérieures à 1901, la table récapitulative de notre *Bibliographie générale*; et, pour ses publications postérieures, les tables placées à la fin des tomes I et II de notre *Bibliographie annuelle*.

LII. — **Annuaire de la Société d'émulation de la Vendée.** Bulletin périodique, 1908. Agriculture, sciences, histoire, lettres et arts. (La Roche-sur-Yon, 1908, in-8°, viii-263 p.)

31982. Rousseau (L'abbé L.). — Le patois vendéen, p. 5 à 27.

31983. [Loquet]. — Deux lettres d'un Vendéen [anonyme] écrites en 1789, p. 29 à 37.

31984. Baudouin (Dr M.) et Lacouloumère (G.). — Découverte et fouilles de huit nouvelles fosses sépulcrales dans la nécropole gallo-romaine de Troussepoil au Bernard (Vendée, 1902-1904), p. 39 à 97.

31985. Bocquier (Edmond). — Les légendes de la nuit en Vendée. Traditions, contes et superstitions, p. 99 à 158.

31986. Mignen (Dr G.). — Inauguration du buste de Dugast-Matifeux [1812 † 1894] à Montaigu, p. 159 à 167.

31987. Mignen (Dr G.). — États généraux de 1789. Cahier des paroisses de Rocheservière, p. 169 à 185.

31988. Loquet (G.). — Cahiers de la paroisse de Saint-Philbert de Noirmoutier, et de la paroisse de l'Ile-d'Elle, p. 186 à 195.

31989. Loquet (G.). — L'île d'Yeu pendant la Révolution (1789-1800), p. 197 à 259.

VIENNE. — POITIERS.

SOCIÉTÉ DES ANTIQUAIRES DE L'OUEST.

Voir, pour les publications de cette Société antérieures à 1901, la table récapitulative de notre *Bibliographie générale;* et, pour ses publications postérieures, les tables placées à la fin des tomes I et II de notre *Bibliographie annuelle.*

La Société a fait paraître, en 1909, une table de ses publications de 1877 à 1906. (Voir notre n° 31990.)

31990. Gauffreteau (L'abbé Ém.). — Tables générales des Mémoires et Bulletins de la Société des Antiquaires de l'Ouest, 2e série, 1877-1906. (Poitiers, 1909, in-8°, xi-191 p.)

LXXII. — Mémoires de la Société des Antiquaires de l'Ouest, t. II, 3e série, année 1908. (Poitiers, 1909, in-8°, lxxxviii-429 p.)

31991. Levillain (Léon). — La révolte des nonnains de Sainte-Croix à Poitiers [589], p. xix à lxvi.

31992. Doucet (R.). — L'esprit public dans le département de la Vienne pendant la Révolution, p. 1 à 427.

VIENNE. — POITIERS.

SOCIÉTÉ DES ARCHIVES HISTORIQUES DU POITOU.

Voir, pour les publications de cette Société antérieures à 1901, la table récapitulative de notre *Bibliographie générale;* et, pour ses publications postérieures, les tables placées à la fin des tomes I et II de notre *Bibliographie annuelle.*

XXXVII. — Archives historiques du Poitou, XXXVII. (Poitiers, 1908, in-8, vi-507 p.)

31993. Bardet (V.). — Journal de M. Demaillasson, avocat du Roi à Montmorillon [1643-1694], t. II, 4 *pl.*, p. 1 à 507.

[En appendice : Documents concernant Montmorillon en général, sa maison Dieu, ses papeteries (xiie-xviiie s.). — Le tome I, formant le tome XXXVI des *Archives historiques du Poitou*, a paru en 1907.]

VIENNE (HAUTE-). — BELLAC.

SOCIÉTÉ ARCHÉOLOGIQUE DE BELLAC.

Cette Société a été fondée en 1903, elle publie un *Bulletin* depuis 1906.

I. — Bulletin de la Société archéologique de Bellac, le Dolmen-Club. (Bellac, 1906, in-8°, 60 p.)

31994. ANONYME. — Excursion à Saint-Rémy, *pl.*, p. 1 à 22.

[Dolmen de Chez-le-Maçon, *pl.*]

31995. CALCAT (P.). — Excursion à Nantiat, *pl.*, p. 27 à 30.

31996. GOUET (Arsène). — Léobardie et le signal de Nantiat, p. 30 à 34.

31997. BERTRAND (Joseph). — Les souterrains-refuges de Nantiat, *pl.*, p. 35 à 44.

31998. P. C. [CALCAT (P.).] — Vase cinéraire de Thouron, p. 44 à 46.

31999. GENESTEIX (Joseph). — Origines de Nantiat et ses souvenirs gallo-romains ou autres, p. 47 à 53.

32000. MARTIN (Anfos). — La piscine à ablution de Nantiat vulgairement dite «baptistère», *pl.*, p. 54 à 57.

32001. MARTIN (Anfos). — La croix Paraud [près Nantiat], monument essentiellement payen, son origine, *pl.*, p. 58 à 60.

II. — Bulletin de la Société archéologique de Bellac, le Dolmen-Club. (Bellac, 1907, in-8°, 76 p.)

32002. CALCAT. — Excursion à Cieux, p. 3 à 15.

[Cessac, Oradour-Saint-Genest, Touradis, Cieux.]

32003. LADÉGAILLERIE (B.). — Pierre à bassins près de Saint-Ouen, p. 16.

32004. MARTIN (Anfos). — Les mégalithes de Cieux et de Javerdat (Haute-Vienne), p. 17 à 28.

32005. BERTRAND (Joseph). — La pierre branlante de Bostcertu, p. 28 à 31.

32006. GANT. — Les souterrains-refuges, p. 31.

32007. ANONYME. — Numismatique [trouvailles monétaires en Limousin], p. 33 à 36.

32008. ANONYME. — Excursion à Lathus, *pl.*, p. 43 à 57.

[Maison de Blom, Bourg-Archambault, dolmen de Pierre Soupèze, *pl.*, grotte du Ghauderon sur la Bazine, souterrain-refuge de la Berginerie, c^ne de Dinsac.]

32009. ANONYME. — Excursion à Saint-Germain, p. 58 à 72.

[Mézières; château de la Côte, c^ne de Mézières, Champeaux; Saint-de-Confolens, château, *pl.*, pierre Sainte-Madelaine; Confolens.]

32010. MORTIER (Gustave). — Saint-Rémy en Basse-Marche, p. 72 à 75.

III. — Bulletin de la Société archéologique de Bellac, le Dolmen Club. (Bellac, 1908, in-8°, 84 p.)

32011. ANONYME. — Histoire de Bellac, p. 4 à 14.

32012. CALCAT (P.). — Excursion à Mézières, Gajoubert, Bussière-Boffy et Nouic, p. 14 à 20.

32013. VILLELUME (Cte Gui DE). — Chronique de la Mandragore. Pas de la Mule, berceau de la Mandragore, Chroniques de la Montagne, p. 20 à 26.

32014. ANONYME. — Talismans, p. 26.

32015. TARTARIN (Ed.). — La Chaise-Chez, notice sur l'étymologie d'un mot très communément employé, p. 27 à 30.

32016. CALCAT (P.). — Fourches patibulaires en Basse-Marche, p. 31 à 35.

32017. CALCAT (J.) et BERTRAND (J.). — Numismatique, p. 35 à 37.

[Monnaies gauloises découvertes à Vaulry.]

32018. ANONYME. — Souvenir des ostensions du Dorat, p. 37.

32019. MORTIER (Gustave). — Notice sur Saint-Remy en Basse-Marche, p. 38.

32020. GABIAT (Camille). — Excursion à Saint-Sulpice-les-Feuilles, p. 43 à 51.

32021. J. L. — Autour de Bellac, p. 52 à 56.

32022. MORTIER (Raoul). — Contribution à l'étude de la Basse-Marche. Bellac, chef-lieu de sénéchaussée en 1385, p. 56 à 60.

32023. RICHARD (François). — Essai d'une étude d'ensemble sur les souterrains-refuges, 2 *pl.*, p. 61 à 84.

VIENNE (HAUTE-). — LIMOGES.

SOCIÉTÉ DES ARCHIVES HISTORIQUES DU LIMOUSIN.

Voir, pour les publications de cette Société antérieures à 1901, la table récapitulative de notre *Bibliographie générale;* et, pour ses publications postérieures, les tables placées à la fin des tomes I et II de notre *Bibliographie annuelle.*

VII-VIII. — Société des archives historiques du Limousin, 2e série : archives modernes, vol. VII et VIII.

32024. Fray-Fournier (A.). — Le département de la Haute-Vienne. Sa formation territoriale, son administration, sa situation politique pendant la Révolution. (Limoges, 1908, 2 vol. in-8°, 354 et 347 p.)

VIENNE (HAUTE-). — ROCHECHOUART.

LES AMIS DES SCIENCES ET ARTS DE ROCHECHOUART.

Voir, pour les publications de cette Société antérieures à 1901, la table récapitulative de notre *Bibliographie générale;* et, pour ses publications postérieures, les tables placées à la fin des tomes I et II de notre *Bibliographie annuelle.*

XVII. — Bulletin de la Société Les Amis des sciences et arts de Rochechouart..., t. XVII. (Rochechouart, 1908, in-8°, 156 p.)

32025. Marquet (D[r]). — États d'Orléans touchant les ecclésiastiques sous le roi Charles IX, p. 3 à 6.

32026. Rayet (Ét.). — Le Puy [c[ne] de Cussac (Haute-Vienne)], p. 7 à 26. — Suite de XV, p. 62, 93; et XVI, p. 36, et 173.

32027. Gaumy (P.). — Études et documents sur les fiefs des paroisses formant actuellement l'arrondissement de Rochechouart, p. 27 à 35, et 134 à 141. — Suite de XV, p. 48; et XVI, p. 94, et 185.

32028. Resbecq (De). — Le plateau de Châlus au point de vue historique, p. 36 à 50, et 103 à 133. — Suite de XVI, p. 74, et 193.

32029. Masfrand (A.). — Anthropologie. Histoire de la sépulture et des rites funéraires chez tous les peuples depuis les temps les plus reculés jusqu'à nos jours, p. 77 à 96.

32030. Marquet (D[r]). — Essai sur un chef-lieu [Rochechouart] de district du département de la Haute-Vienne, p. 97 à 102.

VOSGES. — ÉPINAL.

COMITÉ DÉPARTEMENTAL POUR LA RECHERCHE ET LA PUBLICATION DES DOCUMENTS ÉCONOMIQUES.

Ce Comité, constitué en 1906, a fait paraître en 1907-1908 un Bulletin dont le premier volume est analysé ci-dessous.

I. — **Bulletin du Comité départemental des Vosges pour la recherche et la publication des documents économiques de la Révolution française**, 1re année. (Épinal, 1907-1908, in-8°, 208 p.)

32031. Bernardin (Lieutenant Léon). — Le département des Vosges et le ravitaillement de l'armée du Rhin, p. 27, 65, et 179.

32032. Schwab (Léon). — Les Minimes d'Épinal en 1790, p. 39 à 43, et 49 à 64.

32033. Pognon (P.). — Procédure contre M. de Langeac et Mme de Neuilly, p. 44, 127, et 158.

32034. Schwab (Léon). — Déclarations de paternité à Épinal pendant la Révolution (1793-an v), p. 81 à 86.

32035. Anonyme. — Rétractation de serment civique [de Karst, curé de Vaxoncourt], p. 86.

32036. Lemasson. — État social du district de Bruyères en 1790, p. 88 à 90.

32037. Philippe (André). — Les billets de confiance dans les Vosges et particulièrement à Épinal (mars 1792-an II), p. 97 à 116.

32038. Schwab (Léon). — L'emprisonnement de Desaix à Épinal (9 septembre-25 octobre 1792), p. 117 à 126.

32039. Le Furet. — Les précurseurs de Chaumette à Saint-Dié, p. 136 à 139.

32040. Schwab (Léon). — Monnaies et mesures en usage dans les Vosges en 1789, p. 145 à 148.

32041. Bernardin (Léon). — Les forges vosgiennes à l'époque révolutionnaire, leur intérêt national et leur situation économique, p. 149 à 157.

32042. E. (Capitaine). — Moyens de défense proposés pour retarder et empêcher la marche de l'ennemi dans les Vosges en 1792, p. 169 à 178.

32043. Schwab (Léon). — Les fêtes de la Révolution. La fête des époux à Épinal (an v), p. 186 à 191.

VOSGES. — ÉPINAL.

SOCIÉTÉ D'ÉMULATION DU DÉPARTEMENT DES VOSGES.

Voir, pour les publications de cette Société antérieures à 1901, la table récapitulative de notre *Bibliographie générale*; et, pour ses publications postérieures, les tables placées à la fin des tomes I et II de notre *Bibliographie annuelle*.

XLVII. — **Annales de la Société d'émulation du département des Vosges**, 84e année, 1908. (Paris, 1908, in-8°, LXXX-305 p.)

32044. Dreyfuss (Albert). — L'œuvre d'Erckmann-Chatrian, p. VII à XXII.

32045. Garnier (Ad.). — M. Léopold-Louis Amann (1848 † 1908), p. LXXVII à LXXX.

32046. Clasquin (F.) et Liégeois (Dr Ch.) — Essai de reconstitution de l'abbaye de Bonfays et de ses dépendances, *fig.* et 5 *pl.*, p. 1 à 27.

32047. Perrout (R.). — Histoire d'Épinal au XVIIe siècle, p. 29 à 272.

VOSGES. — SAINT-DIÉ.

SOCIÉTÉ PHILOMATHIQUE VOSGIENNE.

Voir, pour les publications de cette Société antérieures à 1901, la table récapitulative de notre *Bibliographie générale;* et, pour ses publications postérieures, les tables placées à la fin des tomes I et II de notre *Bibliographie annuelle.*

XXXIII. — Bulletin de la Société philomathique vosgienne, 33ᵉ année, 1907-1908. (Saint-Dié, 1908, in-8°, 315 p.)

32048. Glez (Gaston). — La chaire vosgienne sous l'ancien régime, p. 1 à 114.

32049. Idoux (L'abbé). — Voies romaines de Langres à Strasbourg, et de Corre à Charmes, p. 115 à 180.

32050. Hingre (Le chanoine J.). — Vocabulaire complet du patois de la Bresse (Vosges), p. 189 à 246. — Suite de XII, p. 143; XXVII, p. 297; XXIX, p. 5; XXX, p. 13; XXXI, p. 293; et XXXII, p. 5.

32051. Bardy. — M. Victor Franck (1852 † 1907), *portr.*, p. 263 à 267.

ALGÉRIE. — ALGER.

SOCIÉTÉ DE GÉOGRAPHIE D'ALGER ET DE L'AFRIQUE DU NORD.

Voir, pour les publications de cette Société antérieures à 1901, la table récapitulative de notre *Bibliographie générale;* et, pour ses publications postérieures, les tables placées à la fin des tomes I et II de notre *Bibliographie annuelle.*

XIII. — Société de géographie d'Alger et de l'Afrique du Nord. Bulletin publié... par M. Victor Demontès, secrétaire général, 13ᵉ année. (Alger, 1908, in-8°, LXXXXVI-571 p.)

32052. Brives (A.). — Les Beni-Snassen (Maroc), *fig.*, p. 1 à 16.

32053. Leclerc (Ch.-René). — Une campagne au Maroc. Carnet de route d'un caïd Mia qui faisait partie de la colonne chérifienne dirigée contre le Prétendant en 1903-1904, p. 17 à 32.

32054. Boisnard (Mˡˡᵉ Magali). — L'Aurès barbare (Arris, l'Oued-Abdi, Bouzina, Sgag), p. 33 à 54.

32055. Mérois (Capitaine). — Essai de transcription méthodique des noms de lieux touareg, p. 55, 207, 381, et 507. — Suite de XII, p. 401.

32056. Bernard (Général). — Promenade dans l'Extrême-Sud oranais. Zousfana, Saoura, p. 181 à 197.

32057. Stucki (G.). — Étude sur les Cafres du Zambèze (région de Quelimane), p. 198 à 206.

32058. Pouperon (Paul). — Deuxième mission dans la Sangha (août-septembre 1907), p. 222 à 235.

32059. Yver (Georges). — Une entrevue du capitaine Daumas et d'Abd el-Kader (15 octobre 1839), *carte*, p. 274 à 279.

32060. Joly (A.). — Notes géographiques sur le Sud-Est tunisien, la Jefara et le Djebel Labiod, p. 281 à 301.

32061. Saint-Léger (Lieutenant de). — Reconnaissance de la région de Bir-Hadjaj, p. 302 à 324.
32062. Salmon (Mme Juliette). — Une visite au M'zab, 2 pl., p. 325 à 334.
32063. Gaudissard (E.). — Impressions de Grèce, p. 411 à 428.
32064. Peytral (Marie). — Monographie de la commune d'Oued-el-Aleug, p. 437 à 495.
32065. Barbedette (F.). — Les Indes néerlandaises, p. 532 à 548.
32066. Paoli. — Essai de bibliographie. Années 1907-1908, p. 549 à 571.

ALGÉRIE. — ALGER.

SOCIÉTÉ HISTORIQUE ALGÉRIENNE.

Voir, pour les publications de cette Société antérieures à 1901, la table récapitulative de notre *Bibliographie générale;* et, pour ses publications postérieures, les tables placées à la fin des tomes I et II de notre *Bibliographie annuelle.*

LII. — **Revue africaine**, publiée par la Société historique algérienne, 52e année. (Alger, 1908, in-8°, 349 p.)

32067. Martino (Pierre). — Victor Waille (1852 † 1907), p. 5 à 22.
32068. Goldziher (I.). — Lā Misāsa, p. 23 à 28.

[Le récit biblique de l'adoration du veau d'or dans le Coran.]

32069. Cour (A.). — L'occupation marocaine de Tlemcen (septembre 1830-janvier 1836), p. 29 à 73.
32070. Joly (A.). — La légende de Sidi Ali ben Malek. Sa postérité, p. 74 à 85.
32071. Rodet (Capitaine). — Les ruines d'Achir, *carte*, p. 86 à 104.
32072. Ben Cheneb (M.). — Notice sur deux manuscrits sur les chérifs de la Zāwiya de Tameṣloûḥet, p. 105 à 114.
32073. Paysant (L.) et Brunel (Camille). — Le service militaire obligatoire pour les indigènes en Algérie, p. 115 à 154.
32074. Reinach (Salomon). — Bas-reliefs énigmatiques, 4 *pl.*, p. 155 à 170.

[Coffrets de pierre d'Essarois (Côte-d'Or) et de Volterra (Italie).]

32075. Joly (A.). — Les saints de l'Islam, p. 171 à 181.
32076. Kampffmeyer (G.). — L'inscription [latine] de Safi (Maroc) (*C. I. L.*, VIII, 21905), *fig.* et *pl.*, p. 182 à 189.
32077. Giacobetti (A.). — Kitab en-Nasab, p. 190 à 240 [Vie de Sidi Abd el-Kader el-Djîlânî]. — Suite et fin de XLVII, p. 335; et XLVIII, p. 300.
32078. Basset (René). — Rapport sur les études berbères et haoussa (1902-1908) présenté au XVe Congrès des orientalistes à Copenhague, p. 243 à 264.
32079. Desparmet (J.). — Note sur les mascarades chez les indigènes à Blida, p. 265 à 271.
32080. Sidoun (M.). — Chants sur la chasse au faucon attribués à Sid el-Hadj Aïssa, chérif de Laghouat, p. 272 à 294.
32081. Guénin (Commandant). — Notice archéologique sur une petite basilique sise à Rouis, cercle de Tébessa, 2 *pl.*, p. 295 à 301.
32082. Cancel (Lieutenant). — Étude sur le dialecte de Tabelbala, p. 302 à 347.

ALGÉRIE. — CONSTANTINE.

SOCIÉTÉ ARCHÉOLOGIQUE DE CONSTANTINE.

Voir, pour les publications de cette Société antérieures à 1901, la table récapitulative de notre *Bibliographie générale;* et, pour ses publications postérieures, les tables placées à la fin des tomes I et II de notre *Bibliographie annuelle*.

XLII. — Recueil de notices et mémoires de la Société archéologique du département de Constantine, 11e vol. de la 4e série, 42e vol. de la collection, année 1908. (Constantine, 1909, in-8°, XVI-308 p.)

32083. Bertrand (Louis). — Monographie du théâtre romain de Philippeville (Rusicade), *pl.*, p. 1 à 12.
32084. François (L'abbé). — Fouilles d'un cimetière romain à Collo, *pl.*, p. 13 à 23.
32085. François (L'abbé). — Fouilles à Taharali-Chetaïba (Collo), p. 25 à 27.
32086. Joleaud (L.) et Joly (A.). — Nomenclature des vestiges anciens relevés dans la province de Constantine (1907-1908), *fig.*, p. 29 à 52.
32087. Jaubert (L'abbé Henri). — Deux lampes chrétiennes et une ampoule de saint Mennas, 2 *pl.*, p. 53 à 69.
32088. Maguelonne (Jules). — Le régime des biens vacants et des successions en deshérence en droit romain et au moyen âge en France, p. 71 à 106.
32089. Robert (Achille). — Lampe byzantine en bronze trouvée à Bellâa (commune mixte des Eulmas), *pl.*, p. 107 à 110.
32090. Gauthier (L'abbé J.). — Notes archéologiques concernant la région de Tocqueville, p. 111 à 116.
32091. Debruge (A.). — La grotte des Ours, Ghar Zahar (grotte qui gronde), *fig.* et 7 *pl.*, p. 117 à 148.
32092. Marçais (Georges). — La Kalaa des Beni-Hammâd, p. 161 à 187.
32093. Carbonnel (J.). — Une monnaie de Syphax, *fig.*, p. 189 à 191.
32094. Monceaux (Paul). — Inscriptions chrétiennes du cercle de Tébessa, p. 193 à 236.
32095. Robert (Achille). — Vestiges anciens découverts dans la commune mixte des Maadid, p. 237 à 240.
32096. Maguelonne (Jules). — Monographie géographique et historique de la tribu des M'zala (arrondissement de Bougie), p. 241 à 254.
32097. Jacquot (Lucien). — La caverne miraculeuse de Sidi-Bou-Yahia et le culte de Mithra, 3 *pl.*, p. 255 à 265.
32098. Carton (Dr). — Chasse à courre représentée sur une lampe païenne de *Bulla Regia*, *fig.*, p. 267 à 269.
32099. Vel (A.). — Inscriptions de l'année 1908, p. 271 à 286.
32100. Maguelonne (J.). — Chronique archéologique [du département de Constantine], p. 287 à 306.

ALGÉRIE. — ORAN.

SOCIÉTÉ DE GÉOGRAPHIE ET D'ARCHÉOLOGIE D'ORAN.

Voir, pour les publications de cette Société antérieures à 1901, la table récapitulative de notre *Bibliographie générale;* et, pour ses publications postérieures, les tables placées à la fin des tomes I et II de notre *Bibliographie annuelle*.

XXVIII. — Société de géographie et d'archéologie de la province d'Oran..., tome XXVIII, 1908. (Oran, 1908, in-8°, 433 p.)

32101. Fort (Lieutenant). — Les ruines romaines d'Aïn-Sbiba, 7 *pl.*, p. 21 à 36.
32102. [illegible] (Ed.). — La population de l'Oranie, p. 37 à 50.

32103. Déchaud (Ed.). — Le peuplement espagnol en Oranie, p. 51 à 73.

32104. Aboubekr Abdesselam ben Choaib. — Note sur l'Istikhara [prière musulmane], p. 74 à 76.

32105. Fabre. — Note sur les villes romaines et berbères de Tiaret, p. 77 à 79.

32106. Déchaud (Ed.). — Influence des causes économiques sur la natalité en Oranie, p. 135 à 162.

32107. Dangles (V.). — Haouita, Haouch, M'Kam [mots servant à désigner des édifices musulmans], p. 163 à 166.

32108. Engel (P.). — Chronique archéologique. Algérie et Tunisie, année 1907, p. 177 à 188.

32109. Voinot (L.). — Notes pour servir à l'étude de l'ethnographie ancienne du Sahara central, 15 *pl.*, *carte*, p. 325 à 368.

32110. Déchaud (Ed.). — Les ports de l'Oranie, p. 369 à 397.

TUNISIE. — SOUSSE.

SOCIÉTÉ ARCHÉOLOGIQUE DE SOUSSE.

Voir, pour les volumes précédemment publiés par cette Société, les tables placées à la fin des tomes I et II de notre *Bibliographie annuelle.*

VI. — Bulletin de la Société archéologique de Sousse, 6ᵉ année 1908. (Sousse, 1909-1910, in-8°, 182 p.)

32111. Carton (Dʳ). — Notes Hadrumétines, p. 23 à 47. — Suite de V, p. 139.

32112. Merlin (A.). — Inscriptions latines trouvées entre Kasrin et Feriana, p. 48 à 61, et 121 à 132.

32113. Fleury (Lieutenant). — Recherches de préhistoire dans le Sud tunisien, *fig.*, p. 62 à 76, et 115 à 120.

32114. Leynaud (L'abbé). — Les catacombes d'Hadrumète, *fig.*, p. 89 à 104, et 138 à 153. — Cf. nᵒˢ 22842, 27846, et 27852.

32115. Carton (Dʳ) et Deyrolle (Dʳ). — Annotations à l'Atlas archéologique de la Tunisie, p. 105 à 114, et 158 à 163.

32116. Dubiez (A.). — Nouvelle trouvaille de monnaies romaines [dans l'Enchir Trade] du IIIᵉ siècle, p. 133 à 137.

32117. Deyrolle (Dʳ). — Hypogées ou haouanet souterrains de la région de Kalaat-es-Snam, *fig.*, p. 154 à 157.

32118. Carton (Dʳ). — Nécrologie. Philippe Thomas, p. 172 à 180.

TUNISIE. — TUNIS.

INSTITUT DE CARTHAGE (ASSOCIATION TUNISIENNE DES LETTRES, SCIENCES ET ARTS).

Voir, pour les publications de cet Institut antérieures à 1901, la table récapitulative de notre *Bibliographie générale;* et, pour ses publications postérieures, les tables placées à la fin des tomes I et II de notre *Bibliographie annuelle.*

XV. — Revue tunisienne, fondée en 1894 par l'Institut de Carthage (Association tunisienne des lettres, sciences et arts). (Tunis, 1908, in-8°, 552 p.)

32119. Monchicourt (Ch.). — Mœurs indigènes. Répugnance ou respect relatif à certaines paroles ou à certains animaux, p. 5 à 21, et 81. — Cf. n° 32133.

32120. Merlin (A.). — *Municipium Furnitanum*, p. 22 à 27.

32121. Poinssot. — Les inscriptions de Thugga, p. 28, 160, 232, 358, 428, et 533. — Suite de XIV, p. 333, 462, et 548.

32122. A.-L. D. [Delattre (Le. P. A.-L.).] — Inscriptions chrétiennes de Carthage (1906-1907), p. 37, 169, 225, 348, 435, et 521. — Suite de XIV, p. 405, et 536.

32123. Hannezo (Commandant). — Mahdia (Tunisie), *fig.*, p. 46, 149, 244, 365, et 412. — Suite de XIV, p. 227, 340, 438, et 523.

32124. Gendre (Lieutenant F.). — L'île de Djerba, p. 60 à 79. — Suite de XIV, p. 504.

32125. Zaïdan (Georgi). — Histoire de la civilisation musulmane, p. 105 à 120, et 253 à 268. — Cf. n° 32140.

[Traduit de l'arabe par Isaac Cattan.]

32126. Vassel (Eusèbe). — Satire judéo-tunisienne contre les juifs de Djerba, p. 121 à 134.

32127. Winkler (A.). — Précis d'histoire des campagnes d'Afrique de Théodose contre Firmus (372 à 375), p. 137 à 145.

32128. Carton (Dr). — Chronique d'archéologie nord-africaine (année 1907), p. 180 à 199.

32129. Bureau (Jocelyn). — L'exhumation d'une ville (Thyna), p. 205 à 212.

32130. Bertholon (Dr). — Les populations de la Byzacène, à propos de l'étymologie du nom de Thyna, p. 213 à 216.

32131. Renault (Jules). — Quelques mots d'archéologie et d'épigraphie, p. 217 à 222.

[Fragment de stèle punique trouvé à Carthage, *fig.*; poids de balance romaine; inscription romaine et bronzes antiques de Korbous, *fig.*; inscription sur terre cuite trouvée à Pichon.]

32132. Carton (Dr). — Notes d'archéologie tunisienne, p. 223.

[Antiquités romaines.]

32133. Poivre (P.). — Mœurs indigènes. Répugnance ou respect relatifs à certaines paroles ou à certains animaux, p. 269 à 274. — Cf. n° 32119.

32134. Anonyme. — Le Dr Bresson [1838 † 1908], p. 291.

32135. Dolot (G.). — Note sur la caserne Saussier [à Tunis], *fig.*, p. 293 à 298.

32136. Medina (Gabriel). — Les origines des peuples Égéens alliés des Libyens, d'après les inscriptions égyptiennes et les monuments figurés de l'Asie Mineure, p. 299 à 313.

32137. Gendre (F.). — La carte de Tunisie, *fig.*, p. 314 à 332.

32138. Winkler (A.). — Campagne de Marius qui termine les guerres de Jugurtha (de 107 à 106 av. l'ère vulgaire), p. 333 à 341.

32139. Carton (Dr). — Contribution à l'épigraphie de la *Colonia Thuburnica*, p. 342 à 347.

32140. Camussi (H.). — Réflexions sur une note de l'Histoire de la civilisation musulmane de G. Zaïdan, p. 370 à 372. — Cf. n° 32125.

[Le *laudanum* en Arabie.]

32141. Gendre (F.). — De Gabès à Nefta (le Nefzaoua et le Djerid), *fig.*, p. 383 à 411, et 499 à 520.

32142. Bertholon (Dr). — L'année anthropologique nord-africaine (1907-1908), p. 445 à 461.

32143. Bureau (Jocelyn). — Une page de l'histoire de la troisième République. Jules Ferry et l'expansion coloniale de la France, p. 463 à 471.

32144. Winkler. — Reconstitution des segments africains de la Table de Peutinger, *pl.*, p. 473.

32145. Asin Palacios (Miguel). — La logique d'Ibn Toumloûs d'Alcira, p. 474 à 479.

32146. Bertholon (Dr). — Essai sur la religion des Libyens, p. 480 à 490.

INDO-CHINE. — HANOÏ.

ÉCOLE FRANÇAISE D'EXTRÊME-ORIENT.

Voir, pour les publications antérieures de cette École, les tables placées à la fin des tomes I et II de notre *Bibliographie annuelle.*

32147. Guérinot (A.). — Répertoire d'épigraphie jaïna, précédé de l'histoire du jaïnisme d'après les inscriptions. (Paris, 1908, gr. in-8°, IV-313 p.)

[Publications de l'École française d'Extrême-Orient, X.]

VIII. — **Bulletin de l'École française d'Extrême-Orient**, t. VIII, 1908. (Hanoï, 1908, gr. in-8°, 648 p.)

32148. Schmidt (Le P. W.). — Les peuples Mon-khmèr,

trait d'union entre les peuples de l'Asie centrale et de l'Austronésie, p. 1 à 35. — Suite de VII, p. 213.

[Traduit de l'allemand par Mme J. Marouzeau.]

32149. Cœdès (George). — Inventaire des inscriptions du Champa et du Cambodge, p. 37 à 92.

32150. Cadière (L.). — Monographie de la semi-voyelle labiale en sino-annamite, p. 93 à 148, et 381 à 485.

32151. Soulié (G.) et Tchang Yi-tch'ou. — Les barbares soumis du Yun-Nan, chapitre du *Tien hi, carte*, p. 149 à 176, et 333 à 379.

32152. Deloustal (R.). — La justice dans l'ancien Annam (livres XXXIII-XXXVIII du Lich trîêu hiên chu'o'ng loạichi), p. 177 à 220.

[Introduction par Cl.-E. Maître.]

32153. Finot (L.). — Les études indochinoises (leçon d'ouverture du cours d'histoire et de philologie indochinoises, faite au Collège de France le 16 mai 1908), p. 221 à 233.

32154. Lepage (Lieutenant). — Note sur l'inscription du Rocher Rouge, p. 233 à 235.

32155. Parmentier. — Inscriptions rupestres près du Pō Klaun Klaun Garai, p. 286.

32156. Commaille. — Travaux de déblaiement exécutés à Angkor, *pl.*, p. 287 à 292, et 591 à 595.

32157. Lajonquière (Commandant de). — Campagne archéologique au Cambodge, p. 292 à 294.

32158. Cœdès (G.). — L. F. Kielhorn [1840 † 1908], p. 305.

32159. Maître (Cl.-E.). — Rapport au gouverneur général de l'Indo-Chine sur le développement de l'École française d'Extrême-Orient de 1902 à 1907, p. 306 à 326.

32160. Anonyme. — Arrêté classant parmi les monuments historiques divers immeubles et objets mobiliers du Cambodge et du Laos, p. 328 à 331.

32161. Vogel (J.-Ph.). — Études de sculpture bouddhique, *fig.*, p. 487 à 500.

32162. Pelliot (Paul). — Une bibliothèque médiévale retrouvée au Kan-Sou, p. 501 à 529.

32163. Bonifacy (Commandant). — Étude sur les coutumes et la langue des Lolo et des La-qua du Haut-Tonkin, *fig.*, p. 531 à 558.

INSTITUTS FRANÇAIS À L'ÉTRANGER.

ÉGYPTE. — LE CAIRE.

INSTITUT ÉGYPTIEN.

Voir, pour les publications de cet Institut antérieures à 1901, la table récapitulative de notre *Bibliographie générale;* et, pour ses publications postérieures, les tables placées à la fin des tomes I et II de notre *Bibliographie annuelle.*

XLIII. — Bulletin de l'Institut égyptien, 5e série, t. II, année 1908. (Le Caire, 1908, in-8°, 273 p.)

32164. Barois (J.). — Impressions de voyage en Abyssinie, 4 *pl.*, p. 13 à 36.

32165. Artin Pacha (Yacoub). — Un troisième tableau italien du XVIe siècle blasonné aux armes d'Égypte, 2 *pl.*, p. 37 à 40.

[La prédication de saint Marc à Alexandrie par Bellini.]

32166. Ali bey Bahgat. — Note sur Dar Arqam ou Dar al-Khaïzarân [maison à la Mecque], p. 68 à 81.

32167. Artin Pacha (Yacoub). — Note sur deux curiosités numismatiques de l'Égypte moderne, *fig.*, p. 82 à 91.

[Monnaie de cuivre de Mehemet Saïd-Pacha; essais monétaires de 1885.]

32168. Ahmed bey Kamal. — Dessins des pieds [empreintes sur des pierres], p. 92 à 98.

32169. Lammens (H.). — Un gouverneur omaiyade d'Égypte. Qorra ibn Šarîk d'après les papyrus arabes, p. 99 à 115.

32170. Zogheb (Alex. Max). — Les tombeaux des Ptolémées, *pl.*, p. 159 à 168.

32171. Geiss (Albert). — Histoire de l'imprimerie en Égypte, 2 *pl.*, p. 195 à 220. — Suite de XLII, p. 133.

32172. Lapitaz. — Un ouvrage sur l'Égypte du P. Picard [XVIIIe s.], p. 239 à 241.

32173. Fourtau. — Pierre-Alphonse Péron [1834 † 1908], p. 252 à 257.

ÉGYPTE. — LE CAIRE.

INSTITUT FRANÇAIS D'ARCHÉOLOGIE ORIENTALE.

Voir, pour les publications de cet Institut antérieures à 1901, la table récapitulative de notre *Bibliographie générale;* et, pour ses publications postérieures, les tables placées à la fin des tomes I et II de notre *Bibliographie annuelle.*

Nous rappelons que les *Mémoires* publiés par l'Institut du Caire ne paraissent pas dans l'ordre où ils sont tomés (cf. le sommaire que nous avons donné dans notre *Bibliographie annuelle,* t. II, fasc. III, p. 213-214). Les tomes XVII et XXVI de cette collection ont paru en 1908; nous les indiquons ci-dessous, ainsi que le tome VI du *Bulletin,* paru également en 1908.

XVII. — Mémoires publiés par les membres de l'Institut français d'archéologie orientale du Caire..., t. XVII. (Le Caire, 1908, gr. in-4°, VIII-379 p.)

32174. Gauthier (Henri). — Le Livre des rois d'Égypte, recueil de titres et protocoles royaux. Tome I. Des origines à la fin de la XIIe dynastie, VIII-379 p.

XXVI. — Mémoires publiés par les membres de l'Institut français d'archéologie orientale du Caire..., t. XXVI. (Le Caire, 1908, gr. in-4°, 119 p., *pl.*)

32175. GAUTIER (J.-E.). — Archives d'une famille de Dilbat au temps de la première dynastie de Babylone, 119 p., *pl.*

VI. — Bulletin de l'Institut français d'archéologie orientale, publié sous la direction de M. E. Chassinat..., t. VI. (Le Caire, 1908, in-4°, 197 p.)

32176. MASSIGNON (Louis). — Note sur l'état d'avancement des études archéologiques arabes en Égypte hors du Caire, *fig.*, p. 1 à 24.

32177. JÉQUIER (Gustave). — Les temples primitifs [égyptiens] et la persistance des types archaïques dans l'architecture religieuse, *fig.*, p. 25 à 41.

32178. MASPERO (Jean). — Notes épigraphiques, p. 43 à 47.

[Inscriptions grecques du temple de Qalabcheh (Taimis); inscription grecque d'un épistratège de Thébaïde au temple d'Esneh.]

32179. COUYAT (Jules). — Détermination et nomenclature de quelques roches du musée égyptien du Caire, p. 49 à 59.

32180. BARRY (Léon). — Deux documents concernant l'archéologie chrétienne, p. 61 à 69.

[Adjuration chrétienne dans un papyrus grec; fragments d'un sermon en grec sur la Cène.]

32181. DARESSY (Georges). — Note sur des bas-reliefs du temple de Deir-el-Médineh, p. 71 à 74.

32182. MASPÉRO (Jean). — Études sur les papyrus [grecs] d'Aphrodité, p. 75 à 120.

[Procès administratif sous le règne de Justinien; requête au duc de Thébaïde; contrat daté de Constantinople; édit de Justinien; quittances d'impôt.]

32183. GAUTHIER (Henri). — Rapport sur une campagne de fouilles à Drah Abou'l Neggah en 1906, p. 121 à 171.

32184. PIERON (Henri). — Un tombeau égyptien à coupole sur pendentifs, *fig.*, p. 173 à 177.

32185. GALTIER (Émile). — Note sur une homélie de Schenouti, p. 179.

32186. VERNIER (Émile). — Note sur les bagues égyptiennes, *fig.*, p. 181 à 192.

32187. CHASSINAT (E.). — Nécrologie, p. 193 à 196.

[Émile Galtier (1864 + 1908); Eugène Lefébure (1838 + 1908); René-Jean Reymond (1885 + 1908).]

GRÈCE. — ATHÈNES.

ÉCOLE FRANÇAISE D'ATHÈNES.

Voir, pour les publications de cette École antérieures à 1901, la table de notre *Bibliographie générale*; et, pour ses publications postérieures, les tables placées à la fin des tomes I et II de notre *Bibliographie annuelle*.

XXXII. — École française d'Athènes. Bulletin de correspondance hellénique. *Δελτίον ἑλληνικῆς ἀλληλογραφίας*, 32e année, 1908. (Paris, 1908, in-8°, 552 p.)

32188. SCHULHOF (E.). — Fouilles de Délos exécutées aux frais de M. le duc de Loubat. Inscriptions financières (1904 et 1905), 10 *pl.*, p. 5 à 132, et 449 à 498.

32189. DEONNA (Waldemar). — Les lampes antiques trouvées à Délos, *fig.* et 11 *pl.*, p. 133 à 176.

32190. POULSEN (Frederik). — La frise ouest du trésor de Cnide à Delphes, *pl.*, p. 177 à 187.

32191. KEIL (Bruno). — Papyrus de Lille, p. 188 à 203.

32192. CORSIN (G.). — Note sur une inscription d'Alabanda, p. 203. — Cf. X, p. 311.

32193. HOMOLLE (Théophile). — Monuments figurés de Delphes. La colonne d'acanthe, *fig.* et 4 *pl.*, p. 205 à 235.

32194. VOLLGRAFF (Wilhelm). — Praxitèle le jeune, *pl.*, p. 236 à 258.

32195. MICHON (Étienne). — L'Aphrodite de Clazomènes du Musée du Louvre, *pl.*, p. 259 à 265.

32196. HOLLEAUX (Maurice). — Antiochos Megas, note sur une inscription de Délos, p. 266 à 270

32197. Glotz (Gustave). — Le conseil fédéral des Béotiens, p. 271 à 278.

32198. Lattermann (Heinrich). — Baurechnungen von Delos [comptes de construction de Délos], 4 *tableaux*, p. 279 à 302.

32199. Roussel (Pierre). — Les Athéniens mentionnés dans les inscriptions de Délos (époque de la seconde domination athénienne), contribution à la *Prosopographia attica* de J. Kirchner, p. 303 à 444.

32200. Keramopoullos (Antonios A.). — Συμπλήρωμα, p. 445 à 448.

32201. Reinach (Théodore). — Παρθενων [explication de ce mot], p. 499 à 513.

32202. Grégoire (Henri). — Note sur deux inscriptions byzantines, p. 514 à 520.

32203. Edhem bey. — Relief votif du Musée impérial ottoman, 2 *pl.*, p. 521 à 528.

32204. Pottier (E.). — La chouette d'Athènè, p. 529 à 547.

BIBLIOTHÈQUE DES ÉCOLES FRANÇAISES D'ATHÈNES ET DE ROME.

Série in-8°.

C. — Bibliothèque des Écoles françaises d'Athènes et de Rome, fasc. C.

32205. Cavaignac (E.). — Études sur l'histoire financière d'Athènes au ve siècle. Le trésor d'Athènes de 480 à 404. (Paris, 1908, in-8°, XII-191 p., *fig.*, 2 *pl.*)

CI. — Bibliothèque des Écoles françaises d'Athènes et de Rome, fasc. CI.

32206. Perdrizet (Paul). — La Vierge de miséricorde, étude d'un thème iconographique. (Paris, 1908, in-8°, 260 p., *fig.*, 31 *pl.*)

ITALIE. — ROME.

ÉCOLE FRANÇAISE DE ROME.

Voir, pour les publications de cette École antérieures à 1901, la table récapitulative de notre *Bibliographie générale*; et, pour ses publications postérieures, les tables placées à la fin des tomes I et II de notre *Bibliographie annuelle*.

Nous avons indiqué ci-dessus (n°s 32205-32206) les volumes de la *Bibliothèque des Écoles françaises d'Athènes et de Rome*, parus en 1908.

XXVIII. — École française de Rome. Mélanges d'archéologie et d'histoire, 28e année, 1908. (Rome, s. d., in-8°, 410 p.)

32207. Bourdon (Pierre). — *La Grand Monarchie de France* de Claude de Seyssel et sa traduction en italien, p. 3 à 29.

32208. Duchesne (L.). — Libère et Fortunatien, p. 31 à 78.

32209. Pachtere (F.-G. de). — Salluste et la découverte du Danube, p. 79 à 87.

32210. Piganiol (André). — Fornix Fabianus (près du Forum], p. 89 à 95.

32211. Cochin (Claude). — Nouveaux documents sur l'accommodement du cardinal de Retz, p. 97 à 114, et 407.

32212. Ancel (D. René). — Étude critique sur quelques recueils d'avvisi, contribution à l'histoire du journalisme en Italie [XVIe s.], p. 115 à 130.

32213. Préchac (François). — Notes sur l'architecture des nuraghes de Sardaigne, *fig.*, p. 141 à 168.

32214. Laurent-Vibert (Robert). — Les publicains d'Asie en 51 avant J.-C. d'après la correspondance de Cicéron en Cilicie, p. 171 à 184.

32215. Faure (Claude). — Les réparations du palais pontifical d'Avignon au temps de Jean XXIII (1413-1415), p. 185 à 206.

32216. Bourdon (Pierre). — L'abrogation de la pragmatique et les règles de la chancellerie de Pie II, p. 207 à 224.

32217. Bigot (P.). — L'identification d'un fragment du Plan de marbre et la curie de Pompée [à Rome], *fig.* et *pl.*, p. 225 à 228.

32218. Bigot (P.). — Circus Maximus [à Rome], *fig.*, p. 229 à 231.

32219. Piganiol (André). — Les origines du Forum, p. 233 à 282.

32220. Gauckler (P.). — La source du *lucus Furrinae* au Janicule, *fig.*, 3 *pl.*, p. 283 à 336.
32221. Bourgin (Georges). — Pour deux sonnets [de Guido Mazzoni contre Napoléon Ier (1813)], p. 337 à 339.
32222. Piganiol (A.). — Note sur une inscription inédite de Tébessa, *fig.*, p. 341 à 344.
32223. Faure (Claude). — L'entrée du recteur Guillaume de Beaufort, vicomte de Turenne, à Carpentras en 1376, p. 345 à 352.
32224. Laurent-Vibert (Robert). — Marianum scutum cimbricum [Cicéron, *De Oratore*], p. 353 à 361.

[Les trophées de Marius sur le Forum.]

32225. Cochin (Claude). — Un manuscrit de Sainte-Croix-de-Jérusalem aux armes de Grégoire XI, *fig.*, p. 363 à 372.
32226. Pachtere (F.-G. de). — Le règlement d'irrigation de Lamasba, *tableaux*, *fig.* et *pl.*, p. 373 à 405.

MAROC. — TANGER.

MISSION SCIENTIFIQUE DU MAROC.

Voir, pour les publications antérieures de cette Mission, les tables placées à la fin des tomes I et II de notre *Bibliographie annuelle*.

XII-XIII. — Archives marocaines, publication de la Mission scientifique du Maroc, vol. XII-XIII.

32227. Amar (Émile). — La Pierre de touche des Fetwas de Ahmad al-Wanscharisi. Choix de consultations juridiques des Faqîhs du Maghreb traduites ou analysées. (Paris, 1908-1909, in-8°, XIII-522 et 536 p.)

XIV. — Archives marocaines, publication de la Mission scientifique du Maroc, vol. XIV.

32228. Slousch (Nahum). — Hébræo-Phéniciens et Judéo-Berbères. Introduction à l'Histoire des juifs et du judaïsme en Afrique. (Paris, 1908, in-8°, 473 p.)

IV. — Revue du Monde musulman, publiée par la Mission scientifique du Maroc, t. IV, 1908. (Paris, s. d., in-8°, 872 p.)

32229. Ahmed Rezzoûk. — Voyage de Tanger à la Mecque par El-Hasan ben Mohammed el-R'assâl, p. 1 à 20.
32230. Cabaton (Antoine). — Les Moros de Soulou et de Mindanao. Notes sur l'islam aux Philippines, p. 21 à 74.
32231. Mohammed Djinguiz. — L'islam en Australie et en Polynésie, p. 75 à 85.
32232. Ghilan. — La décomposition du corps social en Perse, *fig.*, p. 85 à 91.
32233. Bouvat (L.). — La révolte du Yemen, p. 91 à 100.
32234. Bouvat (L.). — Aristide Marre, p. 205 à 210.
32235. N.-C. D. — L'aristocratie religieuse en Egypte. Bait As-Siddik, p. 241 à 283.
32236. Ollone (D'). — L'islam au Yunnam, *fig.*, p. 285 à 329.
32237. Vissière (E.). — Le Seyyid Edjell Chams ed-Din Omar (1210-1279) et ses deux sépultures en Chine, *fig.*, p. 330 à 346.
32238. A.-L.-M. N. — La Révolution persane, *fig.*, p. 346 à 359.
32239. Fas (G.). — Lettres de Tauris, *fig.*, p. 360 à 369.
32240. Huart (Cl.). — L'annuaire officiel ottoman [Tableau de l'organisation de l'Empire], p. 369 à 398.
32241. Aubin (Eugène). — Le Chiisme et la nationalité persane, *fig.*, p. 457 à 490.
32242. Cabaton (Antoine). — Cérémonial en usage chez les Malais à la mort de leurs rois, p. 491 à 501.
32243. Slousch (N.). — Les juifs en Afghanistan, aperçu historique d'après les sources hébraïques, p. 502 à 511.
32244. Ristelhueber (René). — La littérature musulmane en Chine, p. 512 à 515.
32245. Bouvat (L.). — Une bibliothèque de mosquée chinoise, *fig.*, p. 516 à 521.
32246. R. R. — Vocabulaire sino-turc, p. 523 à 527.
32247. Farjenel (F.). — Un rituel musulman chinois, *fig.*, p. 528 à 539.
32248. Anonyme. — Un commentaire chinois du Coran, p. 540 à 547.
32249. Farjenel (F.) et Bouvat (L.). — Calendrier musulman chinois, *fig.*, p. 548 à 560.
32250. Cabaton (Antoine). — Les Sikhs de l'Inde et le Sikhisme, p. 681 à 727.
32251. Slousch (N.). — Les juifs et le judaïsme aux Indes, d'après les sources juives, p. 728 à 769.
32252. Bouvat (L.). — Impressions d'un voyageur turc [Suleimân Chukrî Bey], p. 770 à 798.

IMPRIMERIE NATIONALE.

V. — **Revue du Monde musulman**, publiée par la Mission scientifique du Maroc, t. V, 1908. (Paris, s. d., in-8°, 780 p.)

32253. Ghilan. — Les Kurdes persans et l'invasion ottomane, *fig.*, p. 1 à 22; et VI, *fig.*, p. 193 à 210.
32254. Michaux-Bellairé (E.). — La maison d'Ouezzan, p. 23 à 89.
32255. Anonyme. — Les musulmans du Se-Tchouen, *fig.*, p. 90 à 94.
32256. Cabaton (Antoine). — Les Malais et l'avenir de leur langue, p. 95 à 120.
32257. L. M. — Le Beloutchistan d'après l'administration britannique, p. 121 à 144, et 319 à 323.
32258. Huart (Cl.). — Les écritures musulmanes, *fig.*, p. 201 à 215.
32259. Guérinot (A.). — L'École française d'Extrême-Orient, son rôle et son œuvre, p. 216 à 241.
32260. Michaux-Bellaire (Ed.). — Un rouage du gouvernement marocain. La Beniqat ech Chikaïat de Moulay Abd el-Hafid, p. 242 à 274.
32261. Hartmann (Martin). — Littérature des musulmans chinois, p. 275 à 288.
32262. Blochet (E.) et Vissière (A.). — Épigraphie musulmane chinoise, *fig.*, p. 289 à 293.
32263. Mohammed Djinguiz. — L'islam au Bornéo britannique septentrional, *fig.*, p. 294 à 302.
32264. Mohammed Djinguiz. — L'islam aux Straits Settlements, p. 303 à 312.
32265. Michaux-Bellaire (E.). — Une tentative de restauration idrisite à Fès, p. 403 à 435.
32266. Michaux-Bellaire (Ed.). — Les biens habous et les biens du Makhzen au point de vue de leur location et de leur aliénation, p. 436 à 457.
32267. Ollone (D'). — Les travaux de la Mission d'Ollone [musulmans chinois], *fig.*, p. 458 à 467.
32268. Slousch (N.). — Notes et documents diplomatiques sur la décadence de l'empire des Tatars, p. 467 à 481.
32269. Mohammed Djinguiz. — L'islam en Bulgarie et dans la Roumélie orientale, *fig.*, p. 482 à 499.
32270. Michaux-Bellaire (E.). — Le chérif Moulay Ahmed ben Mohammed ben Abdallah Er-Risouni El-Younesi El-Alami El-Idrisi El-Haseni [Er-Risouli], p. 503 à 511.
32271. Guérinot (A.). — Les Yézidis, *fig.*, p. 581 à 630.
32272. Slousch (N.). — Malte, ses habitants et leur langue. p. 631 à 646.
32273. Michaux-Bellaire (Ed.). — Au palais du sultan marocain, p. 647 à 662.

VI. — **Revue du Monde musulman**, publiée par la Mission scientifique du Maroc, t. VI, 1908. (Paris, s. d., in 8°, 750 p.)

32274. Menant (D.). — Le Rajkumar college de Rajkot, *fig.*, p. 1 à 51.
32275. Slousch (N.). — Le nouveau régime turc et Tripoli, p. 52 à 57.
32276. Slousch (N.). — La Tripolitaine sous la domination des Karamanli, p. 58, 211, et 433.
32277. Mohammed Djinguiz. — L'islam dans l'Inde, p. 85 à 118.
32278. L. M. — Les Wasm gravées par les nomades sur les murs ruinés de Nedjmi, *fig.*, p. 119.
32279. Lecureul (Xavier). — Quelques jeux au Maroc, p. 136 à 142.
[32253]. Ghilan. — Les Kurdes persans et l'invasion ottomane, *fig.*, p. 193 à 210.
32280. Anonyme. — Une amulette, *fig.*, p. 251 à 253.
32281. Mohammed Djinguiz. — L'islam dans l'Amérique centrale et dans l'Amérique du Sud, p. 312 à 318.
32282. Massignon (L.). — Mohammerah, *fig.*, p. 385 à 409.
32283. Besnier (Maurice) et Michaux-Bellaire (E.). — Découverte d'une nécropole romaine à Tanger, *fig.* et 2 *pl.*, p. 410 à 432.
32284. Massignon (L.). — La dernière querelle entre Rifâ'yîn et Qâdiryîn [congrégations musulmanes], p. 454 à 461.
32285. Bouvat (L.). — L'organisation de l'enseignement en Égypte, p. 468 à 482.
32286. N. S. [Slousch (N.).] — Les Deunmeh. Une secte judéo-musulmane de Salonique, p. 483 à 495.
32287. Aboubekr Abdesselam ben Choaïb. — Le pèlerinage de Sidi-Boumédiène le 2e jour d'el-Aïd-es-Saghir, p. 496 à 498.
32288. Anonyme. — La famille impériale de Turquie, *portr.*, p. 499 à 508.
32289. Martin (L.). — Relation exacte de la capture de sir Harry Mac Lean dans la montagne et dans les régions sauvages, ce qui lui est arrivé avec Er-Reïsouli et les gens de la montagne insoumis [traduit de l'arabe], p. 577 à 598.
32290. Bouvat (L.). — Les sociétés savantes, les publications officielles et les bibliothèques de l'Inde, p. 599 à 621.
32291. Schwab (Moïse). — Les non-musulmans dans le monde de l'Islam, p. 622 à 639.
32292. L. M. — Les pèlerinages populaires à Bagdad, *fig.*, p. 640 à 652.
32293. Slousch (N.). — Le Djebel Gharian. Les Troglodytes de Tripolitaine, p. 653 à 660.
32294. Lécureul (Xavier). — Les quatre plus grands pèlerinages du Nord marocain, p. 661 à 670.
33295. Vissière (A.). — Quelques papiers de la mission d'Ollone en Chine, *fig.*, p. 703 à 707.

TABLE PAR DÉPARTEMENTS.

AUBE.

AUDE.

AVEYRON.

BOUCHES-DU-RHÔNE.

CALVADOS.

CANTAL.

CHARENTE.

CHARENTE-INFÉRIEURE.

CHER.

CORRÈZE.

CÔTE-D'OR.

CÔTES-DU-NORD.

CREUSE.

DORDOGNE.

DOUBS.

DRÔME.

EURE.

EURE-ET-LOIR.

FINISTÈRE.

GARD.

GARONNE (HAUTE-).

GERS.

GIRONDE.

HÉRAULT.

ILLE-ET-VILAINE.

LOZÈRE.

MAINE-ET-LOIRE.

MANCHE.

MARNE.

MARNE (HAUTE-).

MAYENNE.

MEURTHE-ET-MOSELLE.

MEUSE.

MORBIHAN.

MOSELLE.

NIÈVRE.

NORD.

OISE.

ORNE.

PAS-DE-CALAIS.

PUY-DE-DÔME.

PYRÉNÉES (BASSES-).

PYRÉNÉES (HAUTES-).

IMPRIMERIE NATIONALE.

PYRÉNÉES-ORIENTALES.

RHIN (HAUT-).

RHÔNE.

SAÔNE (HAUTE-).

SAÔNE-ET-LOIRE.

SARTHE.

SAVOIE.

SAVOIE (HAUTE-).

SEINE.

SEINE-ET-MARNE.

SEINE-ET-OISE.

SEINE-INFÉRIEURE.

SOMME.

TARN.

TARN-ET-GARONNE.

VAR.

VAUCLUSE.

VENDÉE.

VIENNE.

VIENNE (HAUTE-).

VOSGES.

ALGÉRIE. — ALGER.

ALGÉRIE. — CONSTANTINE.

ALGÉRIE. — ORAN.

COLONIES.

TUNISIE.

INDO-CHINE.

INSTITUTS FRANÇAIS À L'ÉTRANGER.

ÉGYPTE.

GRÈCE.

ITALIE.

MAROC.

www.ingramcontent.com/pod-product-compliance
Ingram Content Group UK Ltd.
Pitfield, Milton Keynes, MK11 3LW, UK
UKHW012028240726
13965UKWH00002B/636

9 782013 623667